Herterich · Das Frankreich-Geschäft

Klaus W. Herterich

Das Frankreich-Geschäft

Verkaufspraxis, Personalführung, rechtliche Vorschriften

GABLER

CIP-Titelaufnahme der Deutschen Bibliothek

Herterich, Klaus W.:
Das Frankreich-Geschäft : Verkaufspraxis, Personalführung, rechtliche Vorschriften / Klaus W. Herterich. – 2. Aufl. – Wiesbaden : Gabler, 1989
1. Aufl. u.d.T.: Herterich, Klaus W.: Praxis des Frankreich-Geschäfts
ISBN 3-409-29602-6

1. Auflage 1984 – Titel: Praxis des Frankreich-Geschäfts
2. Auflage 1989

Der Gabler Verlag ist ein Unternehmen der Verlagsgruppe Bertelsmann

Lektorat: Ulrike M. Vetter

Druck und Bindung: Lengericher Handelsdruckerei, Lengerich/Westf.

Printed in Germany

ISBN 3-409-29602-6

Inhaltsübersicht

Inhaltsverzeichnis

Vorwort zur ersten Auflage

Dieses Buch ist aus der Praxis der deutsch-französischen Führungs- und Personalberatung entstanden. Die Anregung dazu kam aus deutschen Unternehmen, die in Frankreich wirtschaftlich tätig sind. Sie stehen vor dem Problem, daß sie sich zwar für die Lösung der französischen Rechts-, Steuer- und Finanzfragen an Spezialisten wenden können, aber bei der Bewältigung der täglichen Führung des Frankreich-Geschäfts auf sich selbst angewiesen sind. Doch gerade der Umgang mit Franzosen und mit der wirtschaftlichen Umwelt in Frankreich bereiten ihnen Schwierigkeiten. Hier soll dieses Buch Hilfestellung geben.

Es wird immer wieder gesagt, das Frankreich-Geschäft stehe und falle mit den Leuten, die es führen. Dies bestätigt sich auch in meiner täglichen Arbeit, die in der Suche und Auswahl von Führungskräften für deutsche Firmen in Frankreich besteht. Für eine solche Aufgabe muß man mit den Anforderungen und Problemen vertraut sein, denen die Unternehmensführung in Frankreich täglich gegenübersteht. Die Erfassung der französischen Denk- und Verhaltensweisen ist dabei genauso wichtig wie die Kenntnis der Vorschriften, Informationsquellen und Entscheidungswege in Frankreich. Hierfür soll dieses Buch ein Arbeitsinstrument sein.

Ich stelle mir alle diejenigen als Leser vor, die in den Unternehmen Frankreich-Entscheidungen zu treffen und die Verantwortung dafür zu tragen haben, also die Mitglieder der Vorstände und Geschäftsleitungen, die Firmeninhaber und die Führungskräfte in Vertrieb, Marketing, Technik und Finanzen.

Jeder möge auf seine Weise Nutzen aus dem Buche ziehen, auch wenn er nicht auf alle Einzelfragen die Antwort darin findet. Wie er sich verhalten muß, um in Frankreich Erfolg zu haben, wird er daraus erkennen, besonders, wenn er auch zwischen den Zeilen zu lesen versteht. In diesem Sinne wünsche ich allen Lesern eine glückliche Hand für ihr Frankreich-Geschäft.

Paris, im Februar 1984

Klaus Walter Herterich

Vorwort zur zweiten Auflage

Seit dem Erscheinen der ersten Auflage ist in Frankreichs Wirtschaft eine Wende eingetreten. Der französische Staat hat 1986 seine Politik der Wirtschaftsbevormundung aufgegeben und den Liberalismus zur Leitlinie der Wirtschaft erklärt. Gleichzeitig hat sich Frankreich inzwischen zu Europa bekannt. Das brachte mit sich, daß manche Abschnitte aus der ersten Auflage dieses Buches gegenstandslos geworden sind, insbesondere was das Verhältnis zwischen Staat und Wirtschaft auf dem Gebiet des Arbeitsrechts, der Devisenbestimmungen und der Unternehmensführung betrifft. Hier erfolgte eine Neufassung. Auch der Tabellenteil wurde auf den neuesten Stand gebracht. Ferner enthält die vorliegende Auflage eine Anzahl von Ergänzungen, die aus anderen inzwischen erfolgten Veröffentlichungen des Verfassers übernommen worden sind. Auf die jeweiligen Quellen ist an den entsprechenden Stellen hingewiesen.

Die vorliegende Auflage erscheint gleichzeitig mit Blickrichtung auf 1992. Auf deutscher wie auf französischer Seite geht man aktiv an die Vorbereitungen zum Europäischen Binnenmarkt. Die vorliegende Auflage will den deutschen Unternehmen, die sich jetzt verstärkt dem französischen Markt zuwenden, dabei eine Arbeitshilfe und ein Nachschlagewerk sein.

Paris, im Mai 1989 — Klaus Walter Herterich

1. Das Gesicht Frankreichs

„La Grande Nation“

Erste Begegnung

Jedes Land hat sein Gesicht. Es wirkt am Anfang fremd auf uns wie ein Paßbild und oberflächlich wie eine Ansichtskarte. Beim Wiedersehen weckt es Erinnerungen, auch Vorurteile. Spricht man miteinander, beginnt es zu leben; eine Persönlichkeit taucht dahinter auf. Nehmen wir uns Zeit und Geduld dafür, so sind wir überrascht, was hinter dem Gesicht, das wir zu kennen glaubten, zum Vorschein kommt.

Das Gesicht Frankreichs trägt unverwechselbare Züge. Das empfindet der Reisende, wenn er durch das weite Land fährt. Verbringt er dort Ferien, so denkt er an die endlos scheinenden Sandstrände, an phantasiereich zelebrierte Menüs und an die selbstbewußte Gelassenheit der Menschen, denen er begegnet ist. Man kann später davon erzählen.

Aber das Erlebte auszudrücken, erweist sich als schwierig. Für das Besondere, das uns in Frankreich anrührt, fehlt oft das treffende Wort. Dann flüchten wir in Clichés und sagen „typisch französisch“. Ganz zufrieden sind wir damit nicht. Es kommt uns vor, als wolle sich das französische Wesen der Einordnung entziehen. Beim Versuch, einzelne Wesenszüge durch Erlebnisse zu beschreiben, stellen sich meist auch Gegenbeispiele ein. Jeder erlebt Frankreich auf andere Weise. Der Urlauber spricht anders über Frankreich als der Geschäftsmann, der Politiker anders als der Weinhändler, der Kulturliebhaber anders als der Verkaufsleiter einer Maschinenfabrik.

Eine eindrucksvolle Geschichte

Eine lange eindrucksvolle Geschichte prägt das Gesicht Frankreichs. Die Spuren der römischen Zivilisation, die Herrschaft der Karolinger- und der Bourbonenkönige, das Hofzeremoniell von Versailles, die Aufklärung und die Große Revolution, die Taten Napoleons, die Leistungen von Descartes, Rousseau, Voltaire, die Burgen und Schlösser und die Werke der Impressionisten, das alles findet in seinen Zügen Ausdruck. Seit den Karolingern galten die Kräfte Frankreichs der Stärkung und Einheit der Nation. Der kräftige Quell der Geschichte ist den Franzosen eine Wurzel ihres Wesens. Die großen geschichtlichen Ereignisse und Gestalten sind ihnen lebendig gegenwärtig. Ihre Geschichte macht es ihnen leicht. Es genügt, sich die Chronologie der Herrscher Frankreichs zu merken, und man hat das Wesentliche aus tausend Jahren französischer Geschichte.

Die „civilisation française“

Es reicht für das Verständnis Frankreichs nicht aus, seine äußeren Erscheinungen und Verhaltensformen zu kennen. Das französische Wesen entspringt einer eigenständigen, von der deutschen völlig verschiedenartigen Entwicklung. Der Versuch, Frankreich mit deutschen Maßstäben zu messen, muß zwangsläufig zu Irrtümern führen.

Seit nahezu tausend Jahren hat es Frankreich verstanden, seine Nation als Dasein, als Idee aufzufassen und darzustellen. Im Begriff der französischen Zivilisation, der über den Kulturbegriff gestellt wird, verkörpern sich für Frankreich die Ideale der Menschheit schlechthin. Die Zivilisation ist in französischer Auffassung die höchste Stufe der Menschheit und Frankreich ihr Symbol, Garant und Sendbote. Philosophie, Literatur, Kunst sind darin mit Lebensgenuß, Gastronomie und Naturverbundenheit und der über allem stehenden menschlichen Würde zu einer untrennbaren Einheit verschmolzen.

Der Garten der Welt

Frankreich, das Land Gottes – diese Vorstellung wurde durch Regierungen, Presse, Erziehungswesen zu allen Zeiten gefördert. Die vielfältigsten Argumente wurden dafür genutzt. Eine tiefe Verwurzelung des Franzosen mit seiner Erde kam dazu. Die Franzosen betrachten ihr Land seit alters her als von der Vorsehung auserwählt. Mit allen Schönheiten der Erde gesegnet, mit Felsküsten im Norden, Tannenwäldern in den Vogesen, Eisgipfeln in den Alpen und Orangenhainen im Süden ist es für sie der Garten der Welt.

Die germanische Sehnsucht nach dem Süden, überhaupt den Wandertrieb, kennt die französische Seele nicht. Der Franzose fühlt sich auf dem heimatlichen Stück bebauter Erde am wohlsten. Frankreich ist für ihn der Mittelpunkt der Welt. Er beurteilt die Geschehnisse „draußen", sofern er sich dafür interessiert, danach, ob und in welcher Beziehung sie zu Frankreich stehen.

Eine solche Seelenhaltung deutet auf Selbstgenügsamkeit hin. Franzosen sind für fremde Einflüsse oder Modeströmungen wenig anfällig. Sie verarbeiten sie allenfalls in ihr französisches Bewußtsein und annektieren sie. Wo der Germane aus Gegensätzen Spannung und Konflikte erzeugt, führt der Franzose Bindung und Ausgleich herbei. Kein Widerspruch ist ihm zu groß, als daß er nicht in seinem humanitären Menschheitsideal Platz hätte. Die Fähigkeit, Gegensätze in Harmonie zu vereinen, macht ihm erst den ganzen Menschen aus.

Akteure und Zuschauer

Durch alle Betrachtungen des französischen Wesens zieht sich das Bedürfnis der Franzosen nach Selbstdarstellung. Es ist mit dem Sendungsglauben, Botschafter der Menschheit zu sein, eng verbunden. Wo der Deutsche mit Sachlichkeit und Ordnung ans Werk geht, setzt sich der Franzose eloquent in Szene, sobald das Stichwort fällt. Sein Sinn für den richtigen Augenblick trügt ihn selten. So erreicht er mit spielerischer Leichtigkeit oft mehr als der fleißige Deutsche. Der

Vergleich mit dem Theater stellt sich ein: Wir können uns Frankreich als Bühne vorstellen, auf der die Franzosen ohne Unterlaß ihr eigenes Stück spielen. Es ist auf Effekt angelegt, überrascht mit immer neuen Wendungen, wird nie langweilig und heißt „La France".

Wer mit Frankreich geschäftlich zu tun hat, wird Zuschauer und Mitspieler dabei. Er muß über die Handlung, die Akteure und seine eigene Rolle Bescheid wissen, wenn er mitkommen will. Das erfordert Beobachtung und Einfühlungsvermögen. Aufs Hörensagen kann er sich dabei nicht verlassen. Er muß sich darauf einstellen, daß nach anderen Regeln gespielt und nach anderen Maßstäben gemessen wird.

Jeder Schritt des Entdeckens und Erkennens der französischen Seele bringt uns dem Verständnis für Frankreich näher und erleichtert die Zusammenarbeit mit den französischen Partnern. Die Franzosen werden uns die Mühe mit Achtung danken. Ernst und Anstand sollten unser wirtschaftliches Streben in Frankreich begleiten. Die wirtschaftliche Tätigkeit ist auf Dauer nur erfolgreich, wenn die beteiligten Menschen miteinander auskommen. Das sollte auch für unsere Beziehungen mit Franzosen Leitgedanke sein.

Entfernungen und Verkehrswege

Ein großes Land

„Was für ein großes Land!" denkt der Autofahrer, wenn er durch Frankreich reist. Die weite hügelige Landschaft will kein Ende nehmen. Aus der dichtbesiedelten Bundesrepublik kommend, empfindet er die Weite befreiend.

„Hexagone", das Sechseck, nennen die Franzosen ihr Land. Es hat in allen Richtungen rund tausend Kilometer Durchmesser. Von Straßburg nach Brest, von Lille nach Biarritz, von Dünkirchen nach Nizza sind es mit dem Wagen fast zwei Tagesreisen. Zum Vergleich: Die Bundesrepublik Deutschland mißt an ihrer breitesten Stelle in Ost-West-Richtung 450 Kilometer, an ihrer schmalsten 200. Nur in Nord-Süd-Richtung erreicht sie ebenfalls tausend Kilometer.

Die Franzosen sind diese Dimensionen gewohnt. Das lange Reisen in ihrem Land macht ihnen nichts aus. Viele fahren an langen Wochenenden mit Sack und Pack Hunderte von Kilometern aufs Land hinaus zur Familie. Reisevertreter sind stolz auf ihre jährlichen siebzigtausend Kilometer.

Wer in Frankreich geschäftlich unterwegs ist, muß mit diesen Entfernungen rechnen. Sie kosten Zeit und Geld. Vertreter brauchen länger für den Weg zum Kunden. Die längeren Reise- und Transportzeiten verkürzen die tatsächliche Arbeitszeit. Die französische Wirtschaft ist nach den Entfernungen ihres Landes organisiert.

Das Unterbewußtsein will die Hauptstadt Paris in den geographischen Mittelpunkt Frankreichs setzen. Der liegt aber im menschenleeren Departement Cher in einem Dorf namens Bruère-Allichamps, 30 km südlich von Bourges, wo ein römischer Meilenstein als „centre géographique de la France“ gilt. Paris liegt 260 km weiter nördlich, nur 200 km von der belgischen Grenze entfernt. Reisen Provinzfranzosen in die Hauptstadt, so sagen sie: „Je monte à Paris“, ich fahre *hinauf* nach Paris. Von Paris ist es näher nach London, Brüssel und Köln als nach Bordeaux, Toulouse und Marseille.

Straßenverbindungen

Nimmt man die Straßenkarte von Frankreich zur Hand, so stellt man fest, daß alle wichtigen Straßen auf Paris zulaufen oder von dort ausgehen. Genauso ist es mit den Eisenbahnlinien und Flugstrecken. Wie der Mittelpunkt eines Sterns oder wie eine Spinne im Netz sitzt Paris im Zentrum der Verkehrsverbindungen Frankreichs. Wer von Lille nach Limoges, von Reims nach Rennes, von Dieppe nach Dijon fahren will, kommt um Paris nicht herum, egal ob er das Auto, die Eisenbahn oder das Flugzeug nimmt.

Frankreich hat mit dem Bau von Autobahnen spät begonnen. Die älteste Strecke ist die Nord-Süd-Achse von Lille und Valenciennes (mit Anschluß von Brüssel und Aachen) über Paris nach Lyon und Marseille. Die Normandie-Autobahn von Paris nach Rouen und Caen, die Strecken Paris-Rennes, Paris-Bordeaux, die Mittelmeerstrecke Monte Carlo-Perpignan und die Querverbindung Bordeaux-Narbonne sowie die Strecken von Saarbrücken und Straßburg über Metz nach Paris und die Zufahrt über Mulhouse ins Rhônetal sind gerade zehn Jahre alt. Insgesamt existierten 1988 ca. 6300 km Autobahn gegenüber 8400 in der halb so großen Bundesrepublik. Die Autobahnen sind außerhalb der großen Städte gebührenpflichtig. Die Fahrt über Paris führt über den meist überfüllten Stadtautobahnring („Boulevard Périphérique“), einer Meisterleistung großstädtischer Verkehrsarchitektur. Ein größerer Umgehungsring weiter draußen vor Paris ist im Bau.

Den Bundesstraßen in Deutschland entsprechen in Frankreich die „Routes Nationales“. Sie gehen konzentrisch von Paris aus. Zentraler Meßpunkt ist der Vorplatz von Notre Dame. In der Provinz kann der Reisende von jeder größeren Kreuzung ablesen, wie weit er sich von Paris befindet. Übrigens soll er nicht rasen: auf Autobahnen darf er höchstens 130, auf den „Nationales“ 90, auf Ortsdurchfahren 60 Stundenkilometer fahren.

Bahnverbindungen

Für größere Strecken nach und in Frankreich ist die Bahn eine Überlegung wert. Von und nach Paris fahren zu praktischen Zeiten in allen Richtungen Fernzüge, die zu den schnellsten und pünktlichsten Europas gehören. Alle sechs Pariser Kopfbahnhöfe liegen nahe am Stadtzentrum. Sie haben keine direkte Verbindung untereinander, sind aber an das Bus- und U-Bahnnetz angeschlossen.

Wer von Paris mit der Bahn verreist, muß wissen, von welchem Bahnhof sein Zug abfährt. Das französische Kursbuchsystem ist nach der Streckenzugehörigkeit zum jeweiligen Pariser Bahnhof eingeteilt. Nach Deutschland fahren die Züge vom Nordbahnhof („Gare du Nord“) in Richtung Aachen-Köln und vom Ostbahnhof („Gare de l'Est“) in Richtung Saarbrücken-Frankfurt und Karlsruhe-Stuttgart.

Auf der Strecke Paris – Lyon – Marseille verkehrt der TGV (= „Train à grande vitesse“), mit 300 Stundenkilometern Spitzengeschwindigkeit. Anschlußstrecken bestehen nach den Richtungen Grenoble, Genf, Besançon. Das Streckennetz des TGV wird ständig ausgebaut. Der nächste Abschnitt ist die Strecke Paris – Bordeaux mit dem „TGV Atlantique“, er steht kurz vor der Fertigstellung. Geplant sind Paris – Aachen – Köln, Paris – Straßburg, Paris-Lille.

Flugverbindungen

Wer von Paris den Zug nimmt, hat aus dem Stadtzentrum den Vorteil kurzer Anfahrtzeiten. Nimmt er das Flugzeug, muß er sich anderthalb Stunden vor Abflug auf den Weg machen. Flughafen für internationale Flüge ist Roissy/Charles de Gaulle, 25 km nördlich von Paris. Die Lufthansa fliegt vom Terminal 1, Air France vom Terminal 2. Die Terminals liegen zwei Kilometer auseinander, haben eigene Parkhäuser und sind durch Busse verbunden, die auch einen Parkplatz für Dauerparker bedienen. Zwischen Flughafen und Stadtzentrum verkehrt eine Schnellbahn („Roissy-Rail“), die über die zentrale Métrostation „Châtelet/Les Halles“ an das U- und Schnellbahnnetz angeschlossen ist. Ferner besteht eine Air France-Zubringerverbindung zum Air Terminal an der Porte Maillot.

Nach Paris kann man von Bremen, Düsseldorf, Frankfurt, Hamburg, Hannover, Köln, München, Nürnberg, Stuttgart direkt fliegen, neuerdings auch von Berlin. Nach Nizza bestehen Direktverbindungen ab Berlin, Düsseldorf, Frankfurt, Hamburg, Köln, München, Stuttgart, nach Lyon von Berlin, Düsseldorf, Frankfurt und München, nach Marseille von Frankfurt und München. Weitere Direktverbindungen gibt es zwischen Frankfurt und Toulouse. Auf allen diesen Strecken, mit Ausnahme von Frankfurt – Paris, bestehen ferner Umsteigeverbindungen über Frankfurt bzw. von Berlin über Düsseldorf.

Flughafen für die meisten innerfranzösischen Flüge ist Orly West, 20 km südlich von Paris. Wer von internationalen Flügen kommend in die Provinz weiterfliegt, muß die 50 km lange Strecke von Roissy nach Orly mit dem Taxi oder dem Air France-Bus zurücklegen. Die innerfranzösischen Fluglinien werden von der staatlichen Gesellschaft Air Inter betrieben. In ihrem Streckennetz findet sich die sternförmige Zuordnung auf Paris wieder. Es werden regelmäßig ca. 30 Städte angeflogen.

Auf allen französischen Flughäfen findet man Mietwagengesellschaften.

Ein Problem sind regionale Querverbindungen (= „lignes transversales“), d. h. Reisen von einer Provinzstadt in eine andere. Wer von Lyon nach Tours oder von Nancy nach Clermont-Ferrand reisen muß, hat vorerst kaum eine andere Wahl, als den Weg über Paris zu nehmen. Das ist vielleicht nicht viel schneller, aber bequemer; alle guten Verbindungen laufen über Paris.

Wasserwege

Wer über Verkehrsverbindungen in Frankreich spricht, darf die Wasserwege nicht vergessen. Von den großen Flüssen ist die Seine von Rouen aufwärts bis Paris und die Rhône von Marseille bis Châlon-sur-Saône schiffbar. Auch die Mosel ist bis tief ins Land als Verkehrsweg wichtig. Im Nordosten durchzieht ein Netz von Kanälen das Land. Durch den Rhein-Rhône- und den Rhein-Marne-Kanal ist Frankreich an die Rheinschiffahrt angeschlossen. Von Frankfurt nach Paris könnte man zu Schiff reisen. Im Süden des Landes verbindet der pittoreske „Canal du Midi" den Atlantik mit dem Mittelmeer.

Die größten Seehäfen sind Dünkirchen, Calais, Le Havre, Toulon und Marseille; die größten Binnenhäfen sind Rouen, Paris und Bordeaux. Nach Südwesten hin ist Frankreich der Binnen-, aber auch der Seeschiffahrt verschlossen. Die Loire mit ihrem breiten sandigen Flußbett ist für die Schiffahrt ungeeignet. Vom gesamten Verkehrsvolumen werden nur 6 Prozent auf dem Wasserwege transportiert (Bundesrepublik: 20 Prozent).

Die Bevölkerung

Bevölkerungsverteilung

Der Reisende aus Deutschland fragt sich auf der Fahrt durch Frankreich: „Wo sind hier die Menschen?" Beim stundenlangen Fahren kommt er immer wieder an vereinzeltem Dorfgemäuer vorbei, aber nur selten stößt er auf größere Orte. Manche Landstriche und Ortschaften scheinen ausgestorben. Die Mauern der Dörfer scheinen seit Urzeiten mit den Äckern und Feldern verwachsen, viele sind halb zerfallen. Es ist nicht auf den Meter genau gepflügt; es kommt anscheinend nicht darauf an.

Frankreich ist doppelt so groß wie die Bundesrepublik Deutschland: 547000 Quadratkilometer gegenüber 249000. Es ist flächenmäßig das größte Land Europas. Auf dieser Fläche leben 5,4 Millionen Menschen weniger als in der Bundesrepublik: 55,6 gegenüber 61 Millionen. Das ergibt eine Bevölkerungsdichte von 102 Einwohnern pro Quadratkilometer gegenüber 245 in Deutschland. Ein Franzose hat mehr Platz als ein Bundesbürger; er hat zweieinhalbmal so viel Raum zum Atmen, Radfahren, Ballspielen, zum Anbauen von Weizen und Wein, doppelt so viel „Freizeitwert". Das bedeutet auch größere Entfernungen von Mensch zu Mensch, von Kunden zu Kunden. Ein Handelsreisender braucht für die gleiche Kundenzahl doppelt so viel Benzin und Hotelübernachtungen wie sein Kollege in Deutschland.

Von den knapp 56 Millionen Franzosen leben über 10 Millionen, ein Fünftel der Bevölkerung, im Raum Paris. Das macht die Siedlungsdichte draußen im Land noch dünner. Im Zentrum Frankreichs und im Südwesten sind weite Landstriche nur spärlich besiedelt. Dort verfallen ganze Dörfer. Dagegen wächst in Paris die Menschendichte katastrophal an. Hier leben über 20000 Menschen auf einem Quadratkilometer.

Neben Paris haben nur Lyon und Marseille mehr als eine Million Einwohner (Lyon 1200000, Marseille 1100000); Lille hat 936000, Bordeaux 640000 und Toulouse 541000. Damit hat Frankreich sechs Städte mit mehr als einer halben Million. Die Bundesrepublik hat davon ein Dutzend. Dafür hat sie keine Stadt wie Paris.

Zieht man eine Linie von Le Havre nach Marseille, so liegt rechts oder nordöstlich davon ein Drittel der Fläche Frankreichs, aber dort leben zwei Drittel der Bevölkerung. Ein Verkaufsleiter braucht sich, vereinfacht gesagt, nur um das rechte obere Drittel Frankreichs zu kümmern, wenn er den französischen Markt in den Griff bekommen will. Die Gebiete unterhalb oder südwestlich von dieser Linie sind dünn besiedelt; manches Unternehmen hat noch nie einen Vertreter hingeschickt, weil es sich von der Kaufkraft her nicht lohnt. Das sind flächenmäßig zwei Drittel Frankreichs. Hier ruht Frankreichs Provinz beschaulich und unberührt wie in alter Zeit. Wer nach Limoges oder Albi reist, fühlt sich vom wirtschaftlichen Alltag einer modernen Industrienation in vergangene Zeiten versetzt.

Bevölkerungsstruktur

Von den 55,6 Millionen Franzosen sind 23,6 Millionen berufstätig. Das sind 42,4 Prozent (Bundesrepublik: 47,2 Prozent). Davon sind knapp 40 Prozent in der Industrie tätig (Bundesrepublik: 45 Prozent). Etwa über 1,5 Millionen = 6,4 Prozent der Erwerbstätigen sind Ausländer (Bundesrepublik: 6,7 Prozent).

Insgesamt leben in Frankreich offiziell 4,4 Millionen Ausländer (= 7,9 Prozent), davon 19 Prozent Portugiesen, 16 Prozent Algerier, 13 Prozent Marokkaner, 9 Prozent Italiener, 8 Prozent Spanier, 5 Prozent Tunesier, 4 Prozent aus den übrigen europäischen Ländern einschließlich Deutschen.

Frankreichs Bevölkerung ist jünger als diejenige der Bundesrepublik: 21,2 Prozent sind unter 15 Jahren alt (Bundesrepublik: 15,1 Prozent), 13,0 Prozent älter als 65 Jahre (Bundesrepublik: 14,8 Prozent). Frankreich ist kinderfreudiger als die Bundesrepublik: die Geburtenrate beträgt 14,1 Prozent (Bundesrepublik: 9,6 Prozent). Bevölkerungsstatistiken sagen für Frankreich ein weiteres Anwachsen auf 58 Millionen voraus. In der Bundesrepublik Deutschland ist eine Schrumpfung im Gange. Es ist wahrscheinlich, daß es in 20 Jahren mehr Franzosen als (West-)Deutsche geben wird.

Die Landschaft

Geographische Gestalt

Eine sanft gewellte Hügellandschaft aus Wiesen und Feldern, von kugeligem Laubwald dekorativ gegliedert, bedeckt nahezu drei Viertel der Oberfläche Frankreichs. Sie ist das typische Erscheinungsbild des Landes, das trotz vieler Gegensätze von harmonischer Ausgeglichenheit geprägt ist und die liebevolle Bezeichnung „la douce France“ mit Recht trägt.

Natürliche Grenzen rahmen das Land auf fast allen Seiten ein. Im Nordosten ist der Rhein Staatsgrenze. Das Elsaß und die Vogesen, das geographische Gegenstück zum Schwarzwald und zum badischen Land, bilden eine Art Vorzimmer zu Deutschland. Südlich davon ragt der Jura, die Fortsetzung der Schwäbischen Alb, bis Lyon ins Land hinein und bildet den Abschluß zur Schweiz. Er geht beim Genfer See in die Savoyer Alpen über, die mit dem Mont Blanc-Massiv zu den großartigsten Gebirgszügen und den schönsten Skigebieten Europas gehören. Die französischen Alpen ziehen sich bis Menton zum Mittelmeer und schließen das Land gegen Italien ab. Mit den Pyrenäen hat Frankreich auch gegen Spanien eine natürliche Grenze.

Drei Seiten des „Hexagons“ sind Meeresküsten: Nordsee, Atlantik und Mittelmeer. Obwohl Frankreich nie eine Nation von Seefahrern war, ist das Meer ein wesentlicher Bestandteil französischen Lebens. Fischerei, Ferienstrände, Segelsport sind nicht von Frankreich wegzudenken. Dazu kommen die strategischen Kriegshäfen Dünkirchen, Cherbourg, Brest und La Rochelle. Eine Zeitlang gab es sogar ein eigenes Meerministerium.

Im Norden geht Frankreich flach nach Belgien über. Die Ardennen und die Argonnen erreichen nur Mittelgebirgshöhe. Im Zentrum des Landes, in der Auvergne, ragt das Zentralmassiv mit seinen urzeitlichen Vulkankegeln bis 2000 Meter auf. Ansonsten liegt Frankreich im Landesinnern nur wenig über Meereshöhe. Paris liegt 49 Meter über dem Meer.

Ein mildes Klima verwöhnt das Land, vor allem südlich der Loire, die als Schönwettergrenze gilt. Wer in Roissy aus dem Flugzeug steigt, findet ein um drei bis fünf Grad wärmeres Wetter als in der Bundesrepublik vor. In der Provence und im Languedoc ist acht Monate im Jahr Erntezeit. Der französische Mensch ist dankbar für sein Klima; Wärme ist für sein Temperament lebensnotwendig. Von Deutschland sagt er: „Es ist kalt bei euch im Osten!“

Zum Gesicht Frankreichs gehören auch die Weinberghügel der Champagne, in Burgund und im Loiretal, die Weinebenen um Bordeaux und in der Provence, die Steilküste der Normandie, der endlose Sandsaum der Atlantikküste, die Kiefernheide der „Landes“, die steppenartige Camargue und die noble Côte d'Azur. Nicht fehlen dürfen die über das ganze Land verstreuten Burgen und Kathedralen, die Schlösser des Loiretals, die römischen Ruinen zwischen Nîmes und Avignon, die Steinzeichnungen der Dordogne-Höhlen und die vorzeitlichen Steindenkmäler der Bretagne. Verschwenderisch wartet Frankreich mit historischen Schätzen auf. Manches Kleinod, in kaum einem Reiseführer erwähnt, entdeckt der durch das Land reisende Besucher nur durch Zufall.

Landschaftsbezeichnungen

Für den Außenstehenden sind die französischen Landschaftsbezeichnungen verwirrend. Die Departements sind in Wirklichkeit künstlich geschaffene Verwaltungsgebilde, die sich nur in wenigen Fällen mit den natürlichen landschaftlichen Gegebenheiten decken. Demzufolge treffen auch die Namen der Regionen nicht genau mit den geographischen Gebietsgrenzen zusammen.

Daneben werden die alten Landschaftsnamen gebraucht, die man auch in Deutschland kennt, wie die Gascogne, das Hinterland von Bordeaux, die Sologne mit ihren Jagdrevieren, das Périgord, durch Trüffeln und Gänseleberpastete bekannt, die Beauce, die Kornkammer um Orléans, die wilde Camargue mit ihren Pferden, die Gegend des Brie östlich von Paris, wo der gleichnamige Käse herkommt: abgrenzbare Gebiete mit typischen Landschaftsformen und Volksbräuchen, die aber bei der Verwaltungsgliederung nicht berücksichtigt worden sind, ebenso wie die früheren Grafschaften Berry, Valois, Vexin, Velay. Frankreich hat mit seinen Landschaftsbezeichnungen immer wieder herumexperimentiert. Die jetzige Departements- und Regionaleinteilung hat sich aber inzwischen so eingebürgert, daß sie nicht so leicht wieder umzustoßen sein wird.

Verwaltungsgliederung

Die Departements

Frankreich hat seit den Kapetingern sein Regierungszentrum in Paris. Durch Jahrhunderte wurde Frankreich zentral von Paris regiert. Bundesstaaten oder Länderregierungen kannte Frankreich nicht. Föderalismus und Dezentralisation sind der französischen Nationalidee fremd. Wenn auch immer wieder nach Dezentralisierung gerufen wurde, so blieb sie doch stets im rhetorischen Ansatz stecken.

Napoleon hatte im Jahr 1790 das Land in Verwaltungsbezirke (= „départements") eingeteilt und an deren Spitze Polizeipräfekten gesetzt. An diesem Prinzip hat sich bis heute nichts geändert. Die heute 95 Departements sind nach einem Fluß oder einer charakteristischen Landschaft benannt und alphabetisch durchnumeriert. Die zweistellige Departementnummer ist zugleich Postleitbezirk und Kraftfahrzeugkennzeichen.[1]

Jedes Departement ist in mehrere Kantone aufgeteilt. Jeweils mehrere Departements sind zu insgesamt 22 Regionen (= „régions") wie Bourgogne, Bretagne zusammengefaßt, die seit 1983 als oberste Verwaltungsinstanz einen Regionalrat (= „conseil régional") haben. Stadt- und Gemeindeverwaltungen können nennenswerte Entscheidungen nicht ohne Zustimmung des Präfekten bzw. des

1 Siehe Tabelle 4, Seite 306.

Regionalrats treffen. Diese wiederum haben sich der Genehmigung der zentralen Stellen in Paris zu versichern.

Paris und Provinz

Ständiger Bestandteil der innenpolitischen Entwicklung Frankreichs war der Widerstreit zwischen der Hauptstadt Paris und der Provinz. Stets war Paris die Wortführerin der Politik, stets hatten die Provinzen ihr diese Rolle geneidet. Aller Glanz Frankreichs strahlte von Paris aus, und stets spielte die Provinz eine wider Willen rückständige Rolle. Provinziell ist, wer die Nase nicht im Wind hat. Und voll Bewunderung schaut man von draußen „hinauf“ nach Paris, ahmt nach, was dort zur Tagesmode erklärt wird und fährt, so oft es die Gelegenheit ergibt, selber hin, um sich am lärmenden Glanz der hochmütigen „Capitale“ wieder für einige Zeit zu stärken.

Alles, was in Frankreich Bedeutung hat, wird durch ein Wort entschieden, das in Paris gesprochen wird. Dort sitzt die Elite der Nation, die sich berufen fühlt, die Geschicke Frankreichs bis in den letzten Zipfel der Provinz zu lenken. Um Frankreich zu regieren, genügte es zu allen Zeiten, die Schalthebel von Paris in der Hand zu haben.

Die französische Sprache

Mehr als irgendein Volk drückt Frankreich sein Wesen in seiner Sprache aus. Französisch ist die Sprache der Diplomaten und Inbegriff für kultivierte Lebensart. Gehobene Schichten ganzer Völker haben sich des Französischen befleißigt. Der Umgang mit Menschen und mit menschlicher Kultur geht in Französisch feiner, eleganter und unverbindlicher vonstatten als in einer anderen Sprache.

Es sei im Französischen unmöglich, sich schlecht auszudrücken, sagte Egon Friedell. Auch Franzosen einfacher Herkunft beherrschen wohlklingende Wendungen. Die französische Sprache hat die Kultur Frankreichs im Ansehen der Welt zum Vorbild erhoben. Sie ist selbst Kultur. Sie hat in ihrer Formvollendung die Bewunderung ganzer Epochen hervorgerufen. Das hat das Selbstbewußtsein der Franzosen gehoben und es ihnen selbstverständlich gemacht, daß sie ihrer Sprache wegen von den Völkern der Welt bewundert werden.

Die Institutionen Frankreichs haben dies nach Kräften gefördert. Die „Académie Française“ wacht mit Strenge über der Reinheit der Sprache. 1966 wurde ein Hohes Komitee der französischen Sprache gegründet. Seither sind zahlreiche Erlasse erschienen, die für bestimmte Fachgebiete vorschreiben, inwieweit das Vokabular an die moderne Welt angepaßt werden darf. Sie sollen dafür sorgen, daß die Sprache nicht zu sehr von Fremdwörtern durchsetzt wird. Für einzelne Berufsgruppen wurden statt der international üblichen englischen Ausdrücke französische Begriffe vorgeschrieben. Statt „software“ soll „logiciel“, statt

„doping“ „dopage“, statt „engineering“ „ingénierie“ gesagt werden. Die Liste umfaßt rund 2000 Wörter. In Verträgen, Werbetexten, Anzeigen dürfen nichtfranzösische Ausdrücke nur verwendet werden, wenn es kein gleichwertiges französisches Wort gibt. Wörter wie „handball“, „rugby“ und „schnaps“ sind jedoch bis heute unübersetzbar geblieben.

Die Hochsprache wird im täglichen Sprachgebrauch von Umgangswörtern und Sprachschlampereien durchsetzt, die meist nur versteht, wer ständig in der Sprache lebt. Damit ist nicht das „argot“, die Gaunersprache, gemeint, wenn auch daraus ständig Ausdrücke in die normale Sprache übergehen. Es handelt sich vielmehr um Wortzusammenziehungen und umgangssprachliche Abkürzungen, von denen es vor allem in der Pariser Umgangssprache wimmelt. Sie werden an keiner Schule gelehrt, von jedem Durchschnittspariser täglich verwendet und machen dem Ausländer das Leben schwer.

Sprache ist Selbstzweck, Konversationsgegenstand, Ausdruck der Höflichkeit, Beweis des Bildungsniveaus. Oft entfernt sich das gesprochene Wort von dem Tatbestand, den es ausdrücken soll. Der Besucher aus Deutschland sitzt hilflos oder amüsiert daneben, wenn sich zwei Franzosen in Sprachspielereien ergehen, wo es beispielsweise nur darum geht, auf eine Frage mit ja oder nein zu antworten. „Warum schwätzet denn die so viel?“ fragte eine alte Dame aus dem Schwäbischen, als sie in einer Pariser Confiserie dem Kauf einer Schachtel Pralinen beiwohnte.

Innerhalb Frankreichs bestehen starke regionale Unterschiede. Wer einen Franzosen aus Lille und einen aus Avignon hört, meint, es würden zwei Sprachen gesprochen. Leicht erkennt man den Südfranzosen an seinem singenden Akzent. „L'accent du midi“, das Franco-provenzalische beherrscht die südliche Hälfte Frankreichs. Die Sprachgrenze verläuft etwa auf der Linie Genf – Lyon – Bordeaux. Echte Dialekte werden im Elsaß und auf Korsika gesprochen. Bretonisch, Baskisch und Okzitanisch (Languedoc) sind eigene Sprachen, die um ihr Überleben kämpfen. Paris sieht das Unabhängigkeitsstreben der regionalen Minderheiten ungern.

Französisches Nationalbewußtsein

Nationalstolz

„Je suis Français!“ sagt der Franzose stolz und selbstbewußt. „La France“ ist mehr als eine Landesbezeichnung, es ist ein Mythos, eine überdimensionale Gestalt mit Glorienschein, die aus einem unergründlichen Füllhorn Kraft und Daseinsfreude spendet und jeden Franzosen mit Seelenglut erfüllt.

Der Historiker Michelet hat gesagt: „England ist ein Imperium; Deutschland ein Land, eine Rasse; Frankreich ist eine Person.“ Kein Politiker versäumt es, bei historischen Gelegenheiten die Seele des Volks anzurufen, und stets kann er der dankbaren Zustimmung der Franzosen sicher sein, wenn bei großen Anlässen der Aufruf an „La Grande Nation“ erschallt und die Rede in einem pathetischen „Vive la France!“ ihren Schlußpunkt erreicht. In welchem anderen Land wäre es denkbar, daß ein Staatspräsident seine Silvesteransprache mit den Worten beschließt: „Ich wünsche Ihnen, daß Sie auch im neuen Jahr glücklich sein mögen, Franzose zu sein!“?

Freiheits- und Traditionsbewußtsein

Was Friedrich der Große für die Deutschen angestrebt hatte, wurde in Frankreich Wirklichkeit: Jeder kann hier nach seiner Façon selig werden. Wir bewundern den Individualismus der Franzosen, ihre offenbar natürliche Begabung für innere Freiheit. Daß sie Freiheit *empfinden,* darauf kommt es an, selbst wenn sie äußerlich nicht freier sind als ein anderes Volk.

Ihre Verwurzelung in der Geschichte ist eine wichtige Voraussetzung dafür. Franzosen hängen viel mehr am Althergebrachten. Sie messen der Vergangenheit einen höheren Wert zu als die Deutschen. Sie haben nicht die alten Fassaden eingerissen. Sie bewahren die Möbel der Ahnen sorgfältig auf und halten die Familientradition in Ehren. Besonders in der Provinz ist die Tradition fest verwurzelt.

Doch ist auch der Franzose gegen die Einflüsse der modernen Zivilisation nicht gefeit. Fernsehen und Autofahren sind die Freizeitbeschäftigungen der Masse. Man fragt sich, wo der Individualismus bleibt, wenn alljährlich bei Ferienbeginn Millionen Franzosen zur gleichen Zeit ins Auto steigen, um sich auf denselben Autobahnen und Mittelmeerstränden wiederzufinden. Und trotz allen gastronomischen Glorienscheins ist „steak frites“ (Steak mit Pommes Frites) das fast täglich verzehrte eintönige Nationalgericht.

Romanen und Katholiken

Gewöhnlich rechnet man die Franzosen der romanischen Rasse und Kultur zu. Diese Vereinfachung stimmt nicht ganz. In Wirklichkeit sind die Franzosen ein Mischvolk, das Züge des mediterranen, des alpinen und des nordischen Typs trägt. Ihre Vorfahren sind die als Kelten oder Gallier bezeichneten Ureinwohner des Landes, die während der jahrhundertelangen Besetzung durch die Römer in Sprache, Kultur und Lebensweise Elemente römischer Herkunft angenommen hatten. Dazu traten während der Normannen-Einfälle nordische und unter der Herrschaft der Frankenkönige fränkische und alemannische Elemente.

Die Franzosen bezeichnen sich selbst gern als „latins“, als ein lateinisches Volk. In Kultur, Recht, Lebensgewohnheiten fühlen sie sich der romanischen Welt am wärmsten verbunden. Zum germanischen Wesen empfinden sie im Inneren eine deutliche Grenze.

Rassentheorien haben in Frankreich nie Bedeutung erlangt. Stets hat Frankreich fremdländische Elemente angezogen und aufgenommen, insbesondere aus dem afrikanischen Kontinent. In Paris leben Menschen aller Rassen in Koexistenz mit Franzosen. Der Respekt vor dem Menschen steht ihnen höher als alle

Rassenerwägungen. Mit den ehemaligen Kolonien in Afrika und Asien verbindet sie eine tiefe gefühlsmäßige Neigung. Schwarze Staatspräsidenten wie Leopold Sédar Senghor (Senegal) oder Felix Houphouet Boigny (Elfenbeinküste) sind populäre Gestalten in Frankreich.

93 Prozent der Franzosen sind katholisch. Die Trennung von Kirche und Staat zu Beginn dieses Jahrhunderts hat zu einem weltlichen Katholizismus geführt. Je 3 Prozent der Bevölkerung sind Juden und Protestanten. Mit der Widerrufung des Edikts von Nantes im Jahre 1685 sind die Triebkräfte der protestantischen Ethik in Frankreich frühzeitig verlorengegangen. Der französische Mensch braucht sich zur Erlangung des ewigen Heils nicht der rastlosen gottgefälligen Tätigkeit zu unterwerfen; er darf sich ohne Gewissensqualen dem Genusse des Lebens hingeben, während der Protestant nüchtern schafft. „Man lebt nur einmal", sagt der Franzose entschuldigend, wenn er sich für sündhaftes Geld flüchtigen Luxus leistet.

Paris: Zentrum Frankreichs

Audienzsaal der Welt

Paris ist eine Reise wert, sagen die Reiseveranstalter. Schon der Name der Stadt klingt verführerisch. Er übt besonders auf Deutsche eine tiefe Anziehung aus, der mit Vernunft nicht beizukommen ist. Der Klang der Sprache verstärkt den Zauber.

Also fährt man hin, wann immer sich Gelegenheit bietet, läßt Notre Dame, Triumphbogen und Eiffelturm auf sich wirken und fährt dann immer wieder hin mit dem Gefühl, beim letzten Mal vieles versäumt zu haben. Im Laufe der Zeit lernt man die Sainte Chapelle, das Centre Pompidou, das Musée d'Orsay und die Rue Mouffetard kennen. Die Unbequemlichkeit des Hotelzimmers und den Service im Bistro verschweigt man höflichkeitshalber.

Paris ist nie etwas anderes gewesen als Hauptstadt. Sie ist ihrer Rolle stets mit Bravour gerecht geworden. Daß Paris etwas anderes als Empfangs- und Repräsentationssalon der Nation sein könnte, kam Franzosen wie ausländischen Völkern nie in den Sinn. So wurde es selbstverständlich, daß die Regierenden Frankreichs stets danach strebten, ihre Stadt zur schönsten, reichsten und prächtigsten auszustatten.

Tagelang kann der Besucher die Stadt durchstreifen, um die wichtigsten Sehenswürdigkeiten zu erleben: Museen, Kathedralen, Paläste, Wahrzeichen, Boulevards. Immer wieder tun sich vor dem Betrachter überraschende, eindrucksvolle Durchblicke auf; des Fotografierens ist kein Ende. Den Besucher nimmt die Stimmung gefangen, die von Fassaden, Boutiquen, Ladenpassagen und Straßenmärkten ausgeht. Manches findet man so nirgends in der Welt: die Bouquinisten, das nächtliche Lichtermeer der „Place de la Concorde", den Durchblick vom Louvre über die Champs Elysées zum Triumphbogen. Für viele ist das nächtliche Paris Höhepunkt des touristischen Erlebens. Ein Hauch von Noblesse und Nonchalance könnte über all dem liegen, wenn nicht Millionen Autos die Stadt alltäglich in eine lärmende Hölle verwandeln würden.

Die Pariser selbst nehmen die Bewunderung der Welt mit Gelassenheit zur Kenntnis. Die Straßen von Paris waren oft Schauplatz der französischen Geschichte, zuletzt im Mai 1968. Demonstrationen, Kundgebungen, Sprechchöre gehören zum täglichen Geschehen. Paris ist im Kriege vor der Zerstörung bewahrt geblieben. Heute investiert man Unsummen, um beim Umbau der Bürohäuser die alten Fassaden zu erhalten.

„Paris, c'est la France"

„Paris, c'est la France", heißt es. Um Frankreich kennenzulernen, genüge es, Paris zu kennen. Aber was wäre Paris ohne sein riesiges Hinterland, die Provinz? Die Pariser würden es auf Dauer gar nicht aushalten in ihrer Stadt. An langen Wochenenden strömen Hunderttausende hinaus aufs Land, froh, der Stadt eine Zeitlang den Rücken zu kehren.

Paris, das sind heute 10 Millionen Einwohner, davon 2,2 Millionen im eigentlichen Stadtkern, der größere Teil in den angrenzenden Vororten, die sich wie ein riesiger Teig immer weiter nach draußen breiten. Paris „intra muros" besteht aus 20 Stadtbezirken („Arrondissements"), die schneckenhausartig im Uhrzeigersinn angeordnet sind. Die „besseren" Arrondissements liegen am westlichen Rand, also das 8. Arrondissement mit Elysée-Palast, Botschaften, Geschäftsvierteln und Luxusgeschäften und das noble 16. Arrondissement am „Bois de Boulogne". Die Wohn- und Arbeiterviertel liegen in den nördlichen, östlichen und südlichen Randbezirken.

Jeder Stadtteil hat sein eigenes Gepräge. Einzelne Gewerbezweige sind auf wenige Straßen konzentriert, so die Juweliere an der „Place Vendôme", die Textilhändler im „Sentier", die Optiker und Silberschmiede im „Marais", die Möbelhändler im „Faubourg Saint Antoine".

Die Seine schafft eine weitere Unterscheidung: auf der „Rive droite" befinden sich die Geschäftsviertel mit Börse und Banken; auf der „Rive gauche" liegt das Universitäts- und Studentenviertel, die Sorbonne und das Quartier Latin mit unzähligen Kneipen und Kabaretts.

Paris ist Sammelbecken der französischen Provinzen. Aus allen Himmelsrichtungen zieht es den Provinzfranzosen in die Haupstadt. Im Magnetfeld der Informations- und Entscheidungszentren übt er seine Geschäfte aus. Hier verdient der Politiker wie der Angestellte sein Geld. Die wenigsten Pariser stammen aus Paris selbst. Der größte Teil der Krämer und Bistro-Besitzer kommt aus der Auvergne. Sie haben sogar eine eigene Zeitung: „L'Auvergnat de Paris". Die Provinz stellt auch den Nachwuchs des unteren und mittleren Beamtenstands in Paris.

So ist auch die Umkehrung des Spruchs richtig: „La France, c'est Paris".

Der Großraum Paris

Der Stadtkern mit den 20 Bezirken mißt 10 Kilometer im Durchmesser, ist 105 Quadratkilometer groß und hat 2086000 Einwohner[2]. Das ergibt eine statistische Bevölkerungsdichte von 19860 Menschen pro Quadratkilometer! Doch wer Paris sagt, meint heute die „Région parisienne", den Pariser Großraum mit den Randbezirken, 50 Kilometern Durchmesser und 2500 Quadratkilometern Oberfläche. Eine Sonderstellung nimmt der Stadtteil „La Défense" im Westen ein: ein Manhattan mit den höchsten Bürohäusern und den höchsten Quadratmeterpreisen Frankreichs.

Die Vororte gehörten früher zum Verwaltungsbezirk Paris, dem ehemaligen Departement 75 „Seine". Sie wurden wegen zunehmender Unregierbarkeit aus der städtischen Verwaltung herausgelöst und in eigene Bezirke aufgeteilt. Heute sind sie an den damals neugeschaffenen Departement-Nummern 91 bis 95 erkennbar. Die angrenzenden Departements 78 „Yvelines" (Versailles) im Westen und 77 „Seine et Marne" (Melun) im Osten werden zum Großraum Paris mitgezählt. Die verwaltungsmäßige Bezeichnung der Region Parisienne heißt „Ile de France".

Arbeitsplatz Paris

Die Zentralisierung der Regierung und der Behörden in Paris hat es mit sich gebracht, daß sich auch die Wirtschaft, die Finanzwelt, Verbände und Institutionen aller Art, das Presse- und Informationswesen, in Paris angesiedelt haben. Die meisten großen Unternehmen und alle bedeutenden Banken sitzen hier.

Für viele Firmen ist es zur Notwendigkeit geworden, in Paris ansässig zu sein oder zumindest ein Büro zu haben. Hier hat man den Zugriff zu allen Informationen, hier erscheinen die Zeitungen einen halben Tag früher als in der Provinz, hier ist man „in" und gehört dazu. Wer etwas gelten will, hat eine Adresse in Paris. Dies hat zu einer katastrophalen Überlastung des Pariser Großraums geführt. Es fehlt an Büroräumen, an Parkplätzen, an Luft.

Zweimal am Tag findet hier eine organisierte Völkerwanderung statt. Millionen Pariser begeben sich morgens mit Bahn, Bus, Métro zur Arbeit und abends wieder nach Hause, kreuz und quer durch das Verkehrsgewirr, unter unzumutbaren Bedingungen. Eine Stunde Fahrzeit im Berufsverkehr ist keine Seltenheit. Geringfügige Verkehrsstörungen können zu katastrophalen Verspätungen führen.

Die Arbeitszeit beginnt zwischen 8.15 und 9 Uhr. Die Chefs kommen entweder vor 7 Uhr, solange man mit dem Wagen noch durchkommt, meistens aber später, wenn sich das Getümmel wieder verlaufen hat. Doch sind dann alle Parkplätze schon besetzt. Die Zeiten kostenlosen Parkens sind längst vorbei.

Vor 9 Uhr findet man kaum Gesprächspartner vor. Will ein Geschäftsmann einen Termin um 8 Uhr ausmachen, so muß er sich fast dafür entschuldigen.

---

2 Stand 1987, Quelle: INSEE.

Dafür sind die meisten Chefs abends um 19 Uhr noch da. Die wichtigsten geschäftlichen Entscheidungen werden am Telefon oder beim Mittagessen getroffen. Es ist unglaublich, wieviel in Paris telefoniert wird. Das Telefonnetz ist immer noch überlastet, die Restaurants und Bistros um die Mittagszeit ebenso. Die Hunderte Pariser Restaurants, vor allem die mit Sternen und Kochmütze ausgezeichneten, sind mittags bis auf den letzten engen Platz mit Herren besetzt, die Geschäftliches „entre la poire et le fromage" fördern wollen.

Die Pariser machen sich einen Sport daraus, mit diesen Zuständen zu leben. Sie sammeln Strafzettel, finden Platz in der kleinsten Parklücke und lesen, wenn sie abends im ersten Gang nach Hause fahren, „Le Monde" oder „France-Soir". Der Reisende aus Deutschland aber verzweifelt, wenn er um den Triumphbogen herumfahren soll und ist froh, wenn er ohne Blechschaden davongekommen ist.

2. Umgang mit Franzosen

Deutsche Schwierigkeiten

„Werden wir Deutsche je einen Franzosen verstehen?" fragte Max Eyth, als er 1878 an der Pariser Weltausstellung teilnahm. Fragen heute deutsche Unternehmer genauso, die an der „Porte de Versailles" Werkzeugmaschinen oder elektronische Bauelemente ausstellen?

Der Umgang mit Franzosen ist den Deutschen stets schwergefallen. Oft war die Fehleinschätzung des französischen Wesens die Ursache. Man urteilte nach der spielerisch glänzenden Oberfläche und übersah den eigentlichen Kern: die auf Sicherheit zielende französische Zurückhaltung, die Scheu, sich festzulegen. Die Folge waren betrogene Hoffnung und enttäuschte Gutwilligkeit. Wollte man wissen, woran man ist mit den Franzosen, so erhielt man nie eine eindeutige Antwort.

Der Umgang mit Franzosen erfordert die wendige Höflichkeit des Diplomaten, die Leichtigkeit des Lebenskünstlers, die Beharrlichkeit des Missionars und den Gleichmut des Weisen. Diese Aufzählung ist vermutlich unvollständig, aber sie enthält das Wesentliche. Mit Ausnahme der Beharrlichkeit sind den meisten Deutschen diese Eigenschaften nicht in die Wiege gelegt. Das macht ihnen zu schaffen beim Umgang mit Franzosen.

Wer wollte mit Franzosen eine gemeinsame Leistung vollbringen, wenn er sich zäh in das Problem verbeißt, wo der Franzose leichtfüßig von einer Idee zur anderen springt? Wer wollte von Franzosen ernst genommen werden, der nicht jederzeit über die unverbindlichste Höflichkeitsfloskel verfügt?

Da hat der Deutsche gegenüber dem Franzosen nicht immer den besten Stand. Im Geschäft hält er es mit der direkten Methode. Er will Taten sehen und strebt geradewegs nach Umsatz und Gewinn, Komplimente hin oder her. Seine Beharrlichkeit schlägt in Ärger um, wenn er ein vereinbart geglaubtes Ziel im französischen Wirbel der Worte wieder entschwinden sieht.

Unternehmen aus der Bundesrepublik berichten immer wieder, nicht die andersartigen Vorschriften seien es, die ihnen das Wirtschaften in Frankreich erschweren, sondern das Verhalten der französischen Partner. Es sei schwierig, die Franzosen „in den Griff zu bekommen", sie in ihrer Reaktion einzuschätzen und ihr Verhalten an den gewohnten kaufmännischen Maßstäben zu messen. „Die Franzosen verstehen unter Geschäft anscheinend etwas anderes als wir."

Viele Firmen empfinden gegenüber ihrem Frankreich-Geschäft Unsicherheit. Manche leiden an Frankreich. Sie spüren, daß sie nicht so vorankommen, wie sie eigentlich möchten. Der Absatzmarkt ist groß, der Bedarf ist vorhanden, die Rechts- und Verwaltungsvorschriften kennt man einigermaßen oder kann dafür fachlichen Rat hinzuziehen. Also braucht man's nur noch zu tun, sollte man denken. Aber dem praktischen Machen steht immer wieder ein unkalkulierbares Hindernis im Weg: der menschliche Faktor à la française.

Die Welt der Franzosen

Französische Lebensauffassung

Mit dem Menschen sollten wir bei unserer Geschäftstätigkeit in Frankreich ganz besonders rechnen. Ist nicht das freiheitliche Menschentum ein Ideal, nach dem wir alle mit Sehnsucht streben? Gerade in der verwalteten und von Informationsterror zerstörten Welt ist der Mensch wieder gefragt. Mensch-Sein enthält ja nicht nur den Risikofaktor des „menschlichen Versagens", sondern auch die viel wichtigere positive Komponente: die Möglichkeit, Großes zu schaffen, die Freude am Erfolg, das Über-den-Dingen-Stehen, die Fähigkeit, Unvorhergesehenes zu meistern.

Da könnte die französische Lebensauffassung ein Anhaltspunkt sein. Wer hat nicht aus Frankreich-Reisen Erinnerungen an Begegnungen mit französischen Menschen mitgebracht? „Typisch französisch", sagt man hinterher und meint den Franzosen, der gelassen seiner Beschäftigung nachgeht, sich des Lebens freut und die anderen ihrer Wege gehen läßt. Die Kunst zu leben und zu genießen ist es, die wir am französischen Wesen bewundern und beneiden. Wo anders wäre ein Ministerium für Lebensqualität denkbar als in Frankreich?

Aber im Geschäft will man es sachlich, kurz und effizient. An dieser Stelle entsteht der Konflikt. Die Trennung des Menschen in eine Arbeits- und eine Freizeithälfte wäre dem Franzosen unnatürlich und unwürdig. Er bemißt den Wert eines Menschen nicht nach der Gründlichkeit, mit der er seine Arbeit tut. Das käme ihm dürftig und traurig vor. Der Mensch ist als Ganzes zum freiheitlichen Leben berufen. Er ist das höchste Wesen der Schöpfung und soll sich nicht zum Arbeits- oder Geldtier erniedrigen. „Ziel der Gesellschaft ist das Glück aller", hieß es in der Erklärung der Menschenrechte von 1795. Dieser Gedanke ist auch heute noch in den führenden Köpfen lebendig.

So spielt auch im Geschäft die menschliche Sphäre hinein, oft dort, wo man es am wenigsten erwartet. Der in Zeit und Geld denkende Geschäftsmann muß in Frankreich feststellen, daß hier alle Lebensbereiche in das wirtschaftliche Thema hineinwirken und daß das Handeln nicht nur vom ökonomischen Prinzip gelenkt wird.

Regionale Mentalitätsunterschiede

Außerdem bestehen in Frankreich ähnliche regionale Mentalitätsunterschiede wie in Deutschland. Zwischen einem Franzosen aus Lille und dem 1000 Kilometer entfernten Südfranzosen aus Marseille sind die Unterschiede ebenso groß wie zwischen einem Hamburger und einem Münchener. Dem Deutschen liegt der mit Worten und Gesten sparsame Nordfranzose näher als der kurzweilige Südfranzose. Mit dem Elsässer meinen wir besser zurechtzukommen als mit dem Mann aus Bordeaux.

Manchmal täuscht das Vorurteil. Am Mittelmeer kommt man nur schwer in engere Berührung mit den Menschen. Mancher Nordländer bleibt in der unterhaltsamen, aber kühlen Oberflächlichkeit der Côte d'Azur einsam. Mit dem Mann aus dem Elsaß, mit dem Selbstbehauptungswillen der Grenzminoritäten, mögen wir manchmal härter und herzlicher aneinandergeraten als mit dem gemessenen, geschäftstüchtigen Bretonen oder mit Auvergnaten, die man auch die Schotten oder Schwaben Frankreichs nennt. Doch sind Elsässer und Lothringer meist eifrige und beharrliche Gefolgsleute. Sie fühlen sich selber der deutschen Mentalität näher, legen aber Wert darauf, daß man sie als eigenständigen Volksstamm respektiert, nicht etwa als unechte Franzosen oder halbe Deutsche.

Zu dem deutlich erkennbaren Nord-Süd-Mentalitätsgefälle tritt ein Ost-West-Gefälle. Die Übergänge vollziehen sich in mancherlei Nuancen. Vereinfachend könnte man sagen, je weiter man sich von Deutschland entfernt, desto größer wird der Mentalitätsunterschied.

Paris ist ein Sonderfall. Hier gehen die provinz-typischen Eigenschaften unter in einem Wirbel von Geschäftigkeit und Oberflächlichkeit, der die Individuen auf Massenverhalten herunternivelliert. Wer französischen Charme sucht, wird ihn in Paris kaum finden. Da muß er aufs Land hinausgehen.

Gleichwohl verbindet die Franzosen in Nord, Süd, Ost und West eine gemeinsame Grundhaltung gegenüber dem Leben, den Menschen, dem Staate. Sie hat sich im Laufe der Jahrhunderte langsam geformt und wirkt ungebrochen weiter. Der französische Mensch fühlt sich bei aller landsmannschaftlichen Verschiedenheit im tiefsten Innern zuerst als Franzose.

Der französische Charakter

Die Welt hat sich mit dem französischen Wesen mit Ausdauer auseinandergesetzt, ohne je zu einem gültigen Schluß zu gelangen. Besonders Unternehmen, die geschäftlich mit Franzosen zu tun haben, empfinden die Schwierigkeit, das französische Wesen auf einen Nenner zu bringen. Zu jeder Aussage findet sich eine Widerlegung. Eines scheint festzustehen: So anziehend der Franzose menschlich auf uns wirkt, so anstrengend kann es sein, eine geschäftliche Angelegenheit mit ihm reibungslos zu Ende zu bringen.

Den zahllosen Versuchen, den französischen Charakter zu definieren, hat der ehemalige Staatspräsident Giscard d'Estaing einen neuen hinzugefügt: „Die Franzosen sind wendig bis zur Wechselhaftigkeit; rückhaltlos großzügig, aber mit einer Neigung zum fait accompli; glühend stolz auf Frankreich, aber wenig informiert über die Außenwelt; alle Ideen durcheinanderwirbelnd, aber konservativ im eigenen Lebenskreis; geistreich, feinfühlig, gesittet, mit Freude an Scherz, Schlemmerei und Wortspiel; Zynismus zur Schau tragend, großsprecherisch, aber im ganzen das sensibelste Volk der Welt."[1]

Dieses Porträt gibt in seiner Kürze den ganzen Franzosen wieder, auch in seiner Widersprüchlichkeit: Wechselhaftigkeit und Konservativismus stehen ebenso nebeneinander wie Sensibilität und Großtuerei. Es schwebt etwas Spiele-

1 Giscard d'Estaing. Démocratie Française, Paris 1976, S. 41.

risches, ja Kindliches über dieser Definition. De Gaulle hatte geklagt, die Franzosen benähmen sich nicht wie Erwachsene.

Es fällt auf, wie weit der von Giscard d'Estaing definierte Franzose vom Ernst der Tatsachen entfernt ist. So könnte ein geistreicher Träumer aussehen. Aber wer sagt, daß die Wirklichkeit nur aus den sichtbaren Dingen besteht? Ist nicht dort, wo der Geist und die Seele mitschwingen, das wirkliche Erleben tiefer und die Leistung größer? Die französische Wirklichkeit umfaßt mehr als die Nur-Tatsachen. Sie schließt die Kräfte der französischen Volksseele und den Stolz auf die Nation mit ein.

Dies sind für einen Franzosen unumstößliche Realitäten. Ein Außenstehender kann sie höchstens zu verstehen versuchen; empfinden kann er sie nicht. Daraus erklärt sich, daß nichtfranzösische Beobachter den Franzosen immer wieder mangelnden Realitätssinn unterstellt haben. In E. A. Poes Geschichte vom Doppelmord in der Rue Morgue schätzt Monsieur Dupin den Polizeipräfekten besonders für seine Fähigkeit, „zu leugnen, was ist und zu erklären, was nicht ist" („de nier ce qui est, et d'expliquer ce qui n'est pas").

Stößt der Ideenträumer auf die harte Wirklichkeit, so hilft ihm das „système D", die Kluft im Augenblick zu überspringen. „Système D" heißt „sich durchwursteln" (=„se débrouiller"). Es steht jederzeit zur Verfügung und hilft in jeder Lage, den Kopf oben zu behalten. Und scheint einmal alles verloren, so stellt sich mit Sicherheit ein Wunder ein.

Sprach- und Verhaltensformen

Ausländer meinen manchmal, der französische Geschäftspartner scherze, wenn er seine Rede so leichthin und lächelnd hinwirft. Das wäre ein Fehler. Es könnte sein, daß eine scheinbar oberflächliche Bemerkung eine wichtige Information enthält, die dann demjenigen, der Scherz unterstellt, entginge. Der Franzose nimmt sich selbst immer ernst, auch wenn seine Sprache spielerisch klingt. Selbstironie ist bei ihm wenig ausgeprägt. Wer sich über den anderen lustig macht, gilt als unhöflich. Ein Franzose würde nie einen anderen offen lächerlich machen. Ist eine Bosheit beabsichtigt, so kommt sie als feine, spitze Bemerkung.

Formen spielen beim Umgang mit Franzosen eine große Rolle. In Geschäftsbriefen steht „nous vous prions d'agréer, Messieurs, l'expression de nos sentiments les plus distingués", wo man auf deutsch „mit freundlichem Gruß" oder auf englisch „yours truly" sagt. Das kommt uns vor wie aus einem anderen Zeitalter. Vergessen wir aber nicht, daß man um die Jahrhundertwende auch in Deutschland noch so schrieb. Nur sind bei uns unter der Wucht der politischen Ereignisse mit dem Gesellschaftsgefüge auch die dazugehörigen Formen verlorengegangen.

In Frankreich haben die Ereignisse den Formen nicht so viel anhaben können. Allerdings wurden sie auch aus stärkeren, glänzenderen Quellen gespeist. Frankreich war Ausgangspunkt und Zentrum des Absolutismus, der in der Hofhaltung Ludwigs XIV in Versailles seinen Höhepunkt erreichte. Des Königs Art zu herrschen bestand in einem bis ins kleinste festgelegten Hofzeremoniell, in dessen Mittelpunkt er selbst stand und um den sich wie in einem Kunstwerk alle Funktionen des Hofs, der Politik, der Kultur formvollendet gruppierten.

In ganz Europa fand man die Formelhaftigkeit von Versailles, ein gigantisches Marionettentheater, eine Zeitlang wieder. Noch heute hat Versailles für Frankreich seine Wirkung nicht verloren. Als im Frühjahr 1982 damit gerechnet wurde, daß es mit Frankreichs Wirtschaft unter der sozialistischen Regierung bergab gehen werde, zögerte Staatspräsident Mitterrand nicht, den zum Pariser Wirtschaftsgipfel erschienenen Staatschefs im Schloß von Versailles ein Fest zu zelebrieren, das eines Königs würdig gewesen wäre.

Es ist für den Umgang mit Franzosen wichtig, sich die Formenwelt des Absolutismus ins Gedächtnis zu rufen. Vieles, was uns in Frankreich gekünstelt oder übertrieben vorkommt, hat seine Quelle in der Tradition. Wendungen wie „ich stehe völlig zu Ihrer Verfügung", „ich bin untröstlich", „Sie sind sehr liebenswürdig", „ich danke Ihnen tausendmal" fließen dem Franzosen nach Belieben von den Lippen. Seine Sprache ist ihm nicht nur Verständigungsmittel, sie ist ihm Ausdrucksmittel seines Menschseins, Inbegriff der menschlichen Kultur, l'art pour l'art, ein Kunstwerk.

So darf man das, was gesagt wird, niemals vom Wie trennen; es könnte sein, daß bestimmte Dinge hauptsächlich einer schönen Wendung wegen gesagt werden. Der Franzose bewundert denjenigen, der es in der Kunst des sprachlichen Ausdrucks zur Meisterschaft gebracht hat, aber er verlangt nicht, daß er sich auch ans Werk macht. Das Wort hat Priorität über die Tat. Gespräche und Verhandlungen haben oft einen theatralischen Verlauf, also: zeremonielle Vorstellung, Sitzordnung („après vous, je vous en prie"), Einleitung, erster Höhepunkt, Zwischenspiel, zweiter Höhepunkt, Ausklang, Schlußformel. Vous êtes très aimable! Au plaisir! Wie in einem Stück aus der Comédie Française. Der Franzose sehnt sich nach dem schönen Gestern, während der Deutsche an die Taten von morgen denkt. Der Franzose ist schnell mit Worten und erfindet lieber Wörter als Dinge.

Franzosen als Geschäftspartner

Ein Schleier von Mißtrauen

Wer in Frankreich an geschäftlichen Verhandlungen teilnimmt, wundert sich, wie viele Wenn und Aber bei den einfachsten Tatbeständen vorgebracht werden. Oft rückt dadurch das klar vor Augen stehende Verhandlungsziel plötzlich wieder in weite Ferne. Ein Schleier von Mißtrauen liegt über dem gesamten Wirtschaftsgeschehen in Frankreich. Keiner traut dem anderen ganz. Keiner geht aus der Reserve.

Das liegt dem deutschen Gesprächspartner nicht. Er will eine Sache Punkt für Punkt abhandeln und mit klaren Vereinbarungen abschließen. Muß er dabeisitzen, wie in überraschenden Formulierungen immer neue Einwände gegen die so simple Sache vorgebracht werden, wenn sich die Formulierungen vom Gegenstand lösen und wie ein Nebel aus Drohung, Versprechungen und Verzögerung nach oben entschweben, so überfällt ihn ein Gefühl tiefer Resignation.

Das französische Mißtrauen entspringt einem ausgeprägten Sicherheitsbedürfnis. Es ist die tief verwurzelte Scheu des Bauern gegenüber fremden Menschen und Dingen. Außerdem hat das konfiskatorische Staatsverhalten die Franzosen seit alters her zu Vorsichtsmaßnahmen gezwungen, um Geld und Besitz zu schützen. Und schließlich neigt der lateinische Volkscharakter ohnehin zu Opportunismus und Spekulation: er will sich stets die Chance für eine noch günstigere Gelegenheit vorbehalten.

Franzosen scheuen sich vor schriftlichen Vereinbarungen. Sie wissen: was einmal unterschrieben ist, kann gegen sie verwendet werden. Mündliche Zusagen sind oft nur ein Mittel, den Gesprächspartner höflich loszuwerden oder die Tür für eine noch bessere Gelegenheit offenzuhalten.

Wer hat es nicht schon erlebt, daß ein Franzose etwas hoch und heilig versprochen hätte, was schon am anderen Tag vergessen war? Spricht man ihn nach einer Woche darauf an, so lächelt er mit kindlicher Unschuld und kommt nicht auf die Idee, sich zu entschuldigen oder ein schlechtes Gewissen zu haben.

Es gibt deutsche Unternehmen, die mit ihren französischen Vertretern jahrelang ohne Vertrag zusammengearbeitet haben. Waren sie wegen auftretender Unstimmigkeiten plötzlich vor Riesensummen von Schadenersatzansprüchen gestellt, so standen sie ohne jedes Schriftstück schlecht dar. Ein deutscher Hersteller berichtete, der Vertreter in Frankreich habe den ihm zugeschickten Vertrag nie unterschrieben und es über Jahre hinaus verstanden, durch immer neue Argumente das Zustandekommen zu verhindern. Hat der französische Partner jedoch einmal unter ein Schriftstück oder einen Vertrag seine Unterschrift gesetzt, so wird er sein Engagement voll respektieren. Franzosen sind ausgesprochen rechtstreu, das wird über der verbalen Eloquenz oft übersehen. Vertrag ist Vertrag – auch in Frankreich. Allerdings wird z. B. ein Richter in Frankreich nicht am Buchstaben kleben, sondern auch die Sachlage zum Zeitpunkt der Auseinandersetzung berücksichtigen.

Französische Verhandlungstaktik

Höflichkeit und Wahrung des Gesichts sind auch in der härtesten Auseinandersetzung oberstes Gebot. Wer die Fassung verliert, gerät ins Hintertreffen und zieht sich die Geringschätzung der anderen zu. Wer mit der Tür ins Haus fällt, gilt als unkultiviert. Was zur Sache gesagt wird, erklingt in ausgesuchten diplomatischen Wendungen. Statt: „Wir lehnen Ihren Vorschlag ab!“ heißt es „Wir glauben, daß Ihr Vorschlag, so wie sie ihn vortragen, es nicht vermag, unser Interesse hervorzurufen.“ Es kann vorkommen, daß bei einer internationalen Gesprächsrunde in hochsommerlicher Hitze der Franzose als einziger die Jacke anbehält. Sich beherrschen gehört zum eisernen Bestand französischer Erziehung; es schafft Überlegenheit und Abstand.

Bei deutsch-französischen Verhandlungen kommt es vor, daß die deutsche Delegation in Forderungen herumbohrt, denen die Franzosen im Augenblick nicht nachgeben wollen oder die ihren Stolz verletzen. Die in ihrem Prestige gekränkten Messieurs hören dann von irgendeinem Punkt an innerlich weg, auch wenn sie äußerlich freundlichst weiterspielen.

Die Deutschen sagen dann: „Das sind nette Leute; mit denen werden wir gut zusammenarbeiten", zumal, wenn das Spiel bei einem schönen „déjeuner" seine Krönung findet. Um so größer ist die Enttäuschung, wenn die französischen Herren das scheinbar Abgesprochene ganz anders aufgefaßt haben oder wochenlang nichts mehr hören lassen.

Oft schaffen die Franzosen inzwischen in aller Stille ein „fait accompli", um ihre Ehre wiederherzustellen. Das kann auf deutscher Seite leicht zum Bruch führen. Dabei wäre man ohne Schwierigkeiten zum gemeinsamen Ziel gekommen, wenn man den Franzosen Zeit gelassen hätte, ihr Gesicht zu wahren und sich ohne Prestigeverlust zu den Gegenvorschlägen zu bekennen. Frankreicherfahrene Verhandlungspartner spielen den Franzosen ihre Vorschläge zu und warten, bis die Franzosen sie als eigene Ideen in die Verhandlung bringen. Damit haben die Franzosen das Prestige und die Deutschen das angestrebte Ergebnis.

Franzosen werden auch um des Friedens willen nie ihren Vorteil aus dem Auge lassen. Unter Zwang Zugeständnisse zu machen, vertrüge ihr Selbstgefühl nicht. Max Weber zählt Frankreich zu den Völkern des „liberum arbitrium", wo der einzelne seine Lebensführung bewußt auf die Interessen des eigenen Ich konzentriert und nach eigenem rationellen Gutdünken entscheidet, was ihm nützt. Der Rationalismus des Descartes ist eine philosophische Rechtfertigung des individuellen Eigennutzes, während der Philosoph der Deutschen, Immanuel Kant, mit dem Kategorischen Imperativ den Menschen zum vorbildlichen Handeln innerhalb des Gesellschafts*ganzen* aufruft. Es ist für den Franzosen selbstverständlich und richtig, zuerst an sich zu denken. Das Wort Rücksicht kennt er dabei nicht, und für den Unterlegenen ist er ohne jede mitleidige Sentimentalität.

Die französische Höflichkeit ist auf Vorsicht, auf Schaffung und Wahrung von Distanz angelegt. Eine unsichtbare Hülle scheint jeden Franzosen zu umgeben, an der die persönlich gemeinte Geste ins Unverbindliche abgleitet. Wie Öl im Getriebe erleichtert und glättet sie das Zusammenleben der Menschen in toleranter Unverbindlichkeit. Keiner wird belästigt, wo man vermutet, es könnte ihn stören. Aufdringlichkeit ist nicht Sache der Franzosen. Sie sind auf verblüffende Weise unneugierig und verharren neben dem Ungeschick des Nebenmannes in gleichgültiger Gelassenheit, solange man sie nicht zum Handeln auffordert. Mancher lohnende Kontakt kommt nicht zustande, weil beide Parteien im Glashaus verharren und jede wartet, daß die andere den ersten Schritt tut.

Wenn sich deutsche Unternehmen ein Ziel setzen, bestimmen sie, was zu tun ist, und dann tun sie es. So einfach ist das in Frankreich nicht. Fühlt sich ein Franzose bei jemandem nicht sicher, dann verzichtet er darauf, mit ihm Geschäfte zu machen, entgangener Gewinn hin oder her. Und fühlt sich jemand zu einem Geschäft gedrängt, so läßt er vielleicht gerade deswegen die Finger davon.

Terminfragen

Besuche, geschäftlich wie privat, werden nur nach vorheriger Ankündigung abgestattet und empfangen. Selbst langjährige Nachbarn laden sich per Visitenkarte zum Apéritif ein. So gut man verstehen kann, daß ein deutscher Geschäftsmann bei einer Parisreise einen freien Nachmittag nützen will, um noch einen Geschäftspartner zu besuchen, so wenig kann man ihm dazu raten. Der Besuchte wäre vor den Kopf gestoßen, weil es sich von einem bestimmten Niveau an nicht gehört, unangekündigt ins Haus zu fallen. Bei Behörden bekommt man das besonders deutlich zu spüren. So ist der Mann aus Deutschland verärgert, weil er nicht nur Zeit verloren hat, sondern sich auch noch als Störenfried behandelt fühlt. Hätte er vorher angerufen, wäre der Empfang schon anders gewesen.

Wenn der Parisbesucher für seine nächste Reise vier Termine einplant, vormittags und nachmittags je zwei, so darf er nicht enttäuscht sein, wenn er schon zum zweiten Vormittagstermin zu spät kommt und nachmittags mit Mühe und Not noch einen der zwei anderen schafft, froh, anschließend noch seinen Rückflug zu kriegen.

Man macht sich nur schwer eine Vorstellung, wieviel Zeit im Pariser Geschäftsalltag auf der Strecke bleibt. Der Gründe gibt es Dutzende: die Parkplatzsuche in überfüllten Straßen; zu spät kommende Gesprächspartner; Telefonanrufe, die mitten in der Verhandlung entgegengenommen werden, weil es wegen der Telefonüberlastung ungewiß ist, wann man den Anrufer wieder an die Leitung bekommt; wortreiche, unkonzentrierte Reden, die sich in Nebensächlichkeiten verlieren; Warten auf und in Taxis bei vollgestopften Straßen; langes Sitzen im Restaurant; Warten auf nicht fertiggewordene Unterlagen, auf Informationen, auf Gesprächspartner am Telefon, auf nicht am Platz befindliche Mitarbeiter usw. Tausend unvorhergesehene Dinge bringen Sand ins Getriebe: das kaputte Fotokopiergerät, Stromausfall, U-Bahn-Streik, Baulärm von nebenan; der Brief, der vier Tage braucht; die wegen eines Staatsbesuchs gesperrten Straßen; geänderte Telefonnummern und schließlich die in diesem Streß unausbleiblichen eigenen Fehlleistungen.

Daß die Effizienz darunter leidet, ist die unvermeidliche Folge. Es gibt kaum einen größeren Gegensatz als zwischen dem Arbeitstag eines Chefs in Deutschland, der im hellen Büro des Verwaltungsneubaus ungestört sein Tagewerk verrichtet, und dem Leiter der französischen Tochtergesellschaft, der im bescheidenen Büro in Paris gegen die französischen Alltagstücken kämpft und abends lärm- und nervgetötet vom Kampfplatz wankt.

Zeitangaben

Der Franzose verfügt über ein entspanntes Verhältnis zur Zeit. Das soll nicht heißen, er sei unpünktlich. Es kann höchstens passieren, daß sich der Pünktlichkeit unvorhergesehene Hindernisse in den Weg stellen. Nicht der Mensch, die Umstände sind schuld, wenn man zu spät kommt. Der Franzose beherrscht die

Zeit, nicht sie ihn. Er sagt nicht: „Ich habe heute früh verschlafen", sondern: „Als ich heute früh aufwachte, war es schon halb acht!"

Für Zeitangaben stellt die französische Sprache ein nuancenreiches Vokabular zur Verfügung. Bei der Vereinbarung von Gesprächsterminen wird, wie überall, Tag und Uhrzeit festgelegt. Eventuell wird noch hinzugefügt: „A 10 heures précises", pünktlich 10 Uhr, um Mißverständnisse auszuschalten. Man kann sich dann auch in der Regel darauf verlassen.

Für Telefonanrufe sind fließende Zeitangaben sehr beliebt: zwischen 9 und 10 Uhr, gegen Mittag, um die Essenszeit, am Ende des Tages. Zum Beispiel verspricht jemand „demain matin à la première heure" anzurufen. Man kann sich dann aussuchen, welche Stunde man als die erste betrachtet. Je ungenauer die Angaben werden, desto geringer ist die Wahrscheinlichkeit, daß der Anruf kommt. Wer einen lästigen Anrufer loswerden will, sagt einfach: „Ich rufe Sie wieder an!"

Es lohnt sich, bei wichtigen Anlässen zu dramatisieren. Zum Beispiel: „Ihr Anruf ist lebenswichtig für mich; rufen Sie mich unter allen Umständen spätestens um 12 Uhr an, sonst verliere ich einen Kunden, meine Ehre, 10000 Francs" oder was auch immer. Das beeindruckt. Ferner baue man Zeitpuffer ein. Kommt der Anruf dann am Nachmittag, so ist das Ziel erreicht. Hätte man gleich 17 Uhr gesagt, so wäre der Anruf vielleicht erst am anderen Morgen gekommen.

All dies ist nicht bös gemeint, sondern als Spiel aufzufassen. Niemand ist nachtragend, wenn es mit telefonischen Terminzusagen nicht so genau klappt. Wer sichergehen will, vereinbart am besten gleich einen persönlichen Besuch. Wer telefonische oder schriftliche Informationen erwartet, sollte auf seinem Schreibtisch ein großes Schild aufstellen mit der Aufschrift: „Nachfassen!" Das ist eine der wichtigsten Tätigkeiten in Frankreich! Wer am meisten nachfaßt, hat Erfolg. Wer im Vertrauen auf die Vollzugstreue der anderen die Dinge sich selbst überläßt, kann lange warten.

Franzosen im Alltag

Toleranz und Individualismus

Franzosen sind im Alltagsleben von einer bemerkenswerten Toleranz, die bisweilen an Gleichgültigkeit grenzt. Sie wollen diese Toleranz, die mit einem feinen Rechtsempfinden verbunden ist, auch auf sich selbst angewendet wissen. In einem Zeichenwitz hopst jemand mit grotesken Bewegungen durch die Stadt. Ein Passant fragt: „Wie laufen denn Sie herum?" und erhält die Antwort: „Kümmere Dich um Deinen eigenen Kram! Ich laufe rum, wie mir's paßt!"

Die Unvollkommenheit des täglichen Lebens nimmt der Franzose mit größter Gelassenheit hin: Eine Unordnung an der Kleidung, eine quietschende Tür, ein heruntergefallenes Papier, ein rüpelhafter Nebensitzer in der Bahn. Ein Deutscher hätte da schon längst Abhilfe geschaffen. Der Franzose bemerkt es oft gar nicht. Zumindest tut er so. Ist nicht das ganze Leben unvollkommen und kurz? Warum sich also unnötig aufregen? „Passen Sie auf", sagte ein Franzose zu einem in diesen Dingen noch unerfahrenen Deutschen, der wegen einer nicht eingehaltenen Zusage in Wut geraten war, „wenn Sie so weitermachen, werden Sie vorzeitig graue Haare kriegen."

In Giscard d'Estaings Definition fehlt das Wort Individualismus. Dieses Wort ist für Franzosen offenbar so selbstverständlich, daß es keiner besonderen Erwähnung bedarf. Von sich selbst sagen sie oft: „Vous savez, nous sommes des individualistes..." Der Franzose braucht nicht die anderen, um zufrieden zu sein, er ist es aus sich selbst heraus. Zum Nächsten hält er Distanz; er läßt an seine private Sphäre niemanden heran. Er redet nicht gern über seine politischen und religiösen Überzeugungen. Nur in seiner Familie geht er ganz aus sich heraus. Gehen Gespräche über das Geschäftliche hinaus, so werden sie im Restaurant fortgesetzt. Einladungen nach Hause sind als besondere Gunst aufzufassen.

Individualismus à la française enthält auch Mißtrauen. Nur sich selbst vertraut der Franzose ganz. Auch Schüchternheit mag mitspielen. Man kann sich den Franzosen nicht als Vereinsmeier oder Stammtischbruder vorstellen. Gesellige Gruppierungen, auch unter Freunden, haben unverbindlichen und flüchtigen Charakter.

In dieses Bild paßt, daß man sich nicht mit Namen begrüßt, sondern einfach sagt „Bonjour, Monsieur", selbst wenn man sich seit Jahren kennt. Allenfalls die Bäckersfrau oder der Obsthändler begrüßt die Kundin mit „Ça va, Madame Dupont?"

Teamarbeit, Mitdenken für andere, paßt nicht in dieses Bild. Eine „Aktion Gemeinsinn" wäre in Frankreich undenkbar. Man erlebt, daß Arbeitskollegen das unbesetzte Telefon des Nachbarn klingeln lassen, bis es von selbst aufhört. Franzosen gehen bei Rot über die Straße und schimpfen, wenn sie dann beinahe überfahren werden.

Franzosen sind äußerst hilfsbereit, sofern sie darum gebeten werden. Sie helfen jemandem, der einen „faux-pas" begeht, geschickt und höflich über die Panne hinweg. Die Wahrung des Gesichts, die sie für sich beanspruchen, gewähren sie auch den anderen. In heiklen Situationen wird sich unter den Anwesenden stets einer finden, der mit einem lösenden Wort für Entspannung und Ausgleich sorgt. Nachtragen ist nicht Sache der Franzosen. Heinrich Mann hat ihre Begabung für den menschlichen Ausgleich gelobt.

Empfindsame Marianne

In der Karikatur werden die Franzosen durch eine Frau, Marianne, die Deutschen durch den Michel dargestellt. Die Symbolik ist hilfreich. „La France" ist weiblich. Eine Frau will besonders aufmerksam behandelt werden. Sie ist empfindsam und denkt mit Wehmut an die Schönheit ihrer Mädchenjahre. Sie ist launenhaft wie Aprilwetter, schönen Reden zugeneigt, gelegentlich spröde und schmollend, feinfühlig für Gerechtigkeit, aber auch bis zur Aufopferung bereit, wenn sie sich vom Strom ihres Herzens getragen fühlt. Sie will Abwechslung haben, unterhalten sein, recht behalten und das letzte Wort haben. In Langeweile würde sie verkümmern.

Marianne bewahrt und erhält, wo Michel an die Taten denkt, die er morgen vollbringen wird. Wer ihre Gunst will, schlage klingende Saiten an! Nicht den Muffel mag die Frau oder den Nur-Manager. Wer zu ihr geht, erinnere sich seiner besten Umgangsformen, seiner geistreichsten Reden, seines schönsten Schatzes an Seelenbildung, und er wird schneller ans Ziel kommen, als wenn er hereinstürmt mit den Worten: „Zur Sache!“

Empfindsamkeit und Eitelkeit verbergen oft auch Verletzlichkeit. So begeisterungsfähig ein Franzose ist, so schnell ist er auch decouragiert. Beides spielt sich im Gefühl und in der Vorstellung ab, manchmal weit ab von der Wirklichkeit. Oft steckt Übertreibung dahinter. Beides verfliegt wieder und kann schon morgen einer anderen Stimmung Platz gemacht haben. Dramatisierende Wendungen sind fester Gesprächsbestandteil: „C'est dramatique“, „C'est une catastrophe“ oder „C'est absolument fabuleux“. Man kann ohne Informationsverlust darüber hinweghören. Wer mit aufgerissenen Augen und tiefer Anteilnahme darauf einginge, würde als naiv verlacht.

Die guten Sitten

Der Glaube, Frankreich sei ein Land mit lockeren Sitten, ist vielen Deutschen nicht auszutreiben. In Wirklichkeit geht es hier mit mehr Prüderie und Anstand zu, als Pigalle-Touristen vermuten. Schulterklopfen beim gemeinsamen Umtrunk, Duzbrüderschaft und Seelenbekenntnisse zu vorgerückter Stunde liegen dem Franzosen nicht. Deutsche Gemütlichkeit kommt ihm komisch vor. Ungehörigkeiten gegenüber Frauen sind verpönt.

Daß die Gastronomie als fester Bestandteil französischer Kultur gilt, ist oft genug gesagt worden. Wer seinem Gesprächspartner zur Mittagszeit belegte Brote im Besprechungszimmer servieren läßt, muß sich ansehen lassen wie einer, der in der Staatsoper sein Vesperbrot auspackt. Das gute Benehmen, „les bonnes manières“, zeichnen den zivilisierten Menschen aus, gleich welchen Standes.

Doch hat in Managementkreisen der Hang zu gastronomischer Völlerei nachgelassen. Oft begnügt man sich mit einem Tagesgericht (= „plat du jour“) und trinkt Badoit statt Bordeaux, zumindest mittags in Paris. Die wirklichen gastronomischen Genüsse spart man sich für gute Gelegenheiten auf, wobei die Geste und der Rahmen genauso viel zählen wie das Essen selbst.

In der Provinz allerdings wird an den gastronomischen Bräuchen mit ausdauernder Selbstverständlichkeit festgehalten: von zwölf bis zwei Uhr herrscht dort geruhsame Mittagspause. Wer dort eine Einladung zum Mittagessen ausschlägt, gilt als unhöflich.

Wie die Franzosen Deutschland sehen[2]

Franzosen sind über die Bundesrepublik im allgemeinen weniger gut informiert als Deutsche über Frankreich. Im Fernsehen, im Rundfunk und in der Presse Frankreichs wird der Berichterstattung über das europäische Ausland weniger Raum gewidmet als in der Bundesrepublik. Die Franzosen fühlen sich in ihrem Land so wohl, daß sie keinen großen Drang spüren, ständig über die Grenzen zu schauen. Vergleicht man damit die deutschen Bestrebungen, Frankreich in allen seinen Aspekten, vor allem den kulturellen und gastronomischen, bis ins Detail auszuleuchten und darzustellen, so fällt der Unterschied noch stärker ins Auge. Aber das war schon immer so. Stets floß der Strom des Interesses stärker nach Westen als nach Osten.

So enthält das Deutschland-Bild der Franzosen noch heute manches Cliché. Sie empfinden die Deutschen als diszipliniert, ordentlich, auch etwas schwerfällig, bisweilen phantasielos. Alles müsse bei ihnen seine Ordnung haben. Stets müsse alles sauber und aufgeräumt sein, auch ohne erkennbare Notwendigkeit, einfach aus Prinzip. Es amüsiert die Franzosen, wenn in Deutschland die Leute bei Rot an der Ampel brav stehenbleiben, obwohl weit und breit kein Auto zu sehen ist.

Das nützliche, organisierte Tun spiele bei ihnen eine große Rolle im Leben, auch in der Freizeit. Das Verdienst der Deutschen sei, daß sie ihre Zeit gut ausnützten, dasjenige der Franzosen, sie vergessen zu machen, hatte Madame de Staël festgestellt.

Die Franzosen respektieren an den Deutschen vor allem ihre wirtschaftliche Leistung. Der Mann aus der Wirtschaft schätzt an ihnen ihre Effizienz, ihre Zuverlässigkeit und die Qualität ihrer Produkte. Was ihn stört, ist ihre gelegentliche Schwerfälligkeit gegenüber Sonderwünschen.

In der jungen Generation spielt sich der Austausch zwischen Deutschen und Franzosen problemlos ab. Nie reisten so viele Jugendliche zwischen beiden Ländern hin und her. Allerdings reisen immer noch mehr Deutsche nach Frankreich, als Franzosen nach Deutschland. Es scheint, als fiele es den jungen Deutschen leichter, sich an das französische Leben anzupassen als umgekehrt. Kommen Franzosen aus Deutschland zurück, so berichten sie über die Höflichkeit ihrer deutschen Freunde. Sie bewundern das deutsche Organisationstalent, aber sie klagen auch über die deutsche Küche, bei der es abends oft nur Wurstbrot gibt, und sie schlafen schlecht in deutschen Betten. Dagegen mögen sie Gemütlichkeit und machen bei fröhlichen Festen gerne mit.

Geschichtliche Ressentiments sind in Frankreich kaum mehr zu finden. Zwar wird immer noch der 11. November 1918 gefeiert, der Tag, an dem die Deutschen im Wald von Compiègne die Kapitulation nach dem Ersten Weltkrieg unterzeichneten. Der 8. Mai 1945, der Waffenstillstandstag des Zweiten Weltkriegs, wurde sogar 1981 wieder als Feiertag eingeführt. Aber dies sind offizielle Feiertage zur Aufrechterhaltung des geschichtlichen Ruhms der Nation. Gelegentlich werden in Zeitungsberichten bei bestimmten Anlässen alte Feindschaften aufgewärmt. Aber

2 aus: Klaus W. Herterich: Franzosen als Wirtschaftspartner, Frankfurt/Main 1988

im Volk kümmert man sich wenig darum. Der französischen Toleranz liegt die versöhnliche Geste und die Neigung zum menschlichen Ausgleich näher als das Heraufbeschwören von Gegensätzen.

Von den politischen Erfahrungen Deutschlands seit der Nachkriegszeit haben die meisten Franzosen nur ungenaue Vorstellungen. Die Besetzung und Teilung Deutschlands, der Verlust der Ostgebiete, das Vertriebenenproblem, die Nähe zum Eisernen Vorhang können sie kaum mitempfinden. Über das heutige politische Verhältnis zwischen Frankreich und der Bundesrepublik sind die Franzosen besonders dann informiert, wenn Presse, Rundfunk und Fernsehen über die regelmäßigen Begegnungen zwischen dem Bundeskanzler und dem Präsidenten der Republik berichten. Von den deutschen Landschaften liegt den Franzosen der Süden am nächsten. Am besten kennen sie den Schwarzwald, den Bodensee, das Rheintal und Bayern. Von den großen Städten üben München, Düsseldorf und Berlin die stärkste Anziehungskraft aus. Die deutsche Sprache, „la langue de Goethe" fällt ihnen schwer. Das bedauern sie. Doch bieten Schulen, Hochschulen, Jugendaustausch-Organisationen, akademische Austauschdienste und Städtepartnerschaften zahlreiche Möglichkeiten zum Erlernen der deutschen Sprache. Einzelne Universitäten und Handelshochschulen haben sogar eigene Abteilungen eingerichtet, an denen Kenntnisse der deutschen Sprache und Wirtschaft vermittelt werden. Viele Führungskräfte haben angesichts der engen wirtschaftlichen Verflechtung mit der Bundesrepublik ihre deutschen Schulkenntnisse wieder aufgefrischt oder sogar noch einmal die Schulbank gedrückt. In den Ferien tauschen sie mit den Chefs deutscher Firmen ihre Kinder aus und bedauern, daß es das zu ihrer Zeit nicht gab.

Deutsch-französisches Miteinander

Es gibt zwischen Deutschen und Franzosen heute viele Gemeinsamkeiten, gefördert durch wirtschaftliche Verflechtung, Schüler- und Jugendaustausch, Städtepartnerschaften usw. Doch ganz heimisch wird der Deutsche mit Franzosen nie werden, ganz ins Innere des französischen Wesens wird er nie dringen, so wohl er sich in Frankreich fühlen mag. Das scheint am Anfang leicht. Im Laufe des Lebens mit Franzosen treten so viele Nuancen auf, in denen sich deutsches und französisches Wesen unterscheiden. Ihre Einstellungen zum Leben werden aus anderen Quellen gespeist. Die politische, religiöse, philosophische, kulturelle Entwicklung verlief in beiden Ländern andersartig und hat Menschen mit anderen Wesenszügen hervorgebracht.

Man soll das nicht bedauern. Im Gegenteil, das Neben- und Miteinander von Menschen verschiedener Prägung birgt einen Reichtum von Möglichkeiten. Jeder kann vom andern lernen. Im Umgang mit Franzosen spüren wir das täglich. Wenn es dabei nicht ohne Spannungen und Mißverständnisse abgeht, wird dadurch der Reiz des Miteinanderlebens und -arbeitens nur noch größer. Im wirtschaftlichen Umgang sollten wir die Franzosen nehmen wie sie sind.

Wunschdenken wäre zwecklos. Wenn wir sie aber anerkennen und uns auf sie einstellen, können wir geschäftlich und für unser ganzes Leben Gewinn davontragen.

3. Wirtschaft à la française

Deutscher Blick auf Frankreichs Wirtschaft

Enttäuschungen und guter Wille

Die Geschäftsfreunde begrüßen den Gast aus Frankreich mit nachsichtigem Lächeln: „Na, was machen unsere Franzosen?" Sie haben im Laufe der Jahre gelernt, mit französischen Zuständen zu leben. Die französische Auffassung von Wirtschaft hat ihnen immer wieder Schwierigkeiten bereitet. Besonders am Anfang der Geschäfte mit Frankreich hatten sie manche Enttäuschung einstekken müssen. Bis zur Erkenntnis, daß Wirtschaft à la française etwas anderes ist, als man gedacht hat, war der Weg lang und dornenreich.

Heute sagt man „unsere Franzosen". Das weist auf Vertrautsein hin. Man hat ihre Vorzüge und Schwächen kennengelernt und weiß um ihre Liebenswürdigkeiten und Launen. Trotz mancher Unzuverlässigkeiten kann und will man ihnen nicht ernsthaft böse sein.

Sprechen deutsche Unternehmer über Frankreich, so klingt meist auch etwas Gönnerhaftes mit. Man ist der Meinung, „unsere Franzosen" müßten in Sachen Wirtschaft noch einiges lernen. Aber man hat auch Geduld mit ihnen und ist bereit, ihnen unter die Arme zu greifen. Wird die Geduld jedoch zu sehr strapaziert, so kann es zu Ärger und Resignation kommen, zumal, wenn statt der erwarteten Anerkennung auftrumpfende Gegenmaßnahmen die Antwort sind.

Niemand vermag den guten Willen zu messen, den die deutsche Wirtschaft der französischen über Jahre und Jahrzehnte entgegengebracht hat. Immer wieder waren die Deutschen bereit, den Partnern jenseits des Rheins hilfreich entgegenzukommen, sei es auf Regierungsebene durch eine zugestandene DM-Aufwertung, sei es im exportierenden Mittelbetrieb durch Nachsicht bei den Zahlungsfristen.

Nach dem wirtschaftlichen Sachverhalt waren solche Gesten nicht immer notwendig. Doch die deutsche Wirtschaft nahm die Verpflichtung ernst, die ihr aus der Zugehörigkeit zur Europäischen Gemeinschaft entstanden war. Sie nahm sie ernster als alle übrigen Länder. So hieß es eine Zeitlang, die Bundesrepublik Deutschland sei der einzige EG-Partner, der sich an die Brüsseler Richtlinien halte.

Deutsche Wirtschaftsauffassung

Das Bekenntnis zur Europa beseelte manchen Unternehmer, wenn er seinen Geschäftspartnern draußen alle erdenkliche Loyalität angedeihen ließ. So gab er oft mehr, als er an Gegenleistung erhielt, doch er setzte auf langfristigen Vertrauenserwerb und dachte, einer müsse ja den Anfang machen. Das Ausland sollte sehen: die Deutschen sind anständige und vertragstreue Leute.

Der Deutsche braucht zum Geschäftemachen Vertrauen in die kaufmännische Ehrenhaftigkeit und in die Persönlichkeit seines Geschäftspartners. Es entspringt einem besonders ausgeprägten Sinn für die gemeinsame Leistung. In der Wertschätzung der Treue von Lieferanten, Kunden und Mitarbeitern und in der Achtung vor der Qualität kommt es zum Ausdruck. Qualität sei das Anständige, sagte Theodor Heuss in seiner Werkbund-Rede von 1952.

Das Verhalten der heutigen deutschen Wirtschaft ist durch die Zeit nach 1949 wesentlich geprägt worden. Einzig die Leistung zählte damals, Hilfe von außen gab es kaum. Für dogmatische Erwägungen war keine Zeit. Es galt, aus Nichts etwas aufzubauen. Eine andere Möglichkeit gab es nicht. Wenn sich die wirtschaftliche Welt Deutschlands inzwischen gründlich verändert hat, so ist doch eine Gesinnung geblieben, die in der gewissenhaften Leistung das Ziel der wirtschaftlichen Tätigkeit sieht. Sie beruht auf der Erkenntnis, daß eine Wirtschaft sich nur entfalten kann, wenn man sie dem freien Spiel der Kräfte überläßt.

Dies ist das Dogma, das die neuere deutsche Wirtschaftsgeschichte geprägt hat: der Grundsatz der freien Marktwirtschaft. Bis heute hat die deutsche Wirtschaft daran festgehalten, auch wenn es ihr der Welthandel schwer macht. Wer den Wirtschaftsliberalismus antastet oder die Worte Dirigismus und Protektionismus ausspricht, gilt als Ketzer. Der Preis dafür sind ein immer härter werdender Konkurrenzkampf, ständig steigende Leistungsanforderungen, Vordringen materiellen Denkens und Verlust an Lebensqualität. Man merkt der deutschen Wirtschaft ihre Anstrengung an.

Französisches Wirtschaftsverhalten

Richtet man den Blick nach Frankreich, so stellt man fest: Frankreichs Wirtschaft ist eine andere Welt. Sie trägt in ihrer Einstellung und ihrem Verhalten einen wesensmäßig anderen Charakter als diejenige der Bundesrepublik. Man könnte sie kennzeichnen durch „laissez aller“ auf der einen und Staatsinterventionismus auf der anderen Seite.

Die deutsche Wirtschaft hat sich am wirtschaftspolitischen Verhalten Frankreichs immer wieder gestoßen. Die Franzosen haben dafür kein Verständnis. Innerhalb ihrer Grenzen möchten sie tun, was sie für richtig halten, ohne viel auf Erwägungen Außenstehender Rücksicht zu nehmen. Die Verflechtung mit der wirtschaftlichen Außenwelt fällt ihnen schwer, besonders wenn daraus Verpflichtungen oder Zwänge entstehen.

Es fällt auf, wie wenig Frankreich über die deutsche Wirtschaft informiert ist, wenn man vergleicht, wie detailliert z. B. die deutsche Presse über Frankreichs Wirtschaft berichtet.

Dieses Informationsgefälle ist im Schwinden. Die intensiven Verbindungen zwischen der deutschen und französischen Wirtschaft fördern auch einen offeneren Informationsfluß. Bei vielen politischen und wirtschaftlichen Entscheidungen wird jetzt zunehmend auf die Interessen der europäischen Partner Rücksicht genommen. Zwischen deutschen und französischen Wirtschaftspolitikern besteht ein enger Arbeits- und Meinungsaustausch. Die durch den gemeinsamen Markt ab 1993 angestrebte Gemeinsamkeit in Europa wird von den Franzosen fast stärker verfochten als von den Deutschen. Die wirtschaftspolitische Liberalisierung um die Mitte der achtziger Jahre hat ein übriges getan. Frankreichs

Wirtschaft betrachtet sich jetzt mehr und mehr als integrierter Teil Europas. Sie hat sich nach jahrzehntelangem Dirigismus schnell an die neue Freiheit gewöhnt. Sachzwänge haben dabei eine beträchtliche Rolle gespielt. Kooperationen auf internationaler Ebene, Firmenfusionen, Aufkäufe deutscher Unternehmen durch französische Konzerne und umgekehrt sind gang und gäbe geworden.

Natürlich bestehen nach wie vor Mentalitätsunterschiede und unterschiedliche Handelsbräuche. Aber diese Unterschiede werden heute von den deutschen Wirtschaftspartnern als Fakten genommen und nicht mehr als Steine des Anstoßes. Die deutsche Wirtschaft beginnt, die französischen Unternehmer ernst zu nehmen. Das schafft gegenseitige Stärkung und Anerkennung.

Die französische Wirtschaft seit 1945

Auseinandersetzung um die Kolonien

Im Zweiten Weltkrieg waren Frankreichs Wirtschaftseinrichtungen weitgehend unversehrt geblieben, während Deutschland nahezu dem Erdboden gleich war. Frankreich kannte kein Nachkriegs-Flüchtlingsproblem, während die amerikanische und britische Besatzungszone Deutschlands 14 Millionen Vertriebene aufnehmen mußte. Trotzdem bekam Frankreich aus dem Marshallplan fast doppelt so viel Hilfe wie Westdeutschland, worauf Karl Jetter[1] hinwies.

Frankreichs Kräfte waren aber noch lange Jahre nach dem Weltkrieg durch die kolonialen Auseinandersetzungen in Anspruch genommen. Es verlor seine letzten Kolonien erst Anfang der sechziger Jahre. Dem Indochinakrieg 1950–1954 war 1956 die Unabhängigkeit Marokkos gefolgt. Die nordafrikanischen Länder, besonders Algerien, waren mehr als Kolonien, sie waren ein Teil Frankreichs selbst. Viele elsässische Siedler lebten dort. Der vier schmerzhafte Jahre dauernde Algerienkrieg (1958–1962) ging mitten durchs Herz der Franzosen. Als das aussichtslos scheinende Ringen mit der Unabhängigkeitserklärung Algeriens in Evian zu Ende kam, atmete Frankreich auf.

Die Wirtschaft der IV. Republik

Das war 1962. Inzwischen hatte Frankreich auch innenpolitisch bewegte Jahre hinter sich. In der IV. Republik hatten sich Dutzende von Regierungen im Elyseepalast abgewechselt. Der französische Franc hatte seinen Weg ins Bodenlose angetreten. 1958 rief General de Gaulle die V. Republik aus und erließ die Währungsreform: für einhundert alte Francs gab es einen neuen.

1 Karl Jetter: Partner und Konkurrenten in: Frankreich – Eine Länderkunde (Hrsg. K. Hänsch), Hamburg 1979, S. 65.

Wirtschaftlich waren die fünfziger Jahre in Frankreich nicht von Ruhm beglänzt. Mehrmals mußten der Franc und die Staatsfinanzen gerettet werden. Schon nach 1945 hatte de Gaulle wichtige Großunternehmen verstaatlicht, darunter Großbanken und Automobilfirmen. Noch 1958 schrieb er, die Auswirkungen der Wirtschaft auf das Gesellschaftsgefüge seien zu bedeutsam, als daß man sie sich selbst überlassen könne. Deshalb sei Dirigismus notwendig.

Als erstes und einziges westliches Land führte Frankreich 1945 die „planification" ein, staatliche Fünf-Jahres-Pläne, in denen Eckdaten für die wirtschaftliche und soziale Orientierung festgelegt wurden. Die Ziele sind zwar in der Regel nicht eingehalten worden, doch ist die Grundidee kennzeichnend: Frankreichs Wirtschaft sollte in ihrem Rahmen staatlicher Lenkung unterliegen. Den „Plan" gibt es noch heute. Für 1989 bis 1992 ist der X. Plan an der Reihe.

Inzwischen hatte die Bundesrepublik Deutschland alle Kräfte verbissen in den Wiederaufbau geworfen. 1962 stand das deutsche Wirtschaftswunder in stolzer Blüte. Die Mark war eine solide Währung geworden, deutsche Erzeugnisse waren in der Welt wieder begehrt.

Die sechziger und siebziger Jahre

Jetzt erst konnte sich Frankreich daran machen, seiner Wirtschaft ein neues Fundament zu geben. Giscard d'Estaing, zu jener Zeit Finanzminister unter General de Gaulle, leitete die Neuordnung. Doch nach guten Ansätzen führten staatliche Fehlplanung und Arbeitslosigkeit in die Maikrise von 1968, die den Rücktritt de Gaulles zur Folge hatte und neue Zwangsmaßnahmen notwendig machte. Am 8. August 1969 begann eine neue Serie von Franc-Abwertungen, die Anfang der achtziger Jahre noch nicht zum Stillstand gekommen war.

Die Gründung der Europäischen Wirtschaftsgemeinschaft verhalf zumindest der Landwirtschaft Frankreichs zu neuem Aufschwung. Der Industrie öffnete sie die Tore zu neuen Märkten.

Doch mangelhafte Organisation und zunehmender Staatsdirigismus haben ein Phänomen wie das deutsche Wirtschaftswunder in Frankreich nicht entstehen lassen. Trotz der Export-Vorteile, die die Franc-Abwertungen brachten, reichten die französischen Exporte nicht aus, das Außenhandelsdefizit zu beseitigen.

Die Importe, auch aus der Bundesrepublik, stiegen bis heute schneller als die Ausfuhr. Schuld daran war der anhaltende innerfranzösische Preisauftrieb, der die französischen Ausfuhren ständig verteuerte, den Importeuren aber gleichzeitig ermöglichte, die Wechselkursverluste durch Preiserhöhungen aufzufangen.

Technologische Errungenschaften und staatlich geförderte Konzentrationsbewegungen in der Industrie halfen, den Rückstand zu den anderen großen Industrienationen zu verringern. Doch das kostete den Staat Milliarden. Der staatlichen Einflußpolitik wurde der Vorzug gegeben vor wirtschaftlichen Notwendigkeiten. Frankreich fuhr fort, über seine Verhältnisse zu leben. Seine internationale Wettbewerbsfähigkeit blieb anfällig. Zuviel mischte sich der Staat in die betriebswirtschaftlichen Entscheidungsprozesse der Unternehmen.

Vergleicht man Frankreichs Wirtschaft von heute mit derjenigen der letzten fünfundzwanzig Jahre, so ist der inzwischen zurückgelegte Schritt gewaltig. Im Vergleich zur heutigen Wirtschaft der Bundesrepublik bleibt dennoch ein beträchtlicher Rückstand.

Nach 1981

Nach der Regierungsübernahme durch die Sozialisten im Mai 1981 verstärkte sich zunächst der alte französische Hang zur staatlichen Wirtschaftsgängelung. Verstaatlichungen von Großunternehmen und Banken, Verschärfung der Preis- und Devisenbewirtschaftung waren die ersten Maßnahmen. Sie haben nicht verhindert, daß Frankreichs Industrie im internationalen Wettbewerb in vielen Branchen weiter zurückfiel. Das Außenhandelsdefizit stieg weiter an. Doch bekannte sich die sozialistische Regierung inzwischen zur Marktwirtschaft und zur Respektierung der europäischen Verträge.

Schon während ihrer ersten Regierungsperiode vollzog sich eine radikale Kehrtwendung vom ideologisch bestimmten Dirigismus zur Liberalisierung der Wirtschaft. „Wer Verluste macht, ist selber schuld", hieß es nun. Die Kontrollmaßnahmen auf dem Gebiet der Investitionen, des Kredits, der Devisen und der Preise wurden gelockert und 1986 fast ganz fallengelassen mit der Folge, daß die ausländischen Investitionen in Frankreich sprunghaft anstiegen und die Inflation von früher über 12 Prozent auf 2 Prozent fiel. Geheiligte französische Errungenschaften wie der automatische Inflationsausgleich bei den Gehältern wurden beseitigt. Die staatlichen Institutionen einschließlich der Finanzbehörde sind heute einer wirtschaftsnahen Argumentation zugänglich. In kurzer Zeit hat sich Frankreich einem modernen, liberalistisch orientierten und auch international gesprächsfähigen Wirtschaftsverhalten zugewandt, dessen positive Folgen noch nicht in allen Verzweigungen sichtbar sind. Einstweilen findet in Frankreich auf Gebieten wie den Finanzmärkten und Investitionen, bei Firmenaufkäufen und -fusionen oder bei Forschungs- und Engineeringprojekten eine vehemente Internationalisierung statt, deren Ende noch nicht abzusehen ist.

Wirtschaftszweige

Traditionelle Hauptaktivität Frankreichs ist die Landwirtschaft. Die landwirtschaftliche Nutzfläche beträgt 31,4 Millionen Hektar (BRD 12,0 Millionen), 14,6 Millionen Hektar sind Wald (BRD 7,4 Millionen). Frankreich ist der größte europäische Produzent von Weizen, Gerste, Hafer, Mais, Zucker, Milchprodukten und – neben Italien – von Wein. Ein Viertel der einhundert größten Industrieunternehmen sind Lebensmittelfirmen.

Landwirtschaftliche Tradition prägt Frankreich in vielen seiner Lebensäußerungen. Die Bindung an Grund und Boden ist tief im französischen Wesen verwurzelt. Die Industrie hat verhältnismäßig spät den Anschluß an die moderne Weltwirtschaft gefunden. Dabei verfügt das Land über beträchtliche Rohstoffquellen, insbesondere Eisenerz (Lothringen), Steinkohle (Lothringen), Aluminium (Provence). Die Kohle- und die Stahlindustrie waren 1945 nach Plänen von Jean Monnet modernisiert und von de Gaulle zusammen mit einigen anderen Wirtschaftszweigen (Großbanken) verstaatlicht worden.

Nach dem Kriege wurde Bestehendes übernommen und weitergeführt. Einzelne einstmals leistungsfähige Industriezweige wie die Textil-, Papier-, Maschinenbau-Industrie, vor allem aber die Stahl- und Kohle-Industrie, gerieten unter wachsendem internationalem Konkurrenzdruck und mangels Rationalisierungs-Investitionen in Schwierigkeiten.

Leistungsfähig blieben die Automobil-, die Flugzeug- und die chemische Industrie. Wichtigste Ausfuhrgüter sind heute neben landwirtschaftlichen Produkten, Flugzeugen und Waffen:
- Kraftfahrzeuge und Kfz-Zubehör
- Maschinen- und Elektroerzeugnisse,
- Rohölprodukte,
- chemische und pharmazeutische Erzeugnisse,
- Erzeugnisse der Kautschukindustrie,
- Textilien.

Wichtige Industrieschwerpunkte sind neben dem Raum Paris
- das Industriegebiet Fos (Südfrankreich)
- Nordfrankreich (Chemie-, Textil-, Bergbau-, Maschinenindustrie),
- der Raum Lyon/St. Etienne/Clermont-Ferrand (Textil-, Kraftfahrzeug-, Kautschukindustrie),
- Toulouse, Bordeaux, Tarbes, Bourges (Flugzeugindustrie),
- Elsaß (Fahrzeugbau),
- Brest, Le Havre, Nantes, St. Nazaire, Marseille (Schiffbau, Chemie),
- der französische Jura (optische und feinmechanische Industrie).

Nach der Bundesrepublik Deutschland erwirtschaftet Frankreich das zweitgrößte Bruttoinlandsprodukt der Europäischen Gemeinschaft.

Die Rolle des Staates in der Wirtschaft

Colberts Enkel

Zu allen Zeiten hat Frankreich das Bedürfnis gehabt, mit Reglementierungen und Kontrollen in die Wirtschaft einzugreifen. Diese Tradition geht im wesentlichen auf Jean-Baptiste Colbert (1619–1683) zurück, der als „Contrôleur Général des

Finances" am Hofe Ludwigs XIV. dafür sorgte, das Geld aufzutreiben, das der Sonnenkönig für seine verschwenderische Hofhaltung brauchte. Er war überzeugt, man dürfe keinen Zweig der wirtschaftlichen Tätigkeit sich selbst überlassen und überzog das gesamte Leben des Landes mit einem dichten Netz von Vorschriften, Kontrollen und Eingriffen. „Der Staat muß das gesamte Berufsleben organisieren, die innere Verwaltung umgestalten, sich um jede Einzelheit des Wirtschaftslebens kümmern und so, von Detail zu Detail hinabsteigend, für die geringste menschliche Tätigkeit lenkend tätig werden", schrieb Friedrich Sieburg, Colbert zitierend, in seinem Buch „Das Geld des Königs". Colbert blieb für ganze Generationen französischer Wirtschaftslenker bis heute ein Vorbild.

Ziel dieses dirigistischen Verhaltens war, die Kraft und Einheit der Nation zu stärken und sie nach den Interessen des Staates auszurichten. Dies erlaubte die zielstrebige Entwicklung einzelner Wirtschaftszweige – oft zu Lasten anderer –, degradierte aber die Unternehmen und ihre Führer in die Rolle von Erfüllungsgehilfen staatlichen Wunschdenkens. Das wirkt sich bis heute aus. Ein echtes Risiko-Unternehmertum hat sich in Frankreich unter der traditionellen staatlichen Vormundschaft nie richtig bilden können.

Noch bis vor ganz kurzer Zeit hielt es Frankreich für notwendig, Preise, Kredite, Devisen und vieles mehr zu reglementieren und ganze Wirtschaftszweige zu verstaatlichen. Wo in der Bundesrepublik unternehmerische Initiative, zum Beispiel bei der Lehrlingsausbildung oder dem Normenwesen, zu beispielhaften Entwicklungen geführt hat, trat in Frankreich der Staat ein und hielt es zum Beispiel für richtig, Gewinnbeteiligung der Mitarbeiter, zusätzliche Altersversorgung und Erwachsenenfortbildung durch Gesetze und Zwangsabgaben zu fördern.

Man hat Frankreich in zwei Hälften eingeteilt: diejenige, die verwaltet, und die andere, die verwaltet wird. Stets hat die verwaltende Hälfte der anderen, vor allem der Wirtschaft, das Leben schwer gemacht, insbesondere, weil die von oben erlassenen Direktiven oft den entlegensten Gedankengängen intellektueller Spezialisten entsprangen, die sich für die praktische Ausführbarkeit nicht weiter interessierten. So hat Frankreich zu Beispiel ein ausgesprochen hoch entwickeltes System von Sicherheitsnormen, aber um die offen daliegenden, oft primitiven Strom- und Gasleitungen kümmert sich kein Mensch, und auf Baustellen fehlen die simpelsten Sicherheitsmaßnahmen. Dem Fußgänger kann es passieren, daß er sich plötzlich unter einer Tonnenlast befindet, die am Seil hoch oben lediglich von der Hand eines Hilfsarbeiters festgehalten wird.

Die staatliche Vormundschaft hat in Frankreich statt wagemutigen Unternehmern eher vorsichtige Taktikerer hervorgebracht, die bei vielen unternehmerischen Entscheidungen erstaunlich zögerlich zu Werke gehen und stets über die Schulter nach oben schauen, ob das Vorhaben auch nicht gegen irgendwelche staatlichen Vorschriften verstoße. Als Gegenleistung für die Staatshörigkeit hat sich die französische Obrigkeit dazu herabgelassen, mit Subventionen, Förderungen und Ausnahmegenehmigungen den Unternehmen immer wieder Gunst zu erweisen und damit das Abhängigkeitsverhältnis zu stärken. Doch stets haben die Unternehmer die staatliche Präsenz als lästig empfunden und Gegenstrategien entwickelt, um durch die Lücken des Gesetzes zu schlüpfen. Man könnte das

Verhältnis zwischen Staat und Bürger in Frankreich mit dem eines autoritären Vaters zu seinem aufsässigen Sohn bezeichnen. Stets kommandiert der Vater den Sohn herum, und dieser versucht, andauernd aus der väterlichen Strenge auszubrechen, wofür er prompt wieder eins auf die Finger kriegt.

Der Franzose respektiere die Obrigkeit, aber mißachte das Gesetz, hatte der Aphoristiker Chamfort geschrieben. Es macht den Franzosen Spaß, den Staat hereinzulegen. Der Staat wiederum kennt das Spiel und drückt ein Auge zu. Aber von Zeit zu Zeit statuiert er ein Exempel und bestraft einen ertappten Sünder um so härter. General de Gaulle hat es so formuliert: ein Volk, in dem es dreihundert Sorten Käse gibt, könne man nicht anders als mit harter Hand regieren.

Der französische Zentralismus tut ein übriges: alle Entscheidungszentren in Politik und Wirtschaft haben ihren Sitz in Paris: Regierung, Ministerien, Behörden, Verbände, Institutionen, Banken, Presse. In einem Umkreis von wenigen hundert Metern erreicht man in Paris alle für die Wirtschaft Frankreichs maßgebenden Stellen.

Die französische Wirtschaftspolitik hat also weit zurückreichende traditionelle Wurzeln und Strukturen, die man nicht in kurzer Zeit ausreißen kann. Auch die Unternehmen hatten sich an die staatliche Vormundschaft gewöhnt. Die seit 1986 im Gang befindliche Liberalisierung der französischen Wirtschaft wird aus diesem Grunde geraumer Zeit bedürfen, bis sie auch in den Köpfen der Unternehmer und Führungskräfte eine liberalistische Denk- und Arbeitsweise erzeugt hat. Die Unternehmen brauchen Zeit, um sich an die Freiheit zu gewöhnen. In dieser Phase befindet sich Frankreichs Wirtschaft heute. In vielen technologischen Bereichen drängt Frankreich unaufhaltsam vorwärts und vollbringt bemerkenswerte Leistungen, zum Beispiel in den Bereichen der Kommunikationstechnik, der Elektronik, der Flugzeug- und Raumfahrtindustrie. Diese Wirtschaft hat sich übrigens in Zeiten der beginnenden Liberalisierung vernünftiger gezeigt, als es ihr dogmatische Spätcolbertianer zugetraut hätten: mit der Lockerung der Preiskontrolle sank die Inflation. Von Kapitalflucht ist seit der Aufhebung der Devisenkontrolle keine Rede mehr. Frankreich ist selbst ein interessantes Investitionsland geworden. Seit der Aufhebung der Investitionskontrolle stieg die Zahl ausländischer Industrieinvestitionen in Frankreich sprunghaft an.

Der internationale Wettbewerb, in dem sich Frankreich immer stärker beweisen muß, tut ein übriges. Frankreichs Wirtschaft steht heute kaum mehr hinter dem Niveau der anderen Industrienationen zurück.

Gewiß, die verwaltende Hälfte Frankreich lastet noch immer auf der Wirtschaft. Zu sehr festgefahren sind die alten bürokratischen Vorschriften. Maß muß sich wundern, mit welcher Eselsgeduld sich Bürger manchmal von Beamten und Schalterangestellten behandeln lassen.

Doch die Unternehmen lassen sich den behördlichen Hochmut immer weniger gefallen. Sie entscheiden aufgrund ihrer wirtschaftlichen Zielsetzung. Wenn sie rentabel sein wollen, müssen sie eben manchmal gegen eine praxisferne Vorschrift verstoßen. Das kann zwar ins Auge gehen. Aber oft lösen sich befürchtete oder angedrohte Sanktionen im Nichts auf, wenn man sich nur der Behörde gegenüber geduldig und dickfellig genug zeigt.

Daraus sollten deutsche Firmen lernen: Wer in Frankreich brav alle Vorschriften einhält, muß sich womöglich als naiv ansehen lassen. Wer eine zu weiße Weste hat, ist verdächtig. Ein klein wenig schummeln, und schon ist man für die Behörde ein normaler Fall. Es wird sich immer eine Möglichkeit finden, sich mit ihr zu arrangieren. Wichtig ist, nachweisen zu können, daß man im guten Glauben gehandelt hat und sich als konzessionsbereit erweist, anstatt auf seinem Recht zu beharren.

„Es ist in Frankreich oft nützlich, ein Laster zu haben, und immer schädlich, seine Tugenden hervorzukehren", hatte Chamfort gesagt. Keine Behörde wird einem ertappten Sünder einen Versöhnungstermin abschlagen. Nicht immer schafft man es, sich mit ihr zu arrangieren. Man sollte auch nicht zu sehr insistieren und schriftliche Festlegungen verlangen. Es bietet mehr Aussicht, dem behördlichen Gesprächspartner Spielraum zu lassen und ihn nicht zu früh auf eine Aussage festzulegen, von der er ohne Gesichtsverlust nicht mehr wegkäme.

Die Zeit entschärft die heißesten Konflikte. Nichts geht in Frankreich schnell. Hat man aber Geduld, so kann man zuversichtlich sagen: „On s'arrange toujours." Jedes Arrangement, auf das man sich schließlich einigt, hat etwas von einer Verschwörung an sich. Und stets schwebt darüber das feine Leuchten eines versöhnlichen Humors.

Die Elite der Nation

Das Geschehen in Staat und Wirtschaft Frankreichs wird von den Ehemaligen der „Grandes Ecoles" bestimmt. Diese rund 160 Ingenieur- und 20 Wirtschaftshochschulen produzieren die Elite der Nation. Sie stehen außerhalb, besser gesagt: oberhalb des Universitätssystems. In ihrer Ausbildung verbinden sie höchstes wissenschaftliches Niveau mit hoher geistiger und kultureller Allgemeinbildung und machen aus den Absolventen den Idealtyp des brillanten Generalisten, der jeder Situation gewachsen ist.

Die bekanntesten Grandes Ecoles sind die Ingenieurschulen: die „Ecole Polytechnique", „Ecole Centrale", „Ecole des Ponts et Chaussées", „Arts et Métiers", „Ecole des Mines". Bei den Wirtschaftshochschulen stehen die „HEC" sowie die Handelshochschulen „ESSEC" und „ESCP" an erster Stelle. In höchste Staatspositionen führt die legendäre „ENA" („Ecole Nationale d'Administration"). Kein „Ehemaliger" wird es versäumen, den Namen seiner „Grande Ecole" auf seiner Visitenkarte in Stahl stechen zu lassen.

Verwirrend für den Beobachter sind die rätselhaften Abkürzungen. „ESSEC" etwa heißt „Ecole Supérieure des Sciences Economiques et Commerciales". Insider jonglieren gewandt mit dem Fachjargon, der wie ein Geheimcode wirkt. Wer französische Bewerber zu beurteilen hat, muß wissen, was hinter den Abkürzungen steckt.

Hat zur Universität jedermann Zugang, so ist der Weg zur Grande Ecole nur Auserwählten vorbehalten. Grundvoraussetzung ist das Abitur. Aber nur die Besten haben Aussicht, in die Vorbereitungsklassen an den eigens dafür vorgesehenen Lyzeen aufgenommen zu werden. Dort müssen sie sich ein bis zwei Jahre auf den Aufnahmewettbewerb, „concours" genannt, vorbereiten. Doch höchstens 20 Prozent schaffen die Hürde. Um das Risiko zu vermindern, bereiten sich viele Aspiranten gleichzeitig auf die „concours" mehrerer Grandes Ecoles vor.

Den späteren Absolventen ist eine gute Position in Staat und Wirtschaft sicher. Jährlich werden nur so viele Studenten aufgenommen, wie später in der Praxis Anfangspositionen verfügbar sind. Man sagt, ein Vater, dem es gelungen ist, seinen Sohn auf die „Umlaufbahn" einer Grande Ecole zu bringen, habe für seinen Sprößling ausgesorgt.

Bei der Stellensuche entwickeln die Vereine der Ehemaligen Macht und Einfluß. Die Mitschüler von damals fördern sich untereinander nach Kräften und sorgen dafür, daß sie in den Spitzenpositionen unter sich bleiben.

Während des drei- bis vierjährigen Studiums herrscht strenge geistige und organisatorische Disziplin. Zahlenmäßig sind die Grandes-Ecoles-Studenten eine Minderheit von nur rund 80000 gegenüber insgesamt einer Million Studenten, also keine 10 Prozent.

Sind die großen Ingenieurschulen von streng geschlossenem Korpsgeist getragen, so suchen die Wirtschaftshochschulen zunehmend die Öffnung zur internationalen Wirtschaft. Sie bedauern, daß die deutsche Industrie bisher noch zu wenig Notiz von ihnen genommen hat.

Das System der „Grandes Ecoles", einmalig in Europa, führt zu einem Ausleseverfahren, das es ermöglicht, die für spätere Führungspositionen in Verwaltung, Militär, Schulwesen, Staatsbetrieben ausersehenen Kandidaten frühzeitig vom Gros der Studenten abzusondern.

Nach Auffassung dieser Schulen soll sich der junge Mensch in geistiger Zucht, intellektueller Präzision und theoretisch-philosophischer Durchdringung üben, ohne sich zu früh mit den Fragen der Praxis zu belasten. Hier wird cartesianische Denkschulung gelehrt und geübt, wonach die mathematisch abstrakte Methode als die einzig richtige angesehen und jede Bildhaftigkeit verworfen wird. Ein Ehemaliger einer Grande Ecole vermag in jeder Lage ein beliebiges Thema brillant und druckreif zu extemporieren.

Die ungeliebte Industrie

Patrons und Pasteten

Frankreich hat seine Industrie nie geliebt. Trauern in der Bundesrepublik die Unternehmer heute dem Ruf nach, den sie noch in der Zeit des Wirtschaftswunders hatten, so hat der Unternehmer in Frankreich diesen Ruf nie gehabt. Von allen Seiten, von den Gewerkschaften, vom Staat und von einer schlecht informierten Öffentlichkeit muß er sich als reicher „patron" beschimpfen lassen, der die Arbeitnehmer ausbeutet und sich um die Steuern drückt.

Die „patrons" sind an ihrem schlechten Ruf nicht unschuldig. Sie haben es nie verstanden, dem Unternehmertum eine positive Rolle im Gemeinwesen zu verschaffen. Sie haben sich lange Zeit zu wenig um bessere Arbeitsbedingungen, Unfallschutz und soziale Vergünstigungen für ihre Mitarbeiter gekümmert und haben Gewinne in ihre private Tasche gesteckt, statt ihren Betrieb zu modernisieren. Vor allem für die Vielzahl der Familienbetriebe trifft dies zu.

Stets stand den Franzosen ihre Landwirtschaft gefühlsmäßig näher. Die zum industriellen „Machen" notwendige Beharrlichkeit ist nicht ihre Hauptstärke. An Ideen hat es ihnen nie gefehlt. Aber wenn es an die organisatorische Umsetzung und die dafür notwendige betriebswirtschaftliche Kleinarbeit ging, haperte es. Vergleicht man die Rangliste der größten Industrieunternehmen Frankreichs und der Bundesrepublik, so liegen die Umsätze der deutschen Unternehmen um über die Hälfte höher als diejenigen der ranggleichen französischen Gesellschaften.[2]

Die im industriellen Fertigungsprozeß fehlende Eloquenz findet der Franzose im Handel und bei Finanz- oder Immobilientransaktionen. Da kann er seine Findigkeit und seine taktischen Fähigkeiten besser unter Beweis stellen, ohne sein gutes Geld in einen Betrieb zu stecken, in dem das Finanzamt herumschnüffeln darf. Frankreich sei noch immer stolzer auf seine Trüffeln und Pasteten als auf seine Fabriken, hat ein französischer Fernsehjournalist gesagt.

Oft wird über die mangelnde französische Qualität geklagt. Eine ungeliebte Industrie kann keine Qualität erster Klasse hervorbringen. Vor allem über die Sorgfalt der Verarbeitung und die Dauerhaftigkeit des Materials hört man nicht nur Gutes. Mit Qualitätsprodukten haben deutsche, holländische, japanische Erzeugnisse beträchtliche Marktanteile in Frankreich erobert, selbst in Branchen, die ursprünglich als typisch französisch gegolten haben.

Exportieren, aber wie?

Das chronische französische Außenhandelsdefizit ist für Frankreichs Wirtschaftspolitiker eine schmerzliche Tatsache. Es setzt sich aus vielen Warengruppen zusammen, vorwiegend aber dem Bereich Maschinen, Elektro, Feinmechanik. Selbst Rindfleisch kommt überwiegend aus dem Ausland.

„Exportieren, aber wie?" Unter diesem Motto stand vor Jahren der Jahreskongreß des französischen Arbeitgeberverbandes CNPF. Die Frage ist nach wie vor aktuell. „Exportiert mehr!" rief die Regierung den Unternehmern zu.

Noch heute kann man in Frankreich die Meinung hören, exportieren sei nur etwas für Großunternehmen. Tatsächlich ist überwiegend nur die Großindustrie regelmäßig im Export tätig. Stolz prangte auf den staatlichen Renault-Lastzügen die Aufschrift „Exporteur No. 1".

Viele mittlere und kleinere Unternehmen gehen nur zögernd an das „Export-Abenteuer". Der kalte Wind des internationalen Wettbewerbs, die Ansprüche der ausländischen Einkäufer, die fremden Gewohnheiten draußen, fehlende Sprachkenntnisse, die nicht vorhandenen Mitarbeiter, all das führt dazu, daß exportieren zum Problem wird. Mißtrauen kommt dazu: Wird es der ausländische Käufer

2 Siehe Tabelle 8, Seite 312.

ernst meinen? Wird er die Ware abnehmen? Wird er zahlen? So läßt mancher Unternehmer lieber die Finger davon.

Ein öffentlicher Auftraggeber in Nahost verhandelte mit der mehrköpfigen Delegation eines deutschen Unternehmens über einen Großauftrag. Ein einzelner Franzose vertrat die französische Konkurrenz. Nach erschöpfender Diskussion in drückender Hitze suchte der Franzose Erfrischung im nächsten Restaurant. Die Deutschen setzten sich im Hotel an die Reiseschreibmaschine. Als am nächsten Morgen die Verhandlung weitergehen sollte, zogen die Deutschen das frischgetippte neue Angebot aus der Tasche und erhielten vor dem staunenden Franzosen den Zuschlag.

Seitdem 1986 die protektionistischen und dirigistischen Maßnahmen fallengelassen wurden, vollzieht sich jedoch im Wirtschaftsdenken ein unübersehbarer Modernisierungsprozeß. Frankreichs Wirtschaft schält sich erstaunlich rasch aus dem Schutz früheren Subventionsdenkens heraus. Die „Amerikanisierung" der Wirtschaft, die in der Bundesrepublik in den sechziger Jahren Einzug hielt, findet heute in Frankreich statt. Man sieht es an der Terminologie: *business, management, marketing, profit* sind die Ausdrücke des Tages geworden. Fast täglich finden Firmenaufkäufe und Joint Ventures statt. Gleichzeitig drängt Frankreichs Wirtschaft mit Vehemenz auf die ausländischen Märkte. Das Ziel des gemeinsamen Marktes von 1993 gilt für Frankreichs Regierung und Wirtschaft als lautverkündetes Credo.

Der fehlende Mittelstand

Durch das gesellschaftliche Leben Frankreichs zieht sich ein System getrennter hierarchischer Schichten, die in sich abgeschlossen sind und kaum miteinander verkehren. Adel, Bauern, Beamte, Klerus, Politiker, Unternehmer, sie alle leben nebeneinander und verkehren nur von Fall zu Fall in oberflächlicher Höflichkeit miteinander.

Eine gegenseitige Durchdringung, ein innerliches Zueinander findet kaum statt. Zwischen reich und arm, angesehen und einflußlos, gebildet und ungebildet, sind die Unterschiede größer und ausgeprägter als in der Bundesrepublik. Die französische Nation, sagte Goethe, ist eine Nation der Extreme. Sie ist es noch heute. Das Wort „Mittelstand" fehlt im französischen Wortschatz.

Frankreich hat im Vergleich zur Bundesrepublik weniger große Unternehmen, dagegen viele kleine und kleinste Betriebe und nur wenige namhafte Mittelbetriebe. Einer kleinen Zahl von Ingenieuren und Wirtschaftswissenschaftlern mit hervorragender Ausbildung neben einer großen Schicht von Mitarbeitern mit nur bescheidener Berufsqualifikation gegenüber; eine starke mittlere Mitarbeiterschicht mit einer guten durchschnittlichen Breitenausbildung fehlt. Eine kaufmännische oder gewerbliche Lehre gibt es praktisch nicht. Dem entspricht ein großer Abstand zwischen hohen und niedrigen Gehältern.

Der Durchschnitt gilt als Mittelmaß und ist eher abfällig gemeint. Der Wahlspruch der Revolution: Freiheit, Gleichheit, Brüderlichkeit hat in Frankreich kaum jemals der Wirklichkeit entsprochen.

Der gesellschaftliche Status kann auch als Alibi und Schutzschild dienen. Hinter einer unauffälligen Rolle können sich Wohlstand und geheime Einkommensquellen verbergen. Franzosen neigen hinsichtlich ihrer Vermögensverhältnisse zu Untertreibung, schon des Fiskus wegen.

Prestige oder Profit?

Im Jahre 1973 hatte die französische Regierung mit großem Aufwand eine Studie des amerikanischen Hudson Institute veröffentlicht, wonach Frankreich in den achtziger Jahren die Bundesrepublik überholen und Industrienation Nummer 1 in Europa werden solle. Selbst in Frankreich hatten damals viele Beobachter an der Prognose gezweifelt. Sie haben recht behalten. Das französische Sozialprodukt ist zwar gestiegen, aber der Rückstand auf die Bundesrepublik ist geblieben.

Dabei hätte es Frankreich mit seiner Politik der staatlichen Wirtschaftseingriffe und -förderungen in der Hand gehabt, den Anschluß zu erzielen. Einzelne Industriezweige liefern den Beweis: Frankreichs Elektronik-, Flugzeug- und Automobilindustrie steht heute technologisch auf Weltspitzenniveau. Sie sind überwiegend in Staatshand. Doch haben die nach der sozialistischen Machtübernahme von Mai 1981 neu verstaatlichten Industriekonzerne zunächst einmal Rekorddefizite eingefahren. In der Automobilindustrie wurden durch verantwortungslose Dauerstreiks und Qualitätsschlamperei Marktanteile an ausländische Hersteller verschenkt.

Die Neigung französischer Regierungen, sich der Vorgänge in der Wirtschaft zu bemächtigen, entspringt einem stets wachen Prestigebedürfnis. Ein mit Ministerhilfe abgeschlossener Großauftrag für ein Chemie-Werk in China oder eine U-Bahn im Nahen Osten wird in Funk und Presse groß herausgebracht. Verschwiegen wird, daß von den Millionenaufträgen der staatlichen „Verkaufsförderer" oft keine zehn Prozent tatsächlich zur Durchführung gelangen, weil es mit der Finanzierung nicht klappt oder weil inzwischen Industriekonzerne anderer Länder den Auftrag billiger und schneller durchführen.

Das Bedürfnis nach nationalem Ruhm war die Triebfeder zum Bau des Überschallflugzeugs Concorde, das schon vor Aufnahme der Produktion als unrentabel erklärt werden mußte. Über ein Jahrzehnt mußte der Steuerzahler die Verlustflüge des Prestigevogels finanzieren.

Als der Luxusdampfer „France", ebenfalls unrentabel, in norwegische Hände überging und auf „Norway" umgetauft werden sollte, hatte der neue Besitzer angeboten, die Umbauarbeiten durch eine französische Werft durchführen zu lassen. Das Unglück wollte es, daß eine deutsche Werft den Umbau um die Hälfte billiger anbot. So ging mit dem Prestigesymbol auch noch der arbeitsplätzeschaffende Großauftrag verloren. An den Kaimauern von Le Havre weinten die Zuschauer, als die „France" für immer aus der Heimat entschwand.

Es scheint jedoch, daß die Konfrontation mit der Finanzwirklichkeit zu einem Umdenken führt. Das Prestige hat zuviel Geld gekostet. Das Wort Gewinn ist heute nicht mehr verpönt. Werden industrielle Entwicklungsprojekte staatlich gefördert, so wird zumindest die Frage nach ihrer marktmäßigen Verwertung und damit ihrer Rentabilität gestellt. In Zukunft wird es heißen: Prestige *und* Profit.

4. Erfahrungen deutscher Firmen in Frankreich

Die Anfänge des Frankreich-Geschäfts

Startschwierigkeiten

„Wir haben uns so viel Mühe gegeben mit dem französischen Markt, aber die Franzosen machen es einem wirklich nicht leicht.“ So seufzt mancher Firmenchef, dessen Unternehmen im Frankreich-Geschäft tätig ist. Dabei sind deutsche Firmen mit Frankreich einiges gewöhnt. Sie haben gelernt, französische Launen zu ertragen, endlose Diskussionen durchzustehen und sich mit abenteuerlichen Zahlungsweisen abzufinden.

Das hat nur die wenigsten der Hoffnung beraubt. Die meisten Unternehmen sind aus dem französischen Hindernislauf gereift hervorgegangen. Ihre Beharrlichkeit bei der Eroberung des französischen Markts ist nicht kleinzukriegen. Sie sagen sich mit Heinrich Heine: „Vive la France! quand même –.“

Noch lange nach der Gründerzeit des Frankreich-Geschäfts war man bei Mitteilungen aus Frankreich in Unsicherheit geraten. Man glaubte denen, die behaupteten, drüben müsse alles anders gemacht werden und man dürfe die geringste Bitte der französischen Partner nicht enttäuschen, auch wenn dies gegen die heiligsten Grundsätze im Hause verstieß.

Auf diese Weise waren Privilegien nach drüben vergeben worden, die man jahrelang als Klotz am Bein herumschleppte und die nur mit Seelenqualen und unter Begleichung mehrstelliger Summen wieder aus der Welt zu schaffen waren. So die Vertriebsexklusivität, die heute den französischen Markt blockiert, oder der Provisionssatz, der dem Mann in Frankreich heute ein bequemes Luxuseinkommen sichert.

Solche Entscheidungen sind aus den damaligen Verhältnissen verständlich. Man freute sich, daß sich jemand erbot, das deutsche Erzeugnis dem französischen Markt nahezubringen. Doch heute ist nicht nur die Euphorie verflogen. Man hat auch die Enttäuschungen hinter sich und sieht jetzt das Frankreich-Geschäft so nüchtern, wie es von Anfang an notwendig gewesen wäre.

Wie man mit dem französischen Markt Wirtschaft treiben soll, mußten die Unternehmer allerdings selbst herausfinden. Oft halfen der Zufall und das Glück. Es fehlte an Informationen, Fachliteratur, Beratung. Von der kaufmännischen Gewissenhaftigkeit und Sorgfalt, die man bei der Bearbeitung des deutschen Markts für selbstverständlich hielt, war im Frankreich-Geschäft wenig zu spüren. Der Versäumnisse wurde man sich erst später klar, etwa wenn man plötzlich entdeckte, gegen wieviel französische Vorschriften man verstoßen hatte, ohne es zu wissen.

Dabei scheint es paradox, daß gerade in Frankreich viel versäumt worden sein soll. Nie zuvor haben deutsche Unternehmer hier mehr verkauft. Frankreich ist mit Abstand der bedeutendste deutsche Auslandsmarkt. Man stelle sich probeweise einmal vor, Frankreich sänke morgen in einen hundertjährigen Dornröschenschlaf oder verschwände wie Atlantis im Meer. Was dann mit der wöchtlichen LKW-Ladung nach Paris und mit der für Frankreich bestimmten Produktionskapazität?

Die Zusammenarbeit der deutschen und der französischen Wirtschaft ist in der Geschichte ohne Vorbild. Nie waren zwei Länder enger wirtschaftlich miteinander verflochten, nie erreichten volkswirtschaftliche Warenströme größeren Umfang als zwischen Frankreich und der Bundesrepublik Deutschland. Deutsche Fabrikanten und französische Abnehmer, französische Industrielle und deutsche Käufer haben diese Leistung in gemeinsamer Anstrengung erbracht. Die Wirtschaftspolitiker haben durch die Verträge von Rom die Voraussetzungen dafür geschaffen. Die Pionierarbeit und das Risiko lagen bei jedem einzelnen Unternehmer.

Die Schwierigkeiten waren oft größer und dauerten länger als erwartet. Dabei schien alles zunächst einfach. Bei einer Messe war plötzlich ein Interessent aus Frankreich aufgetaucht. Er verlangte Muster, Prospekte und Preislisten. Ein Auftrag kam, man freute sich, war etwas ungläubig. Schließlich lief sich die Sache ein. Das Geschäft erwies sich als unerwartet dauerhaft. Man begann, die Sache ernst zu nehmen.

So begann es. Wie groß der Markt genau war, was er an Werbung, Verkaufsargumenten und Produktanpassung verlangte, darüber war man sich nicht immer im klaren. Man ersetzte die Planung durch Hoffnung auf die französische Kaufwilligkeit und sagte: „In diesem großen Land muß doch mehr zu verkaufen sein.“ Der Ausspruch war stärker als alle Methodik. Er erwies sich auch ohne Planung später meist als richtig.

Der Versuch mit der Handelsvertretung

Manches Unternehmen war zunächst froh, einen Handelsvertreter oder einen Importeur gefunden zu haben, der bereit war, den Verkauf in Frankreich zu übernehmen. Er kannte das Produkt, die Konkurrenz und die wichtigsten Kunden. Ferner verfügte er nach eigener Aussage über gute Vertreter und ausreichende Lagermöglichkeiten. Da war es ganz natürlich, daß er nebst einer guten Provision auch die Exklusivität für ganz Frankreich verlangte. Der Mann wirkte überzeugend, vertrauenerweckend, man wollte das Glück nicht überfordern. So gab man nach und war erleichtert, das Problem Frankreich so bequem gelöst zu haben.

Die Entscheidung schien sich als richtig zu erweisen. Doch der Markt forderte zunehmend mehr an Bearbeitung, an Lieferbereitschaft, an Service. Die Umsätze wuchsen. Aber irgendwann wiesen stagnierende Umsätze und zunehmende Reklamationen darauf hin, daß der Vertreter an die Grenze seiner Leistungsfähigkeit gelangt war. Dazu kamen nicht eingehaltene Absprachen, schleppender Zahlungseingang, unbefriedigende Informationen.

Oft hatte der Vertreter noch andere Produkte im Sortiment; oder mit dem Vertreterstab war es nicht so weit her wie ursprünglich geschildert. Gerade jetzt, wo eine gewisse Basis erreicht war und es darauf ankam, sich für die Weiterentwicklung des Umsatzes besonders einzusetzen, zeigten sich in der französischen

Organisation Lücken. Der ursprüngliche Enthusiasmus schlug in Unzufriedenheit um. Das Vertrauen war weg.

Doch man konnte jetzt nicht den Markt aufgeben. Was tun? Der Mann in Frankreich kannte die Kunden und hatte die Vertreter. An beides kann man nicht heran. Er hatte es über die ganze Zeit verstanden, den deutschen Hersteller über den Markt, die Kundschaft und die Konkurrenz im Dunkeln zu lassen.

So blieb nach wenigen fruchtlosen Versuchen, dem französischen Partner zu neuem Schwung zu verhelfen, nichts anders übrig, als sich von ihm zu trennen und eine eigene Verkaufsgesellschaft zu gründen. Man wußte, die Lösung aus dem bisherigen Verhältnis würde teuer werden; es war nicht zu vermeiden. Womöglich bestanden noch freundschaftliche Bande zwischen dem französischen „patron" und dem deutschen Seniorchef. Das machte die Sache noch verwickelter.

Manche Unternehmer schleppten den Zustand Monate und Jahre hin. Sie erinnerten sich mit Wehmut der Begeisterung von damals, als man aufgebrochen war, den französischen Markt zu erobern. Gegenüber der Konkurrenz, die damals in Frankreich sofort Tochtergesellschaften gegründet hatte, fiel man jetzt um Jahre zurück. Außerdem mußte man sich noch um die Vertragsauflösung und die neue Firmengründung kümmern, wo man schon alle Hände voll zu tun hatte, den Markt nicht zu verlieren. Man mußte ja auch damit rechnen, daß der bisherige Vertreter ein Konkurrenzprodukt übernehmen und im Markt Schwierigkeiten machen würde.

Glücklicherweise haben nicht alle „Anschlußgründungen" unter solchen Umständen stattgefunden. In vielen Fällen hat man sich auf eine gütliche Trennung geeinigt. Das war leichter, wenn klare schriftliche Vertragsvereinbarungen bestanden. Um die Ablösesumme kam man trotzdem nicht herum. Das wichtigste war, bei der Übernahme sofort im Besitze aller Informationen zu sein. Manchmal gelang es, Verkaufschef und Verkäuferstab der Vertretung zu übernehmen. Ob das langfristig die richtige Lösung war, steht dahin. Am Anfang war es jedenfalls ein wertvolles Startkapital.

Zur Rechtfertigung der Handelsvertretung muß indessen gesagt werden, daß sie sich in vielen Fällen als loyaler und leistungsfähiger Partner erwiesen hat und daß viele deutsche Unternehmen noch heute in voller Zufriedenheit mit einer Handelsvertretung zusammenarbeiten.

Die ersten Firmengründungen

Die ersten Gründungen von Tochtergesellschaften in Frankreich kamen nicht immer nach betriebs- und marktwirtschaftlichen Gesichtspunkten zustande. Ein plötzlich aufflammender Umsatz, das Drängen eines Beraters, das Beispiel eines drüben gründenden Konkurrenten oder einfach der Stolz, *auch* eine Tochter in Frankreich zu haben, können Beweggründe gewesen sein. Konkreter Zwang lag vor, wenn es mit der bisherigen Handelsvertretung zum Bruch kam. Dann kam meist auch noch Zeitdruck dazu.

In vielen Fällen wissen die Firmen heute nicht mehr genau, wie es eigentlich angefangen hat. Fragt man die Leiter der deutschen Tochtergesellschaften in Frankreich danach, so winken sie lachend ab und sagen: „Das waren Zeiten! Noch einmal würde ich das nicht machen." Die reinsten Abenteuergeschichten kann man da hören.

Manch einer wurde einfach mit dem Gründungskapital im Koffer nach Frankreich geschickt mit der Weisung, drüben das Geschäft aufzubauen. Da fing er nun an. Schon die Bürosuche in Paris konnte zu Erlebnissen und Begegnungen führen, die über die abenteuerlichste Phantasie hinausgingen. Dann galt es, eine Sekretärin zu finden. Auch darüber gäbe es manche Geschichte zu erzählen. Und schließlich machte er sich auf, die Kunden quer durch Frankreich abzuklappern.

Selbst Weltfirmen haben so angefangen. Viele verstießen bündelweise gegen französische Devisen-, Steuer- und Gesellschaftsrechtsvorschriften.

Später kam ein Verkäufer dazu, dann mehrere. Man teilte Frankreich in Verkaufsgebiete ein, beginnend mit dem Raum Paris, Lyon, Nordfrankreich und Elsaß-Lothringen. Innendienst und Buchhaltung, ursprünglich im Service nach draußen gegeben, wurden hereingeholt. So fügte sich Stein auf Stein zu einer Firma mit Hand und Fuß.

Die ersten Gründungen von Tochtergesellschaften erfolgten in der zweiten Hälfte der fünfziger Jahre. Das waren die Großunternehmen, die an vorhandene Kontakte anknüpfen konnten. Eine richtige Gründungswelle setzte dann Mitte und Ende der sechziger Jahre ein, eine weitere erfolgte zwischen 1971 und 1974. Zuerst kamen die großen, dann die mittleren, in den siebziger Jahren die kleinen Unternehmen. Danach ebbte der Strom ab. Noch immer kommen einzelne Firmen herüber, angelockt durch die Aussichten des Gemeinsamen Binnenmarktes.

Standortfragen

Oft erwies sich der ursprünglich gewählte Standort als ungünstig. Vieles hatte zunächst für einen Standort im Elsaß oder in Lothringen gesprochen: er lag von Deutschland aus am nächsten, die Leute dort sprachen überwiegend deutsch. Auch nach den Kaufgewohnheiten vermutete man eine größere Affinität zu Deutschland und erhoffte sich schnellere Anfangsumsätze. Viele Unternehmen sind mit dem Standort in Straßburg oder Sarreguemines tatsächlich gut gefahren.

Erst im Laufe der Zeit erkannte man, daß er auch Nachteile hatte: Das wichtigste Kaufkraftpotential Frankreichs und die meisten Kunden saßen in Paris sowie in den Ballungsräumen um Lyon, Marseille und Lille. Dafür lag das Büro im Osten zu weit vom Schuß. Auf Dauer war ein Verkaufsbüro in Paris unumgänglich. Viele Firmen haben später ihren Sitz dorthin verlegt.

Wer sofort Paris als Gründungsstandort gewählt hatte, geriet auf andere Weise in Bedrängnis. Es gab im Paris der siebziger Jahre noch wenig moderne Büroräume. Die meisten deutschen Niederlassungen fingen in Wohnungen an, die man gegen Zahlung einer Gebühr ihres Zwecks entfremdet hatte.

Da kamen die Leitz-Ordner in die Küche und die Buchhaltung ins Schlafzimmer; der Chef bekam den Salon mit Parkettfußboden, Stuck und Marmorkamin. In den meisten dieser Büros würde ein Angestellter in Deutschland kaum gearbeitet haben. Es herrschten Enge, Hitze, schlechtes Licht, Straßenlärm. Manche Unternehmen fanden aber auch vornehme Stadtvillen mit prunkvollen Eingangshallen, Messingbeschlägen und Kronleuchtern; teilweise sitzen sie noch heute dort.

Einzelne Firmen haben nach einiger Zeit gemerkt, daß sie im falschen Stadtviertel saßen. Ein Stahlkonzern kann es sich nicht leisten, woanders als im 8. oder 16. Arrondissement zu sitzen. Die Kundschaft eines Maschinenbauunternehmens würde stutzen, wenn ihr Lieferant am „Montmartre" oder im „Quartier Latin" säße.

Viele der im Raum Paris ansässigen deutschen Tochtergesellschaften sind inzwischen in eine der neuen Gewerbezonen der Pariser Umgebung umgezogen, nach Marne La Vallée, Rungis, Palaiseau, Courtaboeuf, Trappes, Cergy-Pontoise, Sartrouville, Le Blanc Mesnil.

Der Raum Paris ist der Schwerpunkt geblieben für die deutschen Niederlassungen in Frankreich. Hier dürften gut zwei Drittel aller Tochtergesellschaften ihren Sitz haben. Zweiter Schwerpunkt ist das Elsaß und Lothringen. Auch der Raum Lyon hat eine Anzahl von deutschen Firmen angezogen. Im Rest Frankreichs findet man deutsche Gesellschaften nur vereinzelt vor, oft an unerwarteten Standorten, die sich durch den Aufkauf eines dort ansässigen französischen Unternehmens erklären.

Das Frankreich-Geschäft heute

Firmen und Branchen

Heute bestehen in Frankreich etwa zweieinhalbtausend deutsche Tochtergesellschaften. Davon sind 80 Prozent reine Verkaufsgesellschaften. Rund zehntausend Unternehmen dürften in anderer Form ständig in Frankreich vertreten sein oder nach Frankreich verkaufen.

Die deutsche Präsenz in Frankreich reicht über die ganze Breite der Waren- und Leistungspalette. Schwerpunkte liegen in den Branchen, die die traditionelle Stärke der deutschen Wirtschaft ausmachen, also wo es auf Präzision und Qualität ankommt: Automobilindustrie, Maschinen- und Anlagebau, Feinmechanik, Verfahrenstechnik, elektrische und elektronische Geräte, Hausgeräte, Armaturen, ferner in der Chemie.

Nicht nur die technologische Spezialisierung, sondern auch die jahrelange Erfahrung in der Fertigungstechnik und der Qualitätssicherung hat manchem Hersteller einen festen Platz in Frankreich gesichert. Oft handelt es sich dabei um verhältnismäßig kleine Unternehmen, die auf ihrem Gebiet zu den Großen zählen.

So findet man in Frankreich deutsche Verkaufsgesellschaften für elektronische Lichtschranken, Rohrkompensatoren, chirurgische Instrumente, Brillenfassungen, Kugelhähne, Labor-Filtertechnik, Präzisionswaagen, Wagenheber, Oberflächentechnik, alle Arten von Meßgeräten, aber auch für Autowaschanlagen, Glasfaserrohre, PVC-Fensterrahmen, Fassadentechnik, Wohnmobile, Betonpumpen, Garagentore, Motorsägen, Rasenmäher, Grillgeräte, Teppichböden, Heimtextilien, Reformkost und Verbandstoffe.

Selbstverständlich sind die Großen der deutschen Industrie in Frankreich mit einer eigenen Gesellschaft vertreten. Die Konzerne haben keine einheitliche Frankreich-Strategie eingeschlagen. Teils sind die zur Gruppe gehörenden deutschen Töchter mit eigenen Gesellschaften vertreten, teils sind sie in Frankreich in einer zentralen Tochterfirma zusammengefaßt.

Für die meisten Unternehmen ist das Frankreich-Geschäft längst ein lebensnotwendiger Anteil am Gesamtumsatz geworden. Für viele beträgt der Frankreich-Umsatz mehr als 15 Prozent am Gesamtgeschäft.

Der systematische Ausbau des Frankreich-Geschäfts ist daher für viele Unternehmen zum Zwang geworden. Die Erfassung und Bearbeitung des Marktes, die betriebswirtschaftliche Organisation, Planung und Kontrolle, EDV-Wesen, Materialwirtschaft, Kostensteuerung werden zunehmend gestrafft und dem deutschen Mutterhaus angenähert. Eine Verfeinerung des Berichtswesens und die Verkürzung der Berichtsfristen ist bei allen deutschen Töchtern zu beobachten.

Gleichzeitig bemühen sich die deutschen Mutterhäuser zunehmend, sich bei Produktentwicklung, Verkaufsunterstützung, Lieferbereitschaft den Forderungen des französischen Markts anzupassen. Ihr Wissen um die französischen Belange hat deutlich zugenommen, nicht zuletzt unter der unermüdlichen Vorarbeit der Leiter der französischen Gesellschaften. Andererseits wird dadurch auch ihre Neigung zur Einflußnahme auf die Tochter in Frankreich immer größer.

Das deutsche Ansehen in Frankreich

Die Präsenz deutscher Firmen und Erzeugnisse ist in Frankreich alltäglich geworden. Wer abends die Pariser Stadtautobahn benutzt, fährt Spalier durch die Leuchtreklame der deutschen (und japanischen) Großindustrie. Im Bastel-Center, in der Haushaltsabteilung, im Spielzeugladen sind deutsche Erzeugnisse fester Bestandteil des Sortiments. Der Verkäufer empfiehlt die Handbohrmaschine: „Die ist gut, das ist deutsche Qualität!“

Auch im Investitionsgüterbereich ist deutsche Qualität zum Maßstab geworden. Französische Einkaufsingenieure unterhalten sich gern mit den Verkäufern der deutschen Niederlassungen; sie loben ihr Produkt und nutzen die Gelegenheit, mit ihnen einen fachlich ergiebigen Dialog zu führen, auch wenn sie schließlich französisch kaufen, weil das deutsche Produkt zu teuer ist.

Die Franzosen haben Respekt vor der deutschen Wirtschaft und ihren Repräsentanten in Frankreich. Sie schätzen die Zielstrebigkeit und Gradlinigkeit, mit der deutsche Unternehmen geführt werden. Bewerber wollen nicht mehr in französische Firmen zurück, wenn sie einmal in einer deutschen Gesellschaft gearbeitet haben. Die Zusammenarbeit zwischen deutschen Chefs und französischen Mitarbeitern funktioniert im allgemeinen gut.

In der Öffentlichkeit treten die deutschen Tochtergesellschaften mit Diskretion auf. Die Muttergesellschaften sehen es nicht gern, wenn ihre Führungskräfte in Frankreich Interviews geben oder sich in Zeitungsartikeln zitieren lassen. „Sie glauben gar nicht, an wie kurzer Leine wir von Deutschland geführt werden", sagte der Pariser Verwaltungsleiter eines deutschen Konzerns. Die Gesellschaften legen zunehmend Wert darauf, als rein französische Firma aufzutreten. Von manchen Produkten ist in der französischen Öffentlichkeit kaum bekannt, daß ein deutsches Unternehmen dahintersteckt.

Geschichtlichen Ressentiments gegen die Deutschen begegnet man höchstens in Ausnahmefällen und allenfalls in der Provinz.

Wie sieht das offizielle Frankreich die Tätigkeit der deutschen Wirtschaft? In amtlichen Erklärungen wird immer wieder auf die engen freundschaftlichen Beziehungen zwischen beiden Ländern hingewiesen. Das unaufhörlich wachsende Handelsdefizit mit Deutschland wird als bedrohlich empfunden. Die Regierung hält ihrer Wirtschaft „le modèle allemand", das deutsche Modell an Effizienz und Exportleistung vor. Ohne Erfolg. Franzosen mögen fremde Vorbilder nicht.

Produzieren in Frankreich?

Die meisten in Frankreich tätigen Unternehmen haben es nicht als notwendig oder zweckmäßig erachtet, in Frankreich zu produzieren. Der französische Markt lag vor der Haustür; man konnte ihn von Deutschland aus beliefern. Ein Betrieb in Frankreich hätte zusätzliche Kapazität geschaffen, die man langfristig nicht mit Sicherheit würde nützen können, ohne Kapazität aus Deutschland abzuziehen. Für Branchen mit hoher Anlagenintensität wäre der Aufbau einer Produktion in Frankreich wirtschaftlich unsinnig gewesen. Unternehmen mit hohen Qualitätsanforderungen fürchteten, in Frankreich nicht genügend qualifizierte Mitarbeiter zu finden. Andere fürchteten sich vor gewerkschaftlicher Unruhe oder politischer Unsicherheit. Gründe genug, in Frankreich nicht zu produzieren.

Es gab auch Gründe dafür. Die Stundensätze in der Industrie liegen bis zu einem Drittel unter denen der Bundesrepublik. Produkte, die von der Arbeitskraft keine besondere Qualifikation verlangten, konnte man in Frankreich billiger herstellen und nach Deutschland re-importieren. Die Produktion von Massen-Konsumgütern wie Waschpulver oder Verpackung mußte man wegen der Transportkosten so weit wie möglich in den Markt hineinlegen.

Lange Zeit schwebte das Damokles-Schwert des „achetez-français" über dem Frankreich-Verkauf. Wer an verstaatlichte Gesellschaften oder öffentliche Auftraggeber verkaufte, mußte damit rechnen, daß französischen Erzeugnissen der Vorzug gegeben wurde. Er hatte also Interesse daran, als französischer Hersteller aufzutreten, das heißt, in Frankreich zu produzieren, und sei es nur einen Teil des Produktprogramms.

Ausländische Produktionsansiedlungen werden auf verschiedene Weise vom französischen Staat gefördert, insbesondere in Form von Subventionen für die geschaffenen Arbeitsplätze. Es gibt namhafte deutsche Unternehmen, die davon Gebrauch gemacht haben. Doch insgesamt dürfte der Anteil der in Frankreich produzierenden Unternehmen zehn Prozent aller Tochtergesellschaften nicht übersteigen.

Firmenkauf und Kooperation

Eine Alternative zum Aufbau einer eigenen Produktionsstätte war, ein bestehendes französisches Unternehmen aufzukaufen oder sich daran zu beteiligen. In einem frühen Stadium des Frankreich-Geschäfts konnte dies zum Erfolg führen. Aber verkäufliche gute französische Betriebe waren stets rar. Man muß sie heute mit der Lupe suchen. Was die deutschen Firmen interessierte, war der französische Firmenname, die Präsenz in Frankreich und die Verkaufsorganisation.

Manche versuchten, mit einer 50:50-Beteiligung die französischen Eigentümer in der Verantwortung zu lassen. Sie sollten das Unternehmen nach außen unverändert weiterführen. Um die internen Reorganisationsmaßnahmen würden sich die Fachleute aus Deutschland kümmern. Diese Form erschien als der Ausdruck einer fairen Partnerschaft.

Doch meist war die Enttäuschung groß. Die erhofften gemeinsamen Entscheidungen kamen nur mühsam zustande. Die Deutschen strengten sich an, die Wirtschaftlichkeit zu verbessern und halfen mit Darlehen. Aber oft hatten sie das Gefühl, nur zu zahlen und die Arbeit zu machen. Den gemeinsamen Absprachen folgten keine Taten. Drüben wirtschaftete und repräsentierte man im alten Stile weiter und überließ die Verantwortung den Deutschen.

Oft stellte sich heraus, daß das Unternehmen keineswegs so gut dastand wie ursprünglich geschildert. Man entdeckte überbewertete Vorräte, mangelhafte Fertigungsunterlagen, unklare Verhältnisse bei den Außenständen. Man mußte mehr Zeit und Geld in die Bereinigung stecken als beabsichtigt. Über kurz oder lang mußte man Personalentscheidungen treffen und die Dinge selbst in die Hand nehmen.

Der größte Klotz am Bein bei aufgekauften französischen Firmen ist meistens das Management. Der Inhaber und seine Familie, oft in der Firma mit tätig, erwiesen sich häufig nach den anfänglichen Beteuerungen, loyal und aktiv mitwirken zu wollen, als das größte Hindernis bei der Durchsetzung von Rationalisierungs- und Modernisierungsmaßnahmen. Keine Spur von partnerschaftlichem Mitarbeiten. Die Nostalgie und das Festhalten an früher erworbenen Rechten des Familienclans sind meist stärker. Doch nicht immer haben deutsche

Firmen diesem Aspekt genügend Bedeutung beigemessen. Manche mußten sich von den bisherigen Eignern und ihren Mitarbeitern später mit Gewalt trennen – und unter Zahlung substantieller Summen.

Die häufigsten Probleme

Das Hauptproblem deutscher Unternehmen bei ihren Niederlassungen in Frankreich ist, den richtigen Chef und die richtigen Mitarbeiter zu finden. Das nächste Problem schließt sich unmittelbar an, nämlich die Frage, wie die Tochter in Frankreich geführt werden soll. Vielfach entstehen Probleme der Kommunikation. Die Franzosen fassen vieles anders auf, als es im Mutterhaus als selbstverständlich gilt. Hier trifft sich der Problemkreis mit dem der unterschiedlichen Mentalitäten.

Mit der personellen Besetzung der Führung steht und fällt der Erfolg der Tochtergesellschaft in Frankreich. Die Suche und Auswahl der richtigen Führungskräfte ist die wichtigste unternehmerische Aufgabe bei der Bearbeitung des französischen Marktes! Solange diese Frage nicht gelöst ist, bleiben auch die sachlichen Probleme ungelöst.

Obwohl die Suche nicht fundamental anders verläuft als in Deutschland, gibt es doch vielerlei Nuancen, in denen sie im Vorgehen, im Bewerberverhalten und vor allem in der Bewerberbeurteilung von den deutschen Normen abweicht. Sie zu erkennen, ist eine der wichtigsten Fragen bei der Suche des Mannes (oder, seltener, der Frau) in Frankreich. Oft legt man zuviel Wert auf die Branchenerfahrung. Der Branchenfachmann kenne Markt und Kunden; das sei von grundlegender Bedeutung für seinen Erfolg. Dieses Argument ist nicht von der Hand zu weisen. Führungspositionen erfordern aber in erster Linie Leute mit Persönlichkeit. Ist sie nicht vorhanden, so nützt die beste Branchenerfahrung nichts. Außerdem bringt der Mann aus der Branche ja nicht nur gute Gewohnheiten von der Konkurrenz mit. Manche Branchen sind so eng, daß die Wahrscheinlichkeit, dort gute Leute zu finden, ohnehin begrenzt ist. Ein Branchenfremder arbeitet sich aber schneller ein, als daß sich eine schwache Natur plötzlich zur Persönlichkeit entwickelt.

Das gleiche gilt auch für die übrigen Mitarbeiter. Hier steht man vor dem Problem, daß in Frankreich eine breite, praxisnahe kaufmännische Ausbildung fehlt. Lehre und Berufsschule sind so gut wie unbekannt. Damit haben wir in Frankreich entweder überqualifizierte Leute, nämlich jene, die von den guten Schulen kommen, oder aber Mitarbeiter, denen im Vergleich zu den Kollegen in Deutschland vieles an Fachkenntnis und Praxisnähe fehlt. Hier muß durch eine gezielte Personal-Förderungspolitik ein Qualifikationsstand erarbeitet werden, der den Anforderungen eines deutschen Unternehmens in Frankreich genügt.

Die früheren Probleme des französischen Protektionismus und Dirigismus sind so gut wie gegenstandslos geworden. Deutsche Mutterhäuser waren es ohnehin gewöhnt, mit den französischen Kontrollmaßnahmen zu leben, so daß deren Wegfall auf deutscher Seite fast weniger befreiend empfunden wurde als von den französischen Unternehmen selbst.

Die Probleme der Zukunft werden vor allem im Markt liegen. Die internationale Konkurrenz drängt stark auf den französischen Markt. Es wird einer immer ausgefeilteren Verkaufsargumentation bedürfen, um deutsche Qualitätserzeugnisse zu hohen Preisen auf dem französischen Markt unterzubringen.

Die Frage der französischen Zahlungskonditionen ist auf die Liste der Routineprobleme geraten. Solche und ähnliche Probleme treten an Bedeutung zurück gegenüber dem Haupt- und Dauerproblem, den richtigen Mann in Frankreich zu finden.

Unglücksfälle

Das Kapitel über die Erfahrungen deutscher Unternehmen in Frankreich wäre unvollständig ohne einen Blick auf die Schiffbrüche, die einige von ihnen erlebt haben.

Ein immer wieder vorkommender Fall ist die Veruntreuung durch Mitarbeiter der französischen Tochtergesellschaften. Den spektakulärsten Coup leistete sich ein Geschäftsführer in der Lebensmittelbranche: Er verschwand über Nacht unter Mitnahme von 50 Millionen Franc.

Ein süddeutsches Textilunternehmen mußte feststellen, daß der Geschäftsführer der französischen Tochtergesellschaft innerhalb von 6 Monaten für 10 Millionen Franc Ware ohne Rechnung verschickt und sich von der Kundschaft in bar hatte bezahlen lassen.

Der Geschäftsführer der französischen Tochter eines Herstellers von Auto-Waschanlagen baute einen Kundendienst auf, der sämtliche Umsatzeinnahmen verschlang. Als der auf sein Geld wartende Hersteller die Lieferungen stoppte, beantragte der Geschäftsführer, der mit einem Prozent am Kapital beteiligt war, beim Handelsgericht die Auflösung der Gesellschaft mit der Begründung schweren Zerwürfnisses zwischen den Gesellschaftern. Die restlichen Forderungen und Lagerbestände gingen unter der Schlamperei eines Provinznotars verloren.

Auch Großfirmen mußten einschlägige Erfahrungen machen. Ein Transportunternehmen stellte eines Tages fest, daß sein Finanzchef jahrelang Kundenzahlungen auf sein eigenes Konto geleitet hatte. In einem anderen Fall war sogar die Sekretärin des Firmeninhabers Hauptakteurin des betrügerischen Spiels.

Anderer Art sind Erlebnisse mit Importeuren. Ein süddeutscher Fabrikant von elektronischen Steuerungen erfuhr zu seinem Staunen, daß sein französischer Exklusivvertreter gegen jede Absprache ein japanisches Konkurrenzprodukt verkaufte und beim internationalen Elektroniksalon in Paris ausstellte. Als er nach fernschriftlicher Ankündigung auf der Messe erschien, waren die Konkurrenzartikel plötzlich verschwunden. Der Franzose hatte sie eiligst abmontiert. Auf Befragen wußte er von nichts. Der Schwabe dachte sich seinen Teil und sann auf Schliche. Im Jahr darauf ließ er den Ausstellungsstand vorher heimlich fotografieren. Als er nach Ankündigung wieder auf dem Stand auftauchte, waren die billigen Japanprodukte wieder schnellstens entfernt worden, doch diesmal hatte er in Form von Fotos die Beweise in der Tasche.

Ein Unternehmen der Heizgerätebranche wollte es nicht mehr länger mitansehen, wie sein französischer Exklusivimporteur sich ums Zahlen drückte. Dieser hatte mit den Umsatzerlösen aus den deutschen Geräten seine eigene unrentable Produktion finanziert. Als er merkte, daß den Deutschen die Geduld ausging, meldete er schnell Vergleich an; damit entging den Deutschen neben der Forderung auch der gesamte Lagerbestand, da nach den damaligen Rechtsvorschriften kein Eigentumsvorbehalt durchgesetzt werden konnte. Bei den Verhandlungen führte der Franzose das große Wort: was denn die Herren nun vorschlügen, da sie ihm sein Geschäft ruiniert hätten . . .

Ein deutsches Familienunternehmen hatte ein französisches Markenunternehmen seiner Branche aufgekauft. Der französische Verkäufer hatte verschwiegen, daß, um das Unternehmen rentabel zu machen, eine größere Anzahl von Mitarbeitern hätte entlassen werden müssen. Dies wurde jedoch von der Arbeitsbehörde verweigert. Die deutsche Geschäftsleitung sah sich schließlich zu der Alternative gezwungen: Entlassungen oder Konkurs. Das Faß war voll, als die kommunistische Gewerkschaft den deutschen Seniorchef bei einer Werksbesetzung im Betrieb einschloß. Das erste, was er nach seiner Befreiung tat, war, den Konkurs zu beantragen.

Ein anderes deutsches Unternehmen der gleichen Branche sah am Tage, nachdem die Kommunisten die Gemeinderatswahl gewonnen hatten, den neuen Bürgermeister samt einer aus Paris herbeigeeilten Parteidelegation vor dem Werksgelände herumstolzieren. „Von jetzt an bestimmen wir, was hier läuft", ließen sich die Genossen hören. Seit dem Tag war der Teufel los. Monatelang folgte ein Streik dem anderen. Nach einer vierwöchigen Werksbesetzung gaben die Deutschen, ein solides Familienunternehmen, auf und zogen sich aus Frankreich zurück.

Der Leiter der Pariser Niederlassung eines Dienstleistungsunternehmens hatte in der Augusthitze darauf verzichtet, die monatliche Betriebsratsversammlung abzuhalten, da die meisten Mitarbeiter in Urlaub waren und ohnehin nichts zu besprechen war. Das zog ihm ein Strafverfahren zu wegen Verstoß gegen die Mitbestimmungsvorschriften. Ein entlassener Mitarbeiter hatte ihn aus Rache angezeigt.

Der Geschäftsführer eines deutschen Mutterhauses hatte den Leiter der französischen Tochtergesellschaft von Anfang an in allen Belangen freie Hand gelassen und nie etwa daran gedacht, von Zeit zu Zeit die interne Revision nach Frankreich zu schicken. Das ging an die zehn Jahre gut, das Unternehmen in Frankreich entwickelte sich. Durch einen reinen Zufall kam man eines Tages darauf, daß der Frankreich-Chef schon jahrelang nebenher eine eigene Firma betrieb und einen Teil seiner dortigen Kosten seelenruhig über die deutsche Tochtergesellschaft laufen ließ. Der Chef in Deutschland fiel aus allen Wolken: „Meine Gesellschafter haben mir in 25 Jahren kein einziges Mal die interne Revision geschickt, und es hat kein Pfennig gefehlt. Warum sollte ich also dem Mann in Frankreich einen Prüfer schicken?" Jetzt schickt er die Revision jedes Vierteljahr nach Frankreich.

Solche Geschichten sind beliebte Gesprächsthemen bei den Zusammenkünften deutsch-französischer Führungskräfte. Sie begleiten die Geschicke der deutschen Wirtschaft in Frankreich. Eine Statistik, wieviel Geld und guter Wille dabei auf der Strecke geblieben sind, gibt es nicht. Mancher Verantwortliche in Deutschland ist froh, wenn er den Namen des französischen Unglücksorts nicht mehr hört.

Doch gibt es solche Unglücksfälle in jeder Wirtschaft. Betrachtet man die deutsch-französische Außenhandelsstatistik, so kann man sagen, daß den deutschen Unternehmen in Frankreich übers Ganze gesehen Erfolg beschieden war. Es sieht nicht so aus, als ob sich daran Wesentliches ändern werde.

Frankreich als Beschaffungsmarkt[1]

Frankreich bietet als Beschaffungsmarkt noch zahlreiche unausgeschöpfte Quellen. Es verfügt über ideenreiche und leistungsfähige Industrieunternehmen, deren Produkte qualitativ und preislich international konkurrenzfähig sind. Damit sind nicht nur die großen Industrieunternehmen gemeint, sondern auch die vielen sogenannten „PMI" (petites et moyennes industries), also die mittelständischen Betriebe. Viele davon haben bisher erst eine schwach entwickelte Exportaktivität, verglichen mit der Exportdynamik der deutschen Mittelstandsunternehmen. Zu lange stand die Wirtschaft Frankreichs unter staatlicher Vormundschaft. Stets wurde dabei die Großindustrie gegenüber den Mittelbetrieben bevorzugt. Zollformalitäten, Devisenbewirtschaftung und Bürokratie bei der Exportkredit-Finanzierung lähmten die Exportinitiative.

Französische Hersteller empfinden die in der Bundesrepublik Deutschland geltenden Industrienormen als Hindernis. Doch manchmal ist die Angst größer als berechtigt. Mit einer geringfügigen Produktanpassung wäre die Normenhürde zu nehmen.

Französische Unternehmen empfinden es als schwierig, in Deutschland eine Tochtergesellschaft zu gründen oder zu führen. Ist die deutsche Industrie in Frankreich mit etwa 2500 Tochtergesellschaften vertreten, so sind die Franzosen in Deutschland gerade mit rund 700 Filialen präsent. Der Grund dafür liegt in der Schwierigkeit französischer Firmen, die richtigen Führungskräfte für Deutschland zu finden. Andererseits fällt es französischen Muttergesellschaften schwer, sich mit ihrem organisatorischen Ablauf an die hohen Anforderungen des deutschen Marktes anzupassen. Sie bezeichnen die deutschen Einkäufer als ausgesprochen hart. Oft fehlt es auch an deutschen Sprachkenntnissen. Und schließlich sind viele französische Betriebe nicht groß genug, als daß sie sich eine eigene Vertriebsorganisation für die Bundesrepublik leisten könnten.

Aber warum sollte die französische Industrie im Ausland nur für Automobile und Flugzeuge, Parfum und Mode, Käse und Champagner bekannt sein? Auch in vielen anderen Branchen produzieren französische Unternehmen hervorragende Erzeugnisse. Die Hinwendung Frankreichs zum Liberalismus hat vielen poten-

1 Aus Klaus W. Herterich: Franzosen als Wirtschaftspartner, Frankfurt/Main 1988.

tiellen Exporteuren neuen Mut gemacht. Der Staat, in Sorge um seine Handelsbilanz, feuert die Wirtschaft an: „Exportiert mehr!“ Der Kurs des französischen Franc ist für den Export günstig. Und in der Bundesrepublik Deutschland interessieren sich die Einkäufer zunehmend für französische Bezugsquellen, denn das Lohnniveau in der französischen Industrie liegt noch deutlich unter demjenigen des Hochlohnlandes Bundesrepublik. Dazu bieten französische Betriebe oft Technologien, die man in Deutschland nicht kennt oder nicht so gut beherrscht. Die Voraussetzungen für den Export von Frankreich nach Deutschland sind also positiv. Dazu kommt noch die geographische Nachbarschaft. Auch die intensive Zusammenarbeit zwischen deutschen Lieferanten und französischen Kunden hat die deutsch-französische Zusammenarbeit in umgekehrter Richtung angeregt. Auf internationalen Messen finden sich deutsche und französische Firmen Stand an Stand. Und nicht zuletzt wirkt das wohlwollende deutsche Interesse gegenüber Frankreich als Ansporn für die französischen Unternehmen.

So sind zahlreiche französische Industriefirmen in die Rolle unentbehrlicher Zulieferbetriebe der deutschen Wirtschaft hineingewachsen. Viele davon liegen in Grenznähe, in Nord- und Ostfrankreich. Deutsche Einkäuferinitiative und französische Exportbereitschaft haben hier zur Zusammenarbeit beigetragen. Nicht immer wird der deutsche Kunde darauf gewartet haben, daß der französische Hersteller auf ihn zukam. Und wenn die Zusammenarbeit anfangs holprig war, so haben eine sorgfältige schriftliche Festlegung und Überwachung der Produktqualität, der Liefertermine und Preise schließlich meist zu einer reibungslosen Abwicklung geführt. Wo schriftliche Vereinbarungen gefehlt haben, mag es auch einmal zu Pannen gekommen sein. Aber es gab auch Fälle, wo französische Betriebe nach betriebswirtschaftlicher Beratung durch ihre deutschen Abnehmer preisgünstiger liefern konnten, als sie selbst geglaubt hatten. Viele „PMI“ verfügen noch über beträchtliche Rationalisierungsreserven.

Die Zusammenarbeit zwischen deutschen Abnehmern und französischen Herstellern hat gute Zukunftschancen. Der wirtschaftliche Erfolg wird dabei um so höher sein, je intensiver der persönliche Kontakt zwischen den Partnern ist. Nicht nur Geld und Gewinn machen eine gute Geschäftsverbindung aus, sondern auch das menschliche Verhältnis.

5. Mitarbeiter in Frankreich

Franzosen als Mitarbeiter

Leben und arbeiten

In Deutschland heißt es oft, die Franzosen hätten das Arbeiten nicht erfunden; sie säßen lieber im Bistro und tränken Rotwein. Dem wollen wir energisch widersprechen! Franzosen sind arbeitsame Menschen. Sie arbeiten nur anders. Sie wollen an ihrer Arbeit Spaß haben. Sie mögen nicht verbissen vor sich hin schaffen, wenn sie mit Leichtigkeit und Einfallsreichtum das gleiche erreichen können. Auch in der Arbeit wollen sie sich als freie Menschen fühlen.

Was sich eintönig wiederholt, wird dem Franzosen nach kurzer Zeit langweilig. Er sorgt dann für Abwechslung und legt eine Arbeitsanweisung so aus, daß er sein Gestaltungsbedürfnis darin zum Ausdruck bringen kann. Disziplin und stures Ausführen einer Anordnung liebt er nicht.

Er muß ein Ziel vor Augen haben, doch muß es sinnvoll und erreichbar sein. Es macht ihm nichts aus, wenn er es nicht gleich erreicht. Manchmal mündet die Zielsetzung in Euphorie. Denn war es mit dem Ziel nicht so ernst gemeint. Doch scheut er keine Anstrengung, wenn sich die Erreichung des Ziels lohnt und wenn es schnell erreichbar ist. Verliert er es aus den Augen, so verliert er den Mut. Gleichwohl bewahrt er Gelassenheit und läßt sich nicht zum Sklaven seiner Ziele machen. Die Anstrengung muß positiv bleiben. Wo sie in Zwang, in Pflichterfüllung für einen ungeliebten Chef umschlägt, tritt Lustlosigkeit ein.

Wenn ihm eine Arbeit mißlingt, wird er die Enttäuschung lächelnd überspielen, die Schuld den Umständen zuschieben und sich erfreulicheren Dingen zuwenden. Ein Rüffel vom Chef wird schnell überwunden und trübt die gute Stimmung nicht lange. „Nie sollen wir uns durch etwas anderes lenken lassen als durch die Klarheit unserer Vernunft", hat Descartes gesagt. Der Ärger des täglichen Lebens geht nicht tief; er gleitet an der Oberfläche ab. Franzosen sind nicht nachtragend. Sentimentalität ist nicht ihre Sache.

Zuneigung und Konflikt finden verbal statt. Haltung, „clarté" und eine Spur Fatalismus bestimmen den Umgangston. Wie der Bauer weiß, daß er zwar pflügen und säen muß, aber die Natur nicht zum Wachsen zwingen kann, so weiß der Franzose, daß Aufregung und sklavische Disziplin auf Dauer nichts am Lauf der Dinge ändern.

Die Sprache als Arbeitsinstrument

Die Sprache ist für Franzosen ein unentbehrliches und vielseitig verwendbares Arbeitsinstrument. Sie führen gelegentlich das reinste Feuerwerk an Rede- und Rechtfertigungskünsten vor. Da gewinnt die gelungene Wendung selbständige Geltung, auch im wirtschaftlichen Fachgespräch. Oft ist der ökonomische Sachverhalt Anlaß zur verbalen Selbstdarstellung. Fragt man in die wortreiche Rede nach längerem Zuhören: „Was schlagen Sie konkret vor?", dann kann verblüfftes Schweigen entstehen: „Ja, das ist eine gute Frage!"

Man darf nicht alles wörtlich nehmen, was im Redeeifer gesagt und versprochen wird. Eine wohlklingende Zusicherung kann mancherlei Beweggründen entspringen: sie flattiert, macht gutes Wetter, klingt höflich und gefällig, strahlt Hoffnung und gute Absicht aus. Niemand wird dabei Unaufrichtigkeit unterstellen, selbst wenn es mit dem Willen zur Tat nicht weit her ist. Das Wort ist alles, nichts die Tat.

Ein Bewerber für eine deutsch-französische Führungsposition hat einmal gesagt, man müsse bei Zusagen in Frankreich stets einen Koeffizienten abziehen, um auf den tatsächlichen Wahrheitsgehalt zu kommen. Hört man Freudenausbrüche oder Hiobsbotschaften aus Frankreich: flugs den Koeffizienten angewendet! Selbst im offiziellen Frankreich ist das Verfahren nützlich. Die Zeitung „Le Monde" schrieb in ihrer Tagesglosse vom 20. Januar 1983, man solle bei amtlichen Meldungen stets einen „coéfficient d'incertitude" hinzufügen, dessen Einstufung der Phantasie jedes einzelnen überlassen bleibe ...

Die Sprache hilft auch, mangelnde Selbstsicherheit zu überspielen. Der Franzose ist nicht immer so selbstsicher, wie es den Anschein hat. Er glänzt möglicherweise um so mehr durch Beredsamkeit, je weniger sicher er seiner Sache ist. Stets wird er versuchen, aus einer Schwäche eine Stärke zu machen.
Doch stets versteht er es, aus einer Schwäche eine Stärke zu machen.

Die Sprache ist Öl im Getriebe für den Umgang zwischen den Menschen. Mit höflichen Wendungen durchsetzt, sorgt sie dafür, daß harte Tatsachen weich verpackt werden und Spannung nicht zur Bösartigkeit ausartet. Es kann vorkommen, daß sich zwei Kontrahenten eine Stunde lang mit der komplimentereichsten Höflichkeit traktieren und die eigentliche Kampfansage erst kurz vor Schluß in einer gleich wieder halb zurückgenommenen Andeutung durchklingen lassen. Trotzdem weiß jeder, woran er ist.

Die ungewohnte Verantwortung

Beredsamkeit kann auch Schutz gegen Verantwortung sein. Wir haben von dem Schleier des Mißtrauens gesprochen, der über Frankreichs Wirtschaft liegt. Mißtrauen entsteht aus Unsicherheit und aus Angst vor Verantwortung. Wir erleben mit französischen Mitarbeitern immer wieder, wie sie vor Verantwortung zurückscheuen. Ein Wortschwall kann dies übertünchen. Stets ist die Geste gegenwärtig, mit den Schultern zu zucken und die offenen Hände zum Himmel zu heben zum Zeichen, daß man nicht schuld sei.

So unterläßt der Franzose oft die naheliegende Selbsthilfe: Im Büro quietscht tagelang eine Tür; kein Mensch hilft ab mit einem Tropfen Öl. Oder: Niemand verweist den Raucher aus dem Nichtraucherabteil. Die Toleranz grenzt an Gleichgültigkeit. Die Franzosen beklagen selbst ihren Mangel an Zivilcourage.

Die Führungskräfte in den Unternehmen, die sogenannten „cadres"[1], sind in dieser Hinsicht in einer zwiespältigen Lage. Sie bringen nach ihrer Ausbildung und ihrer Persönlichkeit alle Voraussetzungen mit, im Unternehmen Verantwortung zu tragen. Nach dem althergebrachten Führungsstil konzentriert sich jedoch heute noch die Entscheidungsbefugnis auf den obersten Chef, sei er Inhaber, Verwal-

1 Siehe Seite 112.

tungsratsvorsitzender oder Geschäftsführer. Er kümmert sich um viele Dinge selbst, greift in die Abläufe der unteren Führungsebenen ein und entscheidet weitgehend alleine.

Das macht die Festlegung objektiver Entscheidungs-Richtlinien problematisch; entweder werden sie immer wieder durch Alleingänge der obersten Führung durchbrochen und damit in ihrem Inhalt ausgehöhlt, oder sie kommen gar nicht erst zustande, weil sich der „patron" in seiner Entscheidungsmacht nicht einengen lassen will.

Die gesellschaftsrechtlichen Vorschriften fördern dieses Prinzip. Sie schließen die rechtliche Mitwirkung der höheren Angestellten an den Unternehmensentscheidungen aus: Prokura und Handlungsvollmacht sind im Gesetz nicht vorgesehen.

Die Folge ist, daß die meisten Entscheidungen, selbst die zweitrangigen, erst die gesamte Führungshierarchie bis zur Spitze durchlaufen müssen und erst zur Durchführung kommen können, wenn sie wieder unten angelangt sind. Man kann sich vorstellen, daß dies nicht nur die Entscheidungsfristen erheblich verlängert, sondern auch die Kraft der Entscheidung schwächt, denn es treten auf den langen Wegen ja auch Informationsverluste und -verfälschungen auf. Gleichzeitig findet auf den einzelnen Ebenen eine Desolidarisierung statt: wer nicht selbst entscheiden darf, kann sich nicht mit der Entscheidung identifizieren.

Diese Unlust der französischen „Leitenden" ist einer der Hauptgründe, weswegen es der französischen Wirtschaft an Prägnanz und Durchschlagskraft fehlt: Die breite Schicht qualifizierter Führungskräfte blieb zu lange von der Mitwirkung und von der Verantwortung ausgeschlossen.

Sie wollen mehr leisten und mehr Verantwortung tragen. Manche „cadres" kündigen, weil sie zu wenig gefordert werden. Im Herbst 1983 protestierten Zehntausende von „Leitenden" in den Straßen von Paris: Unmut über ihre schwindende Verkaufskraft war nur das vordergründige Argument; in Wirklichkeit ging es ihnen um mehr Anerkennung in der Wirtschaft.

„Sie haben mir zu einer zweiten Jugend verholfen!" sagte mir ein Bewerber, nachdem er als Verkaufsleiter einer neugegründeten deutschen Tochtergesellschaft eingestellt worden war. Dort hatte er alle Hände voll zu tun; es galt alles neu aufzubauen; an die 39-Stunden-Woche war nicht zu denken. Daß er jetzt für alles selbst verantwortlich war, machte ihn glücklich.

Es erfordert Behutsamkeit und Geduld, französische Mitarbeiter an die Verantwortungsbereitschaft im Unternehmen heranzuführen. Aber wer dies als Chef versteht, schafft sich treue und leistungswillige Gefolgsleute.

Wie wirtschaftlich arbeiten Franzosen?

Zur Arbeit hat der Franzose ein lockeres, spekulatives Verhältnis. Es hört in dem Augenblick auf, wo es seiner Überzeugung und seinen Interessen nicht mehr entspricht. Paßt ihm sein Vorgesetzter nicht, so kündigt er lieber. Aber für einen guten Chef geht er durchs Feuer.

Wo Gestaltungsbedürfnis, Redefreude, Formalismus und Scheu vor Verantwortung die Arbeit prägen, muß bei aller Gutwilligkeit die Effizienz leiden. Immer wieder sagen deutsche Unternehmen, sie brauchten in Frankreich mehr Leute für die gleiche Arbeit.

Alleingelassen teilt sich der französische Mitarbeiter die Arbeit nach eigenem Gutdünken ein und richtet sich nach den Maßstäben, die er um sich herum vorfindet. Dadurch braucht er tatsächlich oft länger als sein deutscher Kollege.

Die Unternehmen sind aber daran nicht unschuldig, wenn sie den Mangel an Produktivität durch Lockerlassen der Zügel selbst zugelassen haben. Es gibt deutsche Tochtergesellschaften, die mit straffer Organisation und knapper Belegschaft auch in Frankreich Leistungen erbringen, die sich mit denen des Mutterhauses messen können.

Wie führt man Franzosen?

Der Unterschied liegt in der Führung! Es gibt deutsche Unternehmen, die den Mitteilungen, in Frankreich sei alles anders, nichts entgegenzusetzen haben. Sie haben gehört, man dürfe Franzosen nicht vor den Kopf stoßen und müsse sich den französischen Gewohnheiten anpassen. So gehen sie nur zaudernd daran, der französischen Tochtergesellschaft die deutsche Organisation nahezubringen und sind enttäuscht, wenn ihre Ideen dort wie Tropfen im Sande versickern.

Wer andererseits mit germanischen Kraftakten vorgeht und einen Mann nach Frankreich schickt, der dort „aufräumen“ soll, kann erleben, daß ihn die Franzosen mit größter Verbindlichkeit ins Leere laufen lassen.

Franzosen haben ein feines Gefühl dafür, ob sie von starken oder schwachen Persönlichkeiten geführt werden. Ein Vorgesetzter kann sich im Dienste der Aufgabe Härte leisten und wird trotzdem anerkannt, wenn er Gerechtigkeit, Verständnis und Anstand zeigt. Franzosen legen auf die Einhaltung der Regeln für den Umgang mit Menschen besonderen Wert. Im Umgang miteinander halten sie Würde, Form und Höflichkeit für selbstverständlich, auch in der harten Auseinandersetzung. Ihre geschichtlichen Gestalten haben es ihnen oft genug vorgeführt: stets wurden sie ihrem Schicksal mit Größe und Haltung gerecht, ob in Triumph oder Niederlage.

Die Kunst, in Frankreich Mitarbeiter zu führen, besteht darin, Autorität mit spielerischer Form zu verbinden. „Laissez-faire“ wäre genauso falsch wie phantasielose Direktheit. Festigkeit in der Sache, in immer neue Form gebracht, führt zum Erfolg. Wer plötzlich kooperativen Führungsstil praktizieren will, dem kann es passieren, daß die Mitarbeiter kopflos werden und sagen: „Was ist das für ein Chef? Der fragt uns, was er tun soll.“ Keine Angst vor Kontrolle! Es wird vom Mitarbeiter als selbstverständlich empfunden, daß der Chef ihn kontrolliert. Der Chef muß führen! Er muß Autorität haben, und er muß die Form wahren.

Es erklärt sich aus der geschichtlichen Entwicklung, daß in Frankreich der Begriff Autorität seinen guten Klang behalten hat. Wie man in Deutschland früher gesagt hat, jemand sei eine „Autorität“ auf seinem Gebiet, so ist es in Frankreich heute noch selbstverständlich, daß eine Führungskraft „autorité" habe. Im öffentlichen Leben ist Autorität ein wichtiger Anhaltspunkt. Die Institutionen des Staates werden als „les autorités" in Ehren gehalten.

Doch ist die Autorität im Unternehmen von der Persönlichkeit untrennbar. Der französische Mitarbeiter braucht vom Chef mehr als nur klare Anweisungen. Selbst Führungskräfte brauchen von Zeit zu Zeit die stärkende persönliche Nähe ihres Chefs.

Der Leiter einer französischen Gesellschaft sah seinen Präsidenten nur einmal im Jahr für eine halbe Stunde bei der Jahreshauptversammlung. Während des Jahres konnte er tun und lassen, was er wollte: er hörte weder Lob noch Tadel. Trotz seines guten Gehalts kündigte er. Er hielt es nicht länger aus, menschlich in der Luft zu hängen.

Vom Patron zum Manager

Alle Anzeichen deuten darauf hin, daß der Begriff des „Patron" in Frankreich an Bedeutung verliert. Kennzeichnend dafür ist nicht nur die Terminologie: die Führungskräfte Frankreichs sprechen immer mehr vom Management, von Business, vom Chef und immer weniger vom Patron. Das gesamte Führungskonzept französischer Unternehmen ist in einem Umgestaltungsprozeß begriffen. Geführt wird immer mehr aufgrund von Zielen, Zahlen, Budgets und Kennzahlen. Mit der Loslösung von staatlicher Bevormundung wendet man sich klipp und klar den Prinzipien der kapitalistischen Unternehmensführung zu. In erstaunlich kurzer Zeit haben die großen Industrieunternehmen Frankreichs einen nüchternen und rentabilitätsorientierten Führungsstil angenommen, der auch bei den mittleren und kleineren Unternehmen Schule zu machen beginnt. Parallel dazu drängen heute Führungskräfte nach oben, die eine moderne, an amerikanischen Business-Schulen orientierte Management-Ausbildung mitbringen. Das Vordringen internationaler Gesellschaften auf dem französischen Markt tut ein übriges. Wechselt eine Führungskraft von einem amerikanischen Unternehmen in Frankreich zu einem französischen, so bringt sie von dort die Führungs- und Denkweise mit. So entsteht unaufhaltsam eine Modernisierung der Unternehmensführung in Frankreich, in der der Begriff des Patron bald keinen Sinn mehr hat. Er wird fast heute schon nur noch als eine Art Karikatur verwendet. Bei Staatsfirmen, Behörden, aber auch im Bistro oder im Handwerk spricht man noch vom Patron. In der Industrie herrscht Management-Atmosphäre. Da hat der Patron in Zukunft keinen Platz mehr.

Die Führungskräfte deutscher Firmen in Frankreich

Die Führungskraft als Wellenbrecher

Welchem Anforderungsprofil muß eine Führungskraft in Frankreich entsprechen? Wenn die Behauptung stimmt, das Frankreich-Geschäft stehe und falle mit dem Mann, der es führt, so wären an ihn die höchstmöglichen Anforderungen zu stellen.

Ein Blick auf die Leitenden der deutschen Tochtergesellschaften in Frankreich zeigt gestandene, ernsthafte, verantwortungsbewußte Persönlichkeiten. Sie sind die Gewährsleute der Muttergesellschaften und diesen für die Einhaltung der Unternehmensdisziplin verantwortlich. Im Tagesgeschäft hingegen haben sie es ausschließlich mit den Anforderungen der französischen Umwelt zu tun. Das sind entgegengesetzte Blickrichtungen! Die Geschäftsleitung in Deutschland macht sich nicht immer eine Vorstellung davon, wie die tägliche Arbeitswirklichkeit des Mannes in Frankreich aussieht. Der wiederum wundert sich, womit sich die Leute in der Zentrale beschäftigen.

Dieser Dualismus ist ein wesentlicher Bestandteil, ja das eigentliche Wesen der Führungsaufgabe bei deutschen Tochtergesellschaften in Frankreich. Stets muß sie zwei verschiedenen Standpunkten gerecht werden und zwei unterschiedlichen Anforderungsprofilen entsprechen. Von Deutschland gesehen, ist die Führungskraft in Frankreich der verlängerte Arm der Muttergesellschaft, von Frankreich gesehen, der Repräsentant eines ausländischen Unternehmens.

Man kann dies die Wellenbrecherfunktion des deutsch-französischen Chefs nennen. Er muß die großen Wellen aus Frankreich (Zahlungsfristen, Abfindungsansprüche) so dosiert nach Deutschland weitergeben, daß dort niemand vom Stuhl fällt. Und er muß die großen Wellen aus Deutschland (Organisationsrichtlinien, Berichtstermine) so geglättet seinen Mitarbeitern nahebringen, daß er glaubwürdig bleibt. Er muß auch nein sagen können, wenn die Zentrale unangemessene oder rechtlich undurchführbare Ansprüche stellt.

Das deutsch-französische Anforderungsprofil

Aus deutscher Sicht wird man von dem Mann in Frankreich folgende Eigenschaften erwarten:

- zuverlässig
- fleißig
- vollzugstreu
- loyal
- praktisch
- pragmatisch
- verantwortungsbereit
- ausdauernd
- selbständig
- am Ball bleibend
- selbst mit zugreifend
- zielstrebig

– geradlinig	– weisungstreu
– unkompliziert	– lenkbar
– bescheiden	– kein Windmacher
– präzise	– besonnen
– effizient	– kein Formalist
– kurz und bündig	– ausgeglichen
– schnell	– mit Teamgeist
– direkt	– gesinnungstreu, kein Überläufer.

Vergleicht man die Aufzählung mit der Mentalität der französischen Wirtschaft, so wird schnell klar: dies ist kein Katalog französischer Eigenschaften.

Die Anforderungsliste muß also durch eine französische Hälfte ergänzt werden, die so aussehen könnte:

– wendig	– improvisationsbegabt
– diplomatisch	– sich nicht festlegend
– opportunistisch	– autoritätsbewußt
– wachsam	– formbewußt, etikettewahrend
– phantasiereich	– diskret
– redegewandt	– nuancenreich
– repräsentierend	– anpassungsfähig
– geduldig, gelassen	– ausweichend
– schlau	– Lebenskünstler
– geistreich	– Schauspieler
– effektvoll	– tolerant
– spekulativ	– beherrscht.

Die Kunst ist, von der „französischen" Palette so viel zu dulden, wie für den Umgang in Frankreich notwendig ist und von der Muttergesellschaft noch ertragen wird. Andererseits sollte von der „deutschen" Palette nicht mehr vorhanden sein, als die französische Umwelt akzeptiert. Das hängt von dem Grad der Toleranz ab, die im Mutterhaus herrscht. Der Mann in Frankreich kann gegenüber seinen Kunden und Mitarbeitern nicht „à l'allemande" auftreten. Die Zentrale sollte das anerkennen und ihm gegenüber von ihrem Verhaltensmaßstab Abstriche machen.

Es wird noch mehr von ihm verlangt. Er muß sich auf mehr Gebieten auskennen als ein hierarchisch gleichgestellter Kollege im Mutterhaus. Die Tochter in Frankreich kann sich nicht für alle Aufgaben einen Spezialisten oder eine eigene Abteilung leisten. Der Vertriebsmann muß also auch Buchhaltung, Verwaltung, Personal, Recht, Geldverkehr, Versicherungsfragen und anderes mitverantworten, der Verwaltungsmann muß sich auch im Verkauf und in der Technik auskennen.

Bei kleineren Verkaufsgesellschaften ist die erste Position meist mit einem Mann des Verkaufs besetzt. Doch ist dieser dann auch für alle anderen Bereiche der Gesellschaft verantwortlich. Dazu kommen Repräsentationspflichten. Gegenüber dem Gesetz und der Umwelt haftet er persönlich. Kurz: Er ist praktisch ein Unternehmer, dessen tatsächliche Verantwortung größer ist, als es dem Mutterhaus ins Bild paßt. Denn für sie ist er nur ein Angestellter, der die Weisungen der Zentrale durchführen und sein Tagesgeschäft ordentlich abwickeln soll. Dafür, so glaubt man oft, werde er viel zu gut bezahlt.

Die Beherrschung der französischen und der deutschen Sprache muß als selbstverständlich vorausgesetzt werden. Sprache ist mehr als Verständigungsmittel; sie drückt das ganze Denken und Fühlen aus. Nicht umsonst sagt man von Menschen, die sich nicht mögen, sie redeten nicht miteinander. Fehlt eine gemeinsame Sprache, so entfremdet man sich.

Öfter als zugegeben entstehen Sachprobleme aus sprachlichen Mißverständnissen und aus Mangel an Kontakt. Jedes mangels Sprachkenntnissen unterlassene Telefongespräch ist ein Schritt auf dem Weg in den Konflikt. Muß man sich per Dolmetscher unterhalten, so ist man nie sicher, ob alles richtig übersetzt worden ist. Kurz: fehlt die Sprache, so fehlt das Vertrauen.

Deutscher oder Franzose?

Je nachdem, ob der Leiter in Frankreich Deutscher oder Franzose ist, erhält die Problematik ein anderes Vorzeichen: Der Franzose soll nicht zu französisch sein, der Deutsche nicht zu deutsch. Auch der Fall des Überläufers kommt vor: Deutsche, die sich in Frankreich „französischer" benehmen als Franzosen.

Die Frage, ob Deutscher oder Franzose, ist meist mit gefühlsmäßigen Vorstellungen verknüpft, die mit der fachlichen Seite nichts zu tun haben.

Für einen Deutschen spricht, daß er die Sprache und die Arbeitsweise des Mutterhauses versteht, daß er disziplinierter, zuverlässiger und weisungstreuer ist. Er wird als Garant der deutschen Interessen gesehen. Vor allem bei Großunternehmen verkörpert der Deutsche aus dem Konzern die Führung im Geiste des Hauses, auch wenn er Land und Sprache nicht so gut kennt.

Für einen Franzosen sprechen ebenso gewichtige Argumente. Er kennt das Land und die Feinheiten des Umgangs mit seinen Landsleuten. Mit ihm tritt die Gesellschaft „französisch" auf. Vor allem im Vertrieb wäre es in vielen Fällen unklug, das Unternehmen durch einen Deutschen vertreten zu lassen.

Viele halten einen Elsässer oder Lothringer für den idealen Bewerber; er stehe der deutschen Mentalität nahe und spreche meist auch deutsch. Der Ansatz stimmt. Trotzdem kann der Vorschlag nicht als Allheilmittel empfohlen werden. Elsässer und Lothringer bilden eine Grenzminderheit mit bewegter deutsch-französischer Geschichte. Sie stehen dem „Innern" Frankreichs oft reserviert gegenüber, verwahren sich aber strengstens dagegen, als „halbe Deutsche" angesehen zu werden. Ist ihre regionale Herkunft sehr ausgeprägt, z. B. in der Sprache, so kommen sie in Paris und anderen Landesteilen nicht bei allen Gesprächspartnern gut an. Sie sind treue, beharrliche Gewährsleute, aber im Umgang nicht immer bequem.

Viele deutsche Unternehmen haben die Führungspositionen ihrer französischen Tochtergesellschaften mit Deutschen besetzt. Vielfach sind es noch Leute aus den Gründerjahren des Frankreich-Geschäfts. Sie haben sich der französischen Umwelt angepaßt, sind aber im Denken und Fühlen Deutsche geblieben. Wenn sie sich bei deutsch-französischen Veranstaltungen begegnen, lächeln sie sich wissend zu. Die in diesem Buch beschriebenen Freuden und Leiden sind ihnen aus eigenem Erleben bestens bekannt.

Der Umgang mit französischen Zuständen ist für sie Routine geworden, wenn sie sich auch gelegentlich über französische Ungereimtheiten ärgern. Mehr Kummer macht ihnen, daß sie bei ihren Muttergesellschaften in Deutschland zu wenig Verständnis und Unterstützung finden. Den Unwillen über die Verhältnisse in Frankreich lädt man dort auf sie ab. Wenn etwas schiefgeht, heißt es: „Da hätten Sie Ihre Vorkehrungen treffen müssen. Sie sind doch schon so lange in Frankreich!" So sitzt er auf oder zwischen zwei Stühlen und ist immer auch ein wenig allein.

Oft wird gesagt, der Verkaufsmann müsse Franzose, der Verwaltungsmann Deutscher sein. Die Praxis bestätigt das nicht; manchmal ist es gerade umgekehrt. In Gesellschaften mit nur einem Gesamtleiter vertritt dieser auch als Deutscher die Firma gegenüber Markt und Öffentlichkeit. Besonders bei Investitionsgüterunternehmen wird das nicht als Nachteil empfunden: Der Deutsche verkörpert für viele Kunden die Zuverlässigkeit des Produkts.

Andererseits findet man auf dem Stuhl des Finanz- und Verwaltungschefs ebenso Franzosen wie Deutsche. Für den Umgang mit Banken und Behörden, mit der Steuerverwaltung, der Arbeitsbehörde und der Sozialversicherung ist der Franzose oft der geeignetere Mann. Er kennt die dort herrschende Mentalität besser und hat psychologisch einen leichteren Stand. Auch bei Verhandlungen mit Gewerkschaftsvertretern ist es klüger, einen Franzosen vorzuschicken.

Die starke Präsenz von Deutschen in Führungspositionen in Frankreich erklärt sich nicht in allen Fällen dadurch, daß die Muttergesellschaften einfach einen Deutschen wollten. Es gibt zunehmend deutsche Firmen, die in Frankreich bewußt französisch auftreten wollen. Sie suchen Franzosen für die Führung. Es gab jedoch Zeiten, in denen man geeignete Franzosen einfach nicht fand und gezwungen war, jemanden aus dem Stammhaus hinüberzuschicken.

Mitte der sechziger und Anfang der siebziger Jahre war es noch leichter, deutsche Führungskräfte für eine Führungsaufgabe in Frankreich zu begeistern. Heute reizt das Ausland nicht mehr. Die Führungskräfte in der Bundesrepublik hängen an Haus und Freundeskreis. Wer nach ein paar Jahren nach Deutschland zurück will, muß damit rechnen, daß man dort seinen Wünschen mit Betretenheit begegnet: Man kann ihm keine geeignete Position anbieten; das Rennen um die guten Stellen hat in seiner Abwesenheit bereits stattgefunden.

Außerdem ist die Auslandserfahrung nur noch wenig gefragt. Die deutschen Geschäftsleitungen wissen infolge häufigen Reisens heute mehr übers Ausland als vor zehn und fünfzehn Jahren. Gleichzeitig sind die Anforderungen in Frankreich höher geworden. Führungspositionen in Frankreich haben für Deutsche an Anziehungskraft verloren.

Die Suche von deutsch-französischen Führungskräften

Die Suche nach Führungskräften für deutsche Firmen in Frankreich sollte sich in erster Linie auf Frankreich konzentrieren. Die in Frage kommenden Franzosen erreicht man praktisch nur hier. Leben sie in der Bundesrepublik oder irgendwo anders, so werden sie Stellenanzeigen in französischen Blättern auch dort lesen. Die in Frage kommenden Deutschen lesen, wenn sie sich für eine Position in Frankreich interessieren, die französischen Stellenausschreibungen ebenfalls oder leben sowieso in Frankreich.

Anzeigen-Exhibitionismus ist in Frankreich verpönt; die Anzeigenformate sind wesentlich kleiner. Man umschreibt Firma und Branche, nennt Position, Aufgabe und Anforderungskriterien. Eine Drittel- oder eine halbe Seite im „Express" (Magazinformat) muß dafür ausreichen.

Das kleinere Format zwingt zu stärkster Konzentration bei der Aussage. Je kleiner das Format, desto schwerer wiegt jedes Wort im Text. Ein einziger Ausdruck kann die Anzeige aus dem Durchschnitt herausheben.

Für die Suche von Führungskräften kommen die Wochenzeitschriften „L'Express", „Le Point" und die nationalen Tageszeitungen „Le Monde" und „Le Figaro" in Frage, ferner das Wirtschaftsblatt „Les Echos" (Tageszeitung), eventuell noch das Wirtschaftsmagazin „L'Expansion". Regionale Tageszeitungen eignen sich für die Suche von Mitarbeitern und Vertretern in dem jeweiligen Gebiet. Branchenzeitschriften sind wenig ergiebig, mit Ausnahme des „Moniteur du Bâtiment" für das Baugewerbe und des Techniker-Wochenmagazins „Usine Nouvelle".

Die meisten Bewerber für deutsch-französische Führungspositionen kommen aus dem Raum Paris, ein geringerer Teil aus Strasbourg, Metz und Lyon. Aus der übrigen Provinz gibt es kaum Bewerber. Umgekehrt ist es auch für Positionen in der Provinz schwierig, Bewerber zu finden, zumal, wenn sie auch noch deutsch sprechen sollen.

Im Rahmen von Beratungsaufträgen ist die Suche und Auswahl durch Personalberater zulässig und weit verbreitet. Stellenanzeigen von Personalberatern haben guten Erfolg. Die Neutralität und die Diskretionspflicht des Beraters kommen dem Anonymitätsbedürfnis von Auftraggebern und Bewerbern entgegen.

Die Direktansprache wird von einer nicht geringen Zahl von „Kopfjägern" (=„Chasseurs de têtes") betrieben. Eine gesetzliche Regelung besteht nicht. Auch hierbei spielt die Form eine große Rolle. Keine Führungskraft wird den Hörer auflegen, wenn sie in höflicher Form auf die Perspektive einer beruflichen Weiterentwicklung angesprochen wird. Geduld, Schaffen eines Vertrauenskontakts sind dabei unbedingte Voraussetzungen.

Die Suchdauer von Beginn der Suche bis zur Entscheidung beträgt drei bis sechs Monate. Hinzu kommt die Kündigungsfrist, die bei Leitenden drei, höchstens sechs Monate beträgt und oft im Verhandlungswege gekürzt wird. Die Fristen laufen von Datum zu Datum, gerechnet vom Tag der Kündigung.

Führungskräfte kommen meist von außen[2]

Wer sich mit französischen Lebensläufen befaßt, stellt fest, daß französische Führungskräfte auf dem Weg zur Führungsspitze häufiger das Unternehmen wechseln als deutsche. Sieht man es in deutschen Unternehmen überwiegend als positiv an, wenn ein Bewerber lange Jahre in ein und demselben Unternehmen tätig war, so wird in Frankreich jemand, der über zehn Jahre dort geblieben ist und sich nun woanders als „Directeur" bewirbt, eher mitleidig und als Kuriosität angesehen.

Wenn es ums Führen geht, kommt es auf andere Qualitäten an als auf Firmentreue und Beharrlichkeit, sagen die Franzosen. Wer führen will, braucht Abstand, Blick für das Wesentliche und die Überzeugung, zum Führen geboren zu sein. Das lernt man nicht durch lange Betriebszugehörigkeit. Zu detaillierte Firmenkenntnis ist auf dem Wege nach oben eher hinderlich. Unentbehrlich dagegen sind Autorität, Selbstbewußtsein und das Diplom einer Grande Ecole.

Noch heute sind in Frankreich die Hierarchien streng geteilt: Berufene und Zuarbeiter, Privilegierte und Fußvolk. Nur schwer schafft einer den Sprung in die nächsthöhere Etage. Der lockere Umgangston täuscht über den wirklichen Abstand hinweg. Wer zu lange im zweiten Glied gestanden hat, wird nie mehr Erster. Der Stallgeruch der Mannschaft haftet ihm an und bindet ihn an sein Milieu.

Für eine Führungslaufbahn müssen in Frankreich schon früh die Weichen gestellt werden. Mit der Wahl der Schule fängt es an. Nur ausgewählte Schulen haben das Ansehen, das für die Zulassung zu den höheren Bildungsstufen notwendig ist. Viele sind privat, die meisten sitzen in Paris. Das schließt viele Provinzfranzosen von vornherein vom Weg nach oben aus. Ziel jedes Führungsaspiranten ist der Zugang zu einer Grande Ecole.

Wer von einer Grande Ecole kommt, fängt nicht mehr unten an. „Non, merci", sagte ein achtundzwanzigjähriger Bewerber mit Elite-Diplom, „mit meiner Ausbildung und zwei Jahren bei Thomson glaube ich jetzt, Anspruch auf eine Position als Finanzchef zu haben." Man hatte ihm soeben eine Position als Junior-Controller angeboten.

Der junge Führungskandidat erreicht sein Ziel, Chef zu werden, am schnellsten, wenn er gleich zu Anfang mehrmals wechselt, um dabei jedesmal eine Stufe höher zu kommen, aber auch um zu vermeiden, zu sehr von einem Unternehmen geprägt zu werden. Wichtige Schützenhilfe leisten dabei die Vereine der Ehemaligen. Bestens organisiert und systematisch Verbindung pflegend, verhelfen sie den jungen „camarades d'ecole" unter der Hand zu freiwerdenden Führungspositionen. Die klassischen Stationen des deutschen Berufsaufstiegs mit kaufmännischer Lehre, Handlungsvollmacht, Prokura sind in Frankreich so gut wie unbekannt.

Ein französisches Wirtschaftsmagazin zeichnete die Führungshierarchie der französischen Unternehmen als Pyramide mit einem goldenen Louis-Seize-Sessel

2 Nach einem Aufsatz des Verfassers in „Blick durch die Wirtschaft" vom 24. 8. 1988.

auf der Spitze. Dorthin schwebte aus himmlischen Höhen der neue Chef hernieder. So werden noch heute in Frankreichs Großunternehmen Führungspositionen besetzt, vielfach unter wohlwollender Mitwirkung des Staates. Viele Führenden in Politik und Wirtschaft kennen sich von der gemeinsamen Grande Ecole her. Mit Gelenkigkeit wechseln sie von hohen Beamtenposten in Vorstandsetagen und umgekehrt.

Auch den kleineren Unternehmen gefällt dieses Spiel. Keine Aktionärsfamilie, die etwas auf sich hält, wird zurückstehen, für die Spitze ihres Unternehmens einen brillanten Kopf mit „savoir faire" und Elite-Diplom zu gewinnen. Er stärkt das Image des Unternehmens und bringt Verbindungen mit. Niemand wird sich herausnehmen, an seiner fachlichen Kompetenz zu zweifeln.

Deutschen Unternehmen kommt diese sendungsgläubige Welt eher verdächtig vor. Daß der neue Chef immer von außen kommen soll, leuchtet ihnen nicht ein. „Man muß doch erst einmal sehen, was er kann", sagen sie. Wird für die Tochtergesellschaft in Frankreich ein neuer Leiter gesucht, so fühlen sie sich mehr oder weniger verpflichtet, die Position dem bisherigen zweiten Mann anzubieten. Er habe jahrelang seine Sache gut gemacht, und wenn er den Posten nicht bekomme, kündige er womöglich.

Solche Treueverpflichtung ehrt, zeugt aber nicht von großem Sinn für die französische Realität. Aus Verpflichtung oder Befürchtung besetzt man keine Führungsposition in Frankreich. Weg mit dem Wunschdenken, daß der Mann mit der Aufgabe wachse! Er hätte von Anfang an das Zeug zum Chef haben müssen. Geht es um den Mann oder den Fortbestand des Unternehmens? Vielleicht hat er auch die Aufgabe gar nicht gesucht. Man befreie sich von allen Bedenken und entscheide nüchtern à la française, nämlich für den Mann von außen. Hat er persönliches Format, unternehmerischen Blick, Führungserfahrung und ein entsprechendes Diplom, so werden ihn Kunden, Geschäftspartner und Mitarbeiter schnell als neuen Chef anerkennen. Alles übrige wird er sich dank seiner Anpassungsfähigkeit in kurzer Zeit aneignen. Und der bisherige Zweite ist vielleicht froh, wenn er wieder einen Chef hat.

Wie Führungskräfte in Frankreich geführt werden wollen[3]

Man kann es sich nicht oft genug sagen: In Frankreich wird anders geführt als in Deutschland. Wer als Chef in Frankreich Erfolg haben will, muß klar sagen, was gemacht werden soll. Er muß mit dem ganzen Gewicht seiner Persönlichkeit auftreten und darf sich nicht hinter Führungssystemen verschanzen. Er darf sich dabei ohne Bedenken auf seine Autorität berufen. Versuchte er, zuerst die Mitarbeiter zu überzeugen und ihre Zustimmung einzuholen, bevor er entscheidet, käme er als Chef nicht weit. Von den Mitarbeitern kann er erwarten, daß sie seinen Entscheidungen ohne Murren folgen. Aber sie wollen einen Chef, der sich

3 Nach einem Aufsatz des Verfassers in „Blick durch die Wirtschaft" vom 19. 1. 1988.

persönlich um sie kümmert und der sagt, was er will oder was ihm nicht paßt.

„Es muß doch einer da sein, der führt", sagen sie. Das Chef-Untergebenen-Prinzip spielt sich in Frankreich innerhalb einer Übereinstimmung aller Beteiligten ab: Der Respekt der hierarchischen Ebenen ist erhalten geblieben und nicht einer falsch verstandenen Demokratisierung zum Opfer gefallen. Das Wort Autorität hat seinen guten Klang behalten. Von jemandem, der zuviel zögert oder durchgehen läßt, sagt man mitleidig, „il n'a pas d'autorité", er hat keine Autorität. Eine Führungsdiskussion, wie seit Jahren in der Bundesrepublik, hat es in Frankreich nie gegeben.

Wer allerdings in Frankreich Kommandoton und Strammstehen erwartet, wird enttäuscht. Das würde zum Land der Freiheit und der Toleranz in der Tat schlecht passen. Der Kontakt zwischen Chef und Untergebenen spielt sich mit lockerer Höflichkeit ab und unter Wahrung der persönlichen Würde. Nuancen und Andeutungen spielen dabei eine wichtige Rolle. Die Holzhammermethode ist verpönt. Man weiß, daß der Gesprächspartner auch zwischen den Zeilen zu hören versteht. Einem Besucher aus Deutschland war dies nicht gleich klar. Die Anweisung, die soeben ein Chef seinem Mitarbeiter erteilt hatte, kam ihm vor wie scherzhafte Konversation.

Geführt wird trotzdem. Wer selber Chef ist, erwartet seinerseits von seinem Vorgesetzten eindeutige Richtlinien und klare Entscheidungen. Daran lassen es manche deutsche Muttergesellschaften gegenüber den Leitern ihrer französischen Tochtergesellschaften auffallend fehlen. Anscheinend glauben sie, man müsse in Frankreich ebenso kooperativ führen, wie es heute in Deutschland zum guten Ton gehört. Womöglich kommt noch die Scheu dazu, Franzosen hart anzufassen. Es gibt deutsche Geschäftsleitungen, die gegenüber ihrem Mann in Paris ein „laisser-faire" an den Tag legen, das gegen sämtliche Firmengrundsätze verstößt. Dabei setzen sie in guter Absicht bei den Franzosen voraus, sie würden schon von selber alles richtig machen, auch wenn man es ihnen nicht so genau sagt. Das ist jedoch in Frankreich ein Irrtum, der auf dem direkten Weg in die Katastrophe führen kann.

Oft fing es damit an, daß man froh war, einen Mann aus der Branche gefunden zu haben. Über den Rest sah man hinweg. Getreu dem Grundsatz, man müsse kooperativ führen, und aus Angst, den kostbaren Branchenmann nicht zu verschrecken, ließ man ihm freie Hand. Solange der Umsatz kam, schien das in Ordnung. Doch als auch Ungewöhnliches hochkam, zum Beispiel unabgesprochene Flugreisen erster Klasse, ungenehmigt eingestellte Mitarbeiter, Beschwerden von Stammhaus-Mitarbeitern über arrogante Behandlung aus Paris, kam man in Bedrängnis. Bis auch der Umsatz nicht mehr stimmte und der Gewinn ausblieb. Am meisten störte jedoch das Verhalten des Mannes. Er entzog sich allen vernünftigen Argumenten und herrschte bei der Tochter in Frankreich wie ein König. Man beschloß, ihn zum Termin nach Deutschland zu bestellen ...

Er fiel aus allen Wolken. Hatte er sich nicht stets für die Firma eingesetzt? Hatte er nicht die ganze Zeit auf Richtlinien und klare Entscheidungen gewartet? Aber der Chef in Deutschland war viel zu selten für ihn zu sprechen gewesen. Statt dessen hatten ihm subalterne Stammhausleute mit kleinlichen Anweisungen das Leben schwergemacht, wo der Markt eine schnelle Ausnahmeentscheidung erfordert hätte. Jedoch hatte nie jemand etwas richtig beanstandet. Das Verhalten des Mutterhauses sei auffallend zögerlich gewesen.

Französische Führungskräfte werden unzufrieden, wenn ihre Unternehmensleitung nicht klar und deutlich führt. Das bestätigte eine Umfrage des Wirtschaftsmagazins „Usine Nouvelle“. Aber gleich an zweiter Stelle forderten die Befragten, die Geschäftsleitung solle ihnen nicht dauernd in die Arbeit hineinreden. Sie soll es ihnen überlassen, wie sie ihre Ziele erreichen wollen.

Die französischen Führungskräfte wollen also vor allem eine starke Führung in der Unternehmensspitze, verkörpert durch Persönlichkeit und Format, nicht durch festgeschriebene und in Organisationsrichtlinien ausformulierte Führungsgrundsätze. Sie wollen das kraftvolle Wirken des Menschen dort oben spüren, die auch einmal, wenn es die Situation erfordert, über Richtlinien und Hierarchien hinweg entscheiden. Unter einer solchen Führung können sie sich frei vom täglichen Richtlinienzwang zu Höchstleistungen aufschwingen, weil sie wissen, daß sie später nach ihrer tatsächlichen Leistung anerkannt werden, auch wenn sie unterwegs einmal über die Grenzen ihrer Stellenbeschreibung hinausgeraten sind.

Das gilt auch für deutsche Firmen in Frankreich. Viele fühlen sich von ihren deutschen Zentralen mit Richtlinien gegängelt und in ihrer Leistung nicht genügend anerkannt. Ein Frankreich-Chef klagte: „Mitten in Verkaufsverhandlungen über einen Millionenauftrag war es meiner Zentrale wichtiger zu wissen, wieso ich im letzten Monat bei der Kostenart 4711 im Außendienst 10 Prozent Budgetabweichung gehabt habe.“

Natürlich wissen die Mitarbeiter in Frankreich, daß sich ohne Richtlinien und Budgets kein Unternehmen führen läßt. Sie ordnen sich einer Vorschrift bereitwillig unter, wenn sie sie als gerecht oder notwendig empfinden, und respektieren Vereinbarungen, unter die sie ihre Unterschrift gesetzt haben. Aber sie wünschen sich in der praktischen Handhabung mehr Gespür für das Angemessene.

Will man also für die französische Tochter die Grenzen der Freiheit definieren, so muß man dies von Anfang an tun. Im Grunde wünscht sie sich ihr Mutterhaus wie Kinder ihre Eltern: fördernd, gewährend und lobend – auch zahlend, aber nicht verbietend und tadelnd. „Liberté“ ist für sie der größte Erfolgsantrieb. Es lohnt sich, Fingerspitzengefühl dafür zu entwickeln, daß er nicht in Gefahr gerät.

Die deutsch-französische Personalberatung

Für die Suche und Auswahl von Mitarbeitern für Führungspositionen in Frankreich ist die seit 1971 bestehende Deutsch-französische Führungs- und Personalberatung Klaus W. Herterich in Paris eine bewährte Anlaufstelle.

Sie wurde seinerzeit gegründet, als sich in wachsendem Umfang herausstellte, daß für die praktischen Probleme der Suche und Führung von Mitarbeitern in Frankreich kaum Beratung und Unterstützung vorhanden war, während z. B.

für Rechts- und Steuerfragen zahlreiche Fachleute ihre Dienste anboten. Dazu kam, daß international tätige Beratungsorganisationen aufgrund ihrer Struktur gezwungen sind, die Personalberatung auf Sacharbeiterebene zu delegieren, was die guten Bewerber abschreckt. Der Versuch, Personalberatung für Frankreich von der Bundesrepublik aus zu betreiben, stößt naturgemäß auf Grenzen der Sprache und des Verständnisses für die französischen Verhältnisse.

Man kann eine effiziente Suche und Auswahl von Führungskräften nur in dem Lande durchführen, in dem die Position zu besetzen ist. Sie erfordert eine genaue Kenntnis der lokalen Anforderungen, des Führungskräftemarkts und des professionellen Vorgehens im Lande, ferner ein enges Vertrautsein mit den Verhaltensnuancen der Bewerber und ihrer Umwelt sowie ihres Ausbildungs- und Erfahrungshintergrundes. Dazu muß gerade bei der Führungsberatung eine Arbeitsauffassung kommen, die dem Niveau der ausgeschriebenen Position und der Bewerber entspricht. Nur die persönliche und berufliche Glaubwürdigkeit des Beraters zieht auch gute Bewerber an.

Die Deutsch-französische Führungs- und Personalberatung Klaus W. Herterich ist ausschließlich auf die Führungs- und Personalberatung für deutsche Firmen in Frankreich spezialisiert. Ihr Leistungsangebot beschränkt sich nicht auf die reine Vermittlung, sondern umfaßt das gesamte Umfeld der Führung französischer Tochtergesellschaften und die dabei auftretenden Probleme der Kommunikation mit den deutschen Mutterhäusern.

Als deutsche Gründung in Frankreich und mit deutschem wirtschaftlichen Hintergrund ist es ihre Aufgabe, deutsche Führungsauffassung und französische Umwelt unter einen Hut zu bringen. Den deutschen Muttergesellschaften kommt es dabei besonders darauf an, in Frankreich einen Gesprächspartner zu haben, der ihre Sprache spricht und über den momentanen Beratungsauftrag hinaus auch für das weitere Schicksal ihres Frankreich-Geschäfts stärkend und stützend dabeibleibt, wobei angesichts der französischen Tatbestände die moralische Unterstützung oft genauso wichtig ist.

Positionsbezeichnungen und Titel

Oft besteht Unklarheit über die französischen Positionsbezeichnungen. Die direkte Übersetzung kann irreführend sein. So wird „Directeur Commercial“ oft mit „Kaufmännischer Direktor“ übersetzt. In Wirklichkeit handelt es sich aber um den Vertriebsleiter; das Attribut „commercial“ weist stets auf den Verkauf hin.

Nachstehend die wichtigsten Führungspositionen in hierarchischer Folge mit ihrer deutschen und französischen Bezeichnung:

Vertrieb	
– Directeur Commercial et Marketing	– Marketing- und Vertriebsleiter
– Directeur Commercial	– Vertriebsleiter
– Directeur des Ventes (de Vente)	– Verkaufsleiter
– Chef des Ventes (de Vente)	– Außendienst-Verkaufsleiter
– Chef de l'administration des ventes (commerciale)	– Innendienstleiter
– Inspecteur Commercial	– Verkaufsinspektor
– Directeur Régional de Vente	– Gebietsverkaufsleiter
– Inspecteur de Vente	– Regionaler Verkaufsverantwortlicher
– Ingénieur Commercial	– Verkaufsingenieur
– Attaché Commercial } – Délégué Commercial	– Verkaufsbeautragter nach Kundengruppen oder Bezirken
– Délégué Technico-Commercial	– Technischer Verkaufsbeauftragter

Verwaltung und Finanzen	
– Directeur Administratif et Financier	– Verwaltungs- und Finanzleiter Kaufmännischer Leiter
– Directeur Administratif	– Kaufmännischer Leiter, Verwaltungsleiter
– Directeur Financier	– Finanzleiter, Leiter Rechnungswesen
– Contrôleur de gestion	– Controller
– Directeur Comptable	– Buchhaltungsleiter
– Responsable administratif	– Verwaltungschef
– Chef Comptable	– Chefbuchhalter
– Comptable 2e degré	– Bilanzbuchhalter*
– Comptable 1er degré	– Buchhalter
– Aide Comptable	– Hilfsbuchhalter

Technik	
– Directeur Industriel	– Technischer Direktor auf Vorstands- oder Geschäftsführungsebene
– Directeur Technique	– Technischer Leiter
– Directeur d'Usine	– Werksleiter
– Directeur oder Chef de Production	– Produktionsleiter
– Chef de Fabrication	– Fabrikleiter, Fertigungsleiter
– Chef d'Atelier	– Betriebsleiter

* Mit Einschränkung. Eine Bilanzbuchhalterprüfung wie in der Bundesrepublik gibt es nicht.

Die französischen Positionen entsprechen inhaltlich nicht immer den deutschen Bezeichnungen. Die Hierarchie ist nicht mit Präzision abgegrenzt, sondern fließend. Für die Funktion sagt man auch „Directeur Commercial“, „Directeur des Ventes“ oder „Chef des Ventes“, je nach Unternehmen.

Deutsche Unternehmen bewundern oft die prunkvollen Titel in den französischen Führungsetagen. „Président“, „Secrétaire Général“, „Directeur Général“, „Directeur“: Es glänzt nur so von Ehre und Prestige. Beim „Président Directeur Général“ gar denkt der Leser, höher könne es auf Erden kaum mehr gehen. Die französische Titelfreudigkeit ruft oft Verwirrung hervor. „Hier schimpft sich jeder ‚Directeur‘, so viele Direktoren kann es doch gar nicht geben“, sagte ein Unternehmer aus dem Schwäbischen.

Der Zauber der französischen Sprache bringt es zuwege, daß die Titel eindrucksvoller wirken, als sie in Wirklichkeit sind. „Président“ ist, wer irgendwo den Vorsitz führt, und „Directeur“, wer irgend etwas leitet. Das kann eine Aktiengesellschaft, die Instandhaltungsabteilung oder der Turnverein sein. Man muß also dazu fragen: „Président“ oder „Directeur“ *von was*?

Am höchsten in der Führungshierarchie der Unternehmen steht der „P.D.G.“. Die Abkürzung steht für „Président Directeur Général“, die umgangssprachliche Bezeichnung des Vorsitzenden einer Aktiengesellschaft („Societé anonyme“, abgekürzt „S.A.“). Die juristisch genaue Bezeichnung heißt „Président du conseil d'administration“ (Vorsitzender des Verwaltungsrats) bei Gesellschaften mit einem Verwaltungsrat als Führungsgremium, oder „Président du directoire“ (Vorsitzender des Vorstands) bei Aktiengesellschaften mit Aufsichtsrat und Vorstand. Beide Rechtsformen bestehen in Frankreich nebeneinander.[4]

Man stellt sich unter dem „P.D.G.“ gewöhnlich den Chef eines großen Unternehmens vor. In Wirklichkeit sind die meisten der über 100000 französischen Aktiengesellschaften Familiengesellschaften, deren „patrons“ gleichzeitig ihre eigenen Angestellten sind, wodurch sie in den Sozialversicherungsschutz der Arbeitnehmer kommen.

„Patron“ ist die volkstümliche Bezeichnung für den Unternehmer schlechthin. Wer irgendwo als Chef das Sagen hat oder Herr im Hause ist, etwa als Wirt, Bauunternehmer oder Tankstellenbesitzer, heißt „le patron“. Hat die Chefin die Hosen an, sagt der Volksmund „la patronne“.

Die Mitarbeiter großer Unternehmern, in denen es naturgemäß viele Chefs gibt, nennen ihren unmittelbaren Vorgesetzten „mon patron“ und den obersten Chef der Firma den „grand patron“. Der Vorsitzende des französischen Arbeitgeberverbandes heißt gar „le patron des patrons“. Seigneurhaft, von traditionsbetonter, volkstümlicher Couleur, in der sich unternehmerische und private Interessen nie ganz auseinanderhalten lassen, ist der Patron Alleinherrscher im Betrieb, Zielscheibe von Witzen, Feindfigur für die Gewerkschaften und potentieller Steuerbetrüger für das Finanzamt.

Die junge Unternehmergeneration blickt kühl auf dieses Bild. Sie führt „by objectives“, spricht franco-angelsächsisch und nennt ihren Verband „Centre des Jeunes Dirigeants d'Entreprises“ (Zentrum Junger Unternehmer).

---

4 Siehe Seite 200ff.

Das Finanzamt und die Sozialversicherung bezeichnen die oberen Führungskräfte als „dirigeants". Der Begriff umfaßt grundsätzlich den im Handelsregister eingetragenen Kreis von Führungspersonen. Das sind bei der Aktiengesellschaft neben dem Präsidenten die Verwaltungsratsmitglieder („membres du conseil d'administration") oder die Vorstandsmitglieder („membres du directoire"). Dazu kommt gegebenenfalls der „Directeur Général", den der Präsident im freien Ermessen bestellen kann. Er verfügt als zweiter Mann im Unternehmen über nahezu die gleichen Vertretungsbefugnisse wie der Präsident. Die „normalen" Verwaltungsrats- und Vorstandsmitglieder sind dagegen nur im Innenverhältnis führungsbefugt.

Bei der GmbH ist der alleinige Führungs- und Vertretungsbevollmächtigte der Geschäftsführer („gérant"). Sind mehrere „gérants" bestellt, so handelt im Außenverhältnis jeder, als ob er alleinvertretungsberechtigt wäre. Beschränkungen gelten nur im Innenverhältnis.

Der „Sécretaire Général" ist eine Mischung von Sekretär, Assistent und Sonderbeauftragtem, ein ehrenvoller Titel, ohne gesellschaftsrechtliche Befugnis, der in Vereinen und Fachverbänden oft vorkommt.

Der „Directeur" schließlich ist ein ungeschützter Titel ohne nähere Definition. Für bestimmte Aufgabenbereiche im Unternehmen ist die Bezeichnung inhaltlich näher umrissen. „Directeur commercial" ist der Vertriebsleiter (nicht Kaufmännischer Leiter, wie deutsche Unternehmen oft meinen). „Directeur administratif" ist der Verwaltungsleiter; „Directeur administratif et financier" wäre der Leiter Verwaltung und Finanzen.

„Bonjour Monsieur le Directeur!" begrüßt man scherzhaft den, der gar nichts ist oder von dem man nicht weiß, was er ist.

Ein wichtiger Mann bei deutschen Vertriebsgesellschaften in Frankreich ist der „Direkteur commercial". Er ist auf Vorstands- oder Geschäftsführungsebene für den gesamten Vertrieb verantwortlich, also für Verkaufsaußendienst, Marketing, Werbung, Verkaufsförderung, Kundendienst, oft auch für den Verkaufsinnendienst, je nach Firmenstruktur. Ihm untersteht der „Chef de vente", der den Außendienst führt. Der Unterschied ist bedeutend. Wer sich als „Directeur commercial" bewirbt, wird keinen Posten als „Chef de vente" annehmen.

Auf einer zwitterartigen Zwischenstufe steht der „Directeur de vente". Zu dieser Bezeichnung nimmt man Zuflucht, wenn man einen „Chef de vente" zwar befördern, ihm aber den klangvollen Titel „Directeur commercial" nicht geben will.

Der „Directeur commercial" hat das Unternehmen bei vielen Gelegenheiten zu vertreten, in erster Linie bei Kunden, aber auch bei Fachverbänden, Behörden und gegenüber der Konkurrenz. Er hat auch gesellschaftliche Verpflichtungen. Das ist bei ihm kaum anders als bei seinem Kollegen in Deutschland. Es kommt aber in Frankreich ganz besonders darauf an, daß er bei diesen Gelegenheiten nicht nur als Verkaufsmensch auftritt, sondern in erster Linie als gewandte und kultivierte Persönlichkeit.

Mancher Frankreich-Besucher gerät in Unsicherheit, wenn er nicht weiß, wie er seinen Gesprächspartner anreden soll. Da enthebt ihn ein demokratischer und doch nobler Brauch aller Sorgen: Man darf jemanden, den man nicht kennt, einfach mit „Monsieur“ anreden, sei er Portier oder „Président“.

Bewerberauswahl und -beurteilung

Deutsche als Bewerber

Wenn sich heute Bewerber aus Deutschland für eine Position in Frankreich interessieren, so sind oft andere als berufliche Gründe im Spiel. Sie fühlen sich vom französischen „savoir vivre“ angezogen, sind mit einer Französin liiert oder hoffen, hier ein freiheitlicheres Leben zu finden.

Das sind ehrenwerte Beweggründe. Doch können im harten Tagesgeschäft die Frankreich-Träume schnell zerrinnen. Für ein deutsches Unternehmen in Frankreich tätig zu sein, verlangt den ganzen Mann. Wer die Nuancen der Bräuche und Vorschriften nicht kennt, ist schnell verloren: man läßt ihn höflich ins Leere laufen. Wer nicht gewohnt ist, bei allem nachzufassen, erreicht seine Ziele nicht. Der Arbeitsrhythmus erfordert hohen Einsatz und läßt für das Genießen des französischen Lebens nicht viel Zeit.

Der Frage, ob der Mann zum Geist des Hauses paßt, sollte größte Aufmerksamkeit gewidmet werden. Wunschdenken ist zwecklos. Wenn man nicht sicher ist, ob der Bewerber zum Hause paßt, sollte man ihn nicht nehmen, auch wenn er der beste Branchen-Fachmann ist.

Auf diesem Gebiet wird viel gesündigt. Viele Unternehmen wollen für die Leitung der französischen Verkaufsgesellschaft unbedingt einen Branchenfachmann haben. Der Wunsch ist verständlich. Der Mann aus der Branche kennt den Markt, das Produkt und die Kundschaft. Damit ist er sofort voll einsetzbar. Doch wenn der Startvorteil nach ein paar Monaten verschwunden ist, zählt nur noch die Persönlichkeit. Man muß dann mit ihr leben, so oder so.

Mancher Bewerber nutzt geschickt die Lage, wenn er spürt, daß man ihn haben will, weil er den Markt mitbringt. Neben seinen Kontakten bringt er aber möglicherweise auch die schlechten Gewohnheiten von der Konkurrenz mit. Dagegen kann ein Branchen-Neuling, wenn eine Persönlichkeit dahintersteckt, mit frischem Wind und neuen Ideen auf Dauer oft mehr Erfolg bringen.

Franzosen als Bewerber

Seit etwa fünfzehn Jahren verfügt Frankreich zunehmend über Führungskräfte, die im Umgang mit deutschen Unternehmen und Arbeitsmethoden Erfahrung erworben haben. Sie haben oft recht gute Deutschkenntnisse. Die Wahrscheinlichkeit, für die Führungsposition einer deutschen Tochtergesellschaft in Frankreich einen Franzosen zu finden, nimmt damit zu. Waren die Positionen früher zu zwei Dritteln mit Deutschen und zu einem Drittel mit Franzosen besetzt, so wird sich das Verhältnis im Lauf der kommenden Jahre voraussichtlich umkehren: ein Drittel Deutsche, zwei Drittel Franzosen.

Franzosen, die einige Jahre in der Bundesrepublik verbracht haben, kennen möglicherweise den französischen Markt nicht mehr gut genug. Die deutsche Umwelt drückt ihnen oft eine künstliche nervöse Effizienz auf. Nach Frankreich zurückgekehrt, haben sie zunächst Anpassungsschwierigkeiten. In französischen Unternehmen fühlen sie sich nicht mehr richtig wohl. Für deutsche Positionen in Frankreich bringen sie allerdings mit der Kenntnis deutscher Verhältnisse und Arbeitsmethoden ein wichtiges Plus mit.

Bei französischen Bewerbern aus Frankreich muß man prüfen, inwieweit sie sich dem Arbeitsstil des deutschen Mutterhauses anpassen können und wollen, wie es also um die Aussichten auf eine verträgliche Zusammenarbeit bestellt ist.

Im allgemeinen bringt der französische Bewerber, besonders wenn er eine höhere Schulbildung durchlaufen hat, eine hohe intuitive Lernfähigkeit mit, die es ihm erlaubt, sich schnell einer neuen Situation anzupassen. Damit kann er das Fehlen einer kaufmännischen Lehre weitgehend kompensieren. Oft war bei der Wahl seiner ersten Berufstätigkeit Zufall im Spiel, und er hat den „richtigen" Beruf erst später entdeckt. So erklären sich die nicht seltenen Sprünge im Lebenslauf von einer Branche oder Tätigkeit zur anderen, besonders am Anfang des Berufslebens. Zur Glaubwürdigkeit der Leistung gehört auch die Reife der Persönlichkeit. Der Franzose reift später in die Berufs- und Führungsqualifikation hinein als sein deutscher Kollege. Als Faustregel gilt, daß ein französischer Bewerber für eine Führungsposition im Durchschnitt drei bis fünf Jahre älter als sein Kollege in Deutschland sein sollte.

Franzosen sind angenehme Bewerber. Wahrt man die Form, so geben sie bereitwillig Auskunft. Im Bewerbungsgespräch sind sie höflich und verbindlich. Sie kommen nicht mit Komplexen oder Aggressionen zur Vorstellung. Auch als Arbeitssuchende wahren sie die Würde. Sie sind pünktlich, kommen eher zu früh als zu spät und ärgern sich nicht, wenn man sie warten läßt. Sie leiten keine Rechte aus einer Anzeigenformulierung ab. Nur bei langem Anreiseweg fragen sie höflichst nach Fahrgeldersatz. Ein Recht darauf besteht nicht. Im Großraum Paris ist die Fahrgelderstattung nicht üblich.

Die Bewerbungsunterlagen

Bewerbungsunterlagen bestehen lediglich aus tabellarischem Lebenslauf und Anschreiben. Oft ist beides handschriftlich, manchmal nur das Anschreiben. Fotos liegen nicht immer bei. Die Beifügung von Schul- und Arbeitszeugnissen ist in der ersten Bewerbungsphase nicht üblich. Ausführliche qualitative Zeugnisse wie in Deutschland sind nicht zulässig. An ihre Stelle tritt die Arbeitsbescheinigung (= „Certificat de Travail") mit Angabe von Namen, Geburtsdatum, Position und Beschäftigungsdauer.

Für die Form der Bewerbung gibt es keine feste Regel. Häufig werden die Stationen der Berufslaufbahn in umgekehrter Chronologie, also die letzte Stelle zuerst angegeben. Die ergänzenden Unterlagen erhält man auf Anforderung bereitwillig nachgereicht. Daß eine graphologische Analyse gemacht wird, empfindet der Bewerber als üblich und als Recht des zukünftigen Arbeitgebers. Frankreich ist das Ursprungsland der Berufsgraphologie.

Die Form der Bewerbung ist in ihrer individuellen Gestaltung ein wichtiges Beurteilungsmerkmal. Auch die Vorbereitungsphase des Bewerbergesprächs kann entscheidende Aufschlüsse liefern. Beim guten Bewerber gibt es in dieser Hinsicht keinerlei Probleme: er kann sich zum Termin freimachen, füllt anstandslos den Personalbogen aus, kommt pünktlich, gibt stichhaltige Referenzen an (nicht zuviele!) und fragt nicht dauernd nach wegen eines Zwischenbescheids.

Schwerwiegende Fälschungen im Lebenslauf sind mir in meiner Praxis kaum vorgekommen oder konnten in einem frühen Stadium leicht aufgedeckt werden. Es gibt gelegentlich im deutsch-französischen Milieu Bewerber, die auf die Gutgläubigkeit der deutschen Firmen spekulieren. Einer hatte es geschafft, sich gleichzeitig bei drei deutschen Gesellschaften anstellen zu lassen. Das sind Einzelfälle, denen der erfahrene Berater leicht auf die Spur kommt.

Die Beurteilung verursacht deutschen Unternehmen oft Kopfzerbrechen. Wie soll man Charakter- und Verhaltenseigenschaften beurteilen, die im eigenen Lebensbereich nicht vorkommen? Wie soll man Schulabschlüsse und Berufslaufbahnen aus einem anderen Schul- und Wirtschaftssystem bewerten?

Bei der Schulausbildung und den Abschlußdiplomen verwirren die vielen Abkürzungen: steckt eine „Grande Ecole“ dahinter oder handelt es sich um einen einfachen Fachschulabschluß? In Tabelle 11 sind die wichtigsten Schulen und Diplome aufgeführt.

Bei der Beurteilung der durchlaufenen Firmen ist es für die Einschätzung der Berufserfahrung des Bewerbers wichtig zu wissen, wie groß die Unternehmen sind, wie sie geführt werden, wie es um die Führung und Motivation ihrer Mitarbeiter bestellt ist. Nur wer lange in der Wirtschaft des Landes lebt und die französischen Unternehmen kennt, kann das einschätzen oder durch ergänzende Information in Erfahrung bringen.

Das Bewerbergespräch

Am schwierigsten für deutsche Firmen ist die Beurteilung von Charakter und Persönlichkeit der Bewerber. Deutsche Unternehmen haben bei der Wahl ihrer führenden Mitarbeiter in Frankreich mitunter kräftig danebengegriffen. Da hilft nur ein enges Vertrautsein mit der französischen Welt. Man muß die verborgenen Leistungskräfte, die Verhaltensantriebe, die empfindlichen Stellen der französischen Seele erfühlen können. Man muß von dem äußeren Gebaren auf die inneren Regungen schließen und aus den Sprachformulierungen heraushören, was gemeint ist. Stets sollte ein Bewerber in Frankreich auch nach dem Entwicklungspotential ausgewählt werden, das in ihm steckt und nicht nur danach, was er schon fertig mitbringt.

Für die Beurteilung französischer Bewerber gilt das eingangs Gesagte ganz besonders: Franzosen treten auch im Bewerbergespräch als Mensch im ganzen auf, nicht etwa nur als Fachleute des Rechnungswesens oder des Verkaufs. Sie halten es für selbstverständlich, daß im Gespräch alle menschlichen Saiten angeschlagen werden, auch wenn natürlich die fachlichen Kriterien das meiste Gewicht dabei behalten.

Das fängt mit der äußeren Form an: Franzosen bleiben auch im harten Gespräch stets höflich und verbindlich und setzen dies auch bei ihren Gesprächspartnern voraus. Gerade als Führungskraft ist es ihnen wichtig, auch bei ihrem Gegenüber ein ebenbürtiges menschliches und kulturelles Niveau vorzufinden. Das ganze Gespräch ist für sie darauf angelegt, eine allgemeine Vertrauensbasis zu schaffen, auf der ein Austausch konkreter Fachfragen erst möglich wird.

Aber da kommen sie bei Deutschen nicht immer auf ihre Kosten. Manche deutschen „Interviewer" steuern mit sichtbarer Ungeduld auf die paar Fachfragen los, die sie allein interessieren. Kommt darauf nicht wie aus der Pistole geschossen, die richtige Antwort, dann ist für sie das Gespräch schon gelaufen, bevor es richtig begonnen hat:„So, Sie haben also noch nie persönlich ein Produkt wie unseres verkauft?"

Viele Einzelfragen der Aufgabenbeschreibung hält der französische Bewerber für so selbstverständlich, daß er sie gar nicht erwähnt oder sie im ersten Gesprächsstadium für bedeutungslos hält. Daß eine Führungskraft keinen Acht-Stunden-Tag hat oder daß ein Verkaufsleiter viel reisen muß, ist für ihn so klar, daß er nicht versteht, warum die Deutschen danach fragen. Doch bleibt er auch bei insistierenden und plumpen Fragen höflich und gefällig. Hinterher sagt er dem Berater: „Ils sont très gentils, mais très germaniques!"

Die französische Redegewandtheit prägt auch das Bewerbergespräch. Man wird kaum auf eine präzise Frage nur ein Ja oder Nein hören. Jede Antwort ist ein „Expose" mit Herleitung, Begründung, Rückblick, Rechtfertigung und „Résumé". Wer knappe Dialoge gewohnt ist, gerät da leicht ins Schwimmen. Hat man sich aber an die französische Eloquenz gewöhnt, so wird das Zuhören zur aufschlußreichsten Fragetechnik. Läßt man das Gespräch laufen, so erfährt man alles, was man wissen will, von selbst. So knapp die schriftliche Bewerbung ist, so reichlich fließt die Information im Gespräch.

Bewerber für Führungspositionen bringen in Frankreich meist eine höhere und breitere Allgemeinbildung mit als in der Bundesrepublik, aber auf den spezifischen Fachgebieten sind sie nicht so tief mit allen praktischen Einzelheiten vertraut, wie es sich der Fachmann aus Deutschland vorstellt. Dafür ist ihr Potential an Leistungs- und Anpassungsfähigkeit und an Flexibilität größer. Deutsche Beurteiler meinen aber meist, der Bewerber müsse das, was ihn in der neuen Aufgabe erwartet, möglichst in allen Einzelheiten schon gemacht haben.

Sitzen sich im Bewerbergespräch der fundierte Fachmann aus Deutschland und die abgerundete kultivierte Persönlichkeit aus Frankreich gegenüber, so sieht man schnell: Dies sind zwei Welten. Wer hier mit den gewohnten deutschen Maßstäben mißt, fühlt sich in eine fremde Landschaft versetzt, in der er sich nicht sogleich zurechtfindet. Hier haben die Worte andere Bedeutung. Der Gegenstand wird aus einem anderen Blickwinkel angegangen. Ungewohnte Nuancen kommen ins Spiel und nehmen Bedeutungen an, die dem deutschen Betrachter unergründlich bleiben.

Oft hilft der Franzose durch seine Gewandtheit über Luftlöcher im Gespräch hinweg oder rettet ein Gespräch vor dem Mißlingen. Er kleidet sogar seine Absage in eine so verbindliche Form, daß sie der an handfeste Aussagen gewohnte, aber des Französischen ungewohnte Deutsche vielleicht gar nicht gleich bemerkt.

Eine Unsitte ist es, wenn zum Bewerbergespräch eine ganze deutsche Delegation anreist und dem Bewerber als vielköpfiges Inquisitionsgericht gegenübersitzt. Nicht, daß der französische Bewerber dem nicht gewachsen wäre. Aber es ist schlechter Stil. Außerdem sind Einzelgespräche viel ergiebiger, weil dabei der Bewerber viel mehr aus sich herausgeht.

Beurteilungsmaßstäbe

Man kann den Eindruck nicht verdrängen, es werde im deutschen Personalmilieu die Suche und Auswahl von Führungskräften im knochenharten Einkäuferstil betrieben. Es scheint, man betrachte den Bewerber als Investitionsobjekt oder allenfalls als einen vernunftgesteuerten Gegenstand, den man mit mechanisch quantitativen Maßstäben zu messen habe und gegen Geld kaufen könne.

Auch die Bewerber haben sich in der Bundesrepublik im Lauf der Zeit an dieses Klima gewöhnt. Sie reagieren im gleichen Stil, tun so, als wären sie materialistische Vernunftwesen, wissen Bescheid um ihre Rechte und richten ihre Antworten danach, was der Interviewer hören will. Die Seele wird vorher an der Garderobe abgegeben, weil sie in der Wirtschaft als „persona non grata" gilt.

Anders in Frankreich. Hier ist der Mensch auch als Bewerber ein Ganzes, das neben Leib und Geist auch die Seele einschließt. Der beste Fachmann nützt nichts, wenn die Persönlichkeit fehlt. Man macht aus einem Spezialisten keine Persönlichkeit. Aber es kann aus einer Persönlichkeit ein guter Fachmann werden. Der Mann mit Autorität und Ausstrahlung wird in Frankreich akzeptiert, auch wenn er nicht alle Einzelheiten beherrscht.

Bei der Bewerberbeurteilung soll man sich also neben der fachlichen Prüfung auch auf seine Intuition verlassen und versuchen, die Persönlichkeit des Bewerbers zu erfassen, insbesondere auch im Hinblick auf die Verträglichkeit mit dem Stil des Hauses. Psychologische und graphologische Analysen können Hilfsmittel sein. Wenn über einen Bewerber gesagt wird: „Sein Blick gefällt mir nicht", oder: „Mit dem könnte ich gut auskommen", so soll man solche Empfindungen nicht verdrängen. Muß man eines Tages sagen: „Ich habe damals gleich gemerkt, daß an dem etwas nicht stimmt", so ärgert man sich, dem Gefühl seinerzeit nicht gefolgt zu sein. Nach meiner Erfahrung geben sich französische Bewerber so offen zu erkennen, daß es mit dem Teufel zugeht, wenn man sich für den Falschen entscheidet.

Das setzt allerdings voraus, daß der Beurteiler das französische Wesen nicht nur kennt, sondern in der Vielgestaltigkeit seiner Ausdrucksnuancen erfaßt und erspürt hat. Es ist ein sträflicher Leichtsinn, wenn jemand aus Deutschland glaubt, mit einer vermeintlichen Frankreich-Kenntnis französische Bewerber beurteilen zu können. Er gleicht dem, der eine Forelle mit der Heugabel zerlegen will. Ein Personalberater, der Frankreich nur oberflächlich kennt und kaum oder nicht französisch spricht, handelt verantwortungslos, wenn er einen Auftrag zur Besetzung einer Führungsposition in Frankreich annimmt.

Wer Mitarbeiter für deutsch-französische Führungspositionen sucht und beurteilt, muß nicht nur das beschriebene Anforderungsprofil in sich aufgenommen haben, sondern auch die gesamte Umwelt einer solchen Position kennen und beurteilen können, zum Beispiel das Ausbildungssystem, Art und Qualität der Hochschulabschlüsse, Führungsstil und Organisation in französischen Unternehmen, Handelsgewohnheiten, Kundenverhalten, Wirtschaftsreglementierung, aber vor allem auch die mit der Position selbst verbundenen Aspekte wie Rechtsstellung, Vertrags- und Gehaltsgestaltung, Sozialversicherung und Steuern, Befugnisse und Haftungsfragen.

Die Kommunikation mit dem Mutterhaus

Den Mitarbeitern im Mutterhaus sei der Schluß dieses Kapitels gewidmet. Wenn die deutsche Industrie mehr als ein Drittel ihrer Produktion im Ausland verkauft, so bezieht jeder Mitarbeiter ein Drittel seines Gehalts dafür, daß seine Firma im Ausland Erfolg hat. Daraus sollte man schließen, die deutschen Angestellten müßten die Tätigkeit ihrer Firma im Ausland mit Interesse verfolgen und stolz auf die Umsätze und Gewinne sein, die dort erzielt werden.

Das ist mitnichten der Fall! Die Zentrale ist meist vollauf mit sich selbst beschäftigt. Selbst die Exportabteilung hat es schwer, ihre Interessen im Hause durchzusetzen. Der Leiter einer Pariser Werkzeugmaschinen-Verkaufsniederlassung fuhr ins Mutterhaus und bearbeitete von der Vorstands-Sekretärin bis zum Montageleiter alle Stufen der Hierarchie, bis er nach zwei Tagen die Sonderausführung hatte, die er für Renault brauchte.

Wir brauchen auslandsorientierte Mitarbeiter, die mitziehen, wenn im Ausland (nicht nur in Frankreich) besonders schwierige Verhältnisse zu bewältigen sind! Die Tochtergesellschaft in Frankreich leidet selber am meisten unter den französischen Zuständen und hat genug zu tun, um über die Runden zu kommen. Da soll ihr die Zentrale nicht auch noch Knüppel zwischen die Beine werfen.

Verständnis und moralische Unterstützung von der Zentrale brauchen die Leute in Frankreich und gelegentlich Anerkennung. Damit erreicht man mehr für den Frankreich-Erfolg als durch jede Richtlinie.

Eine gut funktionierende Kommunikation zwischen Mutter- und Tochtergesellschaft ist Voraussetzung für den Erfolg im Frankreich-Geschäft. Das Mutterhaus muß mitsprechen dürfen bei den wichtigsten Entscheidungen der Tochter in Frankreich; es trägt ja auch die kapitalmäßige Verantwortung. Die Zentrale muß aber auch mithelfen, durch eine flexible Produktpolitik, durch eingehaltene Liefertermine und durch Verständnis für die französischen Verhältnisse. Der Tochter obliegt es, die Muttergesellschaft über alle wichtigen Ereignisse und

Entscheidungen in Frankreich zu unterrichten und über die erreichten Ergebnisse auf dem laufenden zu halten.

All dies geht problemlos vonstatten, wenn zwischen der deutschen Geschäftsleitung und der Führung der französischen Tochtergesellschaft ständig ein enger und offener Dialog fließt und wenn sich die beteiligten Personen auch menschlich gut verstehen. Aus diesem Grund ist es von unschätzbarem Wert, wenn man für die Führung der französischen Tochtergesellschaft Leute gewinnt, die auch in ihrer Persönlichkeit zum Geist des Hauses passen.

Es ist von Nutzen, wenn für die Belange der Tochtergesellschaft eine zentrale Anlaufstelle im Mutterhaus vorhanden ist, über die alle wichtigen Informationen und Entscheidungen laufen. Das soll nicht heißen, daß bei speziellen Fachfragen die entsprechenden Mitarbeiter in Frankreich nicht direkt mit der zuständigen Abteilung in Deutschland sprechen dürften. Aber die Kompetenzen sollen klar abgegrenzt sein. Es darf nicht vorkommen, daß die Führung hüben und drüben bei wichtigen Informationen und Entscheidungen vor ein fait accompli gestellt wird; und es geht nicht an, daß jeder mit jedem telefoniert.

Je stärker die Führung in Frankreich besetzt ist, desto besser wird das Zusammenspiel zwischen Mutter und Tochter funktionieren. Natürlich sollte auch bei der Mutter ein entsprechendes persönliches Format der Mitarbeiter vorhanden sein. Der Mann in Frankreich wird dann nicht immer nur strikt seine Anweisungen ausführen, sondern die Führung in Deutschland auch über Dinge informieren, die außerhalb des eigentlichen Geschäftsablaufs liegen, die aber für das Verständnis in Deutschland nützlich sein könnten.

Ein Besserwisser sollte er allerdings nicht sein. Durch eine geschickte, sachliche und positive Mitteilung kann er dazu beitragen, daß die Mitarbeiter in der Zentrale dem Unternehmen in Frankreich mit seinen Problemen mehr Verständnis entgegenbringen.

Hat man für die Führung der Tochtergesellschaft in Frankreich den richtigen Mann gefunden, so fängt die Hauptarbeit erst an. Es wäre falsch, ihn einfach seinem Schicksal zu überlassen etwa in dem Sinne, daß er jetzt erst einmal zeigen soll, was er kann. Gerade am Anfang braucht er Unterstützung und Vertrauen. Es ist unbedingt notwendig, von Anfang an klare Anweisungen und Richtlinien über Aufgaben, Ziele und Befugnisse zu geben. Der neue Mann erwartet das. Er kommt nicht, um erst einmal alleingelassen zu werden. Deutsche Mutterhäuser brauchen keine Angst zu haben: Der Mitarbeiter in Frankreich ist nicht beleidigt, wenn man ihm sagt, was er tun soll, im Gegenteil. Nach einer Umfrage des Magazins „Usine Nouvelle“ frustriert es französische Führungskräfte am meisten, wenn die Unternehmensführung nicht klar und deutlich sagt, was sie will. Das sollte man nutzen, auch wenn so etwas in Deutschland nicht praktizierbar wäre.

Auch später soll ein enger persönlicher Kontakt zwischen dem Mitarbeiter und den Leuten im Mutterhaus gepflegt werden. Das braucht nicht in andauernde stundenlange Besprechungen auszuarten. Es geht um die Geste. Der Mann in Frankreich braucht die Gewißheit, daß sein Chef in Deutschland stets mit Wohlwollen an ihn denkt.

6. Arbeits- und Sozialrecht

Grundlagen

Das Arbeitsgesetz (= „code du travail")

Rechtsgrundlage ist das Arbeitsgesetz (= „code du travail"), das durch zahlreiche Regierungsverordnungen, Dekrete und Erlasse ständig ergänzt wird. Es setzt die Normen für die Beziehungen zwischen Arbeitgebern und Arbeitnehmern. Der Wille zur Form hat dabei Vorrang vor der Praxisnähe. Für viele Praxisfragen liefern die gesetzlichen Texte nur wenig Aufschluß. Die Verhaltensrichtlinien für konkrete Einzelfälle müssen zum großen Teil der Rechtsprechung entnommen werden.

Daraus resultiert eine nicht geringe Rechtsunsicherheit, die deutschen Unternehmen beim Umgang mit französischen Arbeitnehmern zu schaffen macht. Sie wird dadurch verstärkt, daß französische Arbeitsrichter dazu neigen, die eigenen Staatsangehörigen zu schützen und auch bei internationalen Sachverhalten französisches Recht anzuwenden.

Ein eigenes Betriebsverfassungs-, Arbeitszeit- und Kündigungsschutzgesetz gibt es nicht; die entsprechenden Bestimmungen stehen entweder innerhalb des Arbeitsgesetzes oder in separaten Dekreten, Verordnungen und Erlassen. Neuere Änderungen von Gewicht sind die nach dem sozialistischen Arbeitsminister benannten „Auroux-Gesetze" von 1982, ein Maßnahmenpaket zur „sozialen Besserstellung" der Arbeitnehmer und der gleichzeitigen Einschränkung der Handlungsfreiheit der Arbeitgeber.

Die Rahmentarifabkommen (= „conventions collectives")

Zu den gesetzlichen Texten treten die Rahmentarifabkommen (= „conventions collectives") zwischen den Arbeitgeber- und Arbeitnehmervertretern der Branchen. Der Begriff „Branche" ist dabei eng auszulegen. Insgesamt bestehen etwa 300 Branchen-Abkommen. Die Metallindustrie und die chemische Industrie haben die detailliertesten und für die Arbeitnehmer günstigsten Bestimmungen. In der Metallindustrie besteht für Ingenieure und Leitende Angestellte zusätzlich eine eigene „convention collective". Die Texte der Tarifverträge können vom Verlag des Amtsblatts (=Journal Officiel, 52, rue Desaix, 75015 Paris) oder seinen Außenstellen bezogen werden (siehe Seite 293).

Die meisten „conventions collectives" sind durch Allgemein-Verbindlichkeitserlasse (= „arrêtés d'extension") für alle Unternehmen der jeweiligen Branche bindend geworden. Ist die Branchenzugehörigkeit nicht eindeutig, etwa bei einem Unternehmen mit gemischter Tätigkeit (z. B. Erzeugnisse aus Metall und Kunststoff), so hält man sich gewöhnlich an die vierstellige Branchenkennziffer „code APE" (= „activité principale exercée"), die jedem Unternehmen mit der statistischen Betriebsnummer SIREN zugeteilt wird. Doch braucht sich ein Arbeitsrichter nicht daran zu halten; er kann aufgrund der Sachlage frei entscheiden, welchen Tarifvertrag er anwenden will.

Genaugenommen bedarf es also eines Arbeitsgerichtsprozesses, wenn man ganz sicher sein will, welche „convention collective" anzuwenden ist. In den meisten Fällen wird indessen die Frage, welche „convention" anzuwenden ist, keine Zweifel aufwerfen. Größere Unternehmen können mit ihren Belegschaftsvertretern eine hauseigene „convention collective" abschließen.

Für Vertriebstochtergesellschaften deutscher Unternehmen besteht die Frage, ob sie den Tarifvertrag der (Produktions-)Branche ihrer Muttergesellschaft anwenden müssen, da sie doch nur Handel treiben. Als Alternative kommt der Tarifvertrag für Import- und Export-Unternehmen oder derjenige für den Großhandel in Betracht.

In der Praxis wird unterschiedlich verfahren. Die Frage ist nicht eindeutig geklärt. Manchen Unternehmen bleibt nichts anderes übrig, als sich einfach für eines der in Frage kommenden Abkommen zu entschließen und abzuwarten, was passiert. Die „conventions collectives" der größeren Branchen nähern sich zunehmend inhaltlich an, so daß es eines Tages keinen sehr großen Unterschied mehr machen wird, welcher „convention collective" das Unternehmen angehört.

Die „conventions collectives" enthalten über die arbeitsrechtlichen Mindestvorschriften hinaus Bestimmungen über Probe- und Kündigungsfristen, Zusatzurlaub, Betriebszugehörigkeitsprämien, Kündigungsentschädigung, Wettbewerbsverbot, Geheimhaltungspflicht, Krankheit und Lohnfortzahlung, Mutterschaft; ferner Tätigkeitsbeschreibungen und Gehaltseinstufungs-Koeffizienten einschließlich der „cadre"-Einstufungen (siehe weiter unten) und schließlich Grundsatzbestimmungen über die Rechte von Personal- und Gewerkschaftsvertretern im Betrieb.

Die Bestimmungen der im Unternehmen angewendeten „convention collective" gelten für alle Arbeitnehmer einschließlich der höheren Führungskräfte, soweit sie einen Anstellungsvertrag haben, selbst wenn sie nach Verantwortung und Gehalt so hoch liegen, daß sie in Deutschland als AT-Angestellte behandelt würden.

Der Begriff des „cadre"

Für höhere Positionen kommt der Begriff „cadre" zur Anwendung. Er entspricht ungefähr dem deutschen „Leitenden Angestellten". „Cadre" ist, wer von einer bestimmten Tätigkeitsstufe an aufwärts in der Unternehmenshierarchie tätig ist. Die Merkmale sind in den „conventions collectives" enthalten.

Ein Abteilungsleiter wird in der Regel „cadre" sein, ebenso ein Marketing-Stabsmann mit Hochschulausbildung. Auch Direktionssekretärinnen mit langjähriger Berufserfahrung und eigenem Verantwortungsbereich werden vielfach als „cadre" eingestuft.

Ausbildung, Alter und Betriebszugehörigkeit werden bei der Einstufung berücksichtigt, jedoch sind die Definitionen nicht immer sehr genau. Je mehr man in der Hierarchie nach oben steigt, desto allgemeiner werden sie. Im Zweifelsfall liegt die Entscheidung über die Einstufung beim Arbeitgeber.

Die „cadre"-Einstufung erfolgt zusätzlich zum Gehalts-Koeffizienten nach Position I (niedrigste Stufe) bis Position III (höchste Stufe), wobei innerhalb der

Stufe III noch einmal in III A, III B, III C unterschieden wird. Je höher die hierarchische Position, desto höher ist der Koeffizient. Die Einstufung könnte zum Beispiel für einen Finanzchef in der Metallindustrie heißen: „Directeur Financier, Position cadre III B, coéfficient 180.“ Sie sollte im Arbeitsvertrag unter Bezugnahme auf die anwendbare „convention collective“ angegeben werden.

Als wichtigsten Vorteil hat jeder „cadre“ gesetzlichen Anspruch auf eine Zusatz-Rentenversicherung („assurance cadre“). Der Anspruch entsteht ohne Wartezeit in Form von Punkten nach der Summe der entrichteten Beiträge. Der Punktwert (sogenannte „cadre“-Punkte) wird jährlich neu festgesetzt. Die Beiträge werden zwischen Arbeitgeber und Arbeitnehmer aufgeteilt. Mit der „assurance-cadre“ ist zusätzlich eine Todesfallversicherung verbunden.

Näheres im Abschnitt „Sozialversicherung“ (Seite 235ff.) sowie in Tabelle 12 Seite 317.

Der Arbeitsvertrag (= „contrat de travail“)

Vertragsdauer, Probezeit, Kündigungsfristen (= „durée du contrat“, „période d'essai“, „préavis“)

Ein Arbeitsvertrag kann unbefristet (= „contrat à durée indéterminée“) oder befristet (= „contrat à durée déterminée“) abgeschlossen werden. Befristete Verträge gehen nach einmaliger Verlängerung in unbefristete Verträge über. Durch eine Verordnung vom Februar 1982 ist die Zulässigkeit von befristeten Verträgen eingeschränkt worden, insbesondere für Zeitarbeitspersonal.

Eine Probezeit muß ausdrücklich schriftlich vereinbart werden. Ihre Dauer kann grundsätzlich nach dem Willen beider Vertragspartner festgelegt werden, jedoch dürfen die in den „conventions collectives“ vorgeschriebenen Höchstgrenzen nicht überschritten werden. Die Probezeit beträgt im allgemeinen für einfache Angestellte einen bis zwei, für Leitende Angestellte drei Monate. Sie kann einmalig um die gleiche Dauer verlängert werden, wenn der Arbeitnehmer ausdrücklich zustimmt. Der Rahmentarif für Leitende Angestellte der Metallindustrie sieht für „cadres“ der Position III auch die Möglichkeit längerer Probezeiten vor. Einzelheiten, insbesondere hinsichtlich der Kündigung während der Probezeit, regeln die „conventions collectives“.

Die Kündigungsfristen sind kürzer als in der Bundesrepublik. Die gesetzliche Mindestfrist beträgt bei Arbeitnehmern mit mehr als zwei Jahren Betriebszugehörigkeit zwei Monate, bei weniger als zwei Jahren einen Monat. Die Rahmentarifabkommen können längere Fristen vorsehen. Bei höheren Angestellten beträgt die übliche Frist drei Monate. Im Arbeitsvertrag können längere Fristen vereinbart werden.

Die Fristen werden von Datum zu Datum gerechnet und können von jedem Zeitpunkt an laufen. Wer drei Monate Kündigungsfrist hat und am 11. November kündigt, hat seinen letzten Arbeitstag am 10. Februar des nächsten Jahres. Kündigungsfristen per Ende eines Kalendervierteljahrs oder -halbjahrs sind nicht unzulässig, kommen aber selten vor, am ehesten im Elsaß und in Lothringen.

Krankheit oder Unfall hemmen die Kündigungsfrist nicht. Wird einem Arbeitnehmer gekündigt, der wegen Krankheit oder Unfall abwesend ist oder kündigt er selbst, so läuft die Frist vom Zeitpunkt der Zustellung an, es sei denn, die „convention collective“ sähe etwas anderes vor. Dagegen dürfen Urlaub und Kündigungsperiode nicht ineinander fallen. Befindet sich ein Mitarbeiter im Urlaub oder kurz davor, so zählt die Kündigungsfrist zum Urlaub nicht mit. Spricht er oder das Unternehmen die Kündigung zum Beispiel am 17. Juni mit einer Frist von drei Monaten aus, und hat er für August einen Monat Urlaub geplant, so endet der Arbeitsvertrag nicht am 16. September, sondern erst am 16. Oktober.

Dazu kommt ein allgemeiner Brauch, wonach ein Arbeitnehmer während der Kündigungsfrist Anspruch auf täglich zwei bezahlte Freistunden zum Zwecke der Arbeitssuche hat, unabhängig davon, ob er oder der Arbeitgeber gekündigt hat. Dieser Brauch ist nirgends gesetzlich verankert, wird jedoch zunehmend in die „conventions collectives“ aufgenommen. Es gilt als zulässig, diese Stunden zu kumulieren und am Ende der Kündigungsfrist zusammenhängend zu nehmen.

Restlicher Urlaub wird nicht zum künftigen Arbeitgeber mitgenommen, sondern ausbezahlt.

Einstellung (= „engagement“)

Stellt man einen Mitarbeiter ein, so kann man ihm zunächst ein Anstellungsschreiben (= „lettre d'engagement“) aushändigen, damit er etwas Schriftliches in der Hand hat und bei seinem bisherigen Arbeitgeber kündigen kann, während man inzwischen den Arbeitsvertrag ausarbeitet. Dieses Schreiben hat Vertragscharakter. Manche Unternehmen lassen es dabei bewenden und verzichten auf einen ausführlichen Arbeitsvertrag.

Dieser Standpunkt hat etwas für sich, da die meisten Detailvorschriften mittlerweile sowieso in den „conventions collectives“ stehen. Auf jeden Fall wird man sich mit kurzgefaßten Arbeitsverträgen begnügen, die das Wesentliche enthalten. Kommt es eines Tages zur Auseinandersetzung, so nützt auch ein umfangreicher Arbeitsvertrag wenig. Das Gericht orientiert sich weniger am Willen der Parteien bei Vertragsabschluß als am Sachverhalt im Zeitpunkt der Auseinandersetzung.

Arbeitnehmer in Frankreich – Arbeitgeber in der Bundesrepublik (= „salarié en France – employeur en RFA“)

Unternehmen in der Bundesrepublik ohne Tochtergesellschaft in Frankreich können französische Mitarbeiter für eine Tätigkeit in Frankreich anstellen nach der Formel „Arbeitgeber in Deutschland, Arbeitnehmer in Frankreich“. Dabei kommt in der Regel französisches Arbeitsrecht zur Anwendung. Der Mitarbeiter muß in diesem Fall neben den Arbeitnehmer- auch die Arbeitgeberbeiträge zur französischen Sozialversicherung abführen, da das deutsche Unternehmen keine Beiträge nach Frankreich zahlen kann.

Diese Konstruktion kommt besonders in der Vorphase von Niederlassungsgründungen vor. Der Arbeitgeberanteil sollte dem Mitarbeiter gegen Belegnachweis ersetzt werden. Eine pauschale Abgeltung zusammen mit dem Gehalt ist nicht empfehlenswert, weil sonst die Gefahr besteht, daß der Anteil als Gehalt mitversteuert werden muß.

Aufgabenbereich, Zielvorgaben, Wettbewerbsverbot (= „activité", „objectifs", „interdiction de concurrence")

Es ist zulässig und empfehlenswert, Aufgaben, Verantwortungsbereich und eventuelle Befugnisbeschränkungen im Arbeitsvertrag aufzuführen. Man kann zusätzlich eine Arbeitsplatzbeschreibung (= „description de poste") erstellen und sie dem Vertrag als wesentlichen Bestandteil beifügen.

Ob und inwieweit Ziele, zum Beispiel Umsatz- und Rentabilitätsziele im Arbeitsvertrag fixiert werden können, ist vielfach diskutiert worden. Es scheint, daß dem nichts im Wege steht. Die Ziele müssen allerdings objektiv erreichbar sein. Selbst wenn man aus einer eventuellen Nichterreichung keine unmittelbaren Konsequenzen ableiten will, hätte man dann bei einer späteren Auseinandersetzung eine vom Mitarbeiter unterschriebene Unterlage in der Hand.

Die Vereinbarung eines Wettbewerbsverbots (= „clause de non-concurrence") ist zulässig. Sie muß ausdrücklich schriftlich im Arbeitsvertrag erfolgen. Die Gültigkeit ist an die Bedingungen der zeitlichen Begrenzung und der Zahlung einer Entschädigung gebunden. Als Faustregel gilt eine Dauer von höchstens zwei Jahren und die Zahlung von fünfzig Prozent des letzten Gehalts während der Gesamtdauer. Das Verbot muß sich auf ein bestimmtes Gebiet und auf bestimmte Erzeugnisse oder Branchen erstrecken. Der Arbeitgeber kann innerhalb einer kurzen Frist nach Ausspruch der Vertragsauflösung auf die Einhaltung des Wettbewerbsverbots verzichten und wird dann von der Verpflichtung, eine Entschädigung zu zahlen, frei.

Gehalt (= „salaire" oder „rémunération")

Das Gehalt kann frei vereinbart werden.

Die Gehälter für qualifizierte Mitarbeiter in mittleren und höheren Positionen liegen im Durchschnitt erheblich über den Mindestgehältern der „conventions collectives". Zwischen dem Raum Paris und der Provinz besteht ein Gehaltsgefälle von zehn bis fünfzehn Prozent. Tariflöhne gibt es praktisch nur bei gewerblichen Arbeitnehmern. Die meisten Angestellten wären nach deutschem Maßstab AT-Angestellte. Eine Trennung in Tarifgehalt und Zulage wird meist nicht gemacht. Gehaltserhöhungen werden fast immer auf das volle Ist-Gehalt gerechnet. Der Begriff des AT-Angestellten ist unbekannt.

Die Zahlung eines dreizehnten Gehalts ist weitgehend üblich. Manche Unternehmen zahlen sogar dreizehneinhalb oder vierzehn Gehälter. Feste gesetzliche oder tarifvertragliche Vorschriften hierüber bestehen nicht. Die Zahlung von mehr als zwölf Gehältern ist grundsätzlich freiwillig.

Die Frage ist jedoch müßig, weil es ja auf den Jahresverdienst ankommt. Man kann im Arbeitsvertrag ohne weiteres eine Jahressumme vereinbaren und festlegen, ob sie in zwölf oder dreizehn Teilen zahlbar sein soll.

Wird ein dreizehntes Gehalt über mehrere Jahre an das gesamte Personal oder einen fest definierten Teil davon nach einem gleichbleibenden Berechnungsmodus gewährt, so kann dies zu einem gewohnheitsrechtlichen Anspruch für die Mitarbeiter führen, auch wenn der freiwillige Charakter jedesmal ausdrücklich betont wird.

Ferner kann die Zahlung eines dreizehnten Gehalts selbstverständlich von vornherein vertraglich vereinbart werden.

Gewährt der Arbeitgeber dagegen über das Gehalt hinaus eine jährliche nach dem Geschäftsverlauf wechselnde Abschlußprämie, ohne daß dies im Vertrag vereinbart wäre, so kann er die Entstehung eines gewohnheitsrechtlichen Anspruchs umgehen, insbesondere wenn er die Prämie jeweils individuell pro Mitarbeiter nach dessen Leistung festsetzt. Man sollte an solche leistungsabhängigen Prämien viel mehr denken. Sie sind durch keinerlei Vorschrift verboten. Zusätzliche Urlaubs- und Weihnachtsgelder sind nicht üblich.

Für Vertriebs- und Verkaufsleiter, überhaupt für Mitarbeiter im Vertrieb, kann vereinbart werden, daß ein Teil der Bezüge umsatz- oder ergebnisabhängig bezahlt wird. Dieser Anteil kann bei Außendienst-Mitarbeitern bis zu einem Drittel oder zur Hälfte der Gesamtbezüge gehen. Bei Leitenden Mitarbeitern wird er in den meisten Fällen nicht über zehn oder höchstens 20 Prozent liegen. Er kann auch in Form einer Jahresabschlußprämie bezahlt werden.

Besonders für Leitende Mitarbeiter richten sich angesichts der Steuerprogression die Überlegungen zunehmend auf geldwerte Sachvorteile (= „avantages en nature"). Die Gewährung eines Firmenfahrzeugs, das auch privat genutzt werden darf, die Übernahme privater Telefonkosten oder die kostenlose Benutzung bestimmter Firmendienstleistungen (z. B. Belegschaftseinkauf, Rechtsberatung) gehören dazu, ebenso zinsgünstige Darlehen, Zusatzurlaub, Übernahme von Versicherungsprämien. Aus Gründen der steuerlichen Prüfbarkeit ist es nicht zu empfehlen, solche Vergünstigungen im Arbeitsvertrag zu erwähnen. Man bringe sie in separaten Zusatzvereinbarungen unter, falls man nicht überhaupt auf die schriftliche Fixierung verzichten will.

Unternehmen, die an den Gehältern für ihre Führungskräfte in Frankreich zu sehr sparen wollen, wären nicht gut beraten. Bringt der Mann in Frankreich die Qualifikation, das Vertrautsein mit beiden Sprachen und Mentalitäten und das persönliche Format mit, so rechtfertigt dies ein Gehalt, das höher liegen kann als dasjenige eines Prokuristen in Deutschland, an dem die Führungsposition in Frankreich oft gemessen wird.

Die Zahl der Bewerber für solche Positionen ist nie groß. Die gesetzten Kriterien schränken das Bewerberfeld ein. Die guten Leute wissen das. Sie haben meist schon bisher gut bezahlte Positionen inne. Deutsche Unternehmen werden brutto zehn bis zwanzig Prozent mehr bieten müssen, als für eine vergleichbare Position in der Bundesrepublik.

Es ist aber auch generell der Abstand zwischen hohen und niederen Gehältern in Frankreich größer als in Deutschland. Das heißt: die hohen Gehälter sind höher, die niedrigen niedriger. Dafür ist das Feld der mittleren Gehaltsbezieher dünner gesät. Darin spiegelt sich auch die andersartige Hierarchie der Qualifikationen. Man findet für höhere Positionen eher auch höher qualifizierte Leute; sie sind oft „zu gut“ für die Führungspositionen deutscher Firmen in Frankreich.

So wird ein Polytechniker zum Beispiel eine Nummer zu groß sein, sofern er überhaupt eine Position etwa als Leiter einer mittleren Tochtergesellschaft akzeptieren würde. Dafür fehlt es an Führungskräften der mittleren Ebene.

So steht man oft vor dem Dilemma, entweder einen zu guten Mann nehmen zu müssen, der mehr verlangt, als man eigentlich anlegen wollte, oder einen Bewerber, der eine halbe Nummer kleiner ist, aber in das Gehaltsgefüge paßt.

An der Entscheidung, die dann getroffen wird, läßt sich der Grad der Weitsicht des Unternehmens ablesen: Wer bei der Besetzung von Führungspositionen bewerber- und gehaltsmäßig zu klein sieht, kriegt dies zu spüren; seine Gesellschaft in Frankreich kommt nicht vorwärts; sie muß sich mit Problemen herumschlagen, die andere Firmen nicht haben. Man stößt über kurz oder lang auf die Erkenntnis, daß eine „starke“ personelle Lösung in Frankreich auf Dauer doch die bessere ist.

Selbstverständlich ist ein vollständiger und aussagefähiger Gehaltsvergleich zwischen Führungskräften in der Bundesrepublik und in Frankreich nur möglich, wenn man auch die Abzüge, die Nettogehälter und die Lebenshaltungskosten einbezieht. Aber gerade dieser Vergleich ist schwierig. Die Abzüge sind in Frankreich für Arbeitnehmer generell niedriger als in der Bundesrepublik, die Lebenshaltungskosten generell höher.

Die Arbeitnehmer-Beiträge zur Sozialversicherung liegen bei etwa 15 bis 18 Prozent vom Bruttogehalt, je nach der Einkommenshöhe und der hierarchischen Position („cadre“ oder nicht). Ein genauer Satz läßt sich nicht angeben, da die Beitragssätze zum Teil auf einen festen Sockelbetrag (= „plafond“), zum Teil aufs Gesamtgehalt, zum Teil aber auch auf den über dem Sockel liegenden Gehaltsanteil berechnet werden.

Auch die Einkommensteuerbelastung ist noch niedriger; sie liegt etwa 15 Prozent unter derjenigen eines Mitarbeiters in Deutschland.

Netto dürften dem Mitarbeiter in Frankreich nominal etwa 10 bis 15 Prozent mehr bleiben als dem Gehaltsempfänger in der Bundesrepublik.

Dafür muß er bei der Bestreitung seines Lebensunterhalts tiefer in die Tasche greifen. Schon durch die höhere Mehrwertsteuer (normaler Satz 18,6 Prozent, erhöhter Satz 28 Prozent) liegt das Preisniveau deutlich höher als in der Bundesrepublik. Einzelne Gruppen von Waren und Dienstleistungen sind außerdem noch um 10 bis 20 Prozent teurer, besonders in der oberen Qualitätsklasse, so bei Kleidung, Schuhen, Haus- und Küchengeräten, Restaurants, aber auch beim täglichen Bedarf wie Treibstoff, Kosmetika, Lebensmitteln.

Sehr hoch sind die Mieten in städtischen Gebieten, insbesondere in Paris. Einzelne Grundnahrungsmittel wie Milch, Butter, Brot liegen etwa gleich. Dafür sind die öffentlichen Verkehrsmittel, Taxis und z. B. auch Zeitungen billiger.

Dazu kommt, daß die Preise innerhalb derselben Warengruppe sehr starke regionale und lokale Unterschiede aufweisen, die sich nicht immer logisch erklären lassen. Der Verbraucher hat es schwerer, sich über die günstigsten Einkaufspreise zu informieren.

Eine Führungskraft hat in Frankreich, insbesondere in Paris, höhere Ausgaben für Repräsentationsverpflichtungen und standesgemäßen Lebensunterhalt.

Dies alles macht es zusammengenommen schwierig, eine eindeutige zahlenmäßige Aussage beim Gehaltsvergleich zu machen. Im Grunde müßte man für jeden Einzelfall einen Brutto-Netto-Gehaltsvergleich durchrechnen, der neben der Brutto-Einkommenshöhe den Angestelltenstatus, den Familienstand, den Standort und den Lebensstil berücksichtigt.

In der Praxis weisen die Gehälter der Führungskräfte deutscher Firmen in Frankreich teilweise beträchtliche Unterschiede auf. Sie hängen nur zum Teil mit der Größe des Unternehmens und dem Umfang des Verantwortungsbereichs, dem Alter und der Betriebszugehörigkeit zusammen. Auch die Branche spielt eine Rolle. Zwischen schlechtzahlenden (z. B. Textil, Kosmetik, Farben und Lacke) und gutzahlenden (z. B. EDV, Elektronik, Petrochemie) Branchen betragen die Unterschiede der Führungsgehälter bis zu 100 Prozent.

Deutsche Unternehmen halten sich aber an diese innerfranzösischen Gehaltstatbestände nur begrenzt. Die tatsächliche Gehaltshöhe des Mannes in Frankreich hängt meist vom gegenseitigen Verhandlungsgeschick ab. Ferner spiegelt sie die Finanzkraft der Muttergesellschaft wieder. Und schließlich reflektiert sie die Bedeutung, die man dort der Führungsposition in Frankreich beimißt.

Gehaltserhöhung (= „augmentation du salaire“)

Gehaltserhöhungen orientierten sich in der Vergangenheit an den Lebenshaltungskosten. Gehaltsempfänger erhielten nach alter Tradition automatisch den Inflations-Ausgleich. Nach wie vor geben die Branchen-Fachverbände zweimal jährlich Gehaltsempfehlungen an ihre Mitglieder heraus, die sie mit den Gewerkschaften abgestimmt haben. Sie sind nicht zwingend, werden jedoch im allgemeinen befolgt. Vertraglich ausgehandelte Tariferhöhungen wie in der Bundesrepublik bestehen nur in staatlichen Konzernen mit betriebseigenen Gewerkschaften.

Unabhängig vom Ausgleich der Lebenshaltungskosten gehen die Unternehmen zunehmend dazu über, die individuelle Leistung, aber auch die Ergebnislage des Unternehmens, bei der Gehaltsanpassung zu berücksichtigen, insbesondere bei der oberen Führungsebene. Da hat mancher Leitende auch einmal keine Gehaltserhöhung bekommen oder er mußte auf die erwartete Jahresabschlußprämie verzichten.

Man kann in Anstellungsverträgen vereinbaren, daß das Gehalt jährlich in gemeinsamer Vereinbarung unter Berücksichtigung der Lebenshaltungskosten, der Geschäftslage der Gesellschaft und der Leistung des Mitarbeiters neu festgelegt wird.

Reisekosten (= „frais de déplacement")

Die Frage, ob ein Firmenwagen zur Verfügung gestellt werden soll, wird unterschiedlich beantwortet. Vorschriften hierüber bestehen nicht. Die Entscheidung wird von steuerlichen Überlegungen (Sondersteuer für Firmenfahrzeuge) mitbestimmt werden. Die deutschen Tochtergesellschaften in Frankreich neigen in diesem Punkt eher dazu, Firmenfahrzeuge nur den Mitgliedern der Geschäftsleitung zuzugestehen und den anderen Mitarbeitern für die geschäftliche Nutzung ihres Privatwagens Kilometergeld zu zahlen. Hierfür bestehen steuerlich abzugsfähige Höchstbeträge, die jedoch die tatsächlichen Kosten in der Regel nicht decken. Doch akzeptiert die Finanzverwaltung (die Sozialversicherung meist nicht!) die effektiven höheren Kosten, sofern sie durch Belege nachgewiesen werden können.

Hotel- und Restaurantkosten können im Rahmen der steuerlichen Höchstsätze auch pauschal erstattet werden, doch sollte auch hierfür ein Belegnachweis erfolgen, damit Finanzamt und Sozialversicherung die Pauschale nicht als zusätzliches Gehalt betrachten und zur Nachversteuerung und Beitragsabführung heranziehen. Für höhere Leitende Mitarbeiter (= „dirigeants") ist jedoch die pauschale Erstattung von Reisekosten grundsätzlich nicht abzugsfähig.

Die Abrechnung gegen Beleg ist auf jeden Fall zu empfehlen. Dann ist auch das Finanzamt großzügig, besonders bei den Restaurantkosten.

Urlaub und Feiertage (= „congés payés" et „jours fériés)

Der gesetzliche bezahlte Urlaub beträgt seit 1. Februar 1982 zweieinhalb Werktage pro Monat oder 30 Werktage pro Jahr, das sind 5 Wochen einschließlich der Samstage. Seit Januar 1978 sieht das Gesetz folgende Zusatzurlaubstage bei familiären Ereignissen vor:

- Vier Tage bei Heirat,
- zwei Tage bei Tod des Ehegatten oder eines Kindes,
- einen Tag bei Heirat eines Kindes,
- einen Tag bei Tod des Vaters oder der Mutter.

Die „conventions collectives" können zusätzliche Urlaubstage vorsehen, zum Beispiel für Mitarbeiter mit längerer Betriebszugehörigkeit. Im Arbeitsvertrag können zusätzliche Urlaubstage vereinbart werden.

Das Urlaubsjahr, besser gesagt der Zeitraum für die Entstehung des Urlaubsanspruchs, ist die Zeit vom 1. Juni eines Jahres bis 31. Mai des folgenden Jahres. Ein Mitarbeiter, der am 1. Januar anfängt, hat am 1. Juni Anspruch auf 5 ×

2,5 = 12,5 Werktage. Diese Einzelheiten brauchen im Arbeitsvertrag nicht gesondert erwähnt werden. Ein Hinweis auf die gesetzliche Regelung genügt.

Nach dem Arbeitsgesetz muß der Urlaub für das vergangene Jahr zwischen dem 1. Mai und dem 31. Oktober genommen werden. Der Arbeitgeber kann festlegen, in welcher Reihenfolge die Mitarbeiter in Urlaub gehen. Betriebsschließung ist zulässig. Die genauen Daten müssen mit den Belegschaftsvertretern abgesprochen und der Belegschaft zwei Monate vorher mitgeteilt werden. Über die Urlaubsperiode können die „conventions collectives" nähere Bestimmungen enthalten. Es empfiehlt sich, im Arbeitsvertrag auf etwaige Besonderheiten hinzuweisen.

Gesetzliche Feiertage sind

- 1. Januar
- Ostermontag
- 1. Mai (Tag der Arbeit)
- 8. Mai (Waffenstillstand 1945)
- Himmelfahrt
- Pfingstmontag
- 14. Juli (Nationalfeiertag)
- 15. August (Mariä Empfängnis)
- Allerheiligen
- 11. November (Waffenstillstand 1918)
- der Erste Weihnachtstag.

Keine Feiertage sind der Dreikönigstag (6. Januar), Fastnacht, Karfreitag, Buß- und Bettag, der Heilige Abend, der Zweite Weihnachtstag und Silvester. In Elsaß-Lothringen sind jedoch der Karfreitag und der Zweite Weihnachtsfeiertag (Stephanstag) Feiertage.

Lohnfortzahlung

Die Lohnfortzahlung bei Krankheit durch den Arbeitgeber ist gesetzlich wie folgt geregelt: Arbeitnehmer, die zum Zeitpunkt der Krankheit mindestens drei Jahre Betriebszugehörigkeit haben und sich in Frankreich oder einem EG-Land befinden, erhalten, vorausgesetzt die Krankheit wird innerhalb von 48 Stunden ärztlich nachgewiesen, 90 Prozent ihres letzten Bruttogehalts während der ersten 30 Tage; anschließend für weitere 30 Tage zwei Drittel. Pro jeweils zusätzlicher Betriebszugehörigkeit von fünf Jahren erhöhen sich diese Zeiten um je zehn Tage, bis zu maximal 90 Tagen insgesamt.

Die meisten Rahmentarifabkommen (= „conventions collectives") sehen jedoch spezielle und meist günstigere Regelungen vor. Zum Beispiel beträgt die Lohnfortzahlung für Ingenieure und Leitende Mitarbeiter in der Metallindustrie:

unter einem Jahr Betriebszugehörigkeit	keine Lohnfortzahlung,
einem bis unter fünf Jahren Betriebszugehörigkeit	drei Monate volles Gehalt, anschließend drei Monate ein halbes Gehalt,
fünf bis unter zehn Jahren Betriebszugehörigkeit	vier Monate volles Gehalt, anschließend vier Monate ein halbes Gehalt,
zehn bis unter fünfzehn Jahren Betriebszugehörigkeit	fünf Monate volles Gehalt, anschließend fünf Monate ein halbes Gehalt,
fünfzehn und mehr Jahren Betriebszugehörigkeit	sechs Monate volles Gehalt, anschließend sechs Monate ein halbes Gehalt,

jeweils gerechnet als Gesamtbetrag, das heißt zusammengesetzt aus dem Krankengeld der Sozialversicherung und der vom Arbeitgeber zu zahlenden Differenz. Im Arbeitsvertrag können zusätzliche Regelungen vereinbart werden.

Mutterschaft (= „maternité")

Der Mutterschaftsurlaub (= „congé de maternité") beträgt beim ersten und zweiten Kind sechs Wochen vor und zehn Wochen nach der Geburt, vom dritten Kind an acht Wochen vor und achtzehn Wochen nach der Geburt. Kündigung in der Zeit vom Beginn der Schwangerschaft bis vier Wochen nach dem Mutterschaftsurlaub ist verboten. Dagegen darf eine Mitarbeiterin, die schwanger ist, von sich aus fristlos kündigen.

Eine gesetzliche Pflicht der Gehaltsweiterzahlung während des Mutterschaftsurlaubs besteht nicht, doch sehen die meisten Rahmentarifverträge entsprechende Bestimmungen vor.

Mitarbeiterinnen mit mindestens einem Jahr Betriebszugehörigkeit können im Anschluß an den Mutterschaftsurlaub Ansprüche auf bis zu drei Jahren unbezahlten Erziehungsurlaub (= „congé parental d'éducation") erheben. Während dieser Zeit ruht der Arbeitsvertrag; die Mitarbeiterin hat ein Recht auf anschließende Wiederaufnahme des Arbeitsvertrags.

Vertragsgestaltung bei Führungskräften

Andere Behandlung als in Deutschland

Bei Führungskräften und Leitenden Angestellten sollte der Vertragsbehandlung besondere Aufmerksamkeit gewidmet werden. Pragmatische Vereinfachung bei

Abschluß und vor allem bei Beendigung solcher Verträge kann zu den abenteuerlichsten Komplikationen führen, von den Kosten ganz zu schweigen. Geschäftsführerverträge nach deutschem Muster können in Frankreich nichtig sein und im Auseinandersetzungsfalle dazu führen, daß sich gerade diejenigen Vertragsklauseln als wirkungslos erweisen, auf die man besonderen Wert gelegt hatte.

Dieses Thema haben Jörg Langer und S. M. Wietek in ihrem Buch „Vertragsgestaltung für Führungskräfte und Leitende Angestellte in Frankreich"[1] behandelt. Im folgenden soll nur auf die wichtigsten Punkte eingegangen werden. Wegen Einzelheiten sei auf das Buch verwiesen.

Die Doppelfunktion der Führungskräfte

Die Führungskräfte deutscher Gesellschaften in Frankreich üben gewöhnlich mehrere Funktionen gleichzeitig aus. In ihrer Position, die z. B. Generaldirektor, Geschäftsführer, Niederlassungsleiter, Leiter der Tochtergesellschaft, Verkaufsleiter genannt wird, sind sie meist gegenüber der Muttergesellschaft weisungsgebunden. Sie haben ein Gehalt, sind sozialversichert und handeln wie normale Angestellte nach einer Aufgabenbeschreibung mit Zielen, Pflichten und Befugnissen.

Nach einheitlicher Auffassung liegt dann ein Arbeitnehmerverhältnis vor. Wird die Tätigkeit ständig in Frankreich ausgeübt und hat der Betreffende hier seinen Wohnsitz, so kommt französisches Arbeitsrecht zur Anwendung, wenn auch einzelne Klauseln nach deutschem Recht wirksam bleiben können, sofern diese nicht gegen zwingende französische Vorschriften verstoßen.

Häufig sind diese Führungskräfte aber *außerdem* gleichzeitig „PDG", „membre du conseil d'administration", „membre du directoire", „gérant' der französischen Gesellschaft, also Präsident, Verwaltungsrats- oder Vorstandsmitglied, Geschäftsführer und als solche im Handelsregister eingetragen[2]. Das ist üblich und zulässig.

Aber oft wird übersehen, daß dies zwei verschiedene Rechtsverhältnisse sind. Der angestellte „PDG" oder „gérant" ist einerseits Arbeitnehmer nach Arbeitsrecht, andererseits Organ nach Gesellschaftsrecht.

Als Arbeitnehmer ist er weisungsgebunden, hat einen Arbeitsvertrag mit Probe- und Kündigungsfrist, Anspruch auf eine ordnungsgemäße Kündigungsprozedur, auf Arbeitslosenunterstützung und auf Anwendung aller sonstigen arbeitsvertraglichen Bestimmungen einschließlich Sozialversicherung und „cadre"-Zusatzversicherung..

Als „Organ" ist er Mandatsträger der Gesellschafter, steht im Handelsregister, hat weitgehend uneinschränkbare Befugnisse und Haftungsvorschriften, wird von der Hauptversammlung bzw. vom Aufsichtsrat auf eine bestimmte

1 Erschienen im Verlag Edition für Internationale Wirtschaft, Frankfurt am Main 1979
2 Siehe hierzu S. 191 ff.

Frist bestellt und gegebenenfalls von der Hauptversammlung ohne Begründung und Fristen abberufen.

Die Kumulierung beider Funktionen (= „cumul des fonctions") war in Frankreich besonders beim „gérant" lange Zeit strittig. Noch heute ist diese Frage nicht endgültig geklärt. Bei der S.á.r.l. liegen darüber keine gesetzlichen Vorschriften vor. Die Tendenz der Rechtsprechung geht jedoch dahin, die Doppelfunktion anzuerkennen, sofern beide Funktionen nachweisbar ausgeübt werden.

Zu empfehlen ist eine Trennung beider Stellungen durch Abschluß eines Arbeitsvertrags einerseits und durch Gesellschafterbeschluß andererseits mit separater Vergütung für beide Tätigkeiten.

Das erfordert im Falle der Trennung sowohl eine Kündigung nach Arbeitsrecht als auch einen Abberufungsbeschluß der Gesellschafter mit Austragung aus dem Handelsregister. Denkbar ist, daß ein angestellter Geschäftsführer nur als Geschäftsführer abberufen wird, aber weiterhin Arbeitnehmer bleibt oder daß er als Arbeitnehmer ausscheidet, aber weiterhin Geschäftsführer im gesellschaftsrechtlichen Sinne bleibt.

Die Stellung des „S.à.r.l."-Geschäftsführers

Bei der S.à.r.l. verkompliziert sich die Sache, wenn einer der Geschäftsführer gleichzeitig Gesellschafter oder Gesellschaftervertreter ist. Er verliert nämlich seine steuerliche und sozialversicherungsrechtliche Stellung als Angestellter, wenn er allein oder zusammen mit anderen Geschäftsführern mehr als die Hälfte der Gesellschaftsanteile besitzt. Ist zum Beispiel ein Geschäftsführer der mehrheitlichen deutschen Muttergesellschaft als zweiter „gérant" bei der französischen Gesellschaft mitbestellt, so gilt auch der angestellte „gérant" in Frankreich als „Mehrheitsgeschäftsführer" (= gérant majoritaire"), selbst wenn er gar keine Anteile an der „S.à.r.l." hat. Damit verliert er die steuerlichen und sozialversicherungsrechtlichen Vorteile des Angestellten, kann allerdings zum Ausgleich eine zusätzliche Versicherung abschließen. Verfügt er hingegen allein oder zusammen mit einem anderen Geschäftsführer über nicht mehr als die Hälfte der Anteile, so bleibt er steuerlich und sozialversicherungsrechtlich Angestellter.

Die Stellung der Führungsorgane bei der „S.A."

Bei der „société anonyme" ist die Doppelfunktion im Gesetz ausdrücklich geregelt. Bei der klassischen S.A. kann ein Angestellter nach zwei Jahren Arbeitnehmertätigkeit ohne steuer- und sozialversicherungsrechtliche Nachteile zusätzlich Mitglied oder Präsident des Verwaltungsrats werden. Dagegen kann ein Verwaltungsratsmitglied nicht nachträglich zusätzlich Arbeitnehmer werden. Bei der „société anonyme" der neuen Form besteht die Möglichkeit, gleichzeitig Vorstandsvorsitzender oder -mitglied und Angestellter zu sein, ohne weitere Bedingungen und Nachteile.

In beiden Fällen ist die Trennung beider Funktionen durch einen Bestellungsbeschluß einerseits und den Abschluß eines Arbeitsvertrags andererseits mit jeweils separaten Bezügen Voraussetzung für die Anerkennung der Doppelfunktion.

Bei einer „société anonyme“ kann ein Angestellter ohne Verlust seiner arbeitsrechtlichen Stellung zum „directeur général“ bestellt werden, doch braucht der „directeur général“ umgekehrt nicht zwangsläufig Arbeitnehmer zu sein. Siehe hierzu auch Seite 202.

Ausländische Führungskräfte

Ausländer müssen zur Ausübung einer beruflichen Tätigkeit in Frankreich im Besitz einer Aufenthaltsgenehmigung sein (= „carte de séjour“), sofern sie einen Wohnsitz in Frankreich haben. Staatsangehörige von Nicht-EG-Mitgliedsstaaten brauchen darüber hinaus eine Arbeitsgenehmigung (= „carte de travail“).

Ausländer können in leitende Positionen französischer Gesellschaften berufen werden. Wer Geschäftsführer einer S.à.r.l. oder Vorstands- bzw. Verwaltungsmitglied einer S.A. werden soll, braucht zusätzlich eine „Kaufmannskarte“ (= „carte de commerçant étranger“), sofern er nicht aus einem EG-Land stammt. Die Vorlage der „carte de séjour“ entfällt, wenn die Person keinen Wohnsitz in Frankreich hat.

Die Kündigung des Arbeitsvertrags

Allgemeines

Oft wird gesagt, es sei in Frankreich unmöglich, jemanden zu entlassen. Tatsächlich gibt es Fälle, wo Kündigungen am Einspruch der Arbeitsbehörde gescheitert sind. Doch grundsätzlich ist Kündigen nicht unmöglich oder unzulässig. Es müssen nur bestimmte Formalitäten eingehalten werden. Diese sind nach der Betriebsgröße, dem Kündigungsgrund und dem Status des Betroffenen unterschiedlich.

Es gab Fälle, in denen deutsche Muttergesellschaften mit Angestellten der französischen Tochtergesellschaft kurzen Prozeß gemacht und sie Hals über Kopf vor die Tür gesetzt haben. Das gab Ärger. Schon der geringste Verstoß gegen die Formen und Fristen wird als mißbräuchliche Kündigung (= „licenciement abusif“) gedeutet und führt zu Schadenersatz. Je krasser der Verstoß, desto höher der Betrag.

Der wichtige Grund (= „faute grave")

Ein wichtiger Grund (= „faute grave"), der zur frist- und entschädigungslosen Kündigung berechtigen würde, wird von den Gerichten nur selten anerkannt. Da muß ein Arbeitnehmer schon seinen Chef geohrfeigt haben oder mit der Kasse durchgebrannt sein. Unzureichende Leistung oder wiederholtes Zuspätkommen reichen nicht aus.

Das Problem für den Arbeitgeber ist, daß er eine fristlose Kündigung rückwirkend nicht mehr in eine normale umwandeln kann, falls der wichtige Grund nachträglich nicht anerkannt wird. Er hat dann schon gegen Formen und Fristen verstoßen. Es ist problemloser, in einem solchen Fall gleich „normal" zu kündigen, wenn man sich der Schwere des Grundes nicht sicher ist.

Entlassung aus tatsächlichem und ernsthaftem Grund (Einzelentlassung) (= „licenciement pour motif réel et sérieux")

Hinsichtlich des Kündigungsverfahrens ist grundsätzlich zu unterscheiden zwischen der Entlassung aus tatsächlichem und ernsthaftem Grund (nicht zu verwechseln mit dem wichtigen Grund nach deutschem Recht), gewöhnlich eine Einzelentlassung, und der Entlassung aus wirtschaftlichem Grund, die eine Einzel- oder eine Massenentlassung sein kann.

Will ein Arbeitgeber einen Mitarbeiter entlassen, so muß er einen tatsächlichen und ernsthaften Grund (= „licenciement individuel pour motif réel et sérieux") haben. Das „motif réel et sérieux" ist nicht näher definiert.

Gründe, die vom Arbeitgeber gesehen ein wichtiger Grund (= „faute grave") wären, werden meist ohne Problem als ernsthafter Grund anerkannt, ferner wiederholte Fehler des Arbeitnehmers, die das Funktionieren des Betriebs ernsthaft beeinträchtigen.

Entlassungsgründe

Als ernsthafte Gründe wurden von der Rechtsprechung zum Beispiel anerkannt:

- Verlassen des Arbeitsplatzes für längere Zeit gegen die Arbeitszeitordnung oder die Weisung des Arbeitgebers mit der Folge einer Störung des Betriebsablaufs (z. B. im Falle einer Krankenschwester, einer Kassiererin im Einzelhandel);
- häufige Abwesenheit ohne Erlaubnis oder Begründung (z. B. 20mal in zwölf Monaten);
- Schlägerei innerhalb des Betriebs;
- Beleidigung des Vorgesetzten, insbesondere vor Zeugen;
- wiederholte Grobheit gegenüber Kunden;
- erheblich verspätete Wiederaufnahme der Arbeit nach dem Urlaub ohne Begründung oder Ankündigung;

- schweres Zerwürfnis (= „désaccord") zwischen Geschäftsleitung und Verkaufsleiter über die einzuschlagende Vertriebspolitik;
- wiederholte Fehler in der Arbeitsausübung, die den Unternehmensablauf in Frage stellen, z. B. fehlerhafte Buch- oder Kassenführung, Unbeaufsichtigtlassen von Ware, Nichtbeachtung von Sicherheitsvorschriften usw.;
- wiederholter Verstoß gegen die Arbeitszeitordnung trotz mehrmaliger Verwarnung;
- Ablehnung und Nichtausführung von Arbeitsanweisungen.

Der Unterschied zwischen ernsthaftem und wichtigem Grund ist schwer zu ziehen. Ein und derselbe Tatbestand kann je nach Schwere des Falles ernsthaft oder schwerwiegend sein. Die in der Aufzählung genannten Gründe können in schweren Fällen auch eine fristlose Entlassung rechtfertigen.

Neben dem „motif réel et sèrieux" und der „faute grave" ist noch die „faute lourde" (=„schwerer Verstoß") zu erwähnen, ein besonders schwerwiegender Verstoß, der neben der frist- und entschädigungslosen Entlassung Schadenersatzansprüche und strafrechtliche Verfolgung rechtfertigen kann. Als „faute lourde" wurde zum Beispiel angesehen:

- Verprügeln eines Kollegen, der nicht mitstreiken wollte;
- Weitergabe der Kundenkartei an ein Konkurrenzunternehmen unter besonders erschwerenden Umständen;
- Fälschung und Betrug;
- Weigerung, während eines Streiks, das Firmenfahrzeug zurückzugeben.

Man wird bei den Entlassungsgründen immer überlegen müssen, ob man mit dem vorgegebenen Grund in einer gerichtlichen Auseinandersetzung durchkommt. Oft ist es einfacher und sicherer und letzten Endes schneller, auf der Basis eines „motif sérieux" eine normale Entlassung auszusprechen, als zu versuchen, in einem nervenanspannenden Prozeß „faute grave" durchzusetzen.

Beweisprobleme

Wichtig ist, daß man das Motiv nachweisen kann. Das kann Schwierigkeiten bereiten. Ein noch so handfester Grund nützt nichts, wenn man sich vor Gericht nur auf Worte stützen kann. Gegen den einfachsten Dokumentenbeweis kommt die beste Zeugenaussage nicht an. Der Arbeitgeber sollte also seine Unzufriedenheit dem Arbeitnehmer schriftlich mitteilen, und zwar unverzüglich. Duldet er einen Mißstand und schiebt er eine Verwarnung zu lange vor sich her, so kann es später heißen, er habe den Tatbestand stillschweigend geduldet.

Kündigungsablauf

Die Kündigung aus tatsächlichem und ernsthaftem Grund ist immer eine Einzelkündigung. Die Formalitäten wurden durch ein Gesetz vom 13. Juli 1973 grundlegend neu geordnet. Hier die wichtigsten Bestimmungen:

Das Vorgespräch

Der Arbeitgeber muß den Arbeitnehmer zu einem Vorgespräch (= „entretien préalable") auffordern, einem Sühnetermin, bei dem die Kündigungsabsicht mitgeteilt und begründet wird. Die Aufforderung sollte per Einschreiben mit Empfangsbestätigung erfolgen und den Hinweis enthalten, daß sich der Betroffene von einem anderen Mitglied der Belegschaft dabei sekundieren lassen darf (z. B. einem Betriebsratsmitglied). Diese Vorladung ist unbedingt einzuhalten, damit die Erfüllung der Formalität später nachgewiesen werden kann (Empfangsbestätigung!). Neuerdings wird auch die persönliche Überreichung der Vorladung gegen Empfangsquittung anerkannt. Ein formloses Gespräch, eine mündliche Rüge im Flur oder eine Entlassungsdrohung am Arbeitsplatz ersetzen die Vorladung jedoch nicht.

Bei dem Vorgespräch darf noch nicht die endgültige Entscheidung der Kündigung ausgesprochen werden. Der Mitarbeiter kann in dem Gespräch seine Meinung und seine Gegengründe vorbringen; ein Vetorecht hat er nicht. Der eigentliche Inhalt des Gesprächs ist auf die Kündigung ohne Einfluß. Erscheint der Geladene nicht ohne wichtigen Verhinderungsgrund (Krankheit), so gilt die Formalität als erfüllt. Ein Protokoll des Vorgesprächs ist nicht vorgeschrieben, aber empfehlenswert.

Der Ausspruch der Kündigung

Nach dem Vorgespräch muß der Arbeitgeber mindestens einen vollen Arbeitstag (eventuell zusätzlich Samstag, Sonntag, Feiertage) als Bedenkzeit respektieren. Anschließend darf er die Kündigung (per Einschreiben mit Empfangsbestätigung) aussprechen. Dabei bezieht er sich zweckmäßigerweise auf das Vorgespräch. Die Kündigungsfrist läuft von dem Tag an, der auf den Briefempfang folgt. Der Kündigungsgrund braucht nur auf schriftliche Anforderung nachträglich mitgeteilt zu werden, wobei nur der beim Vorgespräch genannte Grund angegeben werden darf. Die sofortige Freistellung ist möglich.

Dieses Verfahren gilt für jede Einzelentlassung aus ernsthaftem und tatsächlichem Grund bei Unternehmen jeder Betriebsgröße. Unternehmen mit fünfzig und mehr Beschäftigten müssen außerdem monatlich eine Liste der entlassenen Mitarbeiter an die Arbeitsbehörde (= „directeur départemental du travail") ihres Departements einreichen.

Die derzeit geltenden Bestimmungen sehen für dieses Verfahren kein Konsultations- oder Mitspracherecht der Arbeitnehmervertreter vor.

Formverstöße

Wenn der Arbeitgeber gegen eine der Formalitäten verstößt, insbesondere wenn er das Vorgespräch übergeht, kann sich der Arbeitnehmer Schadenersatz wegen „licenciement abusif" erstreiten. Die Initiative dazu liegt beim Arbeitnehmer. Unternimmt er nichts, so passiert auch nichts. Nach bisheriger Rechtsprechung lassen die Gerichte den Arbeitgeber bei Unterlassung des Vorgesprächs auch ungeschoren, wenn der Entlassene noch keine zwei Jahre Betriebszugehörigkeit hat. Das Risiko steigt mit der Betriebszugehörigkeit und mit der Kampfbereitschaft des Gekündigten. Für den Kündigungsgrund hat der Arbeitgeber die Beweislast.

Die „mise à pied“

Zu erwähnen ist in diesem Zusammenhang die sogenannte „mise à pied“, eine Disziplinarmaßnahme, die dem Arbeitgeber erlaubt, einen Arbeitnehmer, der sich ein Fehlverhalten zuschulden kommen ließ, mit sofortiger Wirkung von seinem Arbeitsplatz fernzuhalten, um inzwischen das weitere Vorgehen störungsfrei vorbereiten zu können. Die „mise à pied“ soll von kurzer Dauer sein, das heißt einen bis drei Tage. Sie kann die Vorstufe einer Entlassung aus ernsthaftem Grund sein. Weniger bekannt ist, daß die „mise à pied“ auch im Zusammenhang mit wirtschaftlichen Gründen, zum Beispiel plötzlichem Beschäftigungsrückgang, zulässig ist.

Entlassung aus wirtschaftlichem Grund (Einzel- oder Massenentlassung) (= „licenciement pour motif économique“)

Eine besondere Form der Kündigung ist die „Kündigung aus wirtschaftlichem Grund“ (= „licenciement pour motif économique“). Der häufig gewordene Fall, daß Unternehmen wegen wirtschaftlicher Schwierigkeiten Mitarbeiter entlassen müssen, wurde durch ein Gesetz vom 3. Januar 1975 aus dem normalen Kündigungsverfahren herausgelöst und nach eigenen Regeln behandelt. Gedacht ist dabei hauptsächlich an den Fall der Massenentlassung (= „licenciement collectif“). Es können jedoch auch nur einzelne Mitarbeiter von diesem Verfahren betroffen sein. Die einschlägigen Vorschriften wurden im Rahmen der allgemeinen Wirtschaftsliberalisierung beträchtlich gelockert. Vor allem fiel das Genehmigungsverfahren weg, sofern von einer Entlassung weniger als 10 Mitarbeiter betroffen sind.

Entlassungsgründe

Als „wirtschaftlicher Grund“ gelten: Rückläufiger Auftragseingang, drohende Verluste, Liquiditätsprobleme, überholte Technik, Zusammenlegung von Aktivitäten, Sitzverlegung, also sogenannte strukturelle und konjunkturelle Gründe (= „motif structurel et conjoncturel“). Auf keinen Fall gilt ein im Mitarbeiter selbst liegender Grund, zum Beispiel schlechte Leistung, als „motif économique“.

Das einzuhaltende Verfahren ist unterschiedlich nach der Beschäftigtenzahl des Unternehmens und der Anzahl der zu Entlassenden. Massenentlassung kann schon ab zwei Mitarbeitern vorliegen, wenn diese aus demselben wirtschaftlichen Grund entlassen werden. Mitarbeiter, die noch kein Jahr im Betrieb sind, fallen nicht unter die Prozedur; für sie gilt ein vereinfachter Ablauf.

Die verschiedenen Kündigungsprozeduren sind nachstehend aufgeführt:

Kündigungsablauf bei Einzelentlassung aus wirtschaftlichem Grund (= „licenciement individuel pour motif économique")

- Vorgespräche (wie auf Seite 127)
- Ausspruch der Kündigung per Einschreiben oder Empfangsquittung[3] frühestens 7 Tage nach dem Vorgespräch.

Ferner ist die Entlassung auf einer monatlichen Liste an die Arbeitsdirektion zu melden und ins Register der Personalzu- und -abgänge aufzunehmen.[4]

Kündigungsablauf bei Massenentlassung aus wirtschaftlichem Grund (= „licenciement collectif pour motif économique")

– *Bei Unternehmen mit weniger als 11 Beschäftigten:*

Unabhängig von der Zahl der zu Entlassenden:
- Erstellung der Liste der zu entlassenden Mitarbeiter unter Berücksichtigung eventueller Bestimmungen der Betriebsordnung oder der „convention collective" über die Reihenfolge der Entlassung.
- Ausspruch der Kündigung nach 7 Tagen einzeln an jeden Mitarbeiter.

– *Bei Unternehmen mit 11 bis 49 Beschäftigten:*

Wenn die Entlassung weniger als 10 Mitarbeiter betrifft:
- Konsultation der Personalvertreter (= „délégués du personnel"), wobei firmenexterne Gewerkschaftsfunktionare der im Betrieb vertretenen Gewerkschaften anwesend sein dürfen. Der Kommentar der Personalvertreter ist an die Arbeitsbehörde zu schicken.
- Erstellung der Liste der zu entlassenden Mitarbeiter wie oben. Vorgespräch (wie auf Seite 127).
- Ausspruch der Kündigungen frühestens nach 7 Tagen.

3 Der Ausspruch der Kündigung hat stets per Einscheiben mit Empfangsquittung zu erfolgen. Dies wird im folgenden Text nicht mehr gesondert erwähnt.

4 Diese Formalitäten gelten auch bei allen folgenden Fällen und werden dort nicht mehr erwähnt.

Wenn die Entlassung 10 oder mehr Mitarbeiter betrifft:
- Konsultation der Personalvertreter mit vorheriger Mitteilung von Einzelheiten zu der geplanten Entlassung an die Personalvertreter und die Arbeitsbehörde.
- Erstellung der Liste der zu entlassenden Mitarbeiter wie oben.
- Keine Vorgespräche.
- Antrag an die Arbeitsbehörde; Genehmigungsfrist 14 Tage bei weniger als 100 Entlassenen, sonst bis 30 Tage
- Ausspruch der Kündigungen nach 30 Tagen.

- *Bei Unternehmen mit 50 und mehr Beschäftigen:*

Wenn die Entlassung weniger als 10 Mitarbeiter betrifft:
- Vorgespräch.
- Konsultation des Betriebsrats (=„comité d'entreprise") (oder, wenn keiner vorhanden, der Personalvertreter) mit vorheriger Mitteilung von Einzelheiten der geplanten Entlassung. Die Stellungnahme des Betriebsrats ist der Arbeitsbehörde weiterzuleiten.
- Ausspruch der Kündigungen nach 7 Tagen.

Wenn die Entlassung 10 oder mehr Mitarbeiter betrifft:
- Keine Vorgespräche.
- Konsultation des Betriebsrats (oder, wenn keiner vorhanden, der Personalvertreter). Informationen wie oben.
- Erstellung der Liste der zu entlassenden Mitarbeiter wie oben.
- Eventuell Erstellung eines Sozialplans.
- Antrag an die Arbeitsbehörde, Genehmigungsfrist 14 bis 30 Tage.
- Ausspruch der Kündigungen 30 bis 60 Tage nach Vorliegen der Genehmigung.

Die Arbeitsbehörde kann die Genehmigung der Entlassung ohne Begründung verweigern; sie kann sie nur für einen Teil der auf dem Antrag stehenden Mitarbeiter erteilen oder mit Auflagen versehen, zum Beispiel Verteilung auf einen größeren Zeitraum.

Sobald ihr der Antrag vorliegt, informiert sie die in Frage stehenden Mitarbeiter, um ihnen Gelegenheit zu geben, dazu Stellung zu nehmen. Es empfiehlt sich also, die Mitarbeiter vorher über den geplanten Schritt zu informieren, auch wenn dies nicht vorgeschrieben ist.

Kündigungsentschädigung (= „indemnité de licenciement“)

Der Arbeitnehmer hat Anspruch auf Kündigungsentschädigung (= „indemnité de licenciement“), wenn die Kündigung aufgrund eines „motif réel et sérieux“ oder aus wirtschaftlichem Grund erfolgt ist. Keinen Anspruch hat, wer wegen wichtigem Grund (= „faute grave“) entlassen worden ist.

Die gesetzliche Mindestentschädigung beträgt bis zu zehn Jahren Betriebszugehörigkeit ein Zehntel Monatsgehalt pro Jahr, errechnet aus dem Durchschnitt der letzten drei Jahre. Vom elften Jahr der Betriebszugehörigkeit an erhöht sich der Betrag um ein fünfzehntel Gehalt pro Jahr. Anspruch haben nur Arbeitnehmer mit mindestens zwei Jahren Betriebszugehörigkeit. Diese Bestimmung gilt, wenn eine „convention collective“ nicht besteht, nicht anwendbar ist oder keine Kündigungsentschädigung vorsieht.

In den meisten Branchen existieren jedoch „conventions collectives“ mit höheren Kündigungsentschädigungen. So sieht das Rahmentarifabkommen für Ingenieure und Leitende Angestellte der Metallindustrie vor:

Für Mitarbeiter unter 50 Jahren:

Bei einer Betriebszugehörigkeit von
- einem bis sieben Jahren: 20 Prozent eines Monatsgehalts pro Jahr,
- über sieben Jahren: 60 Prozent eines Monatsgehalts pro Jahr.

Für Mitarbeiter von 50 bis 55 Jahren und
mindestens fünf Jahren Betriebszugehörigkeit
erhöhen sich diese Beträge um 20 Prozent; die Mindestentschädigung beträgt drei Monatsgehälter.

Für Mitarbeiter von 55 bis 60 Jahren und
mindestens fünf Jahren Betriebszugehörigkeit
erhöhen sich die Beträge um 30 Prozent; die Mindestentschädigung beträgt sechs Monatsgehälter, ab zwei Jahren zwei Monatsgehälter.

Die Höchstsumme liegt in allen Fällen bei 18 Monatsgehältern.

Zum Vergleich: Die „convention collective“ für Import-Export-Handelsgesellschaften sieht für alle Mitarbeiter mit zwei und mehr Jahren Betriebszugehörigkeit ein Viertel Monatsgehalt pro Jahr ohne Mindestsumme vor.

Im Arbeitsvertrag kann eine höhere Kündigungsentschädigung vereinbart werden.

Die Kündigungsentschädigung darf nicht verwechselt werden mit der „indemnité de préavis“, die nichts anderes ist als die Gehaltsweiterzahlung bis zum Ende der Kündigungsfrist, und der „indemnité de congés payés“, der Auszahlung des nicht genommenen Urlaubs.

Unabhängig von diesen Entschädigungen kann ein entlassener Arbeitnehmer versuchen, Schadenersatz geltend zu machen, wenn er glaubt, besonders ungerecht behandelt worden zu sein, selbst wenn der Arbeitgeber alle Formvorschriften eingehalten hat. Er müßte in diesem Fall das Vorhandensein eines „motif réel et sérieux“ bestreiten.

Vertragsbeendigung bei Führungskräften

Sowenig dies einleuchten mag: Für Führungskräfte gelten genau die gleichen Vorschriften wie für alle Arbeitnehmer, sofern sie mit der Gesellschaft einen Arbeitsvertrag haben. Dies gilt selbst für Geschäftsführer und Vorstandsmitglieder. Wie im Abschnitt „Vertragsgestaltung bei Führungskräften" beschrieben, haben solche Führungskräfte häufig eine Doppelfunktion, nämlich diejenige als „Organ", das heißt als gesellschaftsrechtlicher Mandatsträger und als Arbeitnehmer. Ist die Arbeitnehmerfunktion gegeben, so muß die Führungskraft, bevor man sich von ihr trennen will, wie jeder Angestellte per Einschreiben mit Empfangsbestätigung zu dem Vorgespräch („entretien préalable") bestellt werden. Das Vorgespräch ist durchzuführen, damit die vorgeschriebene Form erfüllt ist. Erst zwei Tage später darf dann die Kündigung (mit Einschreiben und Empfangsbestätigung) ausgesprochen werden. Wie bei allen Angestellten muß auch bei Führungskräften ein ernsthafter und tatsächlicher Grund („motif réel et sérieux") vorhanden sein, der die Kündigung rechtfertigt. Dies kann sich als schwierig erweisen, da der Trennungsgrund bei Führungskräften ja meistens im Bereich des Persönlichen, der mangelnden Führungsfähigkeit und der allgemein unzureichenden Leistung liegt und nicht in einem konkreten momentanen Anlaß. Um diesen Mangel an Eignung nachweisen zu können, bedarf es schriftlicher Nachweise, etwa in Form von Abmahnungen, Hinweisen auf nicht eingehaltene Ziele oder Zusagen, Beschwerden von Kunden oder Mitarbeitern und dergleichen. Da all dies heikel ist, verzichten viele deutsche Muttergesellschaften auf solche schriftliche Äußerungen und stehen nachher bei der Auseinandersetzung ohne beweiskräftige Argumente da.

Selbstverständlich wird man in den meisten Fällen Wert darauf legen, daß die Trennung in gutem Einvernehmen und ohne Prozeß erfolgt. Meistens wird der Betreffende sofort freigestellt. Dies ist rechtlich möglich und muß übrigens im Kündigungsschreiben angegeben sein. Damit der Betreffende die Trennung akzeptiert, bedarf es jedoch neben der Wahrung der arbeitsrechtlichen Formen eines materiellen Angebots. Gerade bei Führungskräften kann die Trennung, insbesondere die sofortige, besonders rufschädigend wirken, da die Branche, die Kollegen, die Kunden ja sofort davon Kenntnis erhalten. Dies ist der eigentliche Grund, weswegen Arbeitsgerichte entlassenen Geschäftsführern bisweilen substantielle Abfindungen zuerkennen. Es empfiehlt sich also, zum Zeitpunkt der Kündigung bereits ein Angebot zu machen. Wird es in seiner materiellen Höhe von dem Betreffenden anerkannt, so sollte es in Form einer „transaction", das heißt einer Trennungsvereinbarung, schriftlich angeboten werden. Die „transaction" hat Vertragscharakter und schließt auf beiden Seiten spätere Ansprüche aus, sofern sie von beiden Parteien unterschrieben worden ist. Die gebräuchliche Formel „pour solde de tout compte" mit Unterschrift des Betreffenden genügt nicht. Mit ihr würde der Betreffende lediglich die Richtigkeit der bei Vertragsbeendigung erhaltenen Beträge bestätigen, nicht aber den Verzicht auf alle eventuellen späteren Rechte. Der „solde de tout compte" (sinngemäß etwa „Auszahlung aller noch fälligen Beträge") gewinnt Rechtskraft erst nach einer bestimmten Frist (zwei Monate). Während dieser Frist kann der Betreffende widerrufen, neue Argumente vorbringen oder kurzerhand auf Schadensersatz wegen ungerechtfertigter Kündigung und/oder Rufschädigung klagen.

Versucht man, bei anstehenden Zwistigkeiten der Führungskraft in Frankreich nahezulegen, selber zu kündigen, so braucht das keineswegs immer zum Erfolg zu führen. Man kann dem Mann zwar sagen, diese Lösung wäre ehrenvoller für ihn. Andererseits begibt sich jemand, der selber kündigt, sämtlicher Rechte, angefangen von der Kündigungsentschädigung bis zu eventuellen Schadensersatzansprüchen. So lassen sich viele Leitende im Auseinandersetzungsfalle lieber entlassen, besonders ältere Jahrgänge.

Es ist darauf hinzuweisen, daß nicht nur die arbeitsrechtlichen Vorschriften, sondern auch diejenigen der „convention collective" bei Führungskräften zur Anwendung kommen. Das hat insbesondere Bedeutung bei tarifvertraglichen Kündigungsentschädigungen, die zum Beispiel in der Metallindustrie bis zu anderthalb Jahresgehältern gehen können (siehe Seite 131).

Ist der gekündigte Leitende gleichzeitig Geschäftsführer einer S.à.r.l. oder Vorstandsmitglied einer S.A., so muß er von dieser Funktion durch einen gesonderten Beschluß der Gesellschaft abberufen werden, der anschließend die Grundlage für die Austragung im Handelsregister ist. Es ist auch denkbar, daß ein Leitender zwar als Arbeitnehmer entlassen, nicht aber auch als Geschäftsführer oder Vorstandsmitglied abberufen wird. Das gleiche kann umgekehrt eintreten: Eine Führungskraft wird zwar von der Geschäftsführer- oder Vorstandsfunktion entbunden, bleibt aber Arbeitnehmer. Solche Fälle kommen in der Praxis durchaus vor.

Schwierigkeiten entstehen, wenn die Arbeitnehmer- und Organstellung in einem einzigen Vertrag, etwa dem in Deutschland üblichen Geschäftsführervertrag, vereinbart sind. Diese Vermischung erlaubt weder eine saubere arbeitsvertragliche noch eine problemlose gesellschaftsrechtliche Trennung. Es ist also zu empfehlen, schon bei der Vertragsgestaltung wie auf Seite 122f. beschrieben vorzugehen.

Betriebsverfassung und Mitbestimmung

Die Interessen der Mitarbeiter werden im Unternehmen durch zwei Arbeitnehmergremien vertreten, die Personalvertreter (=„délégués du personnel") und den Betriebsrat (=„comité d'entreprise"). Beide bestehen unabhängig voneinander; sie haben unterschiedliche Aufgaben und funktionieren nach getrennten Bestimmungen.

Personalvertreter (=„délégués du personnel")

Die Personalvertreter (=„délégués du personnel") sind das Sprachrohr der Belegschaft gegenüber der Betriebs- bzw. Unternehmensleitung, wenn es darum geht, Beschwerden der Arbeitnehmer vorzutragen. Sie dürfen ihre Anliegen auch direkt der Arbeitsbehörde mitteilen. Ferner haben sie das Recht auf Konsultation vor bestimmten Entscheidungen, die das Personal betreffen, etwa bei Überstunden, Einführung der Gleitzeit, Kurzarbeit. Wenn kein Betriebsrat vorhanden ist, nehmen sie auch dessen Funktionen wahr.

Die Institution der Personalvertreter wurde im Jahre 1946 geschaffen. Jeder Betrieb mit elf oder mehr Mitarbeitern muß eine Personalvertretung haben.

Ein Gesetz vom 28. Oktober 1982 bestimmt, daß der Arbeitgeber die Initiative zur Wahl der Personaldelegierten ergreifen muß. Bis dahin lag die Initiative bei der Belegschaft.

Es müssen Betriebe mit

11 bis 25 Beschäftigten je einen
26 bis 74 Beschäftigten je zwei
75 bis 99 Beschäftigten je drei
100 bis 124 Beschäftigten je vier
125 bis 174 Beschäftigten je fünf
175 bis 249 Beschäftigten je sechs
250 bis 499 Beschäftigten je sieben
500 bis 749 Beschäftigten je acht
750 bis 999 Beschäftigten je neun Personalvertreter und Stellvertreter haben.

Bei 1000 und mehr Beschäftigten ist für jeweils 250 Beschäftigte zusätzlich je ein weiterer Personalvertreter und Stellvertreter zu wählen.

Sie werden jeweils für ein Jahr gewählt und können wiedergewählt werden. In die Wahl dürfen die im Betrieb repräsentativ vertretenen Gewerkschaften (= „syndicats représentatifs“) ihre Kandidaten entsenden.

Der Arbeitgeber muß die Personalvertreter einmal im Monat zu einer Aussprache empfangen. Sie dürfen ihre Beschwerden aber auch zu beliebigen anderen Zeiten vortragen. Für ihre Tätigkeit erhalten sie monatlich 15 bezahlte Freistunden (= „crédit d’heures“). Sie genießen einen verstärkten Kündigungsschutz und können nur mit Genehmigung der Arbeitsbehörde entlassen werden.

Betriebsrat (= „comité d’entreprise“)

Der Betriebsrat (= „comité d’entreprise“) ist ein betriebliches Kooperationsorgan, das sich aus dem Unternehmensleiter, gewählten Belegschaftsvertretern und betrieblichen Gewerkschaftsvertretern zusammensetzt. Er wirkt konsultativ mit, wenn es um die Arbeits- und Lebensbedingungen der Mitarbeiter im Betrieb geht, hat ein weitreichendes Informationsrecht in Fragen der Organisation und der wirtschaftlichen Lage des Unternehmens, insbesondere soweit die Beschäftigungssituation berührt wird. Ferner führt er die Sozialwerke des Betriebs (Kantine, Ferienhäuser usw.).

Der Unternehmenschef als Vorsitzender des Betriebsrats hat einmal im Monat eine Versammlung einzuberufen. Die Gewerkschaftsvertreter haben dabei lediglich eine konsultative Stimme. In Unternehmen, die einen Verwaltungs- oder Aufsichtsrat haben (im wesentlichen Aktiengesellschaften) darf der Betriebsrat zwei Mitglieder in die Verwaltungsrats- oder Aufsichtsratssitzungen entsenden, wo sie Wünsche vortragen, aber nicht an der Abstimmung teilnehmen dürfen. Der Betriebsrat hat anläßlich solcher Sitzungen, wie insbesondere auch bei Hauptversammlungen, Anspruch auf Einsicht in bestimmte Unterlagen über den Geschäftsverlauf.

Die Institution des Betriebsrats existiert seit 1945. Sie ist obligatorisch in Betrieben mit 50 und mehr Mitarbeitern und besteht zusätzlich zu den Personaldelegierten.

Es müssen Betriebe mit

50 bis 74 Beschäftigten je drei
75 bis 99 Beschäftigten je vier
100 bis 399 Beschäftigten je fünf
400 bis 749 Beschäftigten je sechs
750 bis 999 Beschäftigten je sieben
1000 bis 1999 Beschäftigten je acht
2000 bis 2999 Beschäftigten je neun
3000 bis 3999 Beschäftigten je zehn
4000 bis 4999 Beschäftigten je elf
5000 bis 7499 Beschäftigten je zwölf
7500 bis 9999 Beschäftigten je dreizehn
10000 und mehr Beschäftigten je fünfzehn Betriebsratsmitglieder und Stellvertreter haben.

Die Initiative zur Betriebsratswahl muß vom Arbeitgeber ausgehen. Im ersten Wahlgang dürfen nur die im Unternehmen „repräsentativ" vertretenen Gewerkschaften Kandidatenlisten aufstellen. Erst wenn wegen zu geringer Wahlbeteiligung (weniger als die Hälfte der Wahlberechtigten) oder wenn sich keine Gewerkschaftslisten präsentieren, ein zweiter Wahlgang erforderlich wird, dürfen sich auch andere freie Listen präsentieren. Die Mitglieder werden für zwei Jahre gewählt; sie können wiedergewählt werden.

Hat ein Unternehmen mehrere Betriebsstätten mit 50 oder mehr Mitarbeitern, so ist darüber hinaus ein Zentral-Betriebsrat (= „comité central d'entreprise") zu bilden. Er wird gewählt von den Betriebsräten der einzelnen Betriebsstätten, die in diesem Zusammenhang „comité d'établissement" genannt werden, und umfaßt einen bis zwei Vertreter pro Betrieb, höchstens 15 ingesamt.

In Firmengruppen ist für alle Tochtergesellschaften und Gesellschaften, an denen die Gruppe direkt oder indirekt mit über 50 Prozent beteilig ist, ein Gruppenbetriebsrat (= „comité de groupe") zu bilden, in den auf Antrag der jeweiligen Betriebsräte auch die Gesellschaften einzubeziehen sind, an denen die Gruppe zwischen 10 und 50 Prozent beteiligt ist. Der Gruppenbetriebsrat umfaßt zwei Vertreter jeder Gesellschaft, insgesamt maximal dreißig Mitglieder.

Betriebsratsmitglieder haben Anspruch auf monatlich 20 bezahlte Freistunden (= „crédit d'heures"). Sie genießen wie die Personalvertreter verstärkten Kündigungsschutz. Seit 1982 hat der Arbeitgeber darüber hinaus einen Finanzierungszuschuß von 0,2 Prozent der Brutto-Lohn- und Gehaltssumme an den Betriebsrat zu leisten.

In Unternehmen mit 50 und mehr Beschäftigten ist außerdem ein Hygiene- und Sicherheitskomitee (= „comité d'hygiène, de sécurité et des conditions de travail", abgekürzt „C.H.S.") zu bilden, dem unter dem Vorsitz des Firmenchefs Belegschaftsmitglieder angehören, die von den Personalvertretern oder dem Betriebsrat ernannt werden, und zwar in Betrieben mit bis 500 Beschäftigten sechs, über 1500 Beschäftigten neun Mitglieder; ferner nimmt der amtliche Arbeitsarzt (= „médecin du travail") am Komitee teil.

Betriebsordnung (= „règlement intérieur")

Unternehmen mit zwanzig und mehr Beschäftigten müssen eine Betriebsordnung (= „règlement intérieur") haben, die folgende Punkte enthalten muß:
- Hygiene,
- Sicherheit,
- Unfallverhütung
- Werkverkehrssicherheit
- Schutzkleidung
- Arbeitsdisziplin
- Arbeitszeit
- Abwesenheitserlaubnis sowie
- die vorgesehenen Sanktionen.

Nicht in die Betriebsordnung aufgenommen werden dürfen Klauseln arbeitsvertraglicher Natur, insbesondere über
- Einstellungsbedingungen,
- Probezeit,
- Entlohnung,
- Wettbewerbsverbot,
- Kündigungsfrist und
- Urlaub.

Die Betriebsordnung wird vom Arbeitgeber erstellt. Sie ist den Personalvertretern oder dem Betriebsrat vorzulegen, deren Stellungnahme indessen für den Arbeitgeber nicht bindend ist. Ferner ist sie in den einschlägigen Punkten mit dem Hygiene- und Sicherheitskomitee abzustimmen. Anschließend ist sie in einem Exemplar beim Arbeitsgericht und in zwei Exemplaren bei der Arbeitsinspektion zu hinterlegen und am schwarzen Brett anzuschlagen. Der Arbeitsinspektor kann Änderungen, Ergänzungen und Streichungen verlangen, wogegen Einspruch erhoben werden kann.

Gewerkschaften (= „syndicats“)

Seit 1968 dürfen die „repräsentativen“ Gewerkschaften in Unternehmen ab 50 Beschäftigten auf eigene Initiative Betriebsgruppen (= „sections syndicales“) bilden. Der Begriff „repräsentativ“ wird bezogen auf die Mitgliederstärke der Gewerkschaft innerhalb der französischen Arbeitnehmerschaft. Repräsentativ sind die kommunistische CGT (= „Confédération Génerale du Travail“), die radikale CFDT (= „Confédération Française du Travail), die gemäßigte FO (= „Force Ouvrière“), die christliche CFTC (= „Confédération des Travailleurs Chrétiens“) und die Angestellten-Gewerkschaft CGC (= „Confédération Générale des Cadres“).

Die Betriebsgruppe umfaßt:

In Betrieben mit
50 bis 999 Beschäftigten einen,
1000 bis 1999 Beschäftigten zwei,
2000 bis 3999 Beschäftigten drei,
4000 bis 9999 Beschäftigten vier,
10000 und mehr Beschäftigten fünf Gewerkschaftsdelegierte (= „délégués syndicaux“), die Anspruch auf monatlich 20 bezahlte Freistunden haben. Ein „délégué du personnel“ kann zusätzlich die Funktion als Gewerkschaftsdelegierter übernehmen.

Die „délégués syndicaux“ dürfen außerhalb der Arbeitszeit und der eigentlichen Betriebsräume Beiträge kassieren und Mitteilungen verteilen. Sie haben Anspruch auf einen eigenen Raum, dürfen die Mitglieder ihrer Gewerkschaft einmal im Monat versammeln, sich frei im Betrieb bewegen und mit dem Arbeitgeber über gewerkschaftliche Forderungen verhandeln.

In der Praxis läßt sich die Aufgabenverteilung zwischen Personalvertretern, Betriebsrat und Gewerkschaftsvertretern nicht immer auseinanderhalten. Es dürfen in denselben Gremien dieselben Personen sitzen. Besonders der Umgang mit den „délégués du personnel“ ist oft beschwerlich, noch mehr, wenn Gewerkschaftsvertreter darunter sind. Der sachliche Dialog ist schwierig. Der wirtschaftliche Informationsstand und der Wille dazu sind bei den Delegierten oft gering. Die Gewerkschaften treten oft noch mit klassenkämpferischem Gehabe auf. Sie betrachten den „patron“ als Ausbeuter und tragen ihre oft rein politischen Forderungen in einem provozierenden Ton vor, der eine ernsthafte Argumentation über wirtschaftliche Sachverhalte schwierig, wenn nicht unmöglich macht.

Es gilt in französischen Gewerkschaften als mit der Doktrin unvereinbar, die Unternehmer als Verhandlungspartner zu betrachten. Dies wäre gleichbedeutend mit Anerkennung der unternehmerischen Spielregeln. In der öffentlichen Diskussion wird oft der deutsche Sozialkonsens als Modell hingestellt. Er wäre in Frankreich kaum vorstellbar. Die Gewerkschaften können ihn gar nicht wünschen. Er wäre mit ihrer politischen Richtung nicht vereinbar und würde sie in die Mitverantwortung zwingen.

Gewährt der Arbeitgeber Zugeständnisse, damit Ruhe im Haus ist, so ist nicht sicher, ob der Störenfried nicht schon morgen mit neuen Forderungen vor der Tür steht.

Die großen Gewerkschaften sind politisch orientiert. Die größte, die CGT, untersteht direkt der kommunistischen Partei Frankreichs. Eine Einheitsgewerkschaft wie den DGB gibt es nicht. Die großen Gewerkschaftsorganisationen operieren voneinander getrennt und sind sich nicht immer einig. Ihr aggressives Auftreten täuscht darüber hinweg, daß sie in Wirklichkeit viel weniger Mitglieder haben als die Gewerkschaften in der Bundesrepublik.

Die Mitgliederzahl der Gewerkschaften betrug 1982 nach deren eigenen Angaben:

CGT	2017000
CFDT	1030000
FO	1150000
CGC	307000.

Genauere Zahlen nach neuestem Stand liegen nicht vor. Die Zahlen dürften eher rückläufig sein. Nur 12 Prozent der Arbeitnehmer sind gewerkschaftlich organisiert (Bundesrepublik 43 Prozent), im privatwirtschaftlichen Bereich sind es sogar nur etwa 8,5 Prozent.

Die Gewerkschaften haben Mühe, ihre Anhängerzahl zu vergrößern. Der französische Mangel an Gemeinschaftsgeist läßt die Arbeitnehmer vor dem Eintritt zurückschrecken. Jeder versucht, auf sich selber gestellt, zurechtzukommen. Andererseits haben die Arbeitnehmer von der beitragspflichtigen Gewerkschaftszugehörigkeit wenig praktischen Nutzen. Die Ergebnisse von Tarifverhandlungen kommen ihnen auch so zugute, und bei Streiks zahlt die Gewerkschaft keine Streikgelder.

Sozialkonflikte (= „conflits sociaux", „grèves")

Streiks sind in Frankreich fast durchweg wilde Streiks. Es liegen so gut wie keine gesetzlichen Regelungen vor, wenn man von der verfassungsmäßigen Anerkennung des Streikrechts und einigen Grundsatzrichtlinien (Artikel 521 des „code du travail") absieht. Statt dessen liegt eine ausgiebige Rechtsprechung vor. Sie erkennt rechtmäßig alle Streikformen an, die in der Bundesrepublik als ungesetzlich gelten, wenn damit Forderungen gegenüber dem Arbeitgeber durchgesetzt werden sollen, also: rotierende Teilstreiks, wiederholte Kurzstreiks, Warnstreiks, Überraschungsstreiks, Werksbesetzung. Sie haben in der Regel politischen und demonstrativen Charakter. Es kann passieren, daß ein Großunternehmen lahmgelegt wird, weil eine Putzfrau entlassen worden ist. Ein einziger gewerkschaftlicher Vorarbeiter kann ein Fließband bei Renault zum Stillstand bringen. Oft müssen wirtschaftliche Forderungen als Vorwand für politische Streiks herhalten.

Bahn, Post, Flugpersonal, aber auch Lehrer, Zeitungen und Müllabfuhr streiken manchmal ohne Ankündigung, und man weiß nicht, für wie lange. Manchmal erfährt man erst morgens an seinem Pariser Vorortbahnhof, daß heute wegen Streik kein Zug fährt.

Der Umgang mit Arbeitnehmervertretern in Frankreich ist eine emotionsgeladene Angelegenheit. Ein geringer Formverstoß oder eine unbedachte Formulierung kann aus dem Betrieb ein Pulverfaß machen. Man kann deutschen Unternehmern nicht genug ans Herz legen, die Formvorschriften in diesen Bereich so genau wie möglich zu befolgen. Mit der Mitarbeiterzahl steigt das Risiko sozialer Spannungen, besonders wenn ein Produktionsbetrieb angeschlossen ist.

Man kann daher nur raten, an die Spitze der Unternehmungsführung eine Führungskraft ersten Kalibers zu stellen. Es gibt deutsche Tochtergesellschaften in Frankreich, die an sozialpolitischen Auseinandersetzungen zugrunde gegangen sind, weil sie in der Führung zu schwach besetzt waren.

Arbeitsrechtliche Institutionen

Arbeitsgerichte (= „conseils de prud' hommes")

Für Auseinandersetzungen aus dem Arbeitsvertrag sind die Arbeitsgerichte (= „conseils de prud' hommes"), paritätisch besetzte Laiengerichte aus Arbeitgeber- und Arbeitnehmervertretern, zuständig, und zwar dasjenige des Firmensitzes bzw. der Betriebsstätte; bei Reisevertretern und Heimarbeitern dasjenige des Wohnorts des Arbeitnehmers. Anderslautende Vereinbarungen im Arbeitsvertrag sind nichtig.

Die Arbeitsrichter sollen in der ersten Phase (= „conciliation") den Vergleich anstreben. Das gelingt nur in 20 Prozent aller Fälle. Geurteilt wird weniger nach dem Willen der Parteien bei Vertragsabschluß als nach der tatsächlichen Interessenlage im Zeitpunkt der Auseinandersetzung.

Die Inanspruchnahme der Gerichte ist kostenlos. Jede Partei trägt ihre Kosten selber. Es ist nicht üblich, daß die unterliegende Partei die Kosten des Gegners trägt. Das erleichtert dem Arbeitnehmer den Schritt zum Gericht. Die Folge ist eine starke Überlastung der Arbeitsgerichte mit langen Verfahrensfristen. Dies ist für den Arbeitgeber ein Argument gegenüber streitsüchtigen Arbeitnehmern: Ein gutes Angebot in bar kann verlockender sein als eine ungewisse Abfindung am Ende eines zwei Jahre dauernden Prozesses.

Arbeitsaufsichtsbehörde (= „inspection du travail")

Oberste Instanz ist der Arbeitsdirektor des Departements (= „directeur departemental du travail et de la main d'œuvre"), der über eine regionale Koordinationsstelle (= „directeur régional du travail“) mit dem Arbeits- und Sozialministerium verbunden ist.

Auf lokaler Ebene ist der Arbeitsinspektor (= „inspecteur du travail“) zuständig. Er wacht über die Einhaltung der arbeitsrechtlichen und tarifvertraglichen Bestimmungen, insbesondere was Arbeitszeit, Hygiene, Sicherheit, Arbeitnehmervertretungen betrifft. Gelegentlich kommt er unangemeldet ins Haus, um die Personalregister einzusehen und die Arbeitsbedingungen in Augenschein zu nehmen.

Für Massenentlassungen ab 10 Personen ist die nächsthöhere Instanz des „directeur départemental“ zuständig. Es ist psychologisch klug, sich in jedem Fall vorher mit dem lokalen Inspektor in Verbindung zu setzen.

Wirtschaftlichen Argumenten ist er wenig zugänglich. Er argumentiert nach der jeweils herrschenden Doktrin. Soll er dafür sorgen, daß sich die Arbeitslosenstatistik in seinem Bezirk nicht verschlechtert, so lehnt er Entlassungen ab. Die Probleme des Unternehmens interessieren ihn kaum. Voraussetzung für ein passables Auskommen mit der „inspection du travail“ ist, daß man alle Formvorschriften peinlichst genau einhält und jeden Anschein von Willkür vermeidet.

7. Vertreterrecht

Das Vertreterwesen in Frankreich

Neben einer Anzahl von Ähnlichkeiten und Parallelen weist das französische Vertreterrecht einige handfeste Unterschiede in den Rechtsvorschriften und vor allem in deren Auslegung zum deutschen Recht auf. Die andersartige Mentalität führt zu Verhaltensweisen, die das französische Vertreterwesen als eine andere Welt erscheinen lassen. Den deutschen Unternehmen machen vor allem zwei Besonderheiten zu schaffen: Der sogenannte „VRP" und der hohe Ausgleichsanspruch.

Dagegen sind die Formen des angestellten Reisenden, des freien Handelsvertreters sowie des Vertragshändlers bzw. Konzessionärs ebenso bekannt wie Umsatzprovision und Gebietsschutz. Weniger Anhaltspunkte hat man beim Weisungsrecht des Herstellers und bei der Informationspflicht des Vertreters.

Die Bezeichnung „Vertreter" wird in der Praxis nicht immer mit Genauigkeit verwendet. Ist vom „Vertreter in Frankreich" die Rede, so kann sowohl der angestellte Reisende als auch der „VRP" oder der freie Handelsvertreter gemeint sein; oft nennt man auch den Importeur oder den Vertriebshändler so. Es müßte jedesmal dazugesagt werden, welche rechtliche Form gemeint ist.

Die Umgangssprache hat indessen mit der Vereinfachung nicht ganz unrecht. Bei allen Vertreterformen tritt uns nämlich eine ähnliche Mentalität entgegen. Sie ist gekennzeichnet durch ein ausgesprochenes Selbständigkeitsbedürfnis und eine Interessenauffassung, die im Hersteller weniger den Partner als den Kontrahenten sieht.

Das zeigt sich spätestens, wenn es an die Vertragsauflösung geht. Auch der normale Händler wird dann versuchen, Schadenersatz herauszuholen, indem er vorgibt, er habe den Markt aufgebaut und gehe nun seiner Existenzgrundlage verlustig. Auch wenn sein Anspruch auf wackligen Füßen steht, erhält er vor Gericht eben doch oft recht.

Meistens halten die Vertreter hartnäckig an ihrem Status fest und wollen etwa „VRP" und nicht „agent commercial" oder „agent commercial" und nicht „distributeur" sein. Jede Form hat ihre Merkmale und Vorteile. Will man wissen, welchen Rechtsstatus ein Vertreter hat, so muß man nach diesen Merkmalen fragen. Dabei stelle man gleichzeitig fest, um welchen Rechtsstatus es sich nach den vorliegenden Merkmalen *nicht* handeln kann. Die Merkmalstabelle auf Seite 162ff. soll dafür als Arbeitshilfe dienen.

Die Prüfung ist natürlich *vor* Aufnahme der Zusammenarbeit am wichtigsten. Es könnte ja sein, daß der französische Partner eine andere Rechtsform im Sinn hat als der deutsche Hersteller. Sprachliche Verständigungsprobleme können den Irrtum fördern, aber auch überdecken, zumal wenn die deutsche Seite die Besonderheiten des französischen Rechts nicht kennt.

Auch wenn man schon länger zusammenarbeitet, sollte das Vertragsverhältnis gelegentlich einer Prüfung unterzogen werden. Es könnte sich im Zeitverlauf verändert haben. Bestehen keine eindeutigen Vereinbarungen, so sollte man alle Geschäftskorrespondenz sowie Auftragskopien, Lieferscheine usw. als Beweisstücke aufbewahren.

Unumgänglich ist diese Prüfung, wenn sich das Gefühl einschleicht, es könnte eine Auseinandersetzung bevorstehen. Für diesen Fall muß man alle Vorgänge im Dossier haben. Vor Gericht gilt nur, was schriftlich vorliegt. Französische Vertriebspartner sind bei Auseinandersetzungen gut dokumentiert. Sie sind imstande, in der Verhandlung die ältesten Bestellungskopien aus der Tasche zu ziehen.
Im folgenden werden die einzelnen Vertreterformen beschrieben, und zwar

- der festangestellte Reisende,
- der „VRP" („exclusif" und „multicartes"),
- der freie Handelsvertreter,
- der „mandataire libre".

Ergänzend wird der Vertriebshändler beschrieben, obwohl er nicht unter das eigentliche Vertreterrecht fällt. Er hat aber oft vertreterartige Funktion, so daß er hier nicht fehlen darf.

Der angestellte Reisende

Hier handelt es sich um einen Angestellten nach Arbeitsrecht, dessen Aufgabe es unter anderem ist, die Kundschaft zu besuchen. Er kann dies ständig oder von Fall zu Fall tun, er hat kein festes Verkaufsgebiet und übt daneben noch andere Tätigkeiten aus. Vor allem aber braucht seine Tätigkeit nicht im eigentlichen Verkaufen zu bestehen, vielmehr kann er zum Beispiel nur eine beratende oder informierende Rolle haben, etwa im Falle des Ärztebesuchers. Aber auch Aufgaben der Verkaufskoordination, der Beschaffung von Marktinformationen, der Besuchskontrolle, der Händlerschulung, der Überwachung von Außenlägern können zu seiner Tätigkeit gehören.

Er ist als Arbeitnehmer weisungsgebunden und sozialversicherungspflichtig. Sämtliche Vorschriften des Arbeits- und Sozialrechts finden auf ihn Anwendung.

Abgrenzung zum „VRP"

Eine wichtige Frage ist, wie sich der angestellte Reisende vom „VRP" abgrenzt. Die Positionsbezeichnung allein sagt nichts aus. So kann der angestellte Reisende etwa „attaché commercial", „délégué commercial", „inspecteur régional" oder ähnlich heißen und trotzdem „VRP" sein, wenn er *ausschließlich* und in einem *festen Gebiet* verkaufend tätig ist.

Darin liegt der wesentliche Unterschied: Der angestellte Reisende darf nicht ausschließlich verkaufen oder nicht in einem festen Gebiet tätig sein, sonst wird er als „VRP" behandelt.

Der Unterschied ist nicht immer eindeutig, weder für das Unternehmen noch für den Mitarbeiter. Grundsätzlich gilt: Je mehr Zeit ein angestellter Reisender verkaufend bei der Kundschaft verbringt, desto größer ist die Wahrscheinlichkeit, daß er „VRP“ ist. Umgekehrt: Je mehr ein Mitarbeiter mit anderen als Verkaufsaufgaben betraut ist, desto weiter entfernt er sich vom „VRP“-Status.

Auf keinen Fall ist „VRP“, wer für die Führung anderer Mitarbeiter verantwortlich ist. Wer im Verkauf Aufsichts-, Führungs- und Beratungsaufgaben hat, ist normaler Angesteller. Dazu gehören Verkaufsleiter, Gebietsleiter und Mitarbeiter, die Vertreter beaufsichtigen, Händler betreuen und nur von Fall zu Fall verkaufen, aber auch Architekten- oder Ärztebesucher, die nicht verkaufen, sondern nur beraten. Auch Kundendienstmitarbeiter, sofern sie nicht auch wesentlich verkaufend tätig sind, sind angestellte Mitarbeiter.

Der „VRP“

Definition und Rechtsgrundlagen

„VRP“ heißt „voyageur, représentant et placier“ und bedeutet Reisender, Vertreter und Platzverkäufer. Der Ausdruck ist veraltet, doch jedermann in Frankreich kennt ihn. Zunehmend wird heute die Bezeichnung „représentant de commerce“ verwendet, was man am besten mit „Reisevertreter“ übersetzt, um die Verwechslung mit dem freien Handelsvertreter („agent commercial“, siehe Seite 154ff.) zu vermeiden.

Die Vorschriften über den „VRP“ stehen im Arbeitsrecht („code du travail“). In Artikel L 751–1 heißt es: „Verträge zwischen Vertretern und Arbeitgebern, die eine Vertretung zum Gegenstand haben, sind, auch wenn dies nicht ausdrücklich im Vertrag steht, Arbeitsverträge, sofern die Vertreter

1. für einen oder mehrere Arbeitgeber tätig sind;
2. ihre Vertretertätigkeit ausschließlich und ständig ausüben;
3. keine Handelsgeschäfte auf eigene Rechnung tätigen;
4. an ihre Arbeitgeber durch Engagements über die Art ihrer Dienstleistung, das zu bearbeitende Gebiet oder die zu besuchenden Kundengruppen und die Höhe der Entlohnung gebunden sind.“

Diese vier Kriterien müssen *gleichzeitig* und *ständig* erfüllt sein. Ist das der Fall, so kommen die „VRP“-Vorschriften zwingend zur Anwendung. Ferner gelten die sozialversicherungs- und steuerrechtlichen Vorschriften der Arbeitnehmer. Der „VRP“ ist in der Tat Arbeitnehmer.

Diese Vertreterform ist eine französische Rechtskonstruktion, die erstmals im Jahre 1937 durch Gesetz eingeführt wurde. Sie hat keine Entsprechung im deutschen Recht und ist überhaupt ein Kuriosum im europäischen Vertreterrecht.

Außenstehenden will nicht einleuchten, wie ein Vertreter angestellt und gleichzeitig für mehrere Firmen tätig sein kann. Gerade das ist die Besonderheit des „VRP“-Status, aber auch seine Problematik. Der „VRP“ ist im Gegensatz zum freien Handelsvertreter („agent commercial“) weisungsgebunden und unselbständig; er kann nicht auf eigene Rechnung tätig werden und darf keine Untervertreter beschäftigen. Bei Kündigung durch den Arbeitgeber hat er einen zwingenden Ausgleichsanspruch.

Innerhalb des „VRP“ unterscheidet man zwischen dem „VRP multicartes“ und dem „VRP exclusif“.

Der Mehrfirmenvertreter (= „VRP multicartes“)

Die Möglichkeit, für *mehrere* Arbeitgeber tätig zu sein, steht bei der gesetzlichen Definition des „VRP“ an erster Stelle. Man könnte glauben, der Gesetzgeber habe hier dem französischen Drang nach Unabhängigkeit eine Brücke bauen wollen. Denn wenn ein Vertreter gleichzeitig mehrere Arbeitgeber hat, so nützt dem einzelnen Unternehmen das schönste Weisungsrecht nichts. Wer als Vertreter zwei oder mehreren Herren dient, kann keinem richtig dienen. Der Sinn dieser Bestimmung lag darin, Vertretern in der Provinz, die von einer einzigen Vertretung nicht leben konnten, die Vorteile des Angestelltenstatus mit Sozialversicherungs-, Arbeitslosigkeits- und Kündigungsschutz zu gewähren.

Der für mehrere Firmen tätige Vertreter heißt „VRP multicartes“ oder „VRP à cartes multiples“. Der Ausdruck kommt daher, daß jeder „VRP“ zur Ausübung seiner Tätigkeit einen Berufsausweis („carte d'identité professionnelle“) besitzen muß, den er als Karte bezeichnet. Vertritt er mehrere Firmen, so hat er mehrere „Karten“.

Diese Zwitterform aus dem freien Vertreter und dem Angestellten verschafft dem „VRP“ neben der Gleichstellung mit den Arbeitnehmern zusätzliche steuerliche Vorteile (30 Prozent Werbungskosten-Pauschale, Befreiung von der Kfz.-Steuer) und Preisvergünstigungen im Hotel. Beim Parken kann die an die Windschutzscheibe gesteckte „VRP“-Karte vor Strafzetteln schützen. Ferner hat er trotz der arbeitsvertraglichen Bindung einen Ausgleichsanspruch, wenn der Arbeitgeber kündigt.

Dies alles hat den Berufsstand des „VRP“ sehr beliebt gemacht. Man schätzt die Zahl der in Frankreich tätigen „VRPs“ auf 150000 bis 200000.

Lange Zeit durfte der „VRP“ keinerlei Nebentätigkeiten übernehmen; er verlor sonst seinen Status und die damit verbundenen Vorteile. Die Rechtsprechung hat dies inzwischen aufgelockert. Das Sozial-Berufungsgericht hat am 27. Oktober 1976 Nebentätigkeiten wie Produktdemonstration, technische Kundenberatung, Mithilfe bei der Montage verkaufter Geräte, den Verkaufsbezirk betreffende Verwaltungsaufgaben für zulässig und statusunschädlich erklärt, vorausgesetzt, der „VRP“ übt sie für den oder die Arbeitgeber aus, die er vertritt.

Andere Nebentätigkeiten sind nach wie vor statusschädlich, selbst wenn der Arbeitgeber zustimmt, insbesondere die Führung oder Beaufsichtigung von Mitarbeitern. So könnte ein Verkaufsinspektor, der andere Vertreter überwacht oder die Arbeit von Handelsvertretern koordiniert, ohne selbst die Kundschaft zu besuchen, nicht „VRP" sein. Der „VRP" muß ferner selbst die Kundenaufträge entgegennehmen und an die Firma weiterleiten. Wer nie einen Auftrag sieht oder abschließt, kann nicht „VRP" sein.

Die Trennungslinie ist nicht immer eindeutig zu ziehen. Eine reichhaltige Rechtsprechung gibt davon Zeugnis. Zweifelsfrei ist jedoch, daß der „VRP" nicht gleichzeitig „agent commercial" sein oder Geschäfte auf eigene Rechnung tätigen kann. Die abhängige Vertretertätigkeit, ständig und hauptberuflich ausgeübt, muß seine wesentliche Einnahmequelle darstellen.

Der „VRP" kann immer nur eine natürliche Person sein. Er hat nicht die Kaufmannseigenschaft. Er muß seine Kundschaft *persönlich* besuchen. Ein wesentlicher Teil seiner Aufgabe ist die Kundenakquisition. Er muß die Möglichkeit haben, eine eigene Kundschaft zu erwerben und damit die Grundlage zu schaffen für einen späteren Ausgleichsanspruch.

Der Arbeitgeber kann dem „VRP" die Organisation seiner Arbeit vorschreiben und ihm Touren- und Besuchspläne sowie Tages-, Wochen- und Monatsberichte auferlegen. Ferner kann er die Verwendung bestimmter Verkaufsunterlagen, Prospekte, Preislisten, Argumente und Werbematerial vorschreiben.

Die Durchsetzung des Weisungsrechts gegenüber dem Mehrfirmen-„VRP" ist begrenzt, weil dieser „normalerweise eine größere Freiheit genießen muß als normale Angestellte", wie es in einem Kommentar heißt. Es gibt „VRPs", die äußerlich von einem freien Handelsvertreter kaum zu unterscheiden sind. Manch einer ist „König" in seinem Gebiet und niemand wird es wagen, ihm vorzuschreiben, er habe morgens um acht Uhr beim ersten Kunden zu sein und täglich zehn Besuche zu machen.

Der Einfirmenvertreter (= „VRP exclusif")

Es ist möglich, daß ein „VRP" nur für einen einzigen Arbeitgeber tätig ist. Er wird dann „VRP exclusif" genannt oder auch „VRP à carte unique", da er nur *eine* Karte vertritt.

Der „VRP exclusif" kommt dem gewöhnlichen Angestellten nahe. Weisungsrecht und Berichtspflicht können bei ihm ohne Problem durchgesetzt werden. Er gehört sozusagen zum festen Mitarbeiterstamm des Hauses. Zwischen ihm und dem „VRP multicartes" können Welten liegen. Alle beim Mehrfirmenvertreter bestehenden Probleme hinsichtlich Zielsetzung, Arbeitsorganisation, Tätigkeitskontrolle fallen bei ihm weg. Mit „VRP exclusif" kann man eine Verkaufskonzeption, eine straffe Besuchs- und Berichtsorganisation sowie gezielte Sonderaktionen jederzeit durchsetzen.

Aus Angst vor der Ausgleichszahlung versuchen viele Unternehmen, im Arbeitsvertrag den Begriff „VRP" zu vermeiden und durch andere Bezeichnungen wie „délégué commercial", „inspecteur régional" zu ersetzen. Sie meinen, damit könnten sie verhindern, daß der Vertreter „VRP"-Rechte erlangt.

Solche Versuche schlagen im Ernstfall fehl. Kommt es zur Auseinandersetzung, so prüft das Gericht, ob die vier Kriterien erfüllt sind oder nicht. Sind sie erfüllt, so werden die „VRP"-Vorschriften angewandt, egal, wie die Tätigkeit im Vertrag benannt ist.

Wichtig zu wissen, daß ein Einfirmen-VRP auch „cadre" sein kann (zum Begriff siehe Seite 112f.).

Die Kundenentschädigung

Nach Artikel L 751–9 des „code du travail" hat der „VRP" im Falle der Auflösung eines unbefristeten Vertrags durch den Arbeitgeber Anspruch auf Abfindung. Sie heißt „indemnité de clientèle" (Kundenentschädigung) und ist der Gegenwert, für den der „VRP" seine Kundschaft an das Unternehmen „zurückverkauft".

Der Anspruch entspricht zwingendem Recht. Ein Ausschluß des Anspruchs per Vertrag wäre nichtig, ebenso die vertragliche Fixierung eines bestimmten Höchstbetrages.

Als Faustregel für die Höhe der Entschädigung gelten eine bis eineinhalb Jahresprovisionen, berechnet aus dem Durchschnitt der letzten drei Jahre. Für die Berechnung des Anspruchs wird nur der umsatzabhängige Teil der Entlohnung herangezogen. Hat der „VRP" einen Teil seines Einkommens als Fixum erhalten, so bleibt dieser außer Betracht.

Die Berechnung erfolgt auf dem vom Vertreter erarbeiteten Umsatz*zuwachs* seit Vertragsbeginn, nicht auf dem Gesamtumsatz bei Vertragsende. Es empfiehlt sich, die zum Zeitpunkt des Vertragsbeginns bestehenden Kunden und Umsätze im Vertrag aufzuführen. Für einen „VRP", der wenig Umsatz macht, fällt die Entschädigung entsprechend niedrig aus. Außer Betracht bleiben ferner die Reisekosten. Waren diese nicht separat abgerechnet worden, sondern in der Provision enthalten, so ist von der Gesamtprovision die steuerliche Pauschale von dreißig Prozent abzuziehen.

Hat der Arbeitgeber durch Verkaufsförderungsaktionen zur Umsatzerhöhung in dem betreffenden Gebiet wesentlich beigetragen, etwa durch Messen, Vorführaktionen, Werbung, so werden die dafür entstandenen Kosten an der Entschädigung abgezogen, vorausgesetzt, man kann sie eindeutig nachweisen.

Oft wird die Abfindung dramatisiert. Man kann mit den obigen Angaben ungefähr ausrechnen, wieviel Angst man sich vor der Abfindung tatsächlich machen muß. Oft ist sie niedriger als befürchtet, wenn man alle betragsmindernden Argumente geltend macht.

Man kann auch nicht deswegen auf „VRPs" verzichten, weil sie später einmal den Abfindungsanspruch haben. Wenn sie gute Umsätze bringen, hat man ja auch den Nutzen davon.

Der Anspruch auf Entschädigung entsteht nicht bei

- Kündigung innerhalb der Probezeit
- Ausscheiden im gegenseitigen Einvernehmen
- Kündigung wegen schweren Verschuldens („faute grave")
- Kündigung durch den „VRP"
- Pensionierung des „VRP"
- Tod des „VRP"

Dagegen wird die Entschädigung fällig, wenn der Arbeitgeber den „VRP“ wegen Arbeitsunfähigkeit infolge Krankheit oder Unfall entlassen muß, ferner bei Nichtverlängerung eines befristeten Vertrags.

Ungenügende Umsatzzahlen, mangelhafte Prospektion oder sonstige in der Person des „VRP“ liegende Gründe, die den Arbeitgeber zur Kündigung veranlassen können, befreien nicht von der Zahlung, es sei denn, es läge schweres Verschulden vor, z. B. Übernahme einer Konkurrenzvertretung ohne Genehmigung, Verlust der Musterkollektion, Weigerung, Berichte einzureichen.

Wenn einem „VRP“ das Verkaufsgebiet reduziert wird, entsteht der Anspruch anteilig für den abgetrennten Gebietsanteil.

Der „VRP“-Vertrag

Für den Vertrag mit dem „VRP“ bestehen keine Formvorschriften. Die Schriftform ist empfehlenswert. Der Vertrag kann auf bestimmte oder unbestimmte Dauer abgeschlossen werden. Der unbefristete Vertrag ist die Regel.

Für den Vertrag kommen neben den Artikeln L 751-1-L bis 751-15 des Arbeitsgesetzes die für alle Arbeitnehmer anwendbaren Bestimmungen, insbesondere hinsichtlich des Kündigungsschutzes zur Anwendung.

„VRP“ und Rahmentarif

Eine Frage war lange, ob für die „VRP“ auch die Rahmentarifverträge (= „conventions collectives“) der von ihnen vertretenen Unternehmen anwendbar sind.

Für den Einfirmenvertreter gilt die „convention collective“ des Unternehmens. Beim Mehrfirmen-Vertreter ist dies nicht möglich, da er ja bei Vertretung mehrerer Unternehmen nicht mehreren unterschiedlichen Rahmentarifen gleichzeitig angehören kann. Das Problem ist teilweise gelöst, seitdem am 3. Oktober 1975 eine eigene „convention collective“ für die „VRP“ eingeführt worden ist. Sie ist für „Mehrfirmen-VRP“ in allen Branchen anwendbar, die im französischen Arbeitgeberverband vertreten sind mit Ausnahme einer Anzahl von Branchen, die dieser „convention“ ausdrücklich nicht beigetreten sind. Die Liste dieser Branchen ist in der Broschüre „Convention Collective Nationale des Voyageurs, Représentants et Placiers“ enthalten, die vom Verlag des „Journal Officiel“ herausgegeben wird. Für diese „ausgetretenen“ Branchen gilt der VRP-Rahmentarif von 1975 also nicht.

So ist jetzt in jedem Unternehmen nach seiner Branchenzugehörigkeit zu prüfen, welche „convention collective“ für die „VRPs“ anzuwenden ist. Gehört das Unternehmen einer „convention collective“ an, so ist diese nach mehreren Urteilen des Sozial-Berufungsgerichts auf die mitbeschäftigten *Mehrfirmen*-Vertreter *nicht* anwendbar, es sei denn, dies sei im Arbeitsvertrag ausdrücklich vereinbart. Die Folge ist, daß viele Mehrfirmenvertreter nach wie vor ohne Rahmentarif leben.

Der „VRP“-Rahmentarif sieht gegenüber den Artikeln L 751-1ff. des Arbeitsgesetzes eine Anzahl von Besserstellungen vor, insbesondere in folgenden Punkten:

- Möglichkeit der Bildung eigener Belegschaftsvertretungen und Betriebsräte;
- monatliche Provisionszahlungen;
- Unwirksamkeit von Delkredere-Haftungsklauseln;
- zusätzliche Familien-Urlaubstage[1];
- Krankengeld;
- Entlassungsentschädigung[2];
- Pensionsabfindung[3].

Probezeit und Kündigungsfrist

Für „VRP“ sehen weder die Artikel L 751ff. des Arbeitsgesetzes noch der „VRP“-Rahmentarif Bestimmungen über die Probezeit vor. Demnach gelten die allgemeinen Bestimmungen, wonach die Probezeit in der Regel drei Monate beträgt.

Die Kündigungsfrist ist gesetzlich geregelt. Sie beträgt übereinstimmend mit dem „VRP“-Rahmentarif mindestens

- einen Monat bis zu einem Jahr Betriebszugehörigkeit,
- zwei Monate bis zu zwei Jahren Betriebszugehörigkeit,
- drei Monate nach mehr als zwei Jahren Betriebszugehörigkeit,

jeweils gerechnet von Tag zu Tag, wie im allgemeinen Arbeitsrecht. Die (zulässige) Vereinbarung längerer Fristen sowie von Fristen zum Monats- oder Quartalsende kommt selten vor.

Konkurrenzverbot

Es kann im Vertrag festgehalten werden, daß der „VRP“ ausschließlich für *einen* Hersteller, also als „VRP exclusif“, tätig sein soll. Der Arbeitgeber kann bereits

1 Bis zu einem Jahr Betriebszugehörigkeit:
- 4 Tage bei Heirat
- 2 Tage bei Tod eines Kindes oder des Ehegatten
- 1 Tag bei Heirat eines Kindes
- 1 Tag bei Tod eines Elternteils.

Nach einem Jahr Betriebszugehörigkeit:
- 4 Tage bei Heirat
- 3 Tage bei Tod eines Kindes oder des Ehegatten
- 2 Tage bei Heirat eines Kindes
- 2 Tage bei Tod eines Elternteils
- 2 Tage bei Tod von Schwiegereltern.

2 0,20 bis 1,0 Monatsgehälter pro Jahr je nach Betriebszugehörigkeit.

3 0,20 bis 4,0 Monatsgehälter pro Jahr je nach Betriebszugehörigkeit.

vorhandene Vertretungen dulden; er sollte das in diesem Fall mit deren namentlicher Nennung im Vertrag fixieren. Der Vertreter ist dann „VRP multicartes". Die etwaige Übernahme zusätzlicher Vertretungen kann der Hersteller verbieten oder von seiner vorherigen Zustimmung abhängig machen. Insbesondere kann im Vertrag vereinbart werden, daß der „VRP" keine Konkurrenzvertretung übernehmen darf.

Für die Zeit nach Vertragsbeendigung kann ein Wettbewerbsverbot (= „interdiction de concurrence") vereinbart werden. Ist die „convention collective" der „VRP" anwendbar, so gilt das Verbot nur bei zeitlicher Beschränkung auf höchstens zwei Jahre und bei Begrenzung auf die tatsächlich bearbeiteten Gebiete und Kundengruppen. Als Gegenleistung ist dem „VRP" eine Entschädigung zu zahlen, die ein Drittel der letzten Durchschnittsbezüge beträgt, wenn das Verbot ein Jahr – bzw. zwei Drittel, wenn es zwei Jahre – gelten soll. Hat der Vertreter gekündigt, so ermäßigen sich die Beträge auf jeweils die Hälfte. Der Arbeitgeber kann innerhalb von 15 Tagen nach der Kündigung auf die Einhaltung des Wettbewerbsverbots verzichten und wird dann von der Pflicht zu zahlen befreit.

Ist die „convention collective" der „VRP" nicht anwendbar, so ist das Wettbewerbsverbot auch ohne Vereinbarung einer pekuniären Gegenleistung zulässig. Eine genaue Bestimmung über dessen zeitliche Begrenzung besteht für diesen Fall nicht. Gehört der „VRP exclusif" aber statt dessen der „convention collective" eines Unternehmens an, so gelten die dortigen Bestimmungen.

Entlohnung

Der „VRP", gleichgültig ob „exclusif" oder „multicartes", kann ein Fixum oder eine Provision oder ein Fixum plus Provision erhalten. Vorschriften darüber bestehen nicht. Die Art der Provision ist nirgends definiert. Meistens wird ein Prozentsatz auf den Umsatz gezahlt. Doch wären auch Provisionen auf die Bruttospanne oder auf Deckungsbeiträge zulässig. Zusätzlich können Zielerreichungsprämien, Akquisitionsprämien, Prämien auf besondere Verkaufsleistungen usw. vereinbart werden.

Üblich ist, für die erste Zeit des Vertrags, zum Beispiel während eines Jahres, eine Mindestprovision zu garantieren. Umsätze mit bestimmten Kundengruppen, zum Beispiel Einkaufszentralen, Großabnehmern, kann man vertraglich aus der Provisionsbasis ausschließen. Es kann vereinbart werden, daß die Provisionsberechnung nur auf den Zahlungs*eingang* erfolgt und daß Forderungsausfälle an der Provisionsbasis abgesetzt werden. Die Provisionszahlung muß mindestens alle drei Monate erfolgen.

Reisekosten

Der Ersatz der Reisekosten kann gegen Beleg oder durch pauschale Tagessätze erfolgen. Beim „Mehrfirmen-VRP" wird man den Spesenanteil mit dem Provisionssatz entgelten. Beim „Exklusiv-VRP" wie beim Angestellten ist die Abrechnung nach Beleg vorzuziehen, da sie eine bessere Kontrolle ermöglicht. Sie ist die gebräuchlichste Methode. Andererseits verursacht sie mehr Arbeitsaufwand. Man kann die zu wählende Hotelkategorie im Vertrag vorschreiben. Nicht immer und nicht an allen Orten wird der Vertreter innerhalb der fixierten Grenzen bleiben können. Hier sollte eine gewisse Flexibilität walten, wenn der Mann sonst insgesamt im Rahmen bleibt.

Als Anhaltspunkt für eine pauschale Abgeltung der Hotel- und Restaurant-Kosten können die von der Sozialversicherung als beitragsfrei anerkannten Höchstsätze herangezogen werden[4]. Die tatsächlichen Kosten werden jedoch meist höher liegen, so daß sich eine Abrechnung gegen Beleg empfiehlt. Die Kosten sind dann in voller Höhe steuerlich und sozialversicherungsrechtlich abzugsfähig, es sei denn, sie lägen offensichtlich über dem Normalen. Dagegen sind pauschale Abgeltungen nur bis zur Höhe der festgesetzten Grenzen abzugsfähig.

Hinsichtlich des Kraftfahrzeugs besteht keine einheitliche Regelung. Es kann vertraglich vereinbart werden, ob der Vertreter einen Firmenwagen erhält oder ob er gegen Kostenerstattung sein Privatfahrzeug benutzen soll. Die Erstattung erfolgt meist in Form eines Kilometergelds, das frei vereinbart werden kann, jedoch nur innerhalb einer bestimmten Höchstgrenze steuerlich und sozialversicherungsrechtlich abzugsfähig ist. Ersetzt der Arbeitgeber sämtliche Kosten, so besteht die Wahrscheinlichkeit, daß Finanzamt und Sozialversicherung die Gesamtkosten als abzugsfähig anerkennen, wenn sie aufgrund der Belege einwandfrei nachgewiesen werden können.

Bei seiner Einkommensteuererklärung hat der „VRP“ die Wahl, entweder sein Gesamteinkommen einschließlich Kostenersatz zu deklarieren und hiervon eine Zusatzpauschale von 30 Prozent abzuziehen oder lediglich seine Nettobezüge ohne Kostenersatz und ohne Abzug der 30-Prozent-Pauschale anzugeben, je nachdem, was er für günstiger erachtet.

Urlaub

Wie jeder Arbeitnehmer hat der „VRP“ Anspruch auf bezahlten Jahresurlaub, und zwar nach den neuen gesetzlichen Bestimmungen 5 Wochen zu 6 Werktagen, das sind 30 Werktage einschließlich der Samstage. Für diese Zeit hat er neben seiner eventuell ohnehin entstehenden Provision Anspruch auf ein Zehntel seines letzten durchschnittlichen Jahreseinkommens.

Sozialversicherung

Die „VRP“ unterliegen der gesetzlichen Sozialversicherung und der Arbeitslosenversicherung. Für den „VRP exclusif“ übernimmt der Allein-Arbeitgeber die Formalitäten der Anmeldung und der Beitragsabführung. Der „VRP multicartes“ hat sich darum selber zu kümmern. Seine Beiträge gehen an eine zentrale Berufs-Ausgleichsklasse („IRPVRP“), die den Arbeitgebern die aus dem Provi-

4 1989: 298 F pro Übernachtung, 74,50 F pro Mahlzeit für Angestellte und „VRP“ mit „cadre“-Status bzw. 239 F und 59,75 F für Mitarbeiter, die nicht „cadre“ sind.

sionsanteil der verschiedenen Firmen errechneten Beitrags-Anteile mitteilt.

Ein ausländischer Arbeitgeber ohne Firmensitz in Frankreich kann einen in Frankreich ansässigen Ein- oder Mehrfirmen-VRP einstellen. Nach herrschender Auffassung kommt dafür französisches Recht zur Anwendung. Bei diesem Vertragsverhältnis muß der „VRP" neben dem Arbeit*nehmer*- auch den Arbeit*geber*anteil zur Sozialversicherung abführen.

Kündigung

Wird ein „VRP" 65 Jahre alt, so wird er nicht automatisch pensioniert. Er kann theoretisch bis an sein Lebensende in Tätigkeit bleiben. Will sich ein Arbeitgeber von seinem 65jährigen oder älteren „VRP" trennen, so muß er ihm formgerecht kündigen. Hierbei sind die Vorschriften des Arbeitsrechts einzuhalten. Die Einzelheiten stehen im Kapitel Arbeits- und Sozialrecht (Seite 124ff.).

Auseinandersetzungen aus einem „VRP"-Vertrag werden, wenn nichts anderes vereinbart ist, vor dem Arbeitsgericht (= „conseil de prud'hommes") des Wohnorts des „VRP" ausgetragen. Doch kann der „VRP" auch das Arbeitsgericht am Firmensitz des Arbeitgebers anrufen.

Gekündigte „VRPs" die aus irgendeinem Grunde nicht in den Genuß einer Kündigungsentschädigung kommen, haben statt dessen Anspruch auf Kündigungsentschädigung (= „indemnité de licenciement") wie normale Arbeitnehmer, außer wenn die Entlassung wegen schweren Verschuldens erfolgt ist. Die Höhe richtet sich nach der Betriebszugehörigkeit.

Die gesetzliche Mindestentschädigung beträgt ein Zehntel des letzten Durchschnitts-Monatseinkommens pro Jahr bis zu zehn Jahren Betriebszugehörigkeit, darüber zusätzlich ein Fünfzehntel pro Jahr. Im Fall der Anwendbarkeit einer „convention collective" gelten die dort vorgesehenen Kündigungsentschädigungen.

Die „convention collective" der „VRP" sieht ab mindestens zweijähriger Betriebszugehörigkeit vor:

Bis zu drei Jahren Betriebszugehörigkeit:	15 Prozent eines Monatseinkommens pro Jahr.
Von drei bis zehn Jahren Betriebszugehörigkeit:	20 Prozent eines Monatseinkommens pro Jahr.
Von zehn bis fünfzehn Jahren Betriebszugehörigkeit:	25 Prozent eines Monatseinkommens pro Jahr.
Ab fünfzehn Jahren Betriebszugehörigkeit:	30 Prozent eines Monatseinkommens pro Jahr,

bis zu einem Höchstbetrag von 6,5 Monatseinkommen. Nach dieser „convention" hat der „VRP" außerdem noch Anspruch auf eine Sonderentschädigung, falls er auf die ihm zustehende Kundenentschädigung verzichtet.

Der freie Handelsvertreter (= „agent commercial“)

Definition und Rechtsgrundlagen

Wörtlich übersetzt heißt „agent commercial“ Handelsagent. Es handelt sich um den sogenannten „freien“ Handelsvertreter, „der als gewöhnliche Berufstätigkeit und als Selbständiger Käufe, Verkäufe, Vermietungen oder Dienstleistungen im Namen und für Rechnung eines Herstellers oder Händlers vermittelt oder abschließt, ohne durch einen Dienstvertrag an diesen gebunden zu sein“.

Diese Definition steht in Artikel 1, Absatz 1, eines Dekrets vom 23. Dezember 1958 über die Handelsvertreter. Dieses Dekret war seinerzeit aus dem allgemeinen Auftragsrecht des Bürgerlichen Gesetzbuchs (= „code civil“) herausgelöst worden, nachdem die Tätigkeit des freien Handelsvertreters zunehmend an Bedeutung gewonnen hatte. Als isolierter Gesetzestext steht es heute zwischen dem Bürgerlichen Recht und dem Handelsrecht.

Der Handelsvertretervertrag wird jedoch nach wie vor als Vertrag bürgerlichen Rechts angesehen und vor der Zivilrechtsprechung verhandelt, nicht vor den Handelsgerichten. Der „agent commercial“ wird nämlich durch seine Tätigkeit nicht Kaufmann, sondern bleibt Beauftragter („mandataire“) nach Bürgerlichem Recht.

Er kann jedoch unter bestimmten Bedingungen die Kaufmannseigenschaft erlangen, etwa, wenn er gleichzeitig ein Konsignationslager unterhält. Er kann seine Tätigkeit als natürliche, aber auch als juristische Person ausüben, etwa in Form einer Handelsgesellschaft. In letzterem Fall ist er ohnehin Kaufmann und kann dann zwischen der zivilen und der Handelsgerichtsbarkeit wählen.

Der „agent commercial“ entspricht dem freien Handelsvertreter nach §§ 84 ff. des deutschen Handelsgesetzbuches. Er ist wie dieser selbständig, nicht weisungsgebunden, erhält für seine Tätigkeit eine Provision und hat im Falle der Vertragsbeendigung durch den Hersteller Anspruch auf eine Abfindung. Er vermittelt oder schließt Aufträge für Dritte ab, kauft und verkauft also nicht im eigenen Namen oder für eigene Rechnung. Seine Tätigkeit übt er im gemeinsamen Interesse (= „dans l'intérêt commun“) der Parteien aus.

Er kann für mehrere Firmen tätig sein und seine Arbeit frei organisieren. Es ist ihm nicht untersagt, auch Geschäfte auf eigene Rechnung zu tätigen. Er kann Mitarbeiter („Untervertreter“) beschäftigen und trägt seine Kosten einschließlich seiner Sozialversicherungsbeiträge selbst. Er braucht jedoch die Handelsvertretertätigkeit nicht permanent auszuüben; sie braucht auch nicht seine Hauptaktivität zu sein. Doch muß er sich vor Aufnahme der Tätigkeit in ein spezielles Register der Handelsvertreter („registre spécial“) beim Handelsgericht eintragen lassen.

Vertragsform und -inhalt

Das Dekret von 1958 sieht für den Handelsvertretervertrag die Schriftform als obligatorisch vor. Ein schriftlicher Vertrag ist ohnehin notwendig für die Eintragung in das „registre spécial". Es ist zweckmäßig, im Vertrag auf das Dekret Bezug zu nehmen.

Frei vereinbart werden können: Die zu verkaufenden Produkte, das Verkaufsgebiet, die zu bearbeitenden Kundengruppen, Exklusivität, Delkrederehaftung sowie eine Konkurrenzklausel, wonach der Handelsvertreter während der Vertragsdauer und für eine begrenzte Zeit danach ohne vorherige Zustimmung des Herstellers („Auftraggebers" = „mandataire") keine Konkurrenzvertretung übernehmen darf.

Eine solche Klausel bietet indessen keine hundertprozentige Sicherheit, denn nach Artikel 2 des Dekrets braucht der Vertreter über neue Vertretungen keine Rechenschaft abzulegen.

Eine Kündigungsfrist ist im Dekret nicht vorgesehen. Sie kann im Vertrag frei festgelegt werden. Eine Frist von sechs Monaten kann als Anhaltspunkt genommen werden. Der Abschluß befristeter Verträge ist möglich.

Die Einrichtung eines Konsignationslagers, die Erbringung bestimmter Dienstleistungen und die Auflage einer gewissen Berichterstattung können vereinbart werden. Der Ausdruck „gewisse Berichterstattung" ist mit Bedacht gewählt. Es heißt nämlich im Dekret, der „agent commercial" übe sein Mandat zwar im gemeinsamen Interesse, aber auf unabhängige Weise aus. Da käme man mit einer Forderung nach detaillierten Wochenberichten nicht weit.

„Agents commerciaux" legen auf ihre Unabhängigkeit größten Wert und weisen meist jeden Versuch des Herstellers, Einfluß zu nehmen oder Kontrollen durchzusetzen, mit Nachdruck zurück. Insbesondere rücken sie ungern Informationen über Markt und Kundschaft heraus.

Ausgleichsanspruch

Wird ein unbefristeter Vertrag durch den Hersteller gekündigt, ohne daß ein Verschulden des Handelsvertreters vorliegt, so hat dieser einen Ausgleichsanspruch („indemnité compensatrice du préjudice subi"), auch wenn die Kündigung fristgemäß erfolgt.

Dieser Anspruch kann nicht vertraglich ausgeschlossen oder auf einen bestimmten Betrag begrenzt werden. Die Ausgleichssumme kann im Zeitpunkt der Vertragsauflösung im gemeinsamen Einvernehmen festgelegt werden. Wird keine Einigung erzielt, so setzt das Gericht den Betrag fest. Eine Berechnungsformel gibt es nicht. Als Faustregel gelten zwei durchschnittliche Jahresprovisionen. Der umgekehrte Fall, daß ein Handelsvertreter kündigt und dem Hersteller zum Ersatz des entsprechenden Schadens verpflichtet ist, ist in der Rechtsprechung ebenfalls anerkannt.

Enthält ein befristeter Vertrag keine Klausel über eine stillschweigende oder ausdrückliche Verlängerung, so wird der Auftraggeber bei Fristablauf entschädigungslos frei.

Der „mandataire libre“

Der Vollständigkeit halber sei noch der „mandataire libre“ oder „mandataire de droit commun“ erwähnt. Es handelt sich um einen freien Beauftragten nach Bürgerlichem Recht („code civil“), der die gleiche Tätigkeit ausüben kann wie der „agent commercial“, ohne jedoch dem Dekret von 1958 zu unterliegen. Die wichtigste Unterscheidung ist, daß für ihn die Schriftform für den Vertrag und die Eintragung in das Spezialregister beim Handelsgericht nicht vorgeschrieben sind. Der „mandataire libre“ kommt in der Praxis nur für fallweise Einsätze in Betracht. Eine Kündigungsfrist oder Abfindung ist nicht vorgesehen. Es kann in bestimmten Fällen interessant sein, für zeitlich befristete Vertretungstätigkeiten sich des „mandataire libre“ zu bedienen.

Anwendbares Recht

Für Handelsvertreterverträge in Frankreich kommt gewöhnlich das Recht des Landes zur Anwendung, in dem die Vertretung ausgeübt wird, in unserem Falle also französisches Recht. Ein Hersteller aus der Bundesrepublik kann aber mit seinem französischen Handelsvertreter einen Vertrag nach deutschem Recht, also nach §§ 84ff. HGB vereinbaren, falls der französische Vertragspartner akzeptiert. Doch wird ein des Dekrets von 1958 kundiger „agent commercial“ dafür sorgen, daß in einem solchen Vertrag die ihn besser stellenden Klauseln des Dekrets aufgenommen werden, insbesondere was seine Unabhängigkeit und den nicht ausschließbaren Ausgleichsanspruch betrifft.

Man kann versuchen, einen deutschen Gerichtsstand zu vereinbaren. Doch kann der Handelsvertreter trotzdem versuchen, in Frankreich zu klagen. Man kann nicht als sicher annehmen, daß das französiche Gericht die Klage in einem solchen Fall an das deutsche Gericht verweist.

Der Vertriebshändler

Definition und Rechtsgrundlagen

Wie im Kapitel „Verkaufen in Frankreich“ beschrieben, kann ein Hersteller unter bestimmten Umständen ein Interesse daran haben, nicht für den ganzen französischen Markt eigene Vertreter („VRP exclusifs“ oder „multicartes“) oder freie Handelsvertreter einzusetzen, sondern einzelne Gebiete oder auch ganz Frankreich mit Händlern abzudecken.

Der Händler ist im Gegensatz zum „VRP" oder zum „agent commercial" Kaufmann. Anders als jene handelt er im eigenen Namen und für eigene Rechnung; er kauft die Ware ein, erwirbt Eigentum daran und verkauft sie weiter. Insoweit tritt er wie ein Kunde auf, der das freie Verfügungsrecht an der eingekauften Ware erwirbt.

Unterhält der Hersteller mit einem oder beliebig vielen Händlern normale Lieferanten-Kunden-Beziehungen, ohne daß hierüber besondere Absprachen bestehen, so richten sich die rechtlichen Beziehungen nach dem Recht des Kaufvertrags (Seite 175ff.). In dieser allgemeinen Form nennt man den Händler „revendeur" „grossiste", „distributeur". Worauf es ankommt ist, daß der Händler möglichst viele Bestellungen erteilt und die gekaufte Ware an seine Kundschaft weiterverkauft.

Der Hersteller wird nun bestrebt sein, diesen Händlerumsatz und damit seinen eigenen nach Kräften zu fördern. Wie schwierig das ist, weiß jeder, der in Frankreich und anderswo mit Wiederverkäufern arbeitet. Er wird also versuchen, die Händler für seine Produkte besonders zu interessieren, sie bei deren Verkauf zu unterstützen und mit ihnen hierüber bestimmte Absprachen zu treffen. Dies wird nicht bei sämtlichen Händlern wünschenswert oder durchsetzbar sein. Man wird dafür nur diejenigen ins Auge fassen, die für die Betreuung des Produkts besonders geeignet scheinen.

Vertriebshändlerverträge

Damit betreten wir das Gebiet der „contrats de distribution", der Vertriebshändlerverträge. Gesetzgeber und Rechtsprechung haben sich mit diesem Thema intensiv befaßt und die Grenzen abgesteckt, innerhalb deren Händlerverträge zulässig sind.

Die Vertragsfreiheit endet dort, wo sie die freie Konkurrenz beeinträchtigt. Die Hauptsünden wider die freie Konkurrenz sind die Verweigerung des Verkaufs (= „refus de vente"), das Praktizieren unzulässiger Preise (= „prix illicites"), insbesondere das Verkaufen mit Verlust (= „vente à perte") und die Preisbindung durch den Hersteller (= „prix imposés"), ferner unwahrheitsgetreue Werbung sowie bestimmte Preis- und Werbeaktionen im Einzelhandel. Verkaufsverweigerung und Verkauf zu unzulässig hohen oder niedrigen Preisen gelten als strafrechtliche Delikte und werden mit Haft- und/oder Geldstrafen geahndet.

Der Leser mag denken, Hauptanliegen des Unternehmers sei doch, so viel wie möglich zu verkaufen und die bestmöglichen Preise zu erzielen und nicht den Verkauf zu verweigern oder mit Verlust zu verkaufen. Ferner wird man sagen, in einer Wirtschaft mit freier Konkurrenz sei gerade die freie Gestaltung der Preise das natürlichste Mittel der Marktregulierung. Frankreich will jedoch den traditionellen Handel vor übermächtiger Konkurrenz schützen. Hierzu wurde ein eigenes Gesetz zur Neuorientierung des Handels („Loi Royer") geschaffen.

Verkaufsverweigerung ist überall dort ein Thema, wo ein Hersteller mit ausgewählten Händlern bevorzugte Beziehungen unterhält, wo also Exklusivität beabsichtigt ist. Sie liegt vor, „wenn ein Hersteller oder Händler ablehnt, normale Kaufwünsche von gutgläubigen Käufern im Rahmen seiner Verfügbarkeit und innerhalb der Handelsbräuche zu befriedigen".

Diese Definition steht in einer Grundsatzverordnung aus dem Jahre 1945. Arbeitet ein Hersteller vertraglich nur mit bestimmten Händlern, so kann er sich des „refus de vente" schuldig machen, sobald er die Anfragen eines anderen Händlers nicht befriedigt. Jener kann, unbeschadet strafrechtlicher Verfolgung, auf Nichtigkeit der Exklusivität klagen.

Die Frage der Gebiets-Exklusivität wurde durch ein Urteil des Handels-Berufungsgerichts vom 16. Februar 1983 neu aufgeworfen. Danach wurde der parallele Import eines bestimmten Markenerzeugnisses durch einen freien Händler nicht als unlauterer Wettbewerb angesehen, obwohl ein Konkurrenzunternehmen für dieses Erzeugnis die Exklusivität für ganz Frankreich hatte.

Unter diesem Aspekt wird die ohnehin fragliche Exklusivität noch fragwürdiger. Viele Hersteller werden noch mehr davon Abstand nehmen. In der Tat nützt ja die schönste Exklusivität nichts, wenn der, dem man sie gewährt, nichts dafür tut.

Das Prinzip der Vertriebsexklusivität wird indessen unter bestimmten Bedingungen anerkannt. So gilt die Verkaufsverweigerung als zulässig, wenn ein anfragender Händler nicht über die erforderliche berufliche Qualifikation und die notwendigen Mittel und Einrichtungen verfügt.

Es wird als gerechtfertigt angesehen, daß ein Vertriebshändler für den Verkauf qualitativ hochwertiger, technisch anspruchsvoller, erklärungs- und kundendienstbedürftiger Markenprodukte fachliche, wirtschaftliche und organisatorische Mindestvoraussetzungen erfüllen muß. Leitgedanke ist, für den Endverbraucher die bestmögliche Verkaufs- und Dienstleistungsqualität sicherzustellen. Das reduziert die Zahl der Händler zwangsläufig. Die Auswahl darf nicht willkürlich erfolgen; sie muß nach sachlichen Kriterien eindeutig nachweisbar sein.

Die Formen des Vertriebshändlers

Man unterscheidet drei Arten von Vertriebshändlern: Den „distributeur agréé", den „concessionnaire exclusif" und den Franchise-Händler.

Der *„distributeur agréé"*, zu deutsch „zugelassener Vertriebshändler", ist sozusagen ein „einfacher" Konzessionär ohne Exklusivität. Der Hersteller vertraut ihm den Verkauf seiner Erzeugnisse bevorzugt an, beschirmt ihn mit dem Ruf seiner Marke, gewährt ihm Verkaufsförderung und Zugang zu seinem Know-how. Dafür behält er sich vor, auf Art und Organisation des Verkaufs Einfluß zu nehmen und die Tätigkeit des Händlers zu überwachen. Dieser hat insbesondere die technischen Weisungen des Herstellers einzuhalten. Der „distributeur agréé" ist nicht verpflichtet, ausschließlich die Marke des Herstellers zu führen. Umgekehrt kann dieser das „agrément" jederzeit wieder entziehen und jederzeit auch andere Händler des gleichen Bezirks beliefern oder zu „distributeurs agréés" machen. Es handelt sich also um eine lockere Zusammenarbeitsvereinbarung, die weniger von Rechten und Pflichten als vom guten Willen beider Partner getragen wird.

Der *„concessionnaire exclusif“*, der „Exklusiv-Vertragshändler“, ist wesentlich enger an den Hersteller gebunden. Er darf keine Konkurrenzerzeugnisse führen und hat ein fest begrenztes Verkaufs- bzw. Einzugsgebiet zu respektieren. Dafür verpflichtet sich der Hersteller, für die im Vertrag genannten Erzeugnisse in diesem Gebiet nicht direkt oder über andere Händler tätig zu werden. Der Hersteller kann sich also nur mit einer begrenzten Zahl von Konzessionären verbinden. Oft haben deutsche Hersteller nur einen einzigen Konzessionär für ganz Frankreich und nennen ihn Alleinvertreter oder Generalimporteur.

Der Gesetzgeber ist gegenüber Konzessionärsverträgen wachsam und mißtrauisch. Sie schließen den Markt ab und verhindern die freie Konkurrenz. Jeder Nicht-Konzessionär sieht sich gegenüber einem Hersteller, der nur über Konzessionäre verkauft, vor dem „refus de vente“. Solche Verträge müssen demzufolge sorgfältig formuliert werden. Sie sollten vor allem folgende Bestimmungen enthalten:

- Gegenseitige Verpflichtung zur Begrenzung der Handlungsfreiheit: Der Hersteller darf nur an den Konzessionär verkaufen, der Konzessionär darf keine Konkurrenzprodukte verkaufen.
- Genaue Definition der Produkte und des Verkaufsgebiets.
- Freie Gestaltung des Verkaufspreises durch den Konzessionär: Der Hersteller darf dem Konzessionär keine Bindung des Endverbraucherpreises auferlegen und insbesondere keinen Mindestpreis vorschreiben; eine solche Klausel wäre nichtig; dagegen ist die Festlegung eines „empfohlenen Endverkaufspreises“ zulässig (= „prix de vente conseillé“).
- Verbesserung der Dienstleistung an den Verbraucher: Diese wesentliche Klausel zielt auf einen fachgemäßen Verkauf, für den die Qualifikation des Konzessionärs Voraussetzung ist.

Ein Rundschreiben der Konkurrenzbehörde von 1960 (das sogenannte „circulaire Fontanet“) enthält die grundlegenden Bestimmungen zu diesem Fragenkomplex. Sie laufen darauf hinaus, daß Konzessionärsverträge in keinem Fall in der Absicht abgeschlossen werden dürfen, die Rechte Dritter auf dem freien Markt einzuschränken.

Dabei scheint man hauptsächlich an Marktbeherrschungsabsichten der Hersteller gedacht zu haben. Deutschen Unternehmen, die in Frankreich verkaufen wollen, tritt das Problem meist umgekehrt entgegen, daß nämlich der Konzessionär durch Exklusivität den Markt für sich abriegeln will. Manchmal ist dadurch der gesamte französische Markt auf diese Weise blockiert. Daß der Gesetzgeber den Hersteller für den Sündenbock hält, ist bezeichnend für die französische Auffassung der Beziehungen zwischen Herstellern und Händlern.

Der *Franchise-Händler* (= „le franchisé"[5]) ist die Endstufe der Integration eines Händlers in das Vertriebsnetz des Herstellers. Er handelt bis in Einzelheiten der Verkaufsarbeit nach den Vorschriften des Herstellers mit dessen voller Unterstützung bei der Gestaltung der Verkaufsräume, der Werbung, der Verkaufsargumentation. Dafür erwirbt der selbständig bleibende Händler das Recht, unter dem Firmen- oder Markennamen des Herstellers aufzutreten, der dafür eine Franchise-Gebühr erhebt.

Vertragsinhalt

Im Rahmen der obigen Grenzen können in Vertriebshändlerverträgen Klauseln über die gegenseitigen Pflichten, Leistungen und Unterstützungsmaßnahmen beliebig vereinbart werden. Der Hersteller kann sich zum Beispiel verpflichten zur Gewährung von Darlehen, Überlassung von Vorführ- oder Verkaufspersonal sowie von Einrichtungsgegenständen und Werbemitteln, ferner zur Schulung der Händler-Mitarbeiter. Der Konzessionärvertrag kann auch eine Preis-Index-Klausel über den Verkaufspreis des Herstellers enthalten: Der Index muß jedoch mit der geschäftlichen Aktivität beider Parteien in Zusammenhang stehen.

Dagegen darf der Hersteller dem Konzessionär keine bindende Verkaufspreisliste vorschreiben. Ein solcher Tarif würde nur anerkannt als Grundlage für die Berechnung der Händler-Spanne und gilt dann als empfohlener Verkaufspreis (= „tarif conseillé").

Ferner kann der Vertrag einen Katalog der Händlerpflichten enthalten. Dazu zählt zum Beispiel die Führung eines Lagers. Es empfiehlt sich, schon bei Vertragsabschluß daran zu denken, was bei Auflösung des Vertrags mit dem Lagerbestand geschehen soll. Vereinbart werden kann ferner ein Konkurrenzverbot für die Zeit nach Vertragsbeendigung; es muß jedoch zeitlich und gebietsmäßig begrenzt sein.

Vertriebshändlerverträge können befristet oder unbefristet abgeschlossen werden. Befristete Verträge mit Exklusivitätsklausel können höchstens für zehn Jahre abgeschlossen werden ohne Verlängerungsanspruch für den Händler. Werden sie für einen längeren Zeitraum befristet abgeschlossen, so gelten sie vom zehnten Jahr an als unbefristet. Eine Verlängerung per Vertrag ist möglich. Ein befristeter Vertrag kann vorzeitig aufgelöst werden, wenn entsprechende Vertragsklauseln dies vorsehen. Andernfalls ist die vorzeitige Auflösung nur durch Gerichtsbeschluß möglich.

Unbefristete Verträge können jederzeit von beiden Parteien gekündigt werden. Vorschriften über eine einzuhaltende Kündigungsfrist bestehen nicht. In der Regel wird man aber eine Frist vereinbaren, zum Beispiel sechs Monate. Ebenso ist eine Probezeit möglich, deren Dauer frei vereinbart werden kann.

---

5 Nach einem Erlaß von 1973 wurde der englische Begriff „franchising" durch „franchisage" ersetzt. Der Franchise-Geber heißt „le franchiseur", der Franchise-Nehmer „le franchisé".

Im Gegensatz zum VRP und zum Handelsvertreter („agent commercial“) hat der Vertriebshändler keinen gesetzlichen Anspruch auf Abfindung bei Vertragsauflösung. Wiederholte Ansätze des Gesetzgebers in dieser Richtung sind bisher ohne Ergebnis geblieben. Im Vertrag kann jedoch die Zahlung von Schadenersatz vereinbart werden. Jedem Vertragshändler steht ferner die Möglichkeit offen, im Gerichtswege Schadenersatz zu fordern. Davon macht er normalerweise auch Gebrauch.

Die Bestimmung der Vertreterart (Merkmalstabelle)

Ist man im ungewissen, mit welcher Art von Vertreter man es zu tun hat, so fragt man am einfachsten die einzelnen Merkmale ab und stellt fest, was er danach sein oder nicht sein kann. Im Eliminationsverfahren kann man dann stufenweise darauf schließen, welche Vertreterart vorliegt. Die Merkmalstabelle auf den beiden folgenden Seiten ist als Hilfsmittel dafür gedacht.

Es schließen sich aus:

- daß ein Vertreter
  - einen Anstellungsvertrag hat (als angestellter Reisender oder als VRP) und gleichzeitig
  - Untervertreter beschäftigt,
  - Geschäfte auf eigene Rechnung und in eigenem Namen tätigt,
  - für ein anderes Unternehmen als „agent commercial“ tätig ist,
  - nicht pflichtsozialversichert ist;
- daß ein „agent commercial“ gleichzeitig
  - beim vertretenen Unternehmen Angestellter ist,
  - in der Sozialversicherung der Arbeitnehmer pflichtversichert ist,
  - bezahlten Tarifurlaub oder Krankengeld erhält.

Es schließen sich *nicht* aus:

- daß ein „agent commercial“
  - in Form einer Handelsgesellschaft tätig ist,
  - gleichzeitig Geschäfte auf eigene Rechnung und im eigenen Namen tätigt,
  - Untervertreter beschäftigt.

Der Vertreter	*Vertreter ist oder kann sein*	*Vertreter kann nicht sein*
ist pflichtsozialversichert, Firma zahlt Arbeitnehmerbeiträge	angestellter Reisender, VRP exclusif oder multicartes	agent commercial, Vertriebshändler[1]
ist nicht pflichtsozialversichert, Firma zahlt keine Arbeitnehmerbeiträge	agent commercial, Vertriebshändler	angestellter Reisender, VRP exclusif oder multicartes
hat Untervertreter	agent commercial, Vertriebshändler	angestellter Reisender, VRP exclusif oder multicartes
hat einen Arbeitsvertrag	angestellter Reisender, VRP exclusif oder multicartes	agent commercial, Vertriebshändler
kauft und verkauft auf eigene Rechnung	Vertriebshändler	angestellter Reisender, VRP exclusif oder multicartes, agent commercial
hat eine eigene Firma	agent commercial, Vertriebshändler	angestellter Reisender, VRP exclusif oder multicartes
vertritt noch andere Hersteller	VRP multicartes, agent commercial, distributeur agréé (nicht exclusif)	angestellter Reisender, VRP exclusif, Konzessionär
vertritt nur unsere Firma	angestellter Reisender, VRP exclusif, agent commercial[2], Konzessionär	VRP multicartes, distributeur agréé
hat eine VRP-Karte[3] (carte d'identité professionnelle)	VRP exclusif oder multicartes	agent commercial, Vertriebshändler
ist als Firma im Handelsregister eingetragen und hat eine R.C.S.-Nummer (9stellig)	agent commercial, Vertriebshändler	angestellter Reisender, VRP exclusif oder multicartes
erhält ein Gehalt	angestellter Reisender, VRP exclusif oder multicartes[4]	agent commercial, Vertriebshändler

Der Vertreter	*Vertreter ist oder kann sein*	*Vertreter kann nicht sein*
erhält Umsatzprovision	angestellter Reisender, VRP exclusif oder multicartes, agent commercial	Vertriebshändler[5]
ist im Register für Handelsvertreter eingetragen (registre spécial des agents commerciaux)	agent commercial, Vertriebshändler[6]	angestellter Reisender, VRP exclusif oder multicartes
hat Gebietschutz (Exklusivität)	VRP exclusif oder multicartes, agent commercial, Konzessionär	angestellter Reisender, distributeur agréé
führt auch Konkurrenzprodukte	VRP multicartes[7], distributeur agréé oder normaler Händler	angestellter Reisender, VRP exclusif, Konzessionär
hat gesetzlichen Anspruch auf Abfindung bei Kündigung	VRP exclusif oder multicartes, agent commercial	angestellter Reisender, Vertriebshändler
ist eine juristische Person (Handelsgesellschaft)	agent commercial, Vertriebshändler	angestellter Reisender, VRP exclusif oder multicartes
hat *gesetzliche* Kündigungsfrist	angestellter Reisender, VRP exclusif oder multicartes	agent commercial, Vertriebshändler
hat vertragliche Kündigungsfrist	angestellter Reisender[8], VRP exclusif oder multicartes[8], agent commercial, Vertriebshändler	–
erhält bezahlten Tarifurlaub	angestellter Reisender, VRP exclusif oder multicartes	agent commercial, Vertriebshändler
ist eine natürliche Person	angestellter Reisender, VRP exclusif, agent commercial	Vertriebshändler

Anmerkungen zur Merkmalstabelle

1 Der Begriff Vertriebshändler umfaßt den „distributeur agréé" und den „concessionnaire exclusif". Bei Merkmalen, wo dies von Bedeutung ist, wird ausdrücklich zwischen beiden unterschieden, sonst nicht.
2 Der agent commercial kann theoretisch auch nur für *einen* Hersteller tätig sein.
3 Dieses Merkmal gilt nur mit Vorbehalt; der bloße Besitz einer VRP-Karte zwingt nicht zur Ausübung der VRP-Tätigkeit; der Besitzer kann auch eine andere Tätigkeit ausüben.
4 Auch ein „VRP multicartes" kann theoretisch ein festes Gehalt beziehen.
5 Mit Vorbehalt. Theoretisch kann auch ein Vertriebshändler außer seiner Spanne noch eine Umsatzprovision bekommen.
6 Ein Vertriebshändler kann gleichzeitig für einen anderen Hersteller als „agent commercial" tätig sein.
7 Wenn dies im Vertrag nicht ausdrücklich untersagt ist.
8 Über die gesetzliche Frist hinaus.

8. Verkaufen in Frankreich

Die französische Verkaufsszene

Ist der Kunde König?

Verkaufen à la française ist nicht das gleiche wie Verkaufen in Deutschland. Man wundert sich manchmal, was in Frankreich der Kunde alles hinnimmt. Da kommt ein Kostenvoranschlag zu spät, die zugesagte Sonderanfertigung erweist sich als nicht durchführbar oder die Lieferung enthält ohne Ankündigung etwas anderes als bestellt. Von einer Zusage hört der Kunde vielleicht wochenlang nichts meht. Er muß sich anstrengen, um zu kriegen, was er will. Die Verteilungswirtschaft aus den Kolonialzeiten ist noch lebendig. Nicht der Kunde, der Verkäufer ist König. Oder es herrscht einfach Gleichgültigkeit.

Aber auch der Kunde hemmt das Geschäft durch Schlamperei und Wankelmut. Er will sich nicht festlegen und hat andauernd nachträgliche Änderungswünsche. Das wiederum erzeugt den Groll der Hersteller. Das hat im Lauf der Zeit zu einem regelrechten Überdruß gegen die Hersteller und zum anderen Extrem geführt: Manche Kunden betrachten den Lieferanten als ihren Gegner, gegen den jede Waffe erlaubt ist, zum Beispiel diejenige, die Zahlung zu verweigern. Ein partnerschaftliches Verhältnis zwischen Lieferanten und Kunden kann man sich in Frankreich nur schwer vorstellen. Wo trotzdem ein Kunde lange mit einem Lieferanten zusammenarbeitet, ist meist Bequemlichkeit im Spiel: Man hat sich an das Produkt, an die Artikelnummern, die Bestellformulare gewöhnt. Es dauert lange, bis es gelingt, einen Kunden von seinem Lieferanten abzubringen.

Frankreich sei nie eine Verkäufernation gewesen, hatte der ehemalige Außenhandelsminister Jobert gesagt. Mit Blick auf französische Absatzchancen in Deutschland klagte er: „Es ist zum Heulen! Wir sind nicht pünktlich. Wir verschlampen Details. Wir kümmern uns nicht um die Kundschaft. Wir bleiben nicht am Ball!“[1]

Das Verkaufen von morgen

Die modernen Großunternehmen sowie die deutschen und angelsächsischen Gesellschaften haben hier neue Maßstäbe gesetzt. Sie haben in Frankreich gezeigt, daß man den Kunden als König behandeln und trotzdem Gewinne machen kann. Damit haben sie sich bei der französischen Kundschaft Achtung verschafft.

Neue Zeichen haben auch die großen Konsumgüter-Vertriebsgesellschaften gesetzt, etwa die Kaufhäuser, die Treibstoffgesellschaften, die Discounter: Nüchterner und hochmütiger als Einkäufer von Einkaufszentralen kann man kaum mit Lieferanten über Jahresmengen und Mengenrabatte verhandeln. Sie lassen sich ihre Bereitschaft, einen neuen Artikel aufzunehmen, die sogenannte

1 In einem Interview mit der Zeitschrift „Le Point“ vom 25. Oktober 1982.

Referenzierung, teuer bezahlen. Auch bei den großen Industrieunternehmen hat sich in den letzten Jahren ein Wandel zum „hard purchasing“ vollzogen.

Trotzdem wird ein Fachkunde nur selten einen Verkäuferbesuch ablehnen. Er interessiert sich stets für neue Produkte, und sei es nur, um das Gras wachsen zu hören, selbst wenn er nicht die Absicht hat zu kaufen. Sein Mißtrauen bleibt stets wach. Nur keine Experimente, kein Risiko! Aber Informationen so viel wie möglich.

Will ein Verkäufer zum Zuge kommen, so muß er dem Kunden alle nur denkbaren Garantien anbieten, um Vertrauen zu schaffen.

Aufbau einer Verkaufsorganisation

Einteilung der Verkaufsgebiete

Ein Anhaltspunkt für die Einteilung der Verkaufsgebiete ist die Zentralisierung auf Paris. Selbst wer gegen Paris als Standort Widerwillen hegt, kommt nicht um die Überlegung herum, ob überhaupt ein anderer Standort in Frage komme. Schließlich überwiegen meist die Vorteile: Man sitzt in unmittelbarer Nähe zum Markt und zu den Informationen, ist schnell von Deutschland erreichbar, sitzt im Zentrum der Verkehrsverbindungen nach allen Teilen Frankreichs und verfügt über das Prestige einer Pariser Adresse. Tatsächlich haben die meisten deutschen Tochtergesellschaften ihren Sitz im Raum Paris.

Paris als Standort

Ausschlaggebend ist die Nähe zur Kundschaft. Der Pariser Großraum ist mit Abstand der kaufkraftstärkste Teil des französischen Markts. 10 Millionen Menschen, d. h. 20 Prozent der Bevölkerung Frankreichs leben dort. Die meisten großen Unternehmen haben hier ihren Sitz oder ihren Zentraleinkauf. Das Einkommensniveau liegt um 20 Prozent höher als in der Provinz. Dadurch steigt die tatsächliche Kaufkraft pro Kopf weit über den Durchschnittswert Frankreichs. Je nach Branche beträgt der Anteil des Raums Paris 30 bis 50 Prozent des französischen Markts. Und das in einem Umkreis von 50 Kilometern! Wer hier den Einstieg schafft, hat erst einmal genug zu tun. Von Paris aus sind auch die nächsten kaufkraftstarken Gebiete Lille, Metz, Strasbourg, Lyon in maximal vier Stunden erreichbar.

Regionale Kaufkraftverteilung

Tabelle 5 zeigt die Kaufkraftverteilung nach Regionen. Das auf Seite 23 beschriebene Phänomen, daß zwei Drittel der Kaufkraft Frankreichs im rechten oberen Drittel des Landes liegen, weist den weiteren Weg für die Einteilung der Vertreterbezirke. Eine Vertriebsgesellschaft wird am Anfang außer in Paris in Nordfrankreich, im Elsaß, in Lothringen und im Raum Lyon mit St. Etienne und Grenoble eigene Verkaufsbezirke schaffen. Anschließend käme die Normandie in Betracht, sofern man sie nicht von Paris aus bearbeiten will, dann die Bretagne. Die Champagne mit Reims könnte dem Norden oder Elsaß/Lothringen zugeschlagen werden. Zu Lyon gehört gegebenenfalls Dijon; Besançon zum Elsaß. Marseille mit der Côte d'Azur wäre als separater Bezirk von Bedeutung ins Auge zu fassen.

Dies könnte die erste Ausbaustufe einer französischen Vertriebsorganisation sein. In diesen Gebieten wird man versuchen, mit festen eigenen Vertretern zu arbeiten, also mit angestellten Verkäufern bzw. mit „VRP exclusifs" (siehe Seite 145ff.). Die großen Gebiete im Zentrum und im Südwesten mit geringer Bevölkerungsdichte und Kaufkraft könnte man am Anfang unbearbeitet lassen. Nennenswerte Schwerpunkte wären allenfalls Nantes, Bordeaux und Toulouse.

Der Einsatz von Vertretern

Der Einsatz eigener Vertreter lohnt sich für mittelgroße Vertriebsgesellschaften gewöhnlich nur in den zuerst genannten Gebieten, das heißt im rechten oberen Drittel Frankreichs. In den weiten Provinzen des Südwestens würden deren Kosten im Verhältnis zum Umsatz ins Ruinöse steigen. Hier wäre an freie Vertreter zu denken. „Die Vertreter in Frankreich sind im Hauptberuf Kraftfahrer", sagte der Leiter einer deutschen Firma in Paris. Auch in den dichter besiedelten Gebieten Frankreichs kommen die Vertreter kaum an die Besuchsfrequenz und die Umsatzrentabilität ihrer deutschen Kollegen heran. Ist die Fläche dreimal dünner besiedelt, so ist auch der Weg zu den Kunden dreimal so lang!

Dagegen wird im Raum Paris ein einziger Vertreter kaum ausreichen. Zwei, ja drei und vier Vertreter werden hier von manchen Firmen eingesetzt. Man kann Paris nach Arrondissements oder in das rechte und linke Seineufer aufteilen. Manche Verkaufsfirmen bilden aus dem Geschäftsviertel des 8. und 16. Arrondissements einen eigenen Vertreterbezirk.

Dazu kommen die Vorortbezirke mit den Departementsnummern 91 bis 95 sowie 77 und 78. Man kann sie an die Innenstadtbezirke anfügen oder gruppiert als eigene Bezirke bearbeiten. Eine besondere Stellung nimmt das Vorort-Departement 92 „Hauts-de-Seine" ein: Es umfaßt die einkommensstärksten Gemeinden Frankreichs mit dem Villenvorort Neuilly, den Industriegebieten Clichy, Levallois, Courbevoie und der Wolkenkratzerstadt La Défense.

Die Abgrenzung der Verkaufsbezirke in der Provinz wird sich nach der statistischen Regionalgliederung richten (siehe Tabelle 3). Denkbar wäre, aus jeder der 22 Regionen theoretisch einen Verkaufsbezirk zu machen.

Die Wahl der Vertreterform

Einflußfaktoren

Welche rechtliche Form des Vertreters gewählt werden soll, hängt von der Branche, vom Budget und von der Führungskapazität ab, die man für Frankreich bereitstellen will. Je weniger man sich in Frankreich kosten- und führungsmäßig und organisatorisch engagieren will, desto eher wird man zu freien und selbständigen Vertretern neigen. Das kann für mittlere Frankreich-Ambitionen ausreichend sein. Bäume wird man damit nicht ausreißen.

Will man eine möglichst straffe Verkaufspolitik einschlagen, so braucht man eigene Vertreter, d. h. festangestellte Reisende. Nur so kriegt man den Frankreich-Verkauf in den Griff. Sie werden in den meisten Fällen ebenfalls „VRP"-Status haben, jedoch als Ein-Firmen-Vertreter (= „VRP exclusif"). Sie sind hinsichtlich der Weisungsgebundenheit dem normalen Arbeitnehmer gleich. Die rechtlichen Einzelheiten sind auf Seite 147ff. beschrieben.

Man muß sich auch danach richten, was man überhaupt an Vertretern oder anderen Vertriebspartnern findet. Es nützt nichts zu sagen, man wolle generell mit Konzessionären arbeiten, wenn es für einzelne Gebiete keine brauchbaren gibt. Viele Unternehmen haben auch aus diesem Grunde in Frankreich gemischte Verkaufsorganisationen: teils feste, teils freie Vertreter, teils Wiederverkäufer, je nach Gebiet. Das kommt deutschen Muttergesellschaften wirr und unkonsequent vor, funktioniert aber oft erstaunlich gut.

Vor- und Nachteile des „VRP multicartes"

Im Zentrum, im Südwesten und im Westen des Landes bietet sich die Zusammenarbeit mit Mehrfirmenvertretern (= „VRP multicartes") an (siehe Seite 146). Sie sind in ihrem Gebiet ansässig und bei ihrer Kundschaft meist seit langem eingeführt. Mit ihnen spart man sich die Phase der Kundenakquisition.

Die Erfahrungen mit „VRP multicartes" sind geteilt. Da sie mehrere Firmen vertreten, werden sie für diejenige am meisten tun, bei der sie am meisten verdienen und die ihnen die Arbeit am bequemsten macht. Man muß also darauf abzielen, ihre Hauptvertretung zu werden. Dazu gehört ein gutes Produkt mit einem guten Preis, eine ordentliche Provision und eine intensive Betreuung.

Die Steuerung und Betreuung von „VRP multicartes" ist eine Hauptaufgabe. Eine einheitliche Verkaufs-, Preis-, Produkt-, Werbe- und Provisionspolitik gegenüber allen „VRP" ist Voraussetzung für ein erfolgreiches Arbeiten. Sie sind meist gestandene Profis, „Könige" in ihrem Gebiet. Kontrollen lieben sie nicht, aber sie mögen es gerne, wenn man sich mit persönlicher Aufmerksamkeit um sie kümmert. Die Besuche bei ihnen wollen programmiert sein, weil sie auch von den anderen Herstellern besucht werden. Ziele sollen behutsam gesetzt und gemeinsam analysiert werden, ohne zu forcieren. „VRP multicartes" können empfindlich und eifersüchtig sein wie junge Mädchen!

Nicht für alle Produkte kommt der Verkauf über „VRP multicartes" in Frage. Wer technisch erklärungsbedürftige Spezialerzeugnisse anbietet, wird sie ungern einem Mehrfirmenvertreter anvertrauen. Dieser wird zwar gern das neue Produkt übernehmen, wenn es in sein Programm paßt, aber bei der Erklärung des Produkts kaum so in die Tiefe gehen, wie es für ein erfolgreiches Verkaufen notwendig ist. Die Wahrscheinlichkeit ist überdies gering, für bestimmte Spezialprodukte, etwa Spannungsmeßgeräte oder elektronische Bauelemente überhaupt „VRP multicartes" zu finden.

Vertriebshändler als Absatzmittler

Als Alternative bietet sich der Vertriebshändler an. Er kommt unter den Bezeichnungen „distributeur", „concessionnaire", „revendeur" oder „grossiste" vor. Er führt die Produktprogramme verschiedener Hersteller, kauft und verkauft im eigenen Namen und auf eigene Rechnung, meist unter Verwendung der Herstellermarke mit festen Listenpreisen und Lager.

Einen guten Vertriebshändler zu finden ist schwierig. Gute gibt es nur wenige. Da es für viele technische Spezialprodukte wenig Konkurrenz in Frankreich gibt, sind auch die in Frage kommenden Händler dünn gesät. Es kann passieren, daß man bei dem ins Auge gefaßten Händler schon die deutsche Konkurrenz vorfindet.

Glaubt man, einen geeigneten Händler gefunden zu haben, so muß man fragen: Wird er sich für das neue Produkt einsetzen? Was tut er für die verlangte Exklusivität? Wie gut sind seine Verbindungen, sein Ruf, seine Verkäufer? Wird man sich auf die Umsatzziele verlassen können, die er zu erreichen vorgibt? Was kann man tun, wenn er sie nicht erreicht? Man wird beim Handel noch vielfach auf traditionelles Verteiler- und Spannendenken stoßen. Oft wird als erstes nicht nach dem Preis gefragt, sondern nach dem Rabatt.

Es hängt selbstverständlich auch von der Art der Kundschaft ab, welche Art von Vertretern man einsetzen muß oder kann. Wer direkt an den Anwender verkauft, wird möglichst eigene Leute einsetzen. Das ist nur möglich, wenn die Anzahl der Kunden übersehbar ist, etwa im Falle von gewerblichen Großabnehmern und im Objektgeschäft.

Wer an den Facheinzelhandel, an Handwerker, an kleinere Verarbeiter verkauft, wird es sich überlegen, ob er den gesamten Markt mit eigenen Vertretern abdecken soll, wenn nämlich die Zahl der Kunden in die Tausende geht, wie z. B. bei Optikern, Landmaschinenhändlern oder Schreinerbetrieben. Hier wird man eventuell gemischt arbeiten: in Gebieten mit hoher Kundendichte eigene Vertreter, in den anderen einen „VRP multicartes" oder einen Wiederverkäufer. Für kaufkraftschwache Gebiete ist der Vertriebshändler die risikoloseste und praktikabelste Lösung.

Es ist auch denkbar, in ganz Frankreich mit Händlern zu arbeiten und auf eigene Vertreter weitgehend zu verzichten. Das ist aber nur möglich, wenn das Händlernetz wirklich den wesentlichen Teil des Marktes abdeckt. Deutsche Unternehmen denken dabei an nationale Handelsunternehmen, die in allen wichtigen Gebieten Zweigstellen haben. Davon darf man sich in Frankreich nicht allzuviel erhoffen.

Es gibt, vereinfacht gesagt, viele kleine Händler von regionaler Bedeutung und nur wenig große mit einer Organisation, die ganz Frankreich abdeckt. Selbst die Verkaufsorganisationen großer Industrieunternehmen unterhalten z. B. in Bordeaux oder Rennes nur Mini-Vertretungen und verzichten etwa in Limoges oder Tours ganz darauf. Im Zweifel ist es billiger, im Bedarfsfall einen Verkäufer oder einen Kundendiensttechniker aus Paris dort hinzuschicken.

Man findet beim Vertriebshändler ähnliche Verhaltensweisen wie beim „VRP multicartes". Er ist Herr in seinem Reich, läßt sich nicht gerne etwas sagen, geht mit Informationen über Markt und Kundschaft sparsam um und neigt dazu, das Produkt zu vernachlässigen, wenn der Hersteller nichts dafür tut. Hat er seine Außenstände nicht im Griff, so läßt er den Hersteller auf sein Geld warten. Allzu große Lieferantentreue sollte man nicht von ihm erwarten. Es gibt jedoch Ausnahmen, wo die Zusammenarbeit mit Wiederverkäufern über Jahre hinweg bestens funktioniert.

Freie Handelsvertreter als Absatzmittler

Eine weitere Möglichkeit ist der freie Handelsvertreter. Er heißt „agent commercial"[2] und hat wie der „VRP" einen eigenen Rechtsstatus. Er entspricht ungefähr dem deutschen Handelsvertreter nach §§ 84ff. des Handelsgesetzbuches (HGB). Die für ihn anzuwendenden Rechtsvorschriften stehen auf Seite 154ff.

Er hat mit dem „VRP multicartes" vieles gemeinsam, doch hat er auch Züge des Vertriebshändlers. Wie der erste handelt er nur als Vermittler, wie der zweite ist er stets selbständig und kann auch die Form einer Handelsgesellschaft haben. Oft übt er die Funktionen des Provisionsvertreters und des selbständigen Händlers gleichzeitig aus.

Der „agent commercial" ist für Gebiete, die man nicht selbst bearbeiten will, eine gleichwertige Alternative zum „Mehrfirmen-VRP". Die Entgeltabwicklung ist bei ihm einfacher, weil seine gesamte Leistung einschließlich aller seiner Kosten mit einer pauschalen Provision abgegolten wird, während für den „VRP" Sozialversicherungsbeiträge einbehalten und abgeführt werden müssen.

Deutsche Unternehmen empfinden oft, über dem französischen Vertreterwesen liege eine schillernde, uneindeutige Atmosphäre. Nie sei man ganz sicher, ob ein Vertreter „VRP", „agent commercial" oder Händler ist. Nach dem äußeren Anschein kann man nicht immer gehen: Es gibt „VRP", die auftreten wie Unternehmer und „agents commerciaux", die so pflichtbewußt und weisungstreu arbeiten wie Angestellte. Es gibt Vertreterverträge, die so abgefaßt sind, daß die eigentliche Vertreterform im unklaren bleibt. Der Schuß kann jedoch nach hinten losgehen, wenn ein Richter die Absicht erkennt. Der Vertrag, den eine amerikanische Tochtergesellschaft in Frankreich mit ihrem Vertreter abgeschlossen hatte, hätte jeden Richter überfordert: „VRP"-, „agent commercial"- und Händlerstatus

---

2 Nicht zu verwechseln mit dem „agent technico-commercial", dem technischen Verkaufsangestellten.

waren darin so verknüpft, daß der Betreffende selbst nicht wußte, was er war; doch nutzte er die sozial- und steuerrechtlichen Vorteile aller drei Arten nach Kräften.

Vertretersuche und -führung

Aussichtsreich für die Vertretersuche ist ein Inserat in der jeweiligen Lokalpresse. Ergiebig sind auch Messen. Am besten ist es, Fachleute der Branche anzusprechen. Steckt ein namhafter Hersteller mit einem interessanten Produkt dahinter, so spricht sich das schnell herum. Es gibt keine feste Regel. Brauchbare Vermittlungsstellen für Handelsvertreter oder Mehrfirmen-VRP bestehen nicht. Bei deren Verbänden erreicht man wenig.

Glaubt man, einen Vertreter gefunden zu haben, sollte man seiner Freude nicht durch eine voreilige Unterschrift Ausdruck geben. Die Prüfung erfordert Sorgfalt. Nicht alles, was der Kandidat an Qualitäten ins Feld führt, braucht wörtlich zu stimmen. Je schneller man zum Abschluß drängt, desto höher steigt bei ihm das köstliche Gefühl, er sie ein gesuchter Mann, auf den man angewiesen ist. Entsprechend wird er seinen Handelswert einschätzen. Doch hält er es für selbstverständlich, daß man ein wenig mit ihm pokert, Angaben prüft und Referenzen einholt. Wer zu schnell unterschreibt, gilt als naiv und leichtgläubig.

Für die Einzelheiten der Suche und Auswahl sei auf das Kapitel „Mitarbeiter in Frankreich“, insbesondere Seite 92ff. verwiesen.

Was über den Umgang mit Franzosen gesagt wurde, gilt sinngemäß auch für die Führung von Vertretern. Sie sind eigenständige, selbstbewußte, aber auch empfindliche Leute von großem Unabhängigkeitsbedürfnis. Willig und autoritätsgläubig, mit einer Spur Widerspruchsgeist, halten sie beharrlich an ihren kleinen Gewohnheiten fest. Sie sind schnell begeistert und schnell wieder entmutigt. Kontinuierliches Ackern vor Ort ist nicht ihre Stärke. Dazu muß sie der Chef immer wieder anfeuern. Die Neigung, aus Richtlinien auszubrechen, ist stets wach in ihnen. Dabei sind sie bei aller Großsprecherei von einer kindlichen Anhänglichkeit.

Das macht die Führung von Vertretern zu einer Kunst, die den einen mit Leidenschaft erfüllt und den andern, der klare Verhältnisse liebt, überfordert. Am erfolgreichsten wird derjenige sein, der Festigkeit und Strenge mit einer äußerlich spielerischen Form verbindet. Er soll gelegentlich auf den Tisch hauen, um zu zeigen, wer Herr im Haus ist. So etwas wirkt stärkend, schafft klare Verhältnisse und lädt die Mannschaft wieder für eine Zeitlang auf. Wer nach dem allgemeinen Konsensus sucht, ist bei Vertretern schnell unten durch.

Doch soll der Chef bei Gelegenheit zeigen, daß auch er nur Mensch ist und sich im Leben außer für den Umsatz auch noch für andere Dinge interessiert. Nur darf es nicht in Jovialität ausarten. Der Franzose will auch in entspannter Atmosphäre Haltung und Distanz zwischen Chef und Mitarbeiter gewahrt wissen. Der Kandidat für einen Verkaufsleiterposten zog seine Bewerbung zurück, als er sah, wie sein zukünftiger (deutscher) Chef in einer Straßburger Winstub zu vorgerückter Stunde die leergetrunkenen Flaschen durchs Fenster in die Ill versenkte.

Deutsche Ordnung und Methode werden von den französischen Vertretern im allgemeinen geschätzt. Am Anfang fällt die Anpassung schwer. Aber im Laufe der Zeit gewöhnen sie sich daran und leisten mehr, weil sie Unterstützung und Zielstrebigkeit hinter ihrer Arbeit fühlen.

Man darf sie jedoch nie sich selbst überlassen und von irgendeinem Zeitpunkt an glauben, jetzt „spurten" sie von allein. Den Stromstoß vom Chef brauchen sie wie die Pflanze das Gießen. Man stelle sich den Vertreter für Nordfrankreich vor, der nach einem verregneten Novembertag ohne Aufträge im „Hôtel des Voyageurs" bei trüber Lampe seinen Bericht schreibt. Da sinkt die Moral auf den Nullpunkt. Wer als Chef in solchen Situationen Mut macht und dafür sorgt, daß der Mann nicht auch noch eine Spesenreklamation in der Post vorfindet, der gewinnt die Herzen seiner Leute und erreicht Höchstleistungen mit ihnen.

Dankschreiben zum Jahreswechsel kann man sich sparen. Wer einen mittelmäßigen Vertreter damit anfeuern will und ihn nachher doch entlassen muß, spielt dem Arbeitsrichter das schönste Gegenargument in die Hand: Ein Mann, den man vor kurzem noch gelobt habe, könne nicht so schlecht sein. Statt dessen lädt man die Vertreter lieber zum „dîner" in ein schönes Restaurant ein. Noch nach Jahren erinnern sich die Leute an das Menü.

Es wird immer vorkommen, daß ein Vertreter einmal seinen Posten verläßt, um zum Beispiel dem Meisterschaftsspiel seiner Mannschaft zuzuschauen, oder daß er bei der Spesenabrechnung schummelt. Das ist selten böse gemeint. Er erlaubt sich solche Seitensprünge sozusagen als selbst herausgenommene Belohnung. Hier muß man auf jeden Fall zeigen, daß man ihm auf die Schliche gekommen ist. Zaust man ihn nicht zu sehr, so wird er sich nachher wieder um so eifriger einsetzen.

Wichtig ist, daß ein Vorgesetzter von Anfang an straff führt. Läßt er erst einmal die Zügel locker, damit sich die Mitarbeiter beweisen können, so ist es hinterher schwierig, sie wieder anzuziehen. Keine Angst: ein französischer Mitarbeiter ist nicht beleidigt, wenn der Vorgesetzte klar und deutlich sagt, was er will, und ihm auf die Finger sieht.

Wichtig ist, die Vertreter in ihrer eigenen Region einzusetzen. Sie kennen die lokalen Gewohnheiten ihrer „Landsleute" am besten und werden von ihnen am leichtesten akzeptiert. Es wäre ein Fehler, einen Elsässer oder einen Pariser nach Lyon zu schicken. Einen Mann aus Marseille in Lille einzusetzen, wäre etwa das gleiche, wie einen Münchner nach Hamburg zu schicken.

Der Handelskauf in Frankreich

Rechtsgrundlagen

Beim Kaufvertrag mit französischen Kunden interessiert sich der Hersteller hauptsächlich dafür, welches Recht zur Anwendung kommt, welche Garantien er hat und wie er zu seinem Geld kommt.

Für internationale Kaufverträge gibt die Haager Konvention von 1955, die in Frankreich seit 1964 anwendbar ist, dem Willen der Vertragspartner die Priorität. Danach können ein deutscher Verkäufer und ein französischer Käufer miteinander deutsches oder französisches Recht vereinbaren. Ist im Vertrag jedoch hierüber nichts vereinbart, so gilt das Recht des Verkäuferlandes als anwendbar. Einige wesentliche Punkte, insbesondere über das Zustandekommen der Einigung, die Vertragsform und den Eigentumsübergang sind jedoch von der Haager Konvention ausdrücklich ausgenommen, so daß hierüber jedes Land seine eigenen Vorschriften anzuwenden hat.

Man sieht, wie schnell man hier in unübersichtliches Gelände gerät. Wesentlich für die Praxis ist das Prinzip, wonach die Parteien den Vertragsinhalt frei vereinbaren können.

Für Kaufverträge zwischen den französischen Niederlassungen deutscher Unternehmen und ihren Kunden in Frankreich kommen die innerfranzösischen Bestimmungen und Bräuche zur Anwendung. Für den Handelskauf zwischen Kaufleuten gelten die Bestimmungen des Handelsgesetzes („code du commerce“). Für Auseinandersetzungen ist das Handelsgericht (= „tribunal de commerce“) zuständig. Für Kaufverträge zwischen einem Kaufmann und einem Nicht-Kaufmann ist das Bürgerliche Gesetz (= „code civil“) maßgebend. Der Nicht-Kaufmann kann den Kaufmann vor das Zivil- oder das Handelsgericht zitieren, der Kaufmann den Nicht-Kaufmann nur vor die Zivilgerichtsbarkeit. Die Verjährung in beiden Fällen beträgt zehn Jahre.

Zwischen Kaufleuten ist für den Kaufvertrag keine bestimmte Form vorgeschrieben. Er braucht nicht schriftlich abgeschlossen zu sein und kann „auf jede andere Weise“ zum Beweis gebracht werden. Ist der Kunde nicht Kaufmann, so ist für Kaufverträge über 5000 Franc die Schriftform zwingend vorgeschrieben.

Zwingend ist für Handelskäufe ferner die Erstellung einer Rechnung in zweifacher Ausfertigung; sie muß von Käufer und von Verkäufer drei Jahre lang in chronologischer Reihenfolge aufbewahrt werden.

Allgemeine Verkaufsbedingungen

Allgemeine Verkaufsbedingungen (= „conditions générales de vente“) müssen ausdrücklich akzeptiert werden bzw. vom Vertragspartner offensichtlich zur Kenntnis genommen worden sein. Dafür ist Voraussetzung, daß sie deutlich sichtbar auf der Vorderseite der vertragsbezogenen Unterlagen (Auftragsbestätigung, Rechnung) angebracht sind.

Vereinbarte Liefertermine gelten *nicht* als strenge Vertragsklauseln. Ihre Nichteinhaltung kann keinen Schadenersatzanspruch begründen! Die Terminüberschreitung als solche bewirkt keine Inverzugsetzung des Verkäufers. Der Käufer muß den Verkäufer ausdrücklich in Verzug setzen. Eine bestimmte Frist ist dafür nicht festgelegt. Bleibt sie erfolglos, so kann der Käufer entweder den Verkäufer per gerichtlichem Beschluß zur Lieferung zwingen oder auf Vertragsauflösung und Schadenersatz klagen. Beides ist umständlich. Der Vereinfachung dient die Möglichkeit des Ersatzkaufs (= „remplacement"), wonach der Käufer sich anderweitig eindecken und die Preisdifferenz dem säumigen Lieferanten anlasten kann. Dies ist natürlich nur bei substituierbaren Waren durchführbar.

Es kann vereinbart werden, daß die Ware auf Kosten und Gefahr des Käufers reist.

Allgemeine Verkaufsbedingungen sind in Frankreich meist nicht umfangreich. Sie enthalten folgende Klauseln:

- Auftragsannahme
- Liefertermine
- höhere Gewalt
- Lieferbedingungen, Versandort
- Preis
- Zahlungsbedingungen
- Gerichtsstand
- Garantie

Der Fachverlag „Revue Fiduciaire" hat folgendes Muster Allgemeiner Verkaufsbedingungen herausgegeben:

Conditions générales de vente

Acceptation des commandes
Les commandes qui nous sont adressées directement par nos clients ou qui sont transmises par nos agents ou représentants ne lient notre société que lorsqu'elles ont été confirmées par écrit.
Délais de livraison
Les délais de livraison prévus dans nos confirmations de commandes ne sont donnés qu'à titre indicatif et les retards éventuels ne donnent pas le droit à l'acheteur d'annuler la vente, de refuser la marchandise ou de réclamer des dommages-intérêts.
Cas fortuits et force majeure
La société est libérée de l'obligation de livraison pour tous cas fortuits et de force majeure; sont notamment considérés comme cas fortuits les grèves totales ou partielles, les inondations et incendies, etc.
Transports
Toutes les marchandises vendues voyagent aux risques et périls de l'acheteur, quel que soit le mode de transport ou les modalités de règlement du prix de transport, franco ou port dû.

Prix de vente
Nos prix sont facturés sur la base des tarifs en vigueur au jour de la livraison.
Modalités de paiement
Sauf stipulation contraire, nos factures sont payables à Paris. Les échéances fixées dans notre confirmation de commande sont de rigueur; tous retards dans les paiements entraînent de plein droit et sans mise en demeure le paiement d'intérêts de retard au taux légal applicable majoré de 1%. En cas de retard de paiement, nous nous réservons la faculté de suspendre ou d'annuler les ordres en cours sans préjudice de tous autres recours.
Election de domicile et juridiction
L'élection de domicile est faite par la société venderesse à son siège social. En cas de contestation relative à l'exécution d'un contrat de vente ou au paiement du prix, ainsi qu'en cas d'interprétation ou d'exécution des clauses et conditions ci-dessus indiquées, le tribunal de commerce de Paris sera seul compétent quels que soient le lieu de livraison, le mode de paiement accepté et même en cas d'appel en garantie ou de pluralité de défendeurs. Sauf conventions spéciales et écrites, toute commande emporte de plein droit de la part de l'acheteur, son adhésion à nos conditions générales de vente nonobstant toute stipulation contraire figurant à ses propres conditions générales d'achat.
Garantie contractuelle
Notre matériel est garanti pendant une période qui commence à courir à partir du jour où le matériel a quitté l'usine. Cette garantie ne s'appliquera qu'aux défauts de fonctionnement qui se seront révélés pendant cette période. Elle ne jouera pendant la période précédemment fixée que dans le cas où le matériel a reçu une utilisation normale, la garantie cessant de jouer si le matériel a été utilisé d'une façon plus intensive que prévu. – La garantie ne s'appliquera pas aux vices dont la cause est postérieure au départ du matériel de l'usine, notamment en cas de mauvais entretien ou de mauvaise installation ou de réparations mal faites par l'acheteur. – La garantie est exclusivement limitée au remplacement des pièces qui sont reconnues défectueuses par des pièces d'origine. Pour pouvoir invoquer le bénéfice de cette garantie, l'acheteur devra aviser sans retard et par écrit la société venderesse des vices qu se sont manifestés dans le matériel vendu. L'acheteur doit lui permettre de procéder aux constatations nécessaires pour qu'elle y porte remède. – Le vendeur ne sera tenu à aucune indemnisation envers l'acheteur pour accidents aux personnes, dommages à des biens distincts de l'objet du contrat ou manque à gagner.

Die Vereinbarung von Preisgleitklauseln ist zulässig, wenn die Bezugsbasis in Zusammenhang steht mit der geschäftlichen Aktivität eines der Vertragspartner. Darunter ist auch der Franc/DM-Wechselkurs zu rechnen. Verboten wäre eine Bindung an den allgemeinen Index der Lebenshaltungskosten.

Haftung

Der Verkäufer haftet nach Artikel 1641 des „code civil" für versteckte Mängel an der verkauften Sache. Die Haftung ist zwingend, sie kann weder zeitlich noch der Höhe nach per Vertrag eingeschränkt werden. Der Käufer hat den Mangel nach seiner Entdeckung, unabhängig davon, wann diese erfolgt, „innerhalb eines kurzen Zeitraums" (= „dans un bref délai") unter Beifügung der Beweise zu rügen. Er kann dann entweder die rückwirkende Auflösung des Vertrags oder eine Preisminderung verlangen.

Es ist überflüssig, diese gesetzliche Gewährleistung in den Allgemeinen Geschäftsbedingungen zu erwähnen; sie ist zwingendes Recht und in Frankreich seit jeher selbstverständlich. Ein Käufer kann Ansprüche aus der gesetzlichen Garantiepflicht gegen seinen unmittelbaren Lieferanten, z. B. einen Konzessionär vorbringen. Er kann sich aber auch direkt an jeden Vorlieferanten, insbesondere an den Hersteller selbst wenden, soweit ihm dieser bekannt ist. Doch können darüber hinaus Garantievereinbarungen über spezielle Produktfunktionen während eines bestimmten Zeitraums, z. B. kostenlose Instandsetzung, getroffen werden.

Die Handelsauskunft

Wer wissen will, ob ein Kunde zahlungsfähig ist, darf sich nicht darauf verlassen, eine eindeutige und genaue Antwort zu erhalten. Es stehen ihm zwar eine Anzahl von Auskunftsmitteln offen, doch ist deren Aussagefähigkeit begrenzt.

Er kann jederzeit das Handelsregister (= „registre du commerce") einsehen, um festzustellen, ob ein Kunde dort eingetragen ist. Ist das der Fall, so kann Einsicht in die hinterlegten Angaben und Dokumente verlangt und ein Auszug davon angefordert werden. Auf diese Weise kann man die rechtliche Struktur, den genauen Firmensitz, die Höhe des Kapitals, Namen und Adresse der vertretungsberechtigten Personen in Erfahrung bringen und Einblick in die Satzung gewinnen.

Die Angaben und Kopien können durch jedermann persönlich, durch einen beliebigen Bevollmächtigten oder schriftlich angefordert werden, und zwar beim Sekretariat des jeweiligen Handelsregisters (= „greffe du registre du commerce").

Der Wert dieser Angaben hängt davon ab, wie aktuell und wie vollständig sie sind, ferner wie schnell man sie bekommt. Prozeduren bei Handelsregistern können lang dauern. Die dort hinterlegten Angaben und Unterlagen sind oft nicht à jour. Außerdem enthalten sie ohnehin nur generelle Informationen, die auf die akute Frage: „Soll man liefern oder nicht?" keine Antwort geben.

Beim Handelsregister werden ferner geführt: Register der Wechselproteste, Pfandregister, Leasing-Register (= „registre des opérations de crédit-bail"), die auf die gleiche Weise konsultiert werden können.

Von der Auskunftseinholung bei Banken sollte man sich nicht zuviel erhoffen. Sie unterliegen einerseits der beruflichen Verschwiegenheitspflicht, andererseits verfügen die Banken selbst oft nur über unvollständige Informationen. Da das Bankensystem staatlich reglementiert ist, haben sie nur eine begrenzte Neigung, sich zu weit vorzuwagen. Ein echtes Vertrauensverhältnis zwischen den Banken und ihren Kunden hat in Frankreich nie bestanden. Da es kein steuerlich wirksames Bankgeheimnis gibt, ist es verständlich, daß die Kunden gegenüber ihrer Bank mit Informationen sparsam umgehen und sie über ihre Verhältnisse weitgehend im dunkeln lassen.

Fordert man bei einer der staatlichen Banken eine Kundenauskunft schriftlich an, so kann es sein, daß man darauf keine Antwort erhält. Die hohe Zahl von Insolvenzen hat die Banken überdies vorsichtig gemacht. Ein heute als solvent gemeldeter Kunde kann morgen schon illiquide sein.

Handelsauskunfteien (= „agences de renseignements commerciaux") sind eine erwägenswerte Alternative. Es gibt einige namhafte Gesellschaften, darunter auch Tochtergesellschaften deutscher Auskunfteien. Sie funktionieren ähnlich wie in der Bundesrepublik, sind aber nicht billig. Manche Auskunfteien beschäftigen sich gleichzeitig mit dem Forderungseinzug.

Die sicherste und ergiebigste Auskunft ist immer noch diejenige, die man sich über eigene Verbindungen selbst besorgt. Hierzu ist auch die Einschaltung der Vertreterorganisation eine gute Hilfe. Wer mit seiner eigenen Konkurrenz gute Verbindungen unterhält und Lieferanten gut kennt, die an die gleiche Kundschaft liefern, kann an Informationen herankommen, die er bei keiner noch so guten offiziellen Auskunftsstelle erhält.

Mißtrauen und Diskretionsbedürfnis machen die Auskunftseinholung in Frankreich zu einer unsicheren Angelegenheit. Es kommt dazu, daß mancher Kunde zwar bestens zahlungsfähig ist, aber aus irgendeinem Grunde nicht zahlen *will.* Da käme man mit der besten Auskunft nicht weiter.

Eigentumsvorbehalt

Lange Zeit galt der Eigentumsvorbehalt (= „réserve de propriété") in Frankreich als nicht durchsetzbar. Er war zwar nicht unbekannt, wie oft behauptet wurde, bewirkte aber keinerlei Vorrecht, wenn er *nach* der Eröffnung des Vergleichs- oder Konkursverfahrens des Schuldners geltend gemacht wurde. Das hat deutschen Lieferanten, die auf die Wirksamkeit der Klausel nach deutschem Vorbild bauten, manche Enttäuschung gebracht.

Ein Gesetz vom 12. Mai 1980 hat hier Abhilfe geschaffen. Danach geht jetzt, wenn ein Eigentumsvorbehalt schriftlich vereinbart ist, das Eigentum erst nach der endgültigen und vollen Bezahlung der Ware über. Im Falle der Nichtzahlung kann der Lieferant nach einer fruchtlosen Zahlungsaufforderung über den „magistrat des référés", einer Art Handels-Schnellgericht, im Wege der einstweiligen Verfügung die Auflösung des Kaufvertrags und die Rückgabe der Ware erzwingen, auch wenn über das Vermögen des Schuldners Vergleich oder Konkurs eröffnet worden ist. Der Gläubiger muß jedoch seinen Anspruch spätestens vier Monate nach Eröffnung des Verfahrens geltend machen.

Der Eigentumsvorbehalt in seiner neuen voll wirksamen Form geht erst langsam in die Bräuche ein. Er wird noch nicht als selbstverständlich angesehen. Daher ist es gut, wenn man die entsprechende Klausel in den Verkaufsbedingungen zweifelsfrei sichtbar macht. Auch die Gerichte werden hier und da noch Schwierigkeiten haben, diese fundamentale Anpassung in vollem Umfang zu vollziehen. Sie stehen dem Eigentumsvorbehalt eher mißtrauisch gegenüber.

Früher bestand statt des Eigentumsvorbehalts die Möglichkeit der normalen Klage auf Rückerstattung der Waren aufgrund des Verkäuferprivilegs (= „privilège du vendeur“) oder auf Vertragsauflösung (= „résiliation de la vente“) mit der rechtlichen Folge der Wiederherstellung des ursprünglichen Zustands. Doch war hier das Eigentum in jedem Fall schon übergegangen. Erfolgversprechend war die Möglichkeit nur, wenn die Ware noch vorhanden war. Deswegen hatten beherzte Lieferanten die Ware beim Kunden einfach wieder herausgeholt, ohne die gerichtliche Prozedur abzuwarten. Die Möglichkeit der Vertragsauflösung besteht auch heute noch.

Andere Sicherheiten

Als weitere Sicherheiten kennt das französische Recht neben dem altertümlichen „gage commercial“ (Handelspfand) und der Bürgschaft (= „cautionnement“) das sogenannte „nantissement de l’outillage et du matériel d’équipement“. Es handelt sich hier um eine Form der Rückverpfändung von gelieferten Werkzeugen und Maschinen ähnlich der Sicherungsübereignung. Sie kann privatrechtlich oder notariell vereinbart werden und muß in ein besonderes Register beim Handelsgericht eingetragen werden. Diese Verpfändung hat Vorrang vor einer etwaigen hypothekarischen Belastung.

Kreditversicherung wird wie in der Bundesrepublik gewöhnlich nur für die Aufträge mit dem Ausland gewährt und in Anspruch genommen. Die der Hermes-Kreditversicherung entsprechende französische Gesellschaft heißt „Compagnie française d’assurance pour le commerce extérieur“, abgekürzt COFACE. Ihr Ziel ist die Förderung des Außenhandels durch Absicherung der dabei auftretenden Zahlungsrisiken.

Der Verkauf deutscher Produkte in Frankreich

„La qualité allemande“

Der französische Markt steht deutschen Produkten aufgeschlossen gegenüber. Nach wie vor geht ihnen der Ruf guter Qualität voraus. „Investieren Sie in die Qualität!“, wählte ein deutscher Hausgerätehersteller als Werbeslogan. Ohne Komplex schrieb ein Hersteller von Küchenmaschinen kurzerhand „La qualité allemande“ auf seine Werbeplakate.

Bei Investitionsgütern ist die Präsenz deutscher Produkte zur Selbstverständlichkeit geworden. Ob auf der Werkzeugmaschinen-Biennale, dem internationalen Elektronik-Salon oder der „Bâtimat“: deutsche Firmen stellen einen beträchtlichen Anteil am Ausstellerkontingent. Sie bieten oft originelle technische Lösungen oder Vorteile, die beim französischen Abnehmer gut ankommen.

Nur qualitativ hochwertige Produkte und Erzeugnisse, die einen besonderen Nutzen bieten, werden im enger werdenden französischen Markt mit einer vernünftigen Spanne unterzubringen sein. Im oberen Marktsegment ist noch Aufnahmebereitschaft vorhanden. Einfache und billige Massenprodukte werden von einheimischen Anbietern und Billigimporteuren zu Preisen auf den Markt geworfen, wo der deutsche Hochlohnfabrikant nur noch abgeklärt lächeln kann. Bei öffentlichen Auftraggebern, etwa Renault, den Energiebetrieben oder dem Krankenhauswesen, kann die Qualität das einzige und ausschlaggebende Verkaufsargument sein.

Produktgestaltung und Werbung

Die Produktgestaltung und -aufmachung sowie Verpackung, Gebrauchsanweisungen, Preislisten, Prospekte sollten französisch aufgemacht sein. Ein Produkt muß vor allem dauerhaft und sicher sein. Franzosen bevorzugen andere Farben und Formen als Deutsche: oft möchten sie's dezenter und klassischer. Die Geschmacksumstellung an das Moderne geht nur langsam voran. Im allgemeinen lieben die Franzosen das Fremde nicht. Sie sind konservativ und ziehen das Unauffällige vor. Sie experimentieren lieber mit Ideen als mit Gegenständen. Ihr Sicherheitsbedürfnis geht ihnen über alles.

Bei Werbeunterlagen ist die reine Übersetzung unzureichend; sie sollte in Bild und Text den französischen Gewohnheiten angepaßt werden. Es wirkt befremdend, wenn auf Werbeprospekten typisch deutsche Situationen oder Aufschriften stehengeblieben sind. Es gibt in Frankreich deutsch-französische Werbeagenturen, die sich auf die Anpassung von Werbekonzeptionen an französische Gegebenheiten spezialisiert haben.

Bei Produktnamen ist darauf zu achten, ob sie nicht schon anderweitig geschützt sind. Der Schutz von Marken und Patenten erfolgt durch das „Institut National de la Propriété Industrielle“.

Ferner ist zu prüfen, ob Produkt- oder Firmenname gut aussprechbar sind und keine negativen Ideenassoziationen hervorrufen.

Auf dem Gebiete der Werbung herrschen in Frankreich andere Verhältnisse als in Deutschland. Wenn Franzosen deutsche Werbung sehen, wundern sie sich, daß darin so viel Text vorkommt. „Das kann man doch nicht alles lesen“, sagen sie. Zu ausführlich und erklärend, viel zu detailliert und etwas lehrhaft kommt ihnen das vor. Sie wollen lieber Bilder sehen.

Eine französische Fachzeitschrift stellte am Thema Werbung für Mineralwasser zwei Beispiele gegenüber: auf der deutschen Seite eine Mineralwasserflasche mit ausführlichen Erklärungen über blutbildende, durchblutungsfördernde, nierentätigkeitsanregende und zahnschmelzstärkende Wirkungen; auf der französischen

Seite eine expressionistisch gemalte Barszene mit mineralwassertrinkenden Leuten und den Worten „Perrier, c'est fou!“ („Perrier, irre!“).

Ist in der deutschen Werbung ein ausführlicher Informationstext wesentlicher Bestandteil, so baut die Werbung in Frankreich überwiegend auf suggestiver Wirkung auf. Werbung in Deutschland erklärt, Werbung in Frankreich ruft Wünsche und Gefühle hervor. Sie soll in erster Linie eine Stimmung schaffen und Gedankenassoziationen wecken. Das Bild dominiert den Text. Der Text ist auf das allernotwendigste reduziert und fehlt manchmal ganz. In jedem Fall lebt er zu einem großen Teil vom Spiel mit der Sprache. Das gilt nicht nur für Konsumgüter, sondern auch für Investitionsgüter. Ein deutscher Hersteller von Verpackungsmaschinen fand seine Fachzeitschriftenanzeige Seite an Seite mit derjenigen der Konkurrenz. Der Unterschied war frappant: hier eine ganze Seite mit technischen Details, dort eine schwungvoll stilisierte Maschine mit dem Namen der Firma und den Worten „die Maschine aus Frankreich“.

Das soll nicht heißen, technische Beschreibungen seien überflüssig. Aber sie gehören in die Hand der Fachleute im Betrieb, nicht in die Werbeanzeige. Jedermann kann sich von der suggestiven Bildwirkung in der französischen Werbung selbst überzeugen. Es genügt, eine beliebige französische Zeitschrift aufzuschlagen. Werbung in Frankreich soll unterhalten. Alles Lehrhafte und Beschreibende ermüdet und wirkt langweilig, und sei die Aussage noch so gut gemeint und nützlich.

Für das Spielerische und Gefällige im französischen Wesen ist die Werbung à la française ein ideales Betätigungsfeld.

Beispiele:

Bei trübem Novemberwetter im verstopften Stadtverkehr sahen die Pariser Autofahrer vom rückseitigen Plakat der städtischen Busse einen am Strand liegenden gebräunten Playboy herunterlachen: „Mir geht's gut. Und Ihnen?“ (Werbung für einen Ferienclub.)

Ein Baby liegt auf dem Wickeltisch. Darunter kategorisch der Satz: „Unter 13 Jahren kein Bankkonto!“ (Werbung einer Bank.)

Ein Mädchen kuschelt sich im neuen Pelz. Der Preis, 12000 Franc, ist durchgestrichen und in 9000 Franc abgeändert. „Was hätten Sie gemacht an meiner Stelle?“ fragt das Mädchen. (Werbung einer Pelz-Marke.)

Ein Auto reitet auf dem Besen durch die Luft. (Werbung eines Automobil-Konzerns.)

Ein schnuppernder Setter in Großaufnahme. Unterschrift: „Chef-Gourmet bei ...“ (Werbung einer Marke für Hundenahrung.)

Wirksame Werbeträger für die Konsumgüterwerbung sind das Fernsehen, Publikumsplakate, Anzeigen in Publikumszeitschriften, ferner die privaten Rundfunksender wie RTL, Europe 1. Der Handel will darüber hinaus mit Mustern, Display-Material, Verkaufshilfen, Werbegeschenken bedient sein.

Bei technischen Erzeugnissen sind technische Beschreibungen, Gebrauchsanleitungen, Montageanleitungen unentbehrlich. Auf diesem Gebiet leisten deutsche Unternehmen im Vergleich zur französischen Konkurrenz Vorbildliches. Französische Bewerber sind beeindruckt von den schönen Katalogen und Firmenbro-

schüren der deutschen Unternehmen. Für den Verkauf technischer Erzeugnisse in Frankreich ist die Teilnahme an den nationalen und internationalen französischen Fachmessen geradezu ein Muß. Die französischen Messe- und Ausstellerverbände sind in einem Zentralverband zusammengeschlossen, der Auskünfte erteilt.
Adresse: Fédération Française des Salons Spécialisés
22, avenue Franklin Roosevelt, F-75008 Paris.

Fazit: Deutsche Werbung einfach ins Französische übersetzt, hat kaum Chancen. Text und Bild sind sorgfältig darauf zu prüfen, ob sie das französische Publikum ansprechen. Es kommt nicht darauf an, wie die in Frankreich gemachte Werbung auf den Fachmann in Deutschland, sondern wie sie auf Franzosen wirkt. Sie muß vor allem Spaß machen und die Freude am Schönen ansprechen, nicht unbedingt die Tugend des Nützlichen. Und das kann sie nur, wenn sie aus der französischen Umwelt heraus konzipiert ist.

Die Qualität des Service

Auch auf Gebieten mit starker französischer Konkurrenz haben es deutsche Unternehmen verstanden, sich einen Platz in Frankreich zu verschaffen. Nicht immer kann es die Qualität allein gewesen sein, die zum Erfolg geführt hat. Auch in traditionell starke französische Branchen sind deutsche und andere ausländische Anbieter vorgedrungen. Der Inhaber einer Herrenboutique in der rue La Boétie in Paris liefert die Antwort: „Wenn ich französische Anzüge führe, bin ich nie sicher, ob ich beliefert werde. So führe ich deutsche Modelle, die kriege ich pünktlich."

Hier liegt der Ansatz zum erfolgreichen Verkaufen in Frankreich. Deutsche Unternehmen, die in Frankreich einkaufen, berichten ähnliches. Bei Preisen, Qualität und Lieferterminen müssen sie sich beim französischen Hersteller ständig auf Launen einstellen: Einmal wird ohne Ankündigung der Preis erhöht, dann ändert sich plötzlich die Qualität oder die für Mai zugesagte Lieferung kommt erst im Juni.

Gerade das aber verbittet sich der französische Kunde vom deutschen Lieferanten! Wenn deutsche Unternehmen in Frankreich Ansehen und Marktanteile gewonnen haben, dann, weil sie richtig, schnell und pünktlich liefern, dem Kunden bei Anfragen und Reklamationen entgegenkommen und sich beim Kundendienst anstrengen.

Wenn immer wieder gesagt wird, in Frankreich sei alles anders und man müsse sich den französischen Verhältnissen anpassen, so sollte man sich gerade beim Verkaufen vor Anpassung hüten. Der Leiter einer deutschen Vertriebsgesellschaft in Paris berichtet, seine Angebote seien spätestens innerhalb von 14 Tagen beim Kunden, obwohl sie über das Mutterhaus in Hamburg liefen; bei der französischen Konkurrenz, die in Paris sitze, dauere es sechs Wochen.

Zur Verkaufsdienstleistung gehört, sich auf den Kunden, auf dessen Wünsche, Vorstellungen und Gewohnheiten einzustellen und ihm über den reinen Verkaufsvorgang hinaus zu zeigen, daß man ihm auch „chaleur humaine" bringt. Der Franzose ist dafür besonders empfänglich. Leicht lehnt er ein Geschäft ab, wenn ihm der Mensch dahinter nicht gefällt.

Oft beruht die Bindung zwischen Lieferanten und Kunden allein auf der Beziehung zwischen zwei Menschen. Fällt diese weg, so kann es auch mit jener zu Ende sein. Das Vertrauen will immer wieder neu erworben werden. Das ist im Geschäft mit französischen Kunden besonders im Sinn zu behalten.

Das Firmen-Image

Das Firmen-Image ist ein weiterer wichtiger Anhaltspunkt für den Erfolg in Frankreich. Gerade wo Mißtrauen herrscht, wird dem vertrauenswürdig und zuverlässig auftretenden Unternehmen besondere Beachtung entgegengebracht. Gegenüber öffentlichen Auftraggebern ist ein guter Firmenruf selbstverständliche Voraussetzungen fürs Geschäft. Kleinere und jüngere deutsche Tochtergesellschaften tun sich da oft schwer. Sind sie nur mit einem geringen Gesellschaftskapital ausgestattet, so werden sie nicht ernst genommen. Unternehmen ohne eigene Gesellschaft in Frankreich haben bei öffentlichen Aufträgen kaum eine Chance.

Der Kunde will einen Lieferanten, auf den er bauen kann und der nicht gleich lieferunfähig wird, wenn ihm mangels Kapitaldecke seinerseits die Lieferanten den Hahn zudrehen. Im Umgang mit französischen Unternehmen passiert ihm das oft genug. Die Tochter in Frankreich wird da gern ihre deutsche Mutter zur Rufstärkung heranziehen.

Die Persönlichkeit des Mannes, der das Unternehmen in Frankreich repräsentiert, ist eine wichtige Voraussetzung für den Ruf, den man drüben hat. Er muß sich als „patron“ überall und immer wieder zeigen und ist im wahrsten Sinne des Wortes der erste und wichtigste Verkäufer der Firma.

Messen und Ausstellungen

Für das Verkaufen in Frankreich ist die Präsenz bei französischen Ausstellungen und Fachmessen ein wichtiger Bestandteil. Von den über siebzig internationalen Messen jährlich finden sechzig in Paris statt, und zwar überwiegend auf dem Ausstellungsgelände an der Porte de Versailles am Südrand der Stadt. Einige Ausstellungen werden noch auf dem Gelände des ehemaligen Flughafens Le Bourget (nördlich von Paris) abgehalten. Unweit des Flughafens Roissy (Charles de Gaulle) wurde ein neues großes Ausstellungsgelände „Parc des Expositions“ geschaffen, auf dem in Zukunft der größte Teil der Pariser Ausstellungen stattfinden soll.

Zu den bedeutendsten Internationalen Pariser Ausstellungen zählen:

– die Salons für Herren-, Damen- und Kinderkleidung („Salon de l'habillement masculin", „Salon du prèt-à-porter féminin", „Salon de la mode enfantine"),
– die Schmuck- und Geschenkartikelmesse („BIJORHCA"), jeweils jedes Jahr im Frühjahr und Herbst;

die jährlichen internationalen Salons
– für Strickwaren („Salon de la Maille", Februar),
– die Spielzeugausstellung („Salon du Jouet", Februar),
– die Haushaltswarenausstellung („Salon des Arts Ménagers", Ende Januar),
– die Landwirtschaftsausstellung („Salon de l'Agriculture", März),
– die Elektronik-Fachmesse („Salon des Composants Electroniques", November),
– die internationale Lederwoche („Semaine du Cuir", September),
– die Fachmesse für Büroorganisation und EDV („SICOB" April),
– die Eisenwarenmesse („QUOJEM", September),
– die Hotel-Fachausstellung („EQUIP'HOTEL", Oktober),
– die Fachmesse für Augenoptik („SILMO", Oktober) sowie

die jährlichen Fachausstellungen für
– Möbel,
– Süßwaren,
– Gartengeräte,
– Heimtextilien,
– Kunststoffverarbeitung,
– Baumaschinen („Expomat"),
– Bootsbau,
– Caravans,
– Bastlerbedarf,

die nur alle zwei oder drei Jahre stattfindenden Ausstellungen wie
– die Werkzeugmaschinen-Biennale (Juni),
– die Luftfahrtschau,
– die „Interclima",
– die „Interchimie",
– die Bauausstellung „Bâtimat"

die Fachmessen für
– die Papierindustrie,
– die Oberflächenbearbeitung,
– Foto und Kino,
– Parfümerie, Hygiene und Pharma

und einige weitere.

Wichtige Internationale Fachmessen außerhalb von Paris sind:

– die Musik- und Schallplattenmesse (Januar) und die Video-Messe (Oktober) in Cannes,
– die Messen für Wintersportausrüstung und Bergsteigerausrüstung in Grenoble (März und April),
– das „Festival du Livre" in Nizza (April),

- die Uhrenmesse in Besançon,
- die Bootsschau in La Rochelle (September),
- die Weinbauausstellung in Montpellier (November) sowie
- das Zulieferforum „MIDEST“ mit wechselndem Ausstellungsort.

Neben diesen Messen, die überwiegend Fachleuten vorbehalten sind, können je nach Branche die regionalen Publikumsmessen von Interesse sein, wie die Pariser Messe (= „Foire de Paris“) und die Messen von Lyon, Marseille, Bordeaux, Lille, Strasbourg. Für Erzeugnisse, die sich an den Endverbraucher wenden, kann darüber hinaus eine Vielzahl von lokalen Messen von Interesse sein, insbesondere für Wohnungs-, Haushalts-, Landwirtschafts- und Freizeitbedarf.

Messen sind die ideale Gelegenheit für das Anknüpfen von Kontakten mit zukünftigen Händlern und Vertretern. Es empfiehlt sich, frühzeitig an die Standreservierung zu denken.

Öffentliche Aufträge

Öffentliche Auftraggeber können einen interessanten Teil des Markts darstellen. Dazu zählen

- die zentralen Staatsbehörden, insbesondere die Ministerien mit ihren Dienststellen,
- die zentralen öffentlichen Einrichtungen („établissements publics nationaux“) und Institute wie das wissenschaftliche Forschungsinstitut CNRS (= „Centre National des Recherches Scientifiques“) mit seinen Teilbereichen,
- die regionalen Schul- und Krankenhausverwaltungen CROUS (= „centres régionaux des œuvres universitaires et scolaires“),
- das Raumforschungszentrum, die Normbehörde mit ihren Prüfstellen, die staatliche Museenverwaltung und ähnliche.

Dabei handelt es sich überwiegend um Aufträge für spezielle Erzeugnisse und abnehmerspezifische Anwendungen, z. B. Laboreinrichtungen und Meßgeräte. Doch sind diese Stellen auch interessante Großabnehmer für normalen Bedarf wie Büromaterial, Verbrauchswerkzeuge, Pflege- und Reinigungsmittel. Sie sind oft bedeutende Bau-Auftraggeber.

Zu den öffentlichen Auftraggebern zählen auch

- die Gebietskörperschaften (= „collectivités locales“), wie die Gemeinde- und Departementsverwaltungen, Kommunalverbände, öffentliche Krankenhäuser,
- die Staatsbetriebe (= „entreprises publiques“), wie die Staatsbahn SNCF, Air

France und Air Inter, die Pariser Verkehrsbetriebe RATP, die staatlichen Strom- und Gasversorgungsbetriebe EDF und GDF.

Die Deutsch-Französische Industrie- und Handelskammer[3] hat die Auftragsvergabe der öffentlichen Stellen in einer Broschüre „Öffentliche Aufträge in Frankreich“ detailliert beschrieben.

Grundsätzlich sind zu unterscheiden zwischen frei vergebenen Aufträgen (= „marchés négociés“), insbesondere für Erzeugnisse des gewöhnlichen Bedarfs, und Ausschreibungen (= „adjudications“), denen eine Aufforderung zur Angebotsabgabe (= „appel d'offres“) vorausgeht.

Der Ablauf der Auftragsvergabe ist in einer umfangreichen Vorschriftensammlung (= „code des marchés publics“, abgekürzt CMP) festgelegt. Danach muß bei Überschreitung eines bestimmten Auftragswertes (1988: 180000 Franc) eines dieser Vergabe-Verfahren angewendet werden.

Bei der freien Vergabe (= „marché négocié“) verhandelt die auftraggebende Stelle direkt mit den geeignet erscheinenden Anbietern, die ihr bekannt sind, und vergibt den Auftrag in freier Konkurrenz an den Lieferanten ihrer Wahl. Sie kann hierbei die Konkurrenz einschränken und sich direkt an ein bestimmtes Unternehmen wenden.

Die Aufforderung zur Angebotsabgabe (= „appel d'offres“) zielt auf eine qualitative Beschreibung der Lieferung und der Leistung durch die verschiedenen Hersteller. Die Angebotsbeurteilung richtet sich überwiegend nach technischen und wirtschaftlichen Kriterien, nach der fachlichen und finanziellen Leistungsfähigkeit des Lieferanten, den Lieferbedingungen. Die Einreichungsfrist beträgt im Normalfall 36 Tage nach Bekanntgabe, in dringenden Fällen nur 10 Tage. Den Zuschlag erhält, wer die Ausschreibung in allen Punkten am genauesten erfüllt. Teilnehmen können nur zugelassene Lieferanten.

Um in die Liste der zugelassenen Unternehmen aufgenommen zu werden, muß über die gesellschaftsrechtlichen, finanziellen und fertigungstechnischen Verhältnisse eine genaue Selbstauskunft abgegeben werden. „Gleichwohl sollten sich deutsche Bewerber keine Illusionen über die Schwierigkeiten der Aufnahme in die französischen Listen machen“, schreibt die Deutsch-Französische Handelskammer dazu. So kann zum Beispiel die Zahl der an der Angebotsabgabe beteiligten Anbieter eingeschränkt werden.

Das Verfahren der Ausschreibung (= „adjudication“) kann sich wie das Verfahren der „appels d'offres“ entweder an einen offenen oder einen beschränkten Kreis von Herstellern wenden. Die Beschreibung des Auftrags- und Leistungsinhalts ist bis im einzelnen zu respektieren. Entschieden wird im wesentlichen über den Preis. Dieses Verfahren wird zunehmend verdrängt durch die Vergabe über „appels d'offres“.

Die Angebote müssen in Französisch eingereicht werden. Für die Auftragserfüllung ist das Recht des Auftraggebers maßgebend.

---

3 Öffentliche Aufträge in Frankreich, Nr. 4 der Fachschriftenreihe der Deutsch-französischen Industrie- und Handelskammer.

Die staatlichen Stellen, die öffentliche Verwaltung und die regionalen und kommunalen Körperschaften wickeln einen wesentlichen Teil ihres laufenden Bedarfs über eine öffentliche Einkaufsorganisation ab, die in allen Departements Büros unterhält (= „groupements d'achats publics"). Ihre Zentralstelle sitzt in Paris und firmiert als „Union des groupements d'achats publics" (Adresse: UGAP, 209, rue de Bercy, 75012 Paris). Ihre Abnehmer sind überwiegend Schulen, Universitäten und Krankenhäuser. Die geführten Artikel sind in einem umfangreichen Katalog mit Angabe des Lieferanten enthalten; die einzelnen Stellen können danach direkt oder über die Pariser Zentrale beim Lieferanten bestellen.

Die staatlichen Verkehrs- und Versorgungsbetriebe haben eigene Einkaufsabteilungen und bestellen direkt. Sie haben sich dabei weitgehend an die Vergabeverfahren des „code des marchés publics" zu halten. Im allgemeinen sind öffentliche Auftraggeber zwar keine schnellen, doch zuverlässigen Zahler. Die Zahlungsfristen sind von einer Stelle zur anderen sehr verschieden.

„Achetez-français!"

Jahrelang galt in Frankreich die Parole: „Achetez-français!" Angesichts des unaufhaltsam wachsenden französischen Außenhandelsdefizits blieb der französischen Regierung nichts anderes übrig, als die Verbraucher aufzurufen, französisch zu kaufen, und zwar nicht nur private Verbraucher, sondern auch industrielle und öffentlich-rechtliche Abnehmer. Vorübergehend griff man sogar zu drastischen Protektionsmaßnahmen. Die Gewerkschaften taten ein übriges und zogen gegen die „Arbeitsplatzvernichtung" der Verbraucher ins Feld, die ausländischen Produkten vor den einheimischen den Vorzug gaben.

Tatsächlich waren und sind bestimmte Branchen und Produktgruppen fest in ausländischer Hand, zum Beispiel Werkzeugmaschinen, Krankenhausbedarf, HiFi- und Videogeräte. Ein Politikum ersten Ranges war es, als die Stadt Brest ihre städtischen Verkehrsbetriebe mit deutschen Autobussen ausstattete.

Inzwischen ist die Devise „achetez-français!" kaum noch zu hören. Einerseits will Frankreich als guter zukünftiger Europäer kein schlechtes Beispiel geben. Andererseits ist die französische Industrie selbst im Begriff, den Kampf mit der ausländischen Konkurrenz aufzunehmen. In anderen Branchen hat man sich an die ausländische Präsenz gewöhnt und sieht angesichts der internationalen Verflechtung ohnehin kein wirksames Mittel, diese Tendenz aufzuhalten, zumal gleichzeitig französische Unternehmen auch im Ausland aktiv mit Firmenaufkäufen tätig geworden sind.

Man kann also heute davon ausgehen, daß protektionistische Maßnahmen des „achetez-français!" der Vergangenheit angehören. Trotzdem haben die deutschen Unternehmen noch genug Mühe, sich an die französischen Normen anzupassen und dafür die entsprechenden „agréments" zu erhalten.

9. Gesellschaftsrecht

Begriffliches und Rechtsgrundlagen

Der französische Ausdruck für „Tochtergesellschaft" heißt „filiale". Der deutsche Begriff „Filiale" für Zweigstelle, Zweigniederlassung (etwa Bankfiliale) wird mit „succursale" übersetzt. Die „filiale" kann eine beliebige Gesellschaftsform haben, sie ist in jedem Fall rechtlich selbständig. Der Begriff „filiale" setzt die mehrheitliche Kapitalbeteiligung durch die „société-mère", die Muttergesellschaft voraus. In der Praxis werden oft Begriffe wie Niederlassung, Vertretung, Verkaufsniederlassung, Verkaufsgesellschaft und ähnlich verwendet. Hier ist jedesmal zu fragen, welche juristische Form genau gemeint ist.

Die Vorschriften des französischen Gesellschaftsrechts sind für alle Rechtsformen im Gesetz über die Handelsgesellschaften (= „loi sur les sociétés commerciales") vom 24. Juli 1966 und dem dazugehörigen Dekret vom 23. März 1967 zusammengefaßt. Es gibt kein eigenes Aktiengesetz oder GmbH-Gesetz. Der Gesetzestext ist beim amtlichen Verlag des „Journal Officiel" in Broschürenform erhältlich.

Die „société à responsabilité limitée" (S.à.r.l.)

Struktur

Die häufigste Rechtsform deutscher Tochtergesellschaften in Frankreich ist die „société à responsabilité limitée" oder abgekürzt S.à.r.l. Sie ist das französische Gegenstück zur GmbH. Erforderlich sind mindestens zwei Gesellschafter (= „associés"), die natürliche oder juristische Personen sein können. Sie brauchen nicht Kaufmannseigenschaft zu haben und erwerben diese auch nicht durch ihre Gesellschafterfunktion. Sie können Ausländer sein.

Die Höchstzahl der Gesellschafter beträgt 50. Die Mindestanzahl von zwei Gesellschaftern muß während der gesamten Lebensdauer der Gesellschaft beibehalten werden. Scheidet von zwei Gesellschaftern einer aus, so muß innerhalb eines Jahres ein neuer Gesellschafter gefunden oder die Gesellschaft aufgelöst bzw. in eine andere Rechtsform umgewandelt werden.

Unter Gesellschaftern können Anteile frei abgetreten werden. Die Aufnahme neuer Gesellschafter erfordert die Zustimmung der bisherigen Gesellschafter mit Drei-Viertel-Kapital-Mehrheit. Die Gründung einer „S.à.r.l." zwischen Ehegatten ist zulässig. Die Haftung der Gesellschafter ist auf die Einlage beschränkt.

Die Beliebtheit der „S.à.r.l.", besonders für deutsche Unternehmen, hat ihren Grund darin, daß der Kreis der Beteiligten eng gefaßt werden kann. Es ist zulässig, daß eine Familiengesellschaft und ihr Inhaber als die beiden Gesellschafter auftreten.

Seit 1985 ist auch die Ein-Mann-S.à.r.l. zulässig, allerdings nur unter der Bedingung, daß der Gesellschafter, der nicht Kaufmann sein darf, gleichzeitig nicht auch Teilhaber anderer Firmen ist. Sie heißt: „Entreprise uni-personelle à responsabilité limitée" oder abgekürzt „E.U.R.L.".

Das Mindeststammkapital (=„capital social") beträgt 50000 Franc. Es muß voll gezeichnet und eingezahlt sein. Naturaleinbringung ist zulässig, erfordert jedoch einen Gründungsbericht durch einen Wirtschaftsprüfer. Die Mindestanteile betragen 100 Franc; höhere Anteile können in beliebiger Höhe festgesetzt werden.

Für den Firmennamen bestehen keine einschränkenden Vorschriften. Es kann eine Personen- oder eine Sachfirma, aber auch ein Phantasiename gewählt werden. Auf den Geschäftspapieren müssen der Zusatz „S.à.r.l." (abgekürzt oder ausgeschrieben), die Höhe des Stammkapitals und der Firmensitz angegeben werden. Lange Zeit war der Zusatz „-France" hinter dem Firmennamen bei deutschen Unternehmen beliebt. Davon kommt man wieder ab, weil man vermeiden will, daß sich die Niederlassung gerade dadurch als nichtfranzösische Gesellschaft zu erkennen gibt.

Sind zwei der folgenden Kriterien erfüllt, so muß ein Wirtschaftsprüfer bestellt werden: Bilanzsumme 10 Millionen Franc, Umsatz 20 Millionen Franc, 50 Mitarbeiter.

Geschäftsführung

Bestellung und Befugnisse

Die Führung der Gesellschaft erfolgt durch einen oder mehrere Geschäftsführer (= „gérant"), die durch Gesellschafterbeschluß mit qualifizierter Mehrheit (mehr als die Hälfte des Stammkapitals) für eine in der Satzung frei fixierbare Dauer bestellt werden. Die Bestellung kann auch unbefristet erfolgen.

Ausländer bedürfen zur Bestellung als Geschäftsführer einer Aufenthaltsgenehmigung (= „carte de séjour"), sofern sie in Frankreich ansässig sind. Es kann auch eine im Ausland ansässige Person ohne Wohnsitz in Frankreich zum Geschäftsführer bestellt werden. In diesem Fall ist die „carte de séjour" nicht erforderlich. Stammt die Person aus einem Land außerhalb der EG, so ist unabhängig von der Aufenthaltsgenehmigung eine Kaufmannskarte (= „carte de commerçant étranger"), bei gleichzeitiger Arbeitnehmerfunktion zusätzlich eine Arbeitserlaubnis (= „carte de travail") erforderlich.

Der Geschäftsführer ist Mandatsträger der Gesellschaft und verfügt über die weitreichendsten Befugnisse im Verhältnis zu Dritten. Er handelt in allen Situationen im Namen der Gesellschaft. Seine Geschäftshandlungen sind für diese bindend, selbst wenn sie den Firmengegenstand überschreiten. Einschränkungen sind gegenüber Dritten unwirksam.

Sind mehrere Geschäftsführer bestellt, so hat jeder die gleichen uneingeschränkten Befugnisse und handelt, als ob er Alleingeschäftsführer wäre. Einschränkungen im Innenverhältnis, z. B. gemeinsame Zeichnungsberechtigung oder Befugnisaufteilung zwischen zwei Geschäftsführern, können vereinbart werden, sind aber im Außenverhältnis unwirksam.

Der Geschäftsführer ist über die gesetzlich zustimmungspflichtigen Geschäftshandlungen hinaus (Darlehensaufnahme, Immobilienverkäufe, Hypothekenbelastung, Gründung anderer Unternehmen) völlig frei in seinen Entscheidungen. Er braucht während des Geschäftsjahres keine Einmischung der Gesellschafter in seine Geschäftsführung dulden, sondern ist im Prinzip nur im Rahmen seiner Rechnungslegung durch Vorlage des Jahresabschlusses rechenschaftspflichtig.

Es kann vorkommen, daß ein französischer Geschäftsführer Wünsche oder Forderungen seiner Gesellschafter höflich zurückweist mit der Begründung, hier sei *er* für die Geschäfte verantwortlich. Vor Gericht würde er damit recht bekommen, vorausgesetzt, er weist nach, im Interesse der Gesellschaft gehandelt zu haben.

Der „gérant" soll seine Befugnisse möglichst nicht delegieren. Sein Auftrag sei zu weitreichend und zu persönlich, als daß er ihn an eine den Gesellschaftern unbekannte Person weiterleiten könne, heißt es in einem Kommentar.

Die hier beschriebene französische Auffassung der Geschäftsführerfunktion kommt deutschen Unternehmen praxisfremd vor. Der Geschäftsführer der französischen Tochter soll ja einerseits die Weisungen der Muttergesellschaft befolgen und andererseits so viel wie möglich delegieren.

Man kann intern bestimmen, daß die für die Führung der Gesellschaft erforderlichen Arbeitsrichtlinien als Vereinbarung zwischen den Gesellschaftern und dem Geschäftsführer festgelegt werden, etwa als Katalog der Befugnisse und der zustimmungspflichtigen Geschäfte. Verstößt der Geschäftsführer gegen eine der Bestimmungen, so haben die Gesellschafter einen Grund zur Abberufung.

Das Delegieren von Befugnissen kann der Geschäftsführer in Frankreich de facto trotzdem praktizieren. Das ist mehr eine Frage der Führungspsychologie und der Verantwortungsbereitschaft der Mitarbeiter. Doch wird er in mehr Fällen als in Deutschland seine Unterschrift leisten müssen.

Die Delegation von Befugnissen an Mitarbeiter sollte für Handlungen gegenüber Dritten in Form der ausdrücklichen Einzelvollmacht erfolgen. Die Ernennung von Prokuristen (= „fondé de pouvoirs") und von Handelsbevollmächtigten mit rechtswirksamer Eintragung ins Handelsregister ist nicht möglich. Sie kann höchstens im Innenverhältnis als hierarchische Einstufung erfolgen.

Ausscheiden eines Geschäftsführers

Der Geschäftsführer einer S.à.r.l. scheidet aus

- durch Ablauf seines Mandats,
- durch Rücktritt (= „démission"),
- durch Abberufung (= „révocation").

Die Abberufung erfolgt durch Gesellschafterbeschluß mit Kapitalmehrheit. Sie kann mit sofortiger Wirkung und ohne Angabe von Gründen beschlossen werden. Erfolgt sie ohne berechtigten Grund (= „sans juste motif"), so kann der

Geschäftsführer Ansprüche auf Schadenersatz geltend machen. Dies ist auch der Fall, wenn die Abberufung in brüskierender und rufschädigender Form erfolgt, insbesondere bei Nichteinhaltung der Formvorschriften (Einberufung einer Hauptversammlung, Beschlußfassung mit Protokoll).

Oft wird gleichzeitig gegen arbeitsrechtliche Vorschriften verstoßen, wenn nämlich der Betroffene auch einen Anstellungsvertrag hat und fristlos entlassen wird, d. h. ohne Vorgespräch, Fristenwahrung und ordnungsgemäßer Kündigung (siehe Seite 124ff.). Die Folge können Schadenersatzsummen in Höhe von zwei bis drei Jahresbezügen sein.

Wie viele Geschäftsführer?

Beim Geschäftsführer mit Anstellungsvertrag (= „gérant salarié") stellt sich die Frage, wer Vertragspartner für sein Anstellungsverhältnis ist. Ist er alleiniger Geschäftsführer, so müßte er als rechtlicher Vertreter der Gesellschaft seinen eigenen Arbeitsvertrag zweimal unterschreiben, einmal als Arbeitgeber und einmal als Arbeitnehmer. Gegebenenfalls müßte er sich selber entlassen, gegen sich selbst prozessieren usw. Für diesen Fall ist es praktisch, wenn ein zweiter Geschäftsführer bestellt ist, der die Unterschriften leisten kann. Es ist aber zulässig und kommt vor, daß im Falle der Ein-Mann-Geschäftsführung die Gesellschafter selbst in Aktion treten, um die den Geschäftsführer betreffenden arbeitsvertraglichen Entscheidungen zu unterzeichnen.

Es kann auch aus anderen Gründen praktisch sein, zwei oder mehrere Geschäftsführer zu bestellen. So kann eine Hauptversammlung nur durch den Geschäftsführer einberufen werden. Weigert er sich, etwa weil er weiß, daß er in der Versammlung abberufen werden soll, so kommt die Versammlung und damit die Abberufung nicht zustande. Hat man einen zweiten Geschäftsführer, so kann dieser die Einberufung durchführen. Andernfalls kann die Einberufung nur nach erfolgloser Inverzugsetzung entweder durch den Wirtschaftsprüfer, falls einer vorhanden ist, oder durch einen vom Handelsgericht bestellten Beauftragten erfolgen.

Formmängel der Einberufung gelten jedoch als nachträglich geheilt, wenn sämtliche Gesellschafter zur Versammlung erschienen sind. Hat der Geschäftsführer einen Anteil am Gesellschaftskapital, so kommt im Falle seines Nichterscheinens die Vollzähligkeit nicht zustande.

Wie ersichtlich, liegen hier Gestaltungsfragen vor, mit denen man sich nicht sorgfältig genug befassen kann.

Einzelheiten zur Doppelfunktion des angestellten Geschäftsführers sind im Kapitel Arbeits- und Sozialrecht, Seite 122ff., beschrieben.

Bezüge

Für die Bezüge des Geschäftsführers bestehen keine festen Bestimmungen. Es ist nicht vorgeschrieben, daß ein Geschäftsführer überhaupt eine Vergütung erhält. Er kann ein Fixum oder eine proportionale Beteiligung, z. B. an Umsatz, Bruttomarge oder Gewinn, erhalten. Aber auch andere Gestaltungsmöglichkeiten, z. B. Budgetprämien, sind denkbar. Die Festlegung der Bezüge erfolgt durch die Gesellschafter entweder in der Bestellungsurkunde oder im Rahmen der Hauptversammlung. Sie kann jährlich und jeweils für ein Jahr erfolgen; es ist nicht vorgeschrieben, sich langfristig festzulegen.

Die von Fachleuten empfohlene Trennung in Geschäftsführerbezüge und Angestelltengehalt des „gérant salarié“ (siehe Seite 123) kommt einer praxisnahen Gestaltung entgegen. Es kann vorkommen, daß ein angestellter Geschäftsführer seine Ziele als Verkaufsleiter erfüllt, aber die mit der eigentlichen Geschäftsführung verbundenen Pflichten vernachlässigt. Eine getrennte Vergütung könnte dies berücksichtigen. Es ist nämlich denkbar, daß ein „gérant“ auch einmal ein Jahr lang *keine* Vergütung erhält. Beim Angestellten wäre das nicht möglich.

Ist ein Mitglied der Geschäftsführung in Deutschland als Mitgeschäftsführer (= „co-gérant“) der Gesellschaft in Frankreich bestellt, so ist eine gesonderte Entlohnung dafür denkbar und in bestimmten Fällen empfehlenswert, aber nicht obligatorisch.

Satzung

Die Satzung der „S.à.r.l.“ muß folgende gesetzlichen Mindestangaben enthalten:

- Rechtsform (= „forme juridique“)
- Dauer der Gesellschaft (= „durée“) (höchstens 99 Jahre)
- Firmenname (= „dénomination sociale“ oder „raison sociale“)
- Firmensitz (= „siège social“)
- Gegenstand der Gesellschaft (= „objet social“)
- Höhe des Kapitals (= „capital social“)
- Aufteilung der Kapitalanteile (= „répartition des parts“)
- Zeichnung der Anteile (= „libération des parts“)
- Kapitalhinterlegung (= „dépôt des fonds“).

Darüber hinaus sollten geregelt sein:

- Anzahl und Befugnisse der Gesellschafter
- Abtretung von Gesellschaftsanteilen
- Beschlußfassung und Mehrheit
- Geschäftsjahr
- Gewinnverteilung
- Auflösung.

Sie kann als privatrechtliche Urkunde (= „acte sous seing privé“) erstellt werden. Notarielle Beurkundung oder Beglaubigung ist nicht erforderlich.

Für die Erstellung der Satzung wird man sich an einen Rechtsberater wenden, der die französischen Verhältnisse kennt. Bestimmungen aus deutschen Satzungen können mit aufgenommen werden, sofern sie nicht gegen französische Vorschriften verstoßen.

Gesellschafterversammlung

Das Organ für die Beschlüsse der Gesellschafter ist die Hauptversammlung (= „assemblée générale"). Die Satzung kann auch die schriftliche Konsultation vorsehen, außer für die Jahreshauptversammlung.

Die Hauptversammlung ist durch den Geschäftsführer per Einschreiben unter Angabe der Tagesordnung mit einer Frist von 15 Tagen einzuberufen. Die Satzung kann auch andere Formen der Einberufung, insbesondere die mündliche Einberufung vorsehen. Die schriftliche Form mit Empfangsquittung ist jedoch für Zwecke des Nachweises zu empfehlen. Wie erwähnt, gelten Formmängel der Einberufung als geheilt, wenn sämtliche Gesellschafter bei der Versammlung anwesend oder rechtsgültig vertreten sind. Bei Vorlage der Empfangsquittung ist man über jeden Vorwurf des Formmangels erhaben.

Ist ein Wirtschaftsprüfer bestellt, so ist auch dieser zur Einberufung berechtigt. Ansonsten können die Gesellschafter die Einberufung beim Handelsgericht im Wege einer einstweiligen Verfügung erwirken.

Eine Hauptversammlung kann auch ohne gesetzlichen oder satzungsmäßigen Anlaß anberaumt werden, wenn einer oder mehrere Gesellschafter, die die Hälfte des Kapitals oder ein Viertel der Gesellschafter, die zusammen ein Viertel des Kapitals vertreten, dies verlangen.

Ordentliche Hauptversammlung

Die ordentliche Jahreshauptversammlung (= „assemblée générale annuelle ordinaire") hat über den Jahresabschluß zu befinden. Sie muß spätestens sechs Monate nach dem Bilanzstichtag des abgelaufenen Geschäftsjahrs stattfinden. Sie beschließt die Genehmigung des Jahresabschlusses, die Gewinnverwendung und die Entlastung des Geschäftsführers.

Gegenstand von ordentlichen Hauptversammlungen sind ferner:

- Bestellung oder Abberufung von Geschäftsführern
- Festlegung von Geschäftsführerbezügen
- Bestellung oder Bestätigung eines Wirtschaftsprüfers
- Genehmigung von Geschäftshandlungen, die über die satzungsmäßigen Befugnisse der Geschäftsführung hinausgehen
- Genehmigung von Sondervereinbarungen zwischen der Gesellschaft und einem ihrer Geschäftsführer oder Gesellschafter.

Die ordentliche Hauptversammlung beschließt mit der Mehrheit von „mehr als der Hälfte der Kapitalanteile". Wird diese nicht erreicht, so entscheidet in einer neuerlichen Hauptversammlung die einfache Mehrheit der abgegebenen Stimmen. Vorschriften über die Beschlußfähigkeit (= „quorum") bestehen nicht. In der Satzung können höhere Mehrheiten sowie Bestimmungen über die Beschlußfähigkeit vereinbart werden.

Außerordentliche Hauptversammlung

Die außerordentliche Hauptversammlung (= „assemblée générale extraordinaire") beschließt über Satzungsänderungen, insbesondere:

- Änderung der Rechtsform
- Verlegung des Firmensitzes
- Kapitalerhöhung oder -herabsetzung
- Änderung des Firmennamens oder des Firmengegenstands
- Aufnahme neuer Gesellschafter

Sie beschließt:

– mit Dreiviertel-Kapitalmehrheit bei:	– Satzungsänderungen
– einstimmig bei:	– Änderung der Nationalität der Gesellschaft – Umwandlung in eine offene Handelsgesellschaft oder eine Kommanditgesellschaft
– mit Dreiviertel-Kapitalmehrheit und Mehrheit der Gesellschafter bei:	– Verpfändung von Gesellschafteranteilen

Vorschriften über die Beschlußfähigkeit bestehen nicht. In der Satzung können jedoch entsprechende Bestimmungen vereinbart werden. Die Satzung darf für die außerordentliche Hauptversammlung keine höheren Mehrheiten vorsehen.

Hauptversammlungsprotokoll

Über die Hauptversammlungsbeschlüsse ist ein Protokoll (= „procès-verbal") anzufertigen.

Das Dekret vom 23. März 1967 schreibt im einzelnen vor, welche Angaben enthalten sein müssen. Die Protokolle müssen in ein vom Handelsgericht bzw. vom Bürgermeisteramt paraphierten Register mit numerierter Seitenzahl eingeschrieben werden. Sie sind von den Geschäftsführern zu unterzeichnen. Die zusätzliche Unterzeichnung durch die anwesenden Gesellschafter kann nützlich sein.

Oft wird gefragt, ob man die Hauptversammlung wegen ihrer umständlichen Formelhaftigkeit nicht nur auf dem Papier stattfinden lassen kann. Die deutschen Muttergesellschaften kennen deren Inhalt meist ohnehin vorher. Sie wollen nicht der bloßen Formalitäten wegen nach Frankreich fahren.

Tatsächlich ist die Praxis der Papier-Hauptversammlung weit verbreitet. Trotzdem kann man nicht dazu raten, wenn auch meist keine Konsequenzen auftreten. Hat aber der Teufel die Hand im Spiel, so kann Ärger entstehen. Findet ein Steuerprüfer vom Tag der Hauptversammlung Reisebelege des Geschäftsführers von ganz woanders, so kann er die Richtigkeit der Buchhaltung anzweifeln und den guten Glauben der Gesellschaft in Frage stellen. Ein entlassener Geschäftsführer hatte seine ehemalige Firma wegen Durchführung fiktiver Hauptversammlungen und Fälschung der Gesellschaftsunterlagen angezeigt.

Es kann in der Satzung vereinbart werden, daß die Hauptversammlung auch an einem beliebigen anderen Ort, auf den sich die Gesellschafter einigen, stattfinden kann, zum Beispiel am Sitz des deutschen Mutterhauses.

Die „société anonyme" (S.A.)

Struktur

Die „société anonyme" (abgekürzt „S.A."), wörtlich „anonyme Gesellschaft", entspricht in ihrer Gestaltung der deutschen Aktiengesellschaft. Mit ihr hat sie viele Züge gemeinsam, sie unterscheidet sich aber auch in einigen Punkten wesentlich von ihr.

Die Vorschriften über die „société anonyme" stehen wie diejenigen über die S.à.r.l. im Gesetz über die Handelsgesellschaften vom 24. Juli 1966 und im Dekret vom 23. März 1967. Zu diesem Gesetzeswerk, das eine reformierte Fassung des Gesellschaftsrechts von 1866 ist, sind vor kurzem wichtige Änderungen ergangen: Durch ein Gesetz vom 30. Dezember 1981 wurde das Mindestkapital börsengehandelter „sociétés anonymes" von 500000 auf 1500000 Franc, für nicht börsengehandelte Gesellschaften, insbesondere Familienaktiengesellschaften, von 100000 auf 250000 Franc heraufgesetzt.

Börsengehandelte Aktiengesellschaften müssen unabhängig von der Höhe ihres Grundkapitals mindestens zwei Wirtschaftsprüfer (= „commissaires aux comptes") bestellen. In den übrigen Aktiengesellschaften sind bei einem Grundkapital ab 5 Millionen Franc ebenfalls zwei, bei niedrigerem Kapital ein Wirtschaftsprüfer zu bestellen. Sie werden durch die konstituierende Hauptversammlung (bei Börsen-S.A.) oder durch Satzung (bei Namens-S.A.) für sechs Jahre bestellt. Ihr Mandat kann von der Hauptversammlung verlängert werden.

Aktien und Aktionäre

Der Nennwert einer Aktie beträgt mindestens 100 Franc; er kann beliebig höher sein. Mindestens ein Viertel des Nennwerts muß bei Zeichnung eingezahlt werden; der Rest ist innerhalb von fünf Jahren einzuzahlen. Aktien aus Umwandlung von Rücklagen oder Gewinn müssen bei der Zeichnung voll eingezahlt werden.

Neben Stammaktien können im Zeitpunkt der Gesellschaftsgründung oder bei einer späteren Kapitalerhöhung beliebige Arten von Vorzugsaktien, auch mehrere Arten nebeneinander, geschaffen werden. Zur Stimulierung des Aktiensparens wurde 1978 eine stimmrechtlose Aktie mit Dividendenprivileg eingeführt.

Die Aktien können Inhaber- oder Namensaktien sein. Bis zu ihrer vollen Einzahlung müssen alle Aktien Namensaktien sein. Seit 1982 müssen die Aktien von nicht börsennotierten Gesellschaften ebenfalls Namensaktien sein. Ferner ist für einige weitere Sonderfälle die Namensaktie vorgeschrieben: Aktien mit doppeltem Stimmrecht, eigene Aktien der Gesellschaft, Aktien von Treuhandgesellschaften. Namensaktien sind in ein spezielles Register der Gesellschaft einzutragen. Sie sollen effektiv erstellt werden in Form eines Zertifikats. Für die frei veräußerbaren Inhaberaktien können die formalen Bestimmungen in der Satzung frei festgelegt werden. Auch Namensaktien können frei veräußert werden. Die Satzung kann dies jedoch von der vorherigen Zustimmung der übrigen Aktionäre abhängig machen.

Die „société anonyme“ muß für die Gründung und während ihres Bestehens mindestens sieben Aktionäre haben. Sie können natürliche oder juristische in- oder ausländische Personen sein. So könnte eine deutsche GmbH & Co. KG zusammen mit der GmbH und fünf Leitenden Mitarbeitern eine „société anonyme“ in Frankreich gründen. Das Einspringen von Strohmännern ist nicht verboten, sofern keine betrügerischen Absichten damit verbunden sind und die Formvorschriften gewahrt bleiben.

Jeder Aktionär hat die effektive Zeichnung seiner Aktien durch Unterschrift auf dem Protokoll und der Anwesenheitsliste der Gründungs- oder Kapitalerhöhungs-Hauptversammlung aktenkundig zu machen.

Die zwei Formen der „société anonyme“

Ein grundlegender Unterschied zum deutschen Aktienrecht liegt darin, daß das französische Recht hinsichtlich der Führungsorgane zwei Formen der „société anonyme“ kennt: die klassische S.A. (= „société anonyme de type traditionnel“) mit einem Verwaltungsrat und die neue S.A. (= „société anonyme de type nouveau“) mit Aufsichtsrat und Vorstand. Die klassische „société anonyme“ war bis zur Gesellschaftsrechtsreform von 1966 die einzige zulässige Form. Sie ist bis heute die beliebteste und verbreitetste Form geblieben.

Die klassische „société anonyme“

Ihr Hauptkennzeichen ist, daß sie durch ein einziges Organ, den Verwaltungsrat (= „conseil d'administration“) geführt wird, der die Aufsichts- und Führungsfunktion in einem verkörpert. Er besteht aus drei bis zwölf Mitgliedern, die Ausländer sein können und eine Mindestanzahl von „Garantieaktien“ besitzen müssen. Die Satzung muß Bestimmungen über eine Altersgrenze der Verwaltungsratsmitglieder enthalten, andernfalls kommt die gesetzliche Vorschrift zur Anwendung, wonach nicht mehr als ein Drittel der Mitglieder über siebzig Jahre alt sein dürfen. Das Gesetz läßt die Möglichkeit zu, eine juristische Person in den Aufsichtsrat zu bestellen, sofern für diese eine natürliche Person als ständiger rechtlicher Vertreter namentlich benannt ist.

Die Verwaltungsratsmitglieder

Die Verwaltungsratsmitglieder werden durch die ordentliche Hauptversammlung bestellt. Bei den nicht börsennotierten Gesellschaften erfolgt die Bestellung der ersten Verwaltungsratsmitglieder in der Satzung, und zwar für höchstens drei Jahre, bei börsennotierten Gesellschaften anläßlich der Gründungshauptversammlung für maximal sechs Jahre. Für später ernannte Mitglieder beträgt die Amtszeit einheitlich sechs Jahre. In der Satzung kann eine kürzere Amtszeit festgelegt werden. Die Verwaltungsratsmitglieder können nach Ablauf ihres Mandats wiedergewählt werden.

Die Verwaltungsratsmitglieder sind Mandatsträger der Gesellschaft und können als solche jederzeit vor Ablauf ihrer Amtszeit durch eine ordentliche Hauptversammlung ohne Angabe von Gründen mit sofortiger Wirkung abberufen werden. Die Abberufung braucht nicht auf der Tagesordnung der Versammlung zu stehen. Das abberufene Mitglied hat nur in Ausnahmefällen Anspruch auf Schadenersatzanspruch. Ferner kann ein Verwaltungsratsmitglied jederzeit demissionieren.

Der Verwaltungsrat als Kollektivorgan „verwaltet“ die Gesellschaft (Artikel 89 des Gesetzes vom 24. Juli 1966). Er „handelt“ in Form von Beschlüssen, die er in Verwaltungsratssitzungen faßt. Dabei ist die Anwesenheit von mindestens der Hälfte der Mitglieder und einfache Stimmenmehrheit erforderlich. Die Einberufungsformalitäten können in der Satzung frei festgelegt werden.

Eine Verwaltungsratssitzung muß mindestens einmal jährlich stattfinden, und zwar anläßlich der Erstellung des Jahresabschlusses vor der Aktionärs-Jahreshauptversammlung, ferner vor jeder sonstigen Aktionärsversammlung. Doch können Verwaltungsratssitzungen stattfinden, „so oft es das Interesse der Gesellschaft erfordert“. Hat seit zwei Monaten keine Sitzung stattgefunden, so kann sie von zwei Dritteln der Mitglieder einberufen werden. Die Angabe der Tagesordnung ist, außer in dem zuletzt genannten Fall, nicht vorgeschrieben, doch kann sie in der Satzung verlangt werden. Zur Sitzung des Verwaltungsrats sind Vertreter des Betriebsrats mit konsultativer Stimme einzuladen, anderenfalls sind die gefaßten Beschlüsse nichtig.

Befugnisse des Verwaltungsrats

Nach dem Gesetz hat der Verwaltungsrat folgende nicht delegierbaren Befugnisse:

- Erstellung des Geschäftsberichtes und des Jahresabschlusses zur Vorlage an die Hauptsammlung;
- Genehmigung von Vereinbarungen zwischen der Gesellschaft und einem seiner Verwaltungsratsmitglieder oder Generaldirektoren z. B. Darlehensgewährung;
- Genehmigung von Vereinbarungen zwischen der Gesellschaft und einem anderen Unternehmen, wenn ein Verwaltungsratsmitglied oder ein Generaldirektor der Gesellschaft an dem Unternehmen oder an seiner Führung beteiligt ist;
- Einberufung der Hauptversammlung;
- Durchführung von Kapitalerhöhungen und -herabsetzungen nach vorheriger Genehmigung durch die Hauptversammlung;
- Verlegung des Firmensitzes in ein angrenzendes Departement, vorbehaltlich der Genehmigung durch die nächste Hauptversammlung.

Der Präsident des Verwaltungsrats

Die eigentliche Führung der Gesellschaft und ihre Vertretung gegenüber Dritten liegt in den Händen des Verwaltungsratsvorsitzenden (= „président du conseil d'administration"), umgangssprachlich „président directeur général" oder kurz PDG genannt (auch P.-D.G. geschrieben). Er wird unter den Verwaltungsratsmitgliedern mit einfacher Mehrheit gewählt. Er verfügt über die weitreichendsten Befugnisse und handelt in jeder Situation alleinverantwortlich im Namen der Gesellschaft. Befugniseinschränkungen durch Satzung oder Verwaltungsrat sind möglich, aber gegenüber Dritten unwirksam. Der „président du conseil" muß eine natürliche Person sein. Er kann Ausländer sein, außer in einigen Branchen mit besonderen Zulassungsbestimmungen, z. B. in der Pharmaindustrie.

Seine Amtszeit kann nicht länger, wohl aber kürzer sein, als die der normalen Verwaltungsratsmitglieder. Er kann wie diese wiedergewählt oder mit einfacher Mehrheit des Verwaltungsrats vorzeitig ohne Angabe von Gründen mit sofortiger Wirkung abberufen werden, ohne daß er daraus Entschädigungsansprüche ableiten könnte, außer bei Formverstoß. Er kann ohne Angabe von Gründen vorzeitig zurücktreten.

Für den Vorsitzenden des Verwaltungsrats muß die Satzung eine Regelung der Altersgrenze enthalten. Fehlt sie oder entbehrt sie einer genauen Altersangabe, so gilt die gesetzliche Altersgrenze von 65 Jahren. Eine Person kann höchstens in zwei französischen Gesellschaften gleichzeitig Verwaltungsratsvorsitzender sein.

Der „directeur général"

Der Gesetzgeber hat die Möglichkeit vorgesehen, durch den Verwaltungsrat auf Vorschlag des Vorsitzenden einen oder, bei Gesellschaften mit mehr als 1500000 Franc Grundkapital, zwei Generaldirektoren (= „directeurs généraux") zu bestellen. Ein „directeur général" hat gegenüber Dritten grundsätzlich die gleichen weitreichenden Befugnisse wie der Präsident. Abgrenzung und Einschränkungen können intern abgesprochen werden und bleiben im Außenverhältnis unwirksam. Er braucht nicht Mitglied des Verwaltungsrats sein und kann auch von außerhalb des Unternehmens kommen. Von seinem Mandat kann ihn der Verwaltungsrat auf Vorschlag des Präsidenten jederzeit ohne Gründe, Fristen und Entschädigung abberufen. Er kann daneben einen normalen Arbeitsvertrag mit der Gesellschaft haben.

Da er stets *neben* einem „PDG" fungiert, wurde er früher, auch teilweise heute noch, „directeur général adjoint" genannt. Der korrekte Begriff „directeur général" ist in diesem Zusammenhang ein präziser Begriff des Aktienrechts. Er darf nicht verwechselt werden mit der Bezeichnung „directeur général" oder „direction générale", die einfach die Gesamtleitung einer Gesellschaft oder einer Institution meint, ohne Rücksicht auf die genaue Form und Rechtsstellung.

Verwaltungsratsmitglieder als Angestellte

Die Mitglieder und der Vorsitzende des Verwaltungsrats können gleichzeitig einen Arbeitsvertrag mit dem Unternehmen haben, wenn sie bei ihrer Bestellung schon zwei Jahre als Arbeitnehmer im Unternehmen tätig waren und beide Funktionen effektiv ausüben. Wie beim angestellten Geschäftsführer der S.à.r.l. sollte man hierfür zwei getrennte Vergütungen vorsehen. Die Hauptversammlung kann für den Verwaltungsrat eine Vergütung in Form von Anwesenheitsgeldern (= „jetons de présence") in beliebiger Höhe festsetzen. Diese sind jedoch nur in Höhe von fünf Prozent vom Durchschnittsgehalt der fünf bzw. bei Unternehmen mit über 200 Mitarbeitern der zehn höchsten Gehaltsempfänger steuerlich abzugsfähig.

Ein Mitglied oder der Vorsitzende des Verwaltungsrats können nicht nachträglich zusätzlich Arbeitnehmer werden. Zur Doppelfunktion als Arbeitnehmer und als gesellschaftsrechtliches Organ siehe Seite 122ff.

Der Vorsitzende und die Mitglieder des Verwaltungsrats müssen eine Mindestanzahl von „Garantieaktien" haben, die sie zur Teilnahme an der Hauptversammlung berechtigen, also mindestens eine stimmberechtigte Aktie. Sie können einzeln oder zusammen die Mehrheit oder hundert Prozent des Grundkapitals besitzen.

Bei vielen französischen Aktiengesellschaften ist der „PDG" gleichzeitig mehrheitlicher Inhaber und Angestellter. Damit kommt er in den Genuß sämtlicher Arbeitnehmervorteile, insbesondere der Sozialversicherung, und bleibt dennoch alleiniger Chef. Die S.A. ist deshalb bei kleinen Gesellschaften sehr beliebt. Insgesamt bestehen in Frankreich über 100000 Aktiengesellschaften. Es gibt jedoch keine logische Begründung dafür, warum der angestellte Geschäftsführer der S.à.r.l. nicht die gleichen Vorteile genießt wie der angestellte „PDG". Es ist nicht ausgeschlossen, daß hier in absehbarer Zeit eine Angleichung erfolgt.

Sinngemäß wie bei der S.à.r.l. sollen die Führungsorgane ihre Befugnisse möglichst nicht delegieren. Es gibt auch bei der S.A. keinen ins Handelsregister eintragbaren Prokuristen oder Handelsbevollmächtigten.

Die moderne „société anonyme"

Erst 1966 hat Frankreich die Form der „société anonyme" mit Aufsichtsrat und Vorstand eingeführt. Prompt hatten die deutschen Tochtergesellschaften, die als „société anonyme" gegründet waren, auf die neue Form umgestellt. Französische Unternehmen gewannen nur langsam Vertrauen zu dieser für französische Verhältnisse ungewohnten Form.

Aufsichtsrat

In der neuen Form der „société anonyme" hat der Aufsichtsrat (= „conseil de surveillance") die Rolle des Aufsichtsorgans über die Geschäftsführung des Vorstandes. Nach dem Gesetz sind seine Befugnisse:

- Kontrolle der Geschäftsführung des Vorstands mit dem Recht
  - auf Vorlage des Jahresabschlusses, spätestens drei Monate nach Abschluß des Geschäftsjahres durch den Vorstand;
  - auf Vorlage eines Vierteljahresberichts durch den Vorstand;
  - auf jederzeitige Einsicht und Kontrolle in die Firmenunterlagen;
- Erstellung eines Kommentars zum Geschäftsbericht des Vorstandes zur Vorlage an die Hauptversammlung;
- Genehmigung von Vertragsvereinbarungen zwischen der Gesellschaft und einem seiner Vorstands- oder Aufsichtsratsmitglieder;
- Genehmigung von Kautionen und Garantiezusagen;
- Genehmigung der Annahme einer Position als Vorstandsmitglied oder Generaldirektor in einer anderen Gesellschaft durch ein Vorstandsmitglied oder den Generaldirektor des Unternehmens.

Hinsichtlich der Bestellung und Abberufung gelten für den Aufsichtsrat sinngemäß die gleichen Vorschriften wie für den Verwaltungsrat, also

- drei bis zwölf Mitglieder;
- Bestellung durch die konstituierende Hauptversammlung für sechs Jahre, bei nicht börsengehandelten Gesellschaften durch die Satzung für drei Jahre; spätere Bestellung generell für sechs Jahre. Die Satzung kann kürzere Mandatszeiten festlegen.
- Zeichnung von mindestens einer Garantieaktie;

– Altersgrenze: höchstens ein Drittel der Mitglieder darf über siebzig Jahre alt sein, falls die Satzung keine andere Bestimmung enthält;
– Möglichkeit der vorzeitigen Abberufung durch die Hauptversammlung ohne Begründung mit sofortiger Wirkung.

Die Beschlüsse des Aufsichtsrats werden mit einfacher Stimmenmehrheit in Aufsichtsratssitzungen gefaßt, zu denen Vertreter des Betriebsrats eingeladen werden müssen. Unter Nicht-Beachtung dieser Vorschrift gefaßte Beschlüsse sind nach sinngemäßer Auslegung der arbeitsrechtlichen Bestimmungen nichtig.

Vorstand

Die eigentliche Führung der Geschäfte des Unternehmens liegt beim Vorstand (= „directoire"). Er führt die Gesellschaft als Kollektivorgan und entscheidet gemeinsam. Besondere Formvorschriften hierfür bestehen nicht. Es besteht aus zwei bis fünf Mitgliedern. In Gesellschaften unter 1 500 000 F Grundkapital kann er aus einer einzigen Person bestehen, die in diesem Fall Generaldirektor (= „directeur général unique") genannt wird.

Die Mitglieder des Vorstands werden durch den Aufsichtsrat bestellt. Sie müssen natürliche Personen sein und können Ausländer sein. Eine Person kann höchstens in zwei Aktiengesellschaften gleichzeitig Vorstands- oder Verwaltungsratsmitglied sein. Zur Bestellung bedarf es der Genehmigung des Aufsichtsrats der anderen Gesellschaft.

Vorstandsmitglieder werden für vier Jahre bestellt. Sie können nicht vom Aufsichtsrat, sondern nur auf dessen Vorschlag durch die Hauptversammlung vorzeitig abberufen werden. Eine Abberufung ohne triftigen Grund berechtigt zu Schadenersatz. Ein Verwaltungsratsmitglied hat solche Ansprüche nur bei beleidigender bzw. rufschädigender Abberufung. Ein Vorstandsmitglied kann ferner durch Rücktritt ausscheiden. Falls die Satzung nichts anderes bestimmt, scheidet ein Vorstandsmitglied mit der Erreichung des 65. Lebensjahres aus.

Vorstandsmitglieder können gleichzeitig einen Arbeitsvertrag mit der Gesellschaft haben, wenn dieser einer tatsächlichen Tätigkeit entspricht. Diese im Gesetz von 1966 verankerte Bestimmung bringt den Vorstandsmitgliedern der neuen S.A. eine erhebliche Besserstellung gegenüber den Verwaltungsratsmitgliedern der klassischen S.A. Wichtig ist auch hier, beide Funktionen bei der Vertragsgestaltung und Vergütung sorgfältig zu trennen. Der Gesetzgeber weist hierauf indirekt hin, wenn er bestimmt, daß die Abberufung eines Vorstandsmitglieds nicht auch eine Auflösung seines Arbeitsvertrages nach sich ziehe.

Aus den Mitgliedern des Vorstands bestellt der Aufsichtsrat den Vorstandsvorsitzenden (= „président du directoire"). Dieser vertritt die Gesellschaft uneingeschränkt im Außenverhältnis. Er nimmt die Rolle des „PDG" ein.

Der Aufsichtsrat kann ferner einen oder mehrere Vorstandsmitglieder zu Generaldirektoren (= „directeur général", Mehrzahl „directeurs généraux") bestellen. Sie erhalten damit die gleiche Vertretungsbefugnis wie der Vorsitzende. Ihre Befugnisse können im Innenverhältnis eingeschränkt werden, nicht aber rechtswirksam gegenüber Dritten.

Der Aufsichtsrat kann den angestellten Vorstandsmitgliedern in der Bestellungsurkunde und/oder im Arbeitsvertrag ihre Rechte und Pflichten definieren. Das geschieht für beide Rechtsstellungen am zweckmäßigsten getrennt. Ein eventueller Verstoß ist dann entweder ein Grund (= „juste motif") für die Abberufung aus dem Vorstand, oder ein tatsächlicher und ernsthafter Grund (= „motif réel et sérieux") für eine Kündigung des Anstellungsvertrags.

Die Vorstandsmitglieder sollen ihre Befugnisse nicht delegieren. Sie können wie der Geschäftsführer der S.à.r.l. und die Verwaltungsratsmitglieder keine Prokuristen mit rechtswirksamer Handelsregistereintragung bestellen.

Hauptversammlung

Das verfassungsgebende Organ beider Formen der „société anonyme" ist die Hauptversammlung (= „assemblée générale"). Ihre Einberufung erfolgt bei der alten Form durch den Verwaltungsrat, bei der neuen Form durch den Vorstand, doch sieht das Gesetz hier auch die Möglichkeit der Einberufung durch den Aufsichtsrat vor. Der Einberufungs-Bescheid muß die Tagesordnung enthalten. Nicht auf der Tagesordnung stehende Punkte können nicht Gegenstand einer Beschlußfassung sein. Vorsichtshalber setzt man daher gewöhnlich einen Punkt „Diverses" auf die Tagesordnung, damit über unerwartet sich ergebende Beschlüsse doch abgestimmt werden kann.

Für die Einberufung der Hauptversammlung börsennotierter Gesellschaften verlangt das Gesetz die Einhaltung umfangreicher Formvorschriften. Da die meisten Tochtergesellschaften deutscher Unternehmen geschlossene Gesellschaften mit Namensaktionären sind, sei hier auf diese Einzelheiten verzichtet.

Versammlungsort ist der Sitz der Gesellschaft, doch kann die Satzung eine andere Bestimmung enthalten. Deutsche Unternehmen können durch Satzung verfügen, daß die Hauptversammlung auch am Sitz der Muttergesellschaft stattfinden kann. Eine Veröffentlichung der Einberufung, für börsennotierte Gesellschaften obligatorisch, ist nicht erforderlich, wenn alle Aktien Namensaktien sind und jeder Aktionär einzeln mit Einschreiben zur Versammlung eingeladen wird. Hierzu empfiehlt sich für Zwecke des Nachweises Einschreiben mit Empfangsquittung. In dieser Form muß auch der Wirtschaftsprüfer eingeladen werden.

Die Einberufungsfrist beträgt fünfzehn Tage. Während dieser Frist haben die Aktionäre Anspruch auf umfassende Einsicht in die Unterlagen der Gesellschaft, insbesondere den Jahresabschluß und den Geschäftsbericht sowie auf Kenntnisnahme der zur Abstimmung gelangenden Beschlüsse und des Berichts des Wirtschaftsprüfers.

Teilnehmer an der Versammlung sind die Aktionäre oder deren rechtsgültige ausgewiesene Bevollmächtigte sowie die Wirtschaftsprüfer. Das obligatorische Versammlungsbüro (= „bureau d'assemblée"), das sich aus dem Verwaltungs- oder Aufsichtsratsvorsitzenden und den beiden Aktionären mit den meisten Stimmen zusammensetzt, kann ferner beliebige andere Personen zulassen, z. B. leitende Mitarbeiter, Rechts- und Steuerberater, Journalisten.

Ordentliche Jahreshauptversammlung

Die ordentliche Jahreshauptversammlung beschließt über den Jahresabschluß des abgelaufenen Geschäftsjahrs. Sie muß spätestens sechs Monate nach dem Bilanzstichtag stattfinden. Sie genehmigt die Bilanz und die Ergebnisrechnung, die Berichte des Verwaltungsrats bzw. des Vorstands und der Wirtschaftsprüfer, beschließt die Entlastung des Verwaltungsrats bzw. des Vorstands, die Gewinnverwendung und die Dividendenauszahlung. Ferner genehmigt sie eine vom Verwaltungsrat oder vom Aufsichtsrat eventuell beschlossene Sitzverlegung in ein angrenzendes Departement. Zu ihrer Beschlußfähigkeit muß mindestens ein Viertel des stimmberechtigten Kapitals anwesend oder vertreten sein. Sie beschließt mit der einfachen Mehrheit des anwesenden bzw. vertretenen[1] Kapitals.

Außerordentliche Hauptversammlung

Die außerordentliche Hauptversammlung beschließt über alle Entscheidungen, die eine Änderung oder wesentliche Beeinflussung der Gesellschaftsstruktur zum Gegenstand haben, insbesondere über Satzungsänderungen. Zur Beschlußfähigkeit muß mindestens die Hälfte des stimmberechtigten Kapitals anwesend oder vertreten sein. Die Beschlüsse werden mit der Mehrheit von mindestens zwei Dritteln der anwesenden Stimmen gefaßt.

Für die ordentliche wie für die außerordentliche Hauptversammlung kann die Satzung höhere Anforderungen für die Beschlußfähigkeit und die Abstimmungsmehrheit verlangen. Eine ordentliche kann mit einer außerordentlichen Hauptversammlung zusammen anberaumt werden. Aus praktischen Gründen empfiehlt es sich in diesem Fall, zu beiden Versammlungen separat einzuladen und getrennte Protokolle zu erstellen.

Satzung

Die Satzung der „société anonyme" enthält im wesentlichen die gleichen Bestandteile wie diejenige der S.à.r.l. Bei Gesellschaften mit Bareinbringung kann sie als privatrechtliche Urkunde ohne notarielle Mitwirkung erstellt werden. Selbstverständlich wird man sich dabei eines Rechtsberaters bedienen. Eine Anzahl von obligatorischen Klauseln sind in Artikel 2 des Gesetzes von 1966 und Artikel 55 des Dekrets von 1967 aufgezählt.

Man hat die Wahl zwischen einer Sach-, einer Namens- oder einer Phantasiefirma. Die Angabe der Rechtsform, des Grundkapitals und des Firmenbesitzes auf den Geschäftspapieren ist obligatorisch. Aktiengesellschaften der neuen Form müssen die entsprechenden Gesetzesartikel (Artikel 118 bis 150 des Gesetzes von 1966) angeben.

1 Vor dem 30. Dezember 1981 richtete sich die Mehrheit nach den abgegebenen Stimmen. Nach der neuen Regelung zählen Stimmenthaltungen als Nein-Stimmen.

Man sollte sich vor 50-Seiten-Satzungen hüten. Die gesetzlichen Vorschriften sind explizit genug. In weiten Teilen genügt es, auf sie Bezug zu nehmen, außer wenn gesetzliche Mindest- oder Rahmenangaben durch Gestaltung ergänzt oder verstärkt werden sollen.

Die Haftung der Führungsorgane

Die Führungskräfte unterliegen einer weiterrechenden Haftung als in der Bundesrepublik. Sie erstreckt sich auch auf zivil- und auf strafrechtliche Tatbestände.

Als Führungskräfte von Gesellschaften (= „dirigeants de sociétés" gelten die Geschäftsführer (= „gérants") der S.à.r.l., die Verwaltungsratsmitglieder der S.A. (= „membres du conseil d'administration", „administrateurs") und die Vorstandsmitglieder der „sociétés anonymes" (= „membres du directoire"), aber auch alle de-facto-Führungspersonen (= „dirigeants de fait"), unabhängig davon, ob sie Gehalt beziehen oder nicht. Das kann z. B. der Verkaufsleiter der französischen Tochtergesellschaft sein, der zwar vor Ort voll verantwortlich ist, aber nicht zum „gérant" ernannt worden ist. Dazuzurechnen sind auch leitende Personen deutscher Muttergesellschaften, die bei der französischen Gesellschaft als Geschäftsführer oder Vorstands- bzw. Verwaltungsratsmitglieder im Handelsregister eingetragen sind.

Die Geschäftsführer haften zivilrechtlich für Verstöße gegen die gesellschaftsrechtlichen Vorschriften und gegen die Satzung sowie für Fehler in der Ausübung ihres Mandats. Sie können persönlich solidarisch zur Zahlung rückständiger Steuern und Sozialversicherungs-Säumniszuschläge der Gesellschaft herangezogen werden, wenn schwere und wiederholte Verstöße gegen die Vorschriften festgestellt werden. Ferner haftet der Geschäftsführer gegenüber jedem Dritten sowie den Gesellschaftern, die einen durch ihn erlittenen Schaden nachweisen können. Bei Vergleich oder Konkurs können Geschäftsführer zur Begleichung der Passiva der Gesellschaft mit herangezogen werden.

Strafrechtlich sanktioniert werden: Die Ausschüttung fiktiver Dividenden, Bilanzverschleierung, Mißbrauch des Gesellschaftsvermögens und der Gesellschaftsvollmachten zum Schaden der Gesellschaft. Haftbar ist der Geschäftsführer und jede Person, die mit dessen Zustimmung die Führung der Gesellschaft ausgeübt hat.

Bei Verwaltungsrats- und Vorstandsmitgliedern erstreckt sich die zivilrechtliche Haftung analog zum S.à.r.l.-Geschäftsführer auf Verstöße gegen aktienrechtliche Vorschriften, gegen die Satzung sowie auf Fehler bei der Mandatsausübung und Schädigungen der Gesellschafter oder Dritter. Für die Heranziehung zur Begleichung von rückständigen Steuern, Säumniszuschlägen, der Sozialversicherung und für Gesellschaftsschulden bei Vergleich oder Konkurs gilt das gleiche wie beim S.à.r.l.-Geschäftsführer, ebenso für die strafrechtliche Verantwortung bei falscher Bilanz, fiktiver Dividende und Mißbrauch von Vollmachten und Gesellschaftsvermögen.

Am geringsten ist die Haftung der Aufsichtsratsmitglieder einer „société anonyme“. Diese haften praktisch nur für persönliche Handlungen, nicht jedoch für die Geschäftsführung der Gesellschaft.

Vorschriften bei Verlusten

Gesellschaften mit Verlusten von mehr als der Hälfte des Gesellschaftskapitals (vor dem 30. Dezember 1981: mehr als drei Viertel) müssen spätestens vier Monate nach der Jahreshauptversammlung einen Beschluß fassen und veröffentlichen, ob die Gesellschaft aufgelöst oder fortgeführt werden soll.

Wird die Gesellschaft fortgeführt, so muß innerhalb von zwei Kalenderjahren nach Ablauf des Jahres, in dem der Verlust festgestellt wurde, die Kapitalsituation wieder bereinigt, d. h. die Hälfte des Kapitals wieder hergestellt werden. Andernfalls kann jeder Dritte die Auflösung der Gesellschaft beantragen. Der einzige, der jedoch daran ein Interesse haben kann, wäre ein unbefriedigter Gläubiger. Das ist in fast allen Fällen die Muttergesellschaft selbst.

Auf welche Weise die Hälfte des Kapitals wiederhergestellt werden soll, ist nicht angegeben. Am wirkungsvollsten geschieht dies natürlich durch die Erzielung von Gewinnen. In vielen Fällen ist die Situation zum Zeitpunkt des genannten Beschlusses schon wieder bereinigt. Am störendsten bleibt die Veröffentlichung.

Ein Gesetz vom 1. März 1984 führte eine Reihe zusätzlicher Maßnahmen der Prävention wirtschaftlicher Schwierigkeiten der Unternehmen ein, so z. B. die Verbesserung der Bilanz- und Finanzinformationen gegenüber dem Wirtschaftsprüfer, dem Aufsichtsrat und gegebenenfalls dem Betriebsrat, die Erweiterung der Aufgaben des Wirtschaftsprüfers, die Schaffung eines Sanierungsverfahrens auf dem Schlichtungsweg[2].

Andere Rechtsformen

Die offene Handelsgesellschaft

Der offenen Handelsgesellschaft entspricht in Frankreich die „société en nom collectif“ (SNC). Ihre Gesellschafter, mindestens zwei, haften unbegrenzt und gesamtschuldnerisch. Sie können natürliche oder juristische Personen sowie Ausländer sein. Ein Mindestkapital ist nicht vorgeschrieben, ebensowenig eine sofortige bzw. vollständige Kapitaleinzahlung.

2 Siehe hierzu: Roger Storp: Prävention wirtschaftlicher Schwierigkeiten in Frankreich, in: Recht der internationalen Wirtschaft, Dezember 1984, S. 938–945.

Es können ein oder mehrere Geschäftsführer aus dem Kreise der Gesellschafter oder von außerhalb bestellt werden; auch sie können Ausländer sein. Sind sie am Kapital beteiligt, so werden sie steuerlich und sozialversicherungsrechtlich wie Selbständige behandelt.

Zur Abberufung der Geschäftsführer ist Einstimmigkeit aller Gesellschafter erforderlich. Für Geschäftsführer, die auch noch einen Arbeitsvertrag mit der Gesellschaft haben, müssen bei der Ablösung zusätzlich die Kündigungsvorschriften nach Arbeitsrecht eingehalten werden. Der nicht am Kapital beteiligte Geschäftsführer wird wie ein Arbeitnehmer behandelt.

Der Firmenname muß aus dem Namen der Gesellschafter oder eines Gesellschafters mit dem Zusatz „et compagnie" (abgekürzt „et cie.") bestehen. Zusätzlich kann eine Handelsbezeichnung mit aufgenommen werden. Die „société en nom collectif" wird wegen ihrer Haftungsverhältnisse von deutschen Gesellschaften selten gewählt, wenn auch durchaus zu überlegen ist, ob sie nicht in einzelnen Fällen eine brauchbare Alternative zur S.à.r.l. darstellt.

Die Kommanditgesellschaft

Die Rechtsform der „société en commandite simple", die der deutschen Kommanditgesellschaft entspricht, ist wenig gebräuchlich. Der wichtigste Grund dafür ist steuerlicher Art: Der Gewinnanteil der Teilhafter (= „commanditaires") wird doppelt besteuert, nämlich bei der Gesellschaft als Gewinn, beim Empfänger als Einkommen. Die Vollhafter (Kommanditisten = „commandités") unterliegen mit ihren gesamten Einkünften der Einkommensteuer.

Die Haftungsverhältnisse sind denen der deutschen KG vergleichbar. Es sind mindestens zwei Gesellschafter, ein Kommanditist und ein Komplementär erforderlich. Ein Mindestkapital und die volle Kapitaleinzahlung sind wie bei der „société en nom collectif" nicht vorgeschrieben. Es können ein oder mehrere Geschäftsführer aus dem Kreis der Kommanditisten oder von außerhalb bestellt werden. Sie dürfen jedoch nicht aus dem Kreis der Komplementäre kommen. Sie können mit der Gesellschaft einen Arbeitsvertrag haben. Diese Möglichkeit wird auch den Komplementären zugestanden.

Ebenso selten findet man die „société en commandite par actions", die Kommanditgesellschaft auf Aktien. Der beschriebene Steuernachteil gilt auch für sie. Für die Führungsorgane gelten die gleichen Bestimmungen wie für die einfache KG bzw. die „société en nom collectif".

Die Zweigniederlassung (= „succursale")

Deutsche Unternehmen können statt der Gründung einer Tochtergesellschaft französischen Rechts (S.à.r.l. oder S.A.) auch die Einrichtung einer Zweigniederlassung (= „succursale") in Erwägung ziehen. Sie wird „société étrangère" genannt, also eine ausländische Gesellschaft, genauer: Zweigniederlassung einer Gesellschaft ausländischen Rechts.

Diese Konstruktion ist möglich und wird praktiziert. Nach den EG-Richtlinien wird die Rechtsform jeder in einem der EG-Mitgliedsstaaten rechtsgültig gegründeten und ansässigen Handelsgesellschaft in jedem anderen Mitgliedsstaat anerkannt.

Unternehmen, denen die Gründung einer Gesellschaft französischen Rechts zu aufwendig oder zu verpflichtend vorkommt, interessieren sich besonders für die „succursale". Aber auch große Unternehmen der Bereiche Bank, Verkehr, Dienstleistungen haben für ihre französische Organisation diese Form gewählt.

Die „succursale" ist nichts anderes als das Hineinverlegen eines Teils der deutschen Gesellschaft nach Frankreich. Sie hat keine eigene Rechtspersönlichkeit. Rechtsform, Satzung, Kapitalausstattung, Geschäftsleitung der deutschen Gesellschaft gelten für sie mit. Sie funktioniert im Tagesgeschäft wie eine Gesellschaft französischen Rechts. So kann sie in Frankreich Bankkonten unterhalten, Handelsgeschäfte abschließen, fakturieren, Inkasso tätigen, Mitarbeiter einstellen und entlassen, kurz: sie unterscheidet sich in ihren Geschäftsgebaren nicht von einer französischen Gesellschaft.

Es kommen für sie auch alle innerfranzösischen Rechts- und Verwaltungsvorschriften zur Anwendung. Sie wird ins Handelsregister ihres Sitzes als „succursale" der ausländischen Hauptgesellschaft eingetragen unter Beifügung einer ins Französische übersetzten Satzung. Hierbei ist ein „directeur de la succursale", der in Frankreich seinen Sitz hat, zu benennen.

So könnte man zu dem Schluß kommen, die „succursale" sei eine naheliegende, bequeme Form für eine Niederlassung in Frankreich. Trotzdem wird sie wenig gewählt. Die Gründe dafür erweisen sich oft erst bei näherem Hinsehen als gewichtig. Zunächst sind die Gründungsformalitäten nur scheinbar einfacher als etwa bei einer S.à.r.l. Der gesamte Gründungsablauf (siehe Seite 214), beginnend mit der Investitionserklärung bis zum Nachweis der Geschäftsräume und zur Handelsregistereintragung unterscheidet sich von ihr nur geringfügig. Es können sogar Komplikationen auftreten, weil die ausländischen Gesellschaftsformen beim Handelsregister unbekannt sind und dort Unverständnis und Fristenverlängerung nach sich ziehen können. Es sei nur daran erinnert, daß z. B. der deutsche Prokurist in Frankreich nicht rechtswirksam eingetragen werden kann; das müßte aber der Fall sein, wenn die Rechts- und Vertretungsstruktur der deutschen Gesellschaft auch für Frankreich mitgilt.

Ferner werden die gesellschaftsrechtlichen Vertretungsorgane der deutschen Hauptgesellschaft in Frankreich mit eingetragen. Sie sind dort geschäftsführungsberechtigt und -verpflichtet, haben aber in der Regel ihren Wohnsitz in der Bundesrepublik. Für die Belange der französischen „succursale" sind sie mit haftbar. Das kann ein gewichtiger Aspekt sein.

Im praktischen Geschäftsverkehr kommt es immer wieder vor, daß ein Geschäftspartner in Frankreich den Geschäftsführer sprechen will oder eine Unterschrift von ihm wünscht. Im Falle der „succursale" muß man dann antworten, der Herr sitze in Deutschland und sei selten in Frankreich. Das kann Befremden hervorrufen. Ferner wird oft Zeit verloren, wenn Schriftstücke zur Unterschrift nach Deutschland geschickt werden müssen.

Mit anderen Worten: Es fehlt der „succursale“ an Gleichberechtigung und voller Anerkennung. Zwar sitzen auch bei der S.à.r.l. die Geschäftsführer nicht immer in Frankreich, sondern in der deutschen Geschäftsleitung. Aber sie kann wenigstens eine französische Rechtsform, ein Stammkapital und einen französischen Firmensitz vorweisen.

Ein weiterer Nachteil ist steuerlicher Art. Da die „succursale“ rechtlich unselbständig ist und ihr eigentlicher Firmensitz derjenige der deutschen Gesellschaft ist, kann das französische Finanzamt auch in Deutschland prüfen und z. B. die Gewinnermittlung für die „succursale“ durch Aufteilung des Gesamtgewinns des Unternehmens nach dem Umsatzanteil der „succursale“ an dem Gesamtumsatz vornehmen, selbst wenn diese Verluste aufweist.

Unternehmenszusammenschlüsse

Unternehmenszusammenschlüsse, Über-Kreuz-Beteiligungen, Fusionen sind auch in Frankreich geläufig. Sie sind aber äußerlich oft weniger deutlich erkennbar. So entfällt z. B. die Zusammenschlußform der GmbH & Co. KG wegen der Unbeliebtheit der KG als Rechtsform. Dagegen kann eine S.à.r.l. ein Zusammenschluß der verschiedensten, auch großer Gesellschaften sein.

Hält eine Gesellschaft an einer anderen Gesellschaft mehr als 50 Prozent des Kapitals, so gilt die letztere als Filiale der ersten. Liegt der Kapitalanteil zwischen 10 und 50 Prozent, so spricht man von Beteiligungsgesellschaft. Steuerrechtlich gilt schon eine Beteiligung von 10 Prozent als „filiale“.

Gesellschaftsrechtlich sind Beteiligungen, Filialen und Unternehmenszusammenschlüsse im einzelnen in den Artikeln 354ff. des Gesetzes über die Handelsgesellschaften geregelt. Sie sind insbesondere mit Informations-, Prüfungs- und Publizitätspflichten verbunden. Ferner bestehen Begrenzungen der Besetzung von Führungspositionen zwischen verbundenen Gesellschaften.

Besonders zu erwähnen sind zwei Sonderformen von Unternehmenszusammenschlüssen, die „société en participation“ und das „groupement d'intérêt économique“.

Die „société en participation“, mit „Anteilsgesellschaft“ oder „Teilnahmegesellschaft“ zu übersetzen, ist eine Mischung von stiller Gesellschaft, offener Handelsgesellschaft und bürgerlicher Gesellschaft. Sie ist keine juristische Person, hat kein Mindestkapital, keine Publizitätspflicht. Sie kann aber Handelsgeschäfte betreiben, wobei gegenüber Dritten jeder Gesellschafter in seinem eigenen Namen handelt. Sie braucht nach außen nicht zwangsläufig als Gesellschaft aufzutreten und bedarf keiner Eintragung ins Handelsregister. Ihre Gesellschafter, besser ihre „Teilnehmer“, mindestens zwei, können natürliche und/oder juristische Personen sein. Der seltene Fall dieser „Gesellschaftsform“

ist immerhin denkbar, wo ein Unternehmen nicht mit großer Publizität an die Öffentlichkeit treten und trotzdem wirtschaftlich tätig werden will.

Das „groupement d'intérêt économique", abgekürzt „GIE", mit „wirtschaftliche Interessen-Gemeinschaft" zu übersetzen, ist ein Zusammenschluß zweier oder mehrerer Unternehmen zur gemeinsamen Durchführung von Projekten im Rahmen ihrer jeweiligen Aktivitäten. Diese Rechtsform, die mit einer selbständigen juristischen Person ausgestattet ist, wurde 1967 ins Leben gerufen, um bestimmte wirtschaftliche Aktivitäten zu erleichtern und zu fördern, die nur durch Zusammenlegung der Leistungsfähigkeit mehrerer Unternehmen durchführbar waren, ohne jedoch jedes einzelne der beteiligten Unternehmen seiner Freiheit zu berauben.

Ziel eines „GIE" ist grundsätzlich wirtschaftlicher Art, zum Beispiel: Aufbau einer gemeinsamen Vertretung im Ausland, Durchführung einer gemeinsamen Werbekampagne. Es sind mindestens zwei Mitglieder erforderlich, die natürliche oder juristische Personen sein können. Eine Kapitalausstattung ist nicht erforderlich, hingegen die Abfassung einer vertraglichen Vereinbarung und die Eintragung ins Handelsregister. Das „GIE" tritt nach außen als selbständig wirtschaftliche Einheit auf, tätigt Handelsgeschäfte jeder Art im Rahmen des Gruppenzwecks und wird durch einen oder mehrere beliebig von den Mitgliedern bestellbare Verwalter (=„administrateurs") geführt. Es können während der Lebensdauer der „GIE" Mitglieder ausscheiden oder neu hinzutreten.

Zusammenschlüsse in Form des „GIE" sind meist projektbezogen und zeitlich begrenzt. Es wäre denkbar, daß deutsche Unternehmen in solcher Form vorübergehend mit französischen Gesellschaften zusammenarbeiten. Es bleibt aber die Frage, ob es sich beim „GIE" nicht um einen Kompromiß handelt, bei dem die gute Absicht vor dem Engagement seiner Mitglieder steht. Tatsächlich hat das anfänglich sehr beliebt gewesene „GIE" mittlerweile wieder stark an Interesse verloren.

Das Handelsregister

Die gesellschaftsrechtlichen Vorgänge bei Handelsgesellschaften müssen in das Handelsregister eingetragen werden. Seit 1980 heißt die offizielle Bezeichnung „Registre du Commerce et des Sociétés", abgekürzt R.C.S. Das Register ist öffentlich und kann von jedermann eingesehen werden. Es ist in vier Abteilungen gegliedert, und zwar

R.C.S. A: Personen (sofern sie Kaufleute sind und ein Handelsgewerbe betreiben)
R.C.S. B: Handelsgesellschaften
R.C.S. C: Groupements d'Intérêt Economique GIE
R.C.S. D: Bürgerliche Gesellschaften

Die Handelsregister-Nummer ist heute identisch mit der Kennummer „SIREN" des nationalen statistischen Amts. Sie ist neunstellig und heißt z. B. „R.C.S. B 320925571".

Hat ein Unternehmen mehrere Betriebsstätten, so ergänzt sich diese Nummer um weitere fünf Stellen und heißt z. B. „Numéro SIRET 32092557100012".

Die SIREN- und die SIRET-Nummer werden vom statistischen Amt automatisch bei der Firmengründung zugeteilt und um einen separaten vierstelligen Tätigkeits-Code (= „code d'activité principale exercée", APE) ergänzt. Beim Handelsregister wird jedoch nur die neunstellige Nummer geführt.

Gelegentlich trifft man dort zusätzlich noch auf die Numerierung nach dem früheren System, die aus dem Gründungsjahr, dem Abteilungsbuchstaben und einer drei- bis vierstelligen laufenden Nummer bestand, z. B. 72 B 4711. Die R.C.S.- bzw. SIREN-Nummer muß auf den Geschäftspapieren angegeben werden.

Für die wichtigsten gesellschaftsrechtlichen Vorgänge muß zur Eintragung der Gesellschafter-Beschluß (= „procès-verbal"), gegebenenfalls auch die Satzung in der neuesten bzw. geänderten Fassung vorgelegt werden. Darüber hinaus müssen je nach Vorgang zusätzliche Unterlagen eingereicht werden. Das Register kann auf einzelne dieser Unterlagen verzichten. Die Regeln werden nicht von allen Registern einheitlich gehandhabt.

Bei Satzungsänderungen muß neben der neuen, geänderten Satzung und dem Protokoll der Beschlüsse das Dokument, das die Änderung belegt, eingereicht werden; z. B. bei Sitzverlegung der Nachweis über die neuen Räume, bei Bestellung neuer Geschäftsführer, Verwaltungsrat- oder Vorstandsmitglieder deren Geburtsurkunde.

Vor der Eintragung hat das Unternehmen die Beschlüsse im Amtsblatt des Firmensitzes zu veröffentlichen, soweit sie die gesellschaftsrechtliche Struktur des Unternehmens zum Gegenstand haben, also z. B. Firmengründung, Wechsel in der Geschäftsführung, Sitzverlegung, Kapitalerhöhung, nicht jedoch die Beschlüsse über den Jahresabschluß.

Diese Formalitäten gelten grundsätzlich für alle Unternehmen unabhängig von Rechtsformen und Firmengröße. Ferner muß unaufgefordert die Jahresbilanz eingereicht werden.

Ein eigenes Publizitätsgesetz existiert nicht. Die einschlägigen Vorschriften stehen im Gesetz über die Handelsgesellschaften bei den jeweiligen Gesellschaftsformen. Gesellschaften, deren Kapital voll im Besitz ausländischer Gesellschafter ist, sind von innerfranzösischen Publizitätspflichten weitgehend befreit.

Der zunehmende Einsatz von Datenverarbeitungstechniken ermöglicht auch beim Handelsregister in Zukunft eine zügige Abwicklung.

Firmengründung

Investitionserklärung

Der erste behördliche Schritt für die Gründung einer Gesellschaft oder Zweigniederlassung in Frankreich ist die Einreichung einer Investitionserkärung (= „déclaration préalable d'investissement direct en France") bei der zum Wirtschafts- und Finanzministerium gehörenden Investitionsbehörde. Innerhalb der EG besteht grundsätzlich Niederlassungsfreiheit.

Die Investitionserklärung muß ausführliche Angaben über die Rechts- und Kapitalverhältnisse der Investoren und des geplanten Investitionssobjekts enthalten. Geprüft wird vor allem, ob durch die Investition nicht irgendwelche französischen Interessen berührt oder beeinträchtigt werden. Zu diesem Zweck wird der Antrag in der Regel von der zuständigen Branchen-Fachabteilung des Industrieministeriums mit begutachtet.

Schwierigkeiten entstehen, wenn hinter den (deutschen) Investoren Kapitalinteressen von Nicht-EG-Staaten stehen. In diesem Fall muß ein regelrechter Antrag (= „demande d'autorisation") gestellt werden. Hierbei verlängern sich die Fristen möglicherweise beträchtlich.

Anschlußinvestitionen sind frei.

Die Genehmigung wird in Schriftform oder stillschweigend durch Fristablauf erteilt. Sie kann mit bestimmten Auflagen verbunden sein hinsichtlich der Abwicklungsfrist und der Finanzierungsart.

Investitionsförderung

Parallel zum Investitionsantrag sollte man sich nach eventuellen Investitionsförderungsmaßnahmen erkundigen. Gefördert werden hauptsächlich arbeitsplätzeschaffende Investitionen, insbesondere gewerbliche Niederlassungen in beschäftigungsschwachen Gebieten. Die Förderung kann aus Subventionen (Investitionsprämie pro geschaffenen Arbeitsplatz), zinsgünstigen Krediten, Preisvergünstigung beim Grundstückskauf, Übernahme der Erschließungskosten sowie lokalen Maßnahmen wie kostengünstiger Arbeitnehmertransport, bevorzugte Erteilung der Baugenehmigung usw. bestehen.

Zentrale Anlaufstelle ist die Raumordnungsbehörde (= „Délégation à l'Amenagement du Territoire et de l'Action Régionale" abgekürzt „DATAR"), die in der Bundesrepublik eine Beratungs- und Informationsstelle unterhält (Adresse: Büro für Industrielle Entwicklung in Frankreich, BIEF, Reuterweg 47, D-6000 Frankfurt am Main).

Handelsregister-Eintragung

Schon während dieser Schritte kann man die für die Handelsregister-Eintragung notwendigen Unterlagen vorbereiten, insbesondere die Satzung und die Bestellungsurkunde für die Führungsorgane. Näheres zur Satzung siehe Seite 195 und 206. Die Bestellung der ersten Führungsorgane kann auch in der Satzung erfolgen. Notwendig ist ferner die Erstellung einer Konformitätserklärung (= „déclaration de régularité et de conformité"), worin die Gründer ausdrücklich bestätigen, daß die gesamten Formalitäten unter Wahrung der gesellschaftsrechtlichen Vorschriften durchgeführt worden sind.

Die Führungsorgane müssen ihre Geburtsurkunde vorlegen sowie eine Erklärung abgeben, wonach sie zur Führung eines Handelsunternehmens berechtigt sind. Sind sie Ausländer, so brauchen sie eine Aufenthaltsgenehmigung (= „carte de séjour"), sofern sie in Frankreich einen Wohnsitz haben (was nicht obligatorisch ist!). Sind sie Staatsangehörige eines Nicht-EG-Landes, so brauchen sie eine Kaufmannskarte (= „carte de commerçant étranger") und, sofern sie daneben auch einen Arbeitsvertrag mit der französischen Gesellschaft haben (beachte hierzu Seite 122), zusätzlich eine Arbeitserlaubnis (= „carte de travail"). Erfahrungsgemäß ist die Prozedur für die Erteilung dieser Ausweise langwierig, so daß man sie so früh wie möglich beantragen sollte.

Die Geschäftsräume müssen durch Vorlage eines Miet- oder Eigentümertitels nachgewiesen werden, der das Visum des örtlichen Wohnungsamts tragen muß. Briefkasten-Firmen sind nicht zulässig.

Das Gründungsprojekt muß vor der Handelsregister-Eintragung in einem amtlichen Anzeigenblatt angekündigt werden (= „avis de constitution"). Die Veröffentlichung muß bei der Eintragung vorgelegt werden. Sie dient auch gegenüber anderen Stellen einstweilen als Nachweis für die im Gange befindliche Gründung, z. B. dem Vermieter, der Bank. Ferner sollte man neben allen diesen Unterlagen die Investitionsgenehmigung und eine Bestätigung der Bank über das eingezahlte Gründungskapital bereithalten.

Der Antrag auf die Handelsregister-Eintragung kann durch die Gründer oder die zukünftigen Führungsorgane der Gesellschaft oder durch einen beliebigen Bevollmächtigten erfolgen. Die Eintragung erfolgt in zwei Stufen: zunächst hinterlegt man die sämtlichen genannten Unterlagen beim Handelsgerichtssekretariat (= „greffe du registre du commerce"), anschließend veranlaßt dieses die eigentliche Eintragung. Neuerdings laufen in bestimmten Registerbezirken die Formalitäten über die örtliche Industrie- und Handelskammer.

Mietvertragsrecht

Das französische Mietvertragsrecht weicht durch eine Reihe von Besonderheiten vom deutschen Mietrecht ab. Durch ein Dekret vom 30. September 1983 wurden die Bestimmungen über Mietverträge für gewerblich genutzte Räume aus dem Bürgerlichen Recht (= „code civil") herausgelöst und zu einem eigenständigen Rechtsstatut gestaltet.

Die dem Dekret unterliegenden Mietverträge (= „bail", Mehrzahl „baux") heißen „gewerbliche Mietverträge" (= „bail commercial", Mehrzahl „baux commerciaux"). Sie zielen auf einen verstärkten Schutz des Mieters und der Kontinuität seiner an die Räume gebundenen geschäftlichen Tätigkeit.

Die Mindestvertragsdauer beträgt 9 Jahre. Vorher darf der Vermieter den Vertrag nicht kündigen. Der Mieter kann nach jeweils drei Jahren kündigen. Nach Ablauf der neun Jahre hat der Mieter Anspruch auf die Verlängerung des Vertrags um weitere neun Jahre oder, falls der Vermieter die Verlängerung nicht zugestehen will, auf eine Entschädigung.

Diese für den Vermieter sehr einengenden Bestimmungen sind mit dem Begriff „propriété commerciale" verbunden, der durch das Dekret von 1953 eingeführt worden ist. Es handelt sich bei der „propriété commerciale" um das Geschäftseigentum an dem immateriellen Firmenwert, dem sogenannten „fonds de commerce", der dem Mieter im Verlauf der Ausübung seines Gewerbes in den Mieträumen zuwächst und der sich aus dem Bekanntheitsgrad der Firma und der Geschäftsadresse, dem Kundenstamm, den zukünftigen Entwicklungsaussichten der an dieser Adresse ausgeübten Tätigkeit zusammensetzt.

Dem „fonds de commerce" soll durch die Vorschriften die Kontinuität sichergestellt werden, etwa nach dem Motto „. . . seit über hundert Jahren am Platze".

Die Miete (= „loyer") kann bei Vertragsbeginn frei vereinbart werden. Der Vermieter kann anschließend alle drei Jahre erhöhen, jedoch nur im Rahmen des offiziellen Baukostenindex (= „indice officiel du coût de la construction"). Aber auch die Vereinbarung einer jährlicher Mietanpassung ist zulässig und wird praktiziert.

Dazu kommen die frei zu vereinbarenden Umlagekosten (= „charges locatives") von durchschnittlich 10 bis 15 Prozent der Miete. Bei Vertragsbeginn wird gewöhnlich eine Kaution (= „dépôt de garantie") von drei, manchmal sechs Monatsmieten verlangt, die meist bei Mieterhöhungen entsprechend der höheren Miete „aufzufüllen" ist. Die Mietzahlung erfolgt gewöhnlich vorschüssig.

Früher wurde oft zusätzlich zur Miete bei Vertragsbeginn ein sogenannter „pas de porte" oder „droit au bail" verlangt, eine einmalige Zahlung für den Erwerb des Mietrechts. Der Betrag fiel ohne Rückerstattungsanspruch dem Vermieter zu. Er wurde meist in Fällen von Altbauten verlangt und stellte eine Art Ausgleich für die niedrige Altmiete dar.

Dieser Brauch ist im Verschwinden begriffen, weil einerseits die Firmen diese in der Bilanz nicht amortisierbaren Beträge nicht mehr zu zahlen bereit waren und andererseits die Mietobjekte zunehmend renoviert oder neu erstellt waren, so daß von Anfang an eine höhere Miete verlangt werden konnte.

Was vom französischen Gesetz als Begünstigung für den Mieter gedacht war, nämlich die neunjährige Mindest-Mietdauer, kommt deutschen Unternehmen eher lästig vor. Selbst wenn sie als Mieter schon nach drei oder sechs Jahren die Möglichkeit haben, aus dem Vertrag herauszukommen, empfinden sie es als praxisfremd und starr, nicht einfach einen Mietvertrag auf unbestimmte Dauer abschließen und jederzeit mit einer bestimmten Frist kündigen zu können. Vor allem im Frühstadium der Bearbeitung des französischen Markts, wo man über die Geschäftsentwicklung noch unsicher ist, will man sich nicht gerne so lang binden. Auf die „propriété commerciale“ legen sie meist keinen Wert. Die Reduzierung eines „bail commercial“ auf weniger als neun Jahre ist jedoch ausdrücklich verboten, und die „propriété commerciale“ entsteht, auch wenn man sie gar nicht anstrebt.

Der Gesetzgeber hat jedoch vorgesehen, daß ein gewerblicher Mietvertrag auch verkauft bzw. an einen Nachmieter abgetreten werden kann (= „cession du bail“), wofür allerdings der Vermieter seine Zustimmung erteilen muß. Lange Zeit durfte die Weiterveräußerung nur an einen Nachfolger im selben Gewerbe erfolgen. Seit einigen Jahren wurde dies durch die sogenannte „Entspezialisierung“ (= „déspécialisation“) aufgelockert.

Untervermietung ist verboten, sofern nicht ausdrücklich etwas anderes vereinbart ist. Meist sind die Vermieter hierzu nicht bereit.

Für die „baux commerciaux“ ist eine besondere Form, insbesondere die Schriftform nicht vorgeschrieben. Ein schriftlicher Vertrag ist jedoch unter allen Umständen zu empfehlen, schon aus Nachweisgründen. Französische Vermieter und deren Rechtsberater kommen oft mit 40- und 50-seitigen Mietverträgen an. Sie sind übervorsichtig, wollen alle Risiken ausschließen und zeigen sich bei den Vertragsverhandlungen von einem unüberbietbaren Mißtrauen. Das ist verständlich. Ist ein Vertrag einmal unterzeichnet, so kommt der Vermieter frühestens nach neun Jahren wieder davon los. Ein Vertrag von wenigen Seiten würde indessen für beide Teile ausreichen.

Wegen der Schwerfälligkeit dieser Verträge wurden Anfang der siebziger Jahre „kurze Mietverträge“ (= „bail précaire“) mit einer Höchstdauer von 23 Monaten eingeführt. Sie fanden schnell weite Verbreitung. Das „Geschäftseigentum“ entsteht während dieser nicht. Die Schriftform ist auch hier obligatorisch.

10. Rechnungswesen

Buchhaltung

Kontenplan

Für die Rechnungslegung der in Frankreich tätigen Gesellschaften kommen die Form- und Bewertungsvorschriften des französischen Handels- und Steuerrechts zur Anwendung. Der französische Kontenplan (= „plan comptable“) ist für alle Unternehmen verbindlich. Am 1. Januar 1983 ist ein neuer Kontenplan in Kraft gesetzt worden, der gegenüber dem alten Plan von 1957 eine Reihe von Anpassungen im Sinne einer europäischen Harmonisierung aufweist.

Eine Klasse 0 besteht nicht; die Klassen 8 und 9 sind fakultativ. Der Kontenrahmen ist wie folgt gegliedert:

Bilanzkonten		Klasse 1 bis 5
	Klasse 1	Kapitalkonten
	Klasse 2	Anlagevermögen
	Klasse 3	Vorräte
	Klasse 4	Konten gegenüber Dritten (Forderungen und Verbindlichkeiten)
	Klasse 5	Finanzkonten
Ergebniskonten		Klasse 6 und 7
	Klasse 6	Aufwandskonten
	Klasse 7	Ertragskonten
Sonderkonten	Klasse 8	Sonderkonten
Betriebsabrechnung	Klasse 9	Betriebsabrechnungskonten

Den Kontenrahmen im einzelnen zeigen die Seiten 222 und 223.

Kontenrahmen				
Geschäftsbuchhaltung				
Bilanzkonten				
Klasse 1	Klasse 2	Klasse 3	Klasse 4	Klasse 5
Kapitalkonten	Anlagevermögen	Vorräte	Konten gegenüber Dritten	Finanzkonten
10. Kapital u. Rücklagen	20. Immaterielles Anlagevermögen	30. –	40. Lieferanten	50. Wertpapiere
11. Ergebnisvortrag	21. Materielles Anlagevermögen	31. Rohstoffe	41. Kunden	51. Banken u. Kreditinstitute
12. Jahresergebnis	22. Anlagevermögen in Konzession	32. Andere Vorräte	42. Personal	52. –
13. Subventionen für Anlagevermögen	23. Anlagen im Bau	33. Im Fertigungsprozeß befindliche Vorräte	43. Sozialversicherung	53. Kasse
14. Reglementierte Rückstellungen	24. –	34. In der Erstellung von Dienstleistungen befindliche Vorräte	44. Staat und öffentliche Körperschaften	54. Vorauszahlungen
15. Aufwands- u. Risikorückstellungen	25. –	35. Fertige Erzeugnisse	45. Gesellschafterkonten	55. –
16. Erhaltene Darlehen u. langfristige Verbindlichkeiten	26. Beteiligungen u. Forderungen an Beteiligungsgesellschaften	36. –	46. Diverse Debitoren u. Kreditoren	56. –
17. Verbindlichkeiten gegenüber Beteiligungsgesellschaften	27. Andere Finanzanlagen	37. Handelsware	47. Übergangskonten	57. Interne Überweisungen
18. Verbindungskonten zwischen verbundenen Unternehmen, Zweigniederlassungen u. Beteiligungsgesellschaften	28. Abschreibungen auf Anlagevermögen	38. –	48. Abgrenzungskonten	58. –
19. –	29. Wertberichtigungen auf Anlagevermögen	39. Wertberichtigungen auf Vorräte	49. Wertberichtigungen auf Konten Dritter	59. Wertberichtigungen auf Finanzkonten

Kontenrahmen			
Betriebsbuchhaltung			
Ergebniskonten	Ergebniskonten	Sonderkonten	Betriebsabrechnung
Klasse 6	Klasse 7	Klasse 8	Klasse 9
Aufwandskonten	Ertragskonten	Sonderkonten	Betriebsabrechnungskonten
60. Bezüge und Bestandsveränderungen für Rohstoffe u. Handelsware	70. Erträge aus dem Verkauf von hergestellten Erzeugnissen, von Dienstleistungen und Handelsware	80. Engagements außerhalb der Bilanz	90. Sammelkonten
61. Lohnarbeit und fremde Dienste für Gegenstände des Anlagevermögens	71. Bestandsveränderung für Fertigerzeugnisse	81. –	91. Umgliederung von Aufwand und Erträgen
62. Lohnarbeit und fremde Dienste für den Fertigungsprozeß	72. Selbsterstellte Anlagen	82. frei für eventuelle Bilanz- u. Ergebniskonsolidierungen	92. Kostenstellen
63. Steuern und Abgaben	73. Anteilige Erträge aus langfristigen Aufträgen	83. –	93. Herstellungskosten der Fertigerzeugnisse
64. Personalkosten	74. Betriebliche Subventionen	84. –	94. Vorräte
65. Allgemeine Verwaltungskosten	75. Sonstige Erträge des laufenden Geschäftsbetriebs	85. –	95. Kosten der verkauften Erzeugnisse
66. Finanzkosten	76. Finanzerträge	86. innerbetriebliche Verrechnung von Gütern und Dienstleistungen (Belastungen)	96. Abweichungen
67. Außerordentlicher Aufwand	77. Außerordentliche Erträge	87. innerbetriebliche Verrechnung von Gütern und Dienstleistungen (Gutschriften)	97. Buchungsdifferenzen
68. Zuführungen zu Abschreibungen und Wertberichtigungen	78. Erträge aus der Auflösung von Abschreibungen u. Rückstellungen	88. –	98. Betriebsergebnis
69. Steuern vom Ergebnis und der Gewinnbeteiligung der Mitarbeiter	79. Kostenumlagen	89. –	99. Verbindungskonten

Unterschiede zum deutschen Rechnungswesen

Generell haben in der französischen Buchhaltung formal und inhaltlich die steuerlichen Erfordernisse Vorrang vor den kaufmännischen. Das betriebliche Rechnungswesen ist im Vergleich zu deutschen Unternehmen weniger entwikkelt.

Bezeichnend ist auch, daß der Kontenrahmen nicht von den Gremien der Wirtschaft erarbeitet und herausgegeben wird, sondern von einer staatlichen Buchhaltungskommission („Conseil National de la Comptabilité").

Gegenüber dem deutschen Rechnungswesen bestehen folgende Unterschiede:

- Gründungskosten (= „frais d'etablissement") sind grundsätzlich zu aktivieren (Konto 201) und spätestens innerhalb von 5 Jahren abzuschreiben. Die Abschreibung kann auch bereits im ersten Jahr erfolgen. Unter die Gründungskosten fallen neben den eigentlichen Kosten der Firmengründung (z. B. amtliche Gebühren, Werbung und Akquisition in der Gründungsphase), auch die Kosten einer späteren Kapitalerhöhung oder Firmenumwandlung.
- Forschungs- und Entwicklungskosten können wie Gründungskosten behandelt werden (Aktivierung und Abschreibung innerhalb spätestens 5 Jahren), wenn sie bestimmte abgrenzbare Projekte betreffen und buchungsmäßig separat erfaßbar sind.
- Mietrechte (= „droit au bail") müssen, sofern sie bei Beginn eines Mietvertrags bezahlt worden sind, aktiviert werden und bleiben während der Dauer des Mietvertrags als fester Betrag stehen. Eine Abschreibung findet nicht statt.
- Anlagevermögen bleibt während der gesamten Nutzungsdauer mit seinem Anschaffungswert stehen. Die Abschreibung erfolgt grundsätzlich indirekt.
- Die im deutschen Kontenrahmen in Klasse 1 stehenden Konten (Finanzkonten) stehen im französischen System in zwei getrennten Klassen. Den „Konten gegenüber Dritten" („comptes de tiers"), also Forderungen und Verbindlichkeiten, ist eine eigene Klasse (4) zugewiesen, während die eigentlichen Finanzkonten, also die verfügbaren Mittel (Bank, Kasse, Postscheck, Wertpapiere des Umlaufvermögens) separat in Klasse 5 stehen.
- Die Klasse 0 existiert nicht. Die in der deutschen Klasse 0 stehenden Konten (Kapital, langfristiges Anlagevermögen, Wertberichtigungen) sind getrennt in die Konten der Kapitalherkunft (Klasse 1) und des Anlagevermögens (Klasse 2).
- Wertberichtigungen sind strenger geregelt als in Deutschland. Das steuerliche Prinzip, Gewinnverschleierungen zu verhindern, hat Priorität vor dem Prinzip der kaufmännischen Vorsicht. Im Zweifelsfall ist eine Wertberichtigung niedriger anzusetzen als sie nach dem kaufmännischen Risiko notwendig wäre. So dürfen z. B. Wertberichtigungen auf Kundenforderungen nur gebildet werden, wenn ein Kunde nachweislich zahlungsunfähig ist. Eine Pauschalwertberichtigung ist nicht zulässig. Dieses Prinzip gilt generell für die Bildung von Wertberichtigungen.

- Die Konten der Vorräte (Klasse 3) werden nur einmal im Jahr anläßlich der Inventur angesprochen. Während des Jahres finden die Warenzugänge buchmäßig in Klasse 6, also in Form von Aufwand statt. Der Verbrauch wird durch Saldierung (Anfangsbestand + Zugänge – Endbestand) ermittelt. Der tatsächliche Bestand am Jahresende wird buchmäßig durch Hinzufügung der im neuen Kontenplan erstmals eingeführten Konten „Bestandsveränderungen“ (= „variations de stock“) ermittelt.
- In der Bilanz wird der Ergebnisvortrag und das Jahresergebnis beim Kapital ausgewiesen, also auf der Passivseite, und gleichzeitig eine Netto-Kapitalsituation aus Kapital ± Vortrag und Jahresergebnis gezeigt. Man sucht also vergebens in einer französischen Bilanz den Gewinn rechts unten oder den Verlust links unten.

Kleine Gesellschaften lassen sich ihre Buchhaltung oder wenigstens die monatlichen Abschlüsse und Steuer- bzw. Sozialversicherungserklärungen vom „expert comptable“ machen, einem selbständigen Buchhaltungsfachmann, den man nicht mit dem Wirtschaftsprüfer (= „commissaire aux comptes“) verwechseln darf.

Bilanz

Die Bilanz zeigt folgenden Aufbau:

Aktiva

Anlagevermögen

Immaterielles Anlagevermögen
- Gründungskosten
- Forschungs- und Entwicklungskosten
- Rechte an Marken und Lizenzen
- Fonds de commerce
- Anzahlungen auf immaterielles Anlagevermögen

Materielles Anlagevermögen
- Grundstücke
- Gebäude
- Technische Einrichtungen
- Im Bau befindliche Anlagen
- Anzahlungen auf materielles Anlagevermögen

Finanzanlagen
- Beteiligungen
- Forderungen in Verbindung mit Beteiligungen
- Wertpapiere des Anlagevermögens
- Gewährte Darlehen

Summe Anlagevermögen

Umlaufvermögen

Vorräte
- Roh-, Hilfs- und Betriebsstoffe
- In Produktion befindliche Produkte und Dienstleistungen
- Halbfertige und fertige Erzeugnisse
- Handelsware

Forderungen
Wertpapiere des Umlaufvermögens
Flüssige Mittel
Übergangsaktiva

Summe Umlaufvermögen

Bilanzsumme

Passiva

Eigenkapital

Kapital
Rücklagen
gesetzliche Rücklagen
satzungsmäßige Rücklagen
reglementierte Rücklagen
sonstige Rücklagen
Ergebnisvortrag
Jahresergebnis
Investitionsprämien
reglementierte Rückstellungen

Summe Eigenkapital

Risikorückstellungen
Rückstellungen für Aufwendungen

Summe freie Rückstellungen

Verbindlichkeiten

Darlehensverbindlichkeiten
Verbindlichkeiten gegenüber Banken und Kreditinstituten
Erhaltene Anzahlungen

Betriebsverbindlichkeiten
Warenlieferungen und Leistungen
Steuern und Sozialversicherung

Übergangspassiva

Summe Verbindlichkeiten

Bilanzsumme

Gewinn- und Verlustrechnung

Betriebsaufwand

Kosten der verkauften Handelsware
Einkäufe von Roh-, Hilfs- und Betriebsstoffen
Bestandsveränderungen
Andere Einkäufe und Fremdbezüge
Steuern und Abgaben
Personal- und Sozialaufwand
Abschreibungen und Wertberichtigungen
Sonstiger Aufwand

Summe des Betriebsaufwands

Finanzkosten
Außerordentlicher Aufwand
Ertragsteuern
Saldo (= Gewinn)

Summe

Betriebserträge

Erlöse aus dem Verkauf von Handelsware
Erlöse aus verkauften Eigenerzeugnissen
Bestandsveränderungen bei Halb- und Fertigerzeugnissen
Selbsterstellte Anlagen
Erhaltene Subventionen

Summe der Betriebserträge

Finanzerträge
Außerordentliche Erträge
Saldo (= Verlust)

Summe

Zahlungsgewohnheiten

Zahlungsfristen

Was auch immer gesagt werden mag: Franzosen sind keine schlechten Zahler! Aber sie zahlen langsam, ja, sie zahlen so spät wie möglich. Wer Geld hat, hält es fest, so lange er kann. Wer Schulden prompt zahlt, wird nicht als tugendhaft angesehen, sondern als naiv belächelt. Geld ist Macht. Wer zahlt, tut es mit Herablassung.

Skontozahlung ist fast unbekannt. Bietet man fünf Prozent an, so löst man kaum Interesse aus. Es kann nur passieren, daß der Kunde nach zwei Monaten die fünf Prozent immer noch abzieht.

Die durchschnittlichen Zahlungsfristen liegen bei neunzig Tagen. Auch einhundertzwanzig Tage und mehr kommen vor. Nach dreißig Tagen sein Geld zu erhalten, ist eine Ausnahme.

Es gibt ein ganzes Spektrum von Zahlungsfristen. Der einfachste Fall heißt z. B. 60 Tage (= „soixante jours"). Eine Rechnung vom 20. März würde dann 60 Tage später, d. h. am 21. Mai bezahlt. Oft wird die Frist erst vom nächsten Monatsultimo an gerechnet. In den Zahlungsbedingungen heißt es dann „soixante jours fin du mois" (= 60 Tage zum Monatsende). Die Rechnung vom 20. März würde dann erst am 31. Mai, also effektiv 70 Tage später bezahlt.

Oft bezahlen Unternehmen nur zu festen Terminen, z. B. am 10. eines Monats. Sie vereinbaren dann z. B. als Zahlungsfrist „soixante jours fin du mois le dix" („60 Tage zum Monatsende am darauffolgenden 10."). Die obige Rechnung würde dann erst am 10. Juni bezahlt und die gesamte Laufzeit betrüge 80 Tage.

Oft kommt es vor, daß ein Kunde die in den letzten Tagen des Monats eingegangenen Lieferantenrechnungen kurzerhand in den nächsten Monat hinübernimmt. Ging die obige Rechnung aus irgendeinem Grunde, z. B. wegen Poststreiks, erst am 1. April ein, so würde der Kunde die Rechnung vom 20. März bei einer Zahlungsfrist von „soixante jours fin du mois le dix" erst am 10. Juli bezahlen, wodurch sich die effektive Laufzeit auf 110 Tage erhöht.

Manche deutsche Unternehmen haben es geschafft, auf Forderungslaufzeiten von unter 70 Tagen zu kommen. Sie können stolz sein auf ihre Verkaufspolitik und ihre Mahnabteilung.

Zahlungsarten

Wechsel und „billet à ordre"

Die Zahlung mit Wechsel (= „lettre de change") ist weit verbreitet. Viele Unternehmen erstellen den Wechsel automatisch mit der Rechnung. Die im Handelsgesetz (= „code du commerce") enthaltenen Vorschriften sind in vielem denjenigen des deutschen Wechselgesetzes ähnlich. Die Praxis der Handhabung weicht jedoch davon erheblich ab.

Der gezogene (=„traite“) und anschließend akzeptierte Wechsel (=„traite acceptée“) ist der Normalfall. Doch leistet der Bezogene das Akzept oft mit Verspätung, manchmal erst kurz vor Verfall oder sogar danach. So schwer die rechtlichen Folgen eines verspäteten Akzepts sein können (Schadenersatz), so häufig kommt der Fall vor. Dem Aussteller entgeht damit die Möglichkeit zur Diskontierung.

Wenn die Bank des Bezogenen als Zahlstelle fungiert, ist diese nur Vermittler und handelt lediglich im Auftrag ihres Kunden. Es ist üblich, daß die Bank einen fälligen Wechsel erst einlöst, wenn ihr der Kunde Weisung erteilt hat. Es gilt als legitim, wegen Reklamationen aus der Warenlieferung die Zahlung des Wechsels zu verweigern. In diesem Fall erteilt der Kunde seiner Bank keine Zahlungsanweisung. Diese schickt dann den Wechsel an den Aussteller zurück mit dem Vermerk „pas d'avis“, „keine Zahlungsanweisung“. Hat der Kunde den Wechsel akzeptiert, so muß er allerdings die Reklamation aus der Warenlieferung beweisen. Hat er dagegen einen ausgestellten Wechsel nicht akzeptiert, so muß der Aussteller beweisen, daß er richtig geliefert hat.

Manchmal kommt der akzeptierte Wechsel mit eigenmächtigen Abänderungen des Kunden zurück: niedrigerer Betrag, späteres Verfalldatum. Da bleibt dem Aussteller meist nichts anderes übrig, als den Vermerk „accepté“ (=„angenommen“) hinzuzufügen, damit der Wechsel gültig bleibt und von der Bank zum Inkasso oder Diskont angenommen wird. Es soll Fälle geben, wo der Kunde den zurückgeschickten Wechsel als Brief verwendet und geschäftliche Mitteilungen darauf anbringt. Einheitliche Wechselformulare sind erst seit Ende 1983 Vorschrift.

Sämtliche Kosten aus dem Wechsel, Diskont eingeschlossen, hat der Aussteller zu tragen. Dies alles hat den Wechsel zum beliebtesten Zahlungsmittel Frankreichs gemacht.

Daß ein Wechsel auch protestiert werden kann, ändert nichts daran. In der Praxis kommt der Wechselprotest selten vor. Das Verfahren entspricht demjenigen des deutschen Wechselrechts, ist aber umständlich und langwierig.

Ein Vorteil des Wechsels besteht immerhin darin, daß man im Falle der Auseinandersetzung ein schriftliches Schuldanerkenntnis in der Hand hat, sofern der Wechsel akzeptiert ist.

Ansprüche aus dem Wechsel verjähren gegen den Bezogenen drei Jahre nach Verfall, gegen den Aussteller und eventuelle Indossanten ein Jahr nach Verfall bzw. nach Protest.

Durch Vertragsvereinbarung kann der Wechselinhaber von der Pflicht, Protest zu erheben, befreit werden. Dies wird auf dem Wechsel vermerkt (=„sans protêt“ oder „sans frais“) und gewährt dem Inhaber neben dem Anspruch auf Zahlung bei Verfall die gesetzlichen Zinsen vom Verfalltag an und den Ersatz der Kosten aus dem Wechsel.

Eine Anzahl von Kunden, insbesondere Einkaufszentralen, zahlen per „billet à ordre“, einem Solawechsel. Die Zahlungsfristen sind ähnlich wie oben beschrieben. Die Erstellung des „billet à ordre“ erfolgt meist automatisch per EDV aufgrund der im Laufe des Monats eingegangenen Rechnungen. Die Bestimmungen für den Wechsel gelten sinngemäß.

Scheck

Der Scheck ist nach dem Wechsel das häufigste Zahlungsmittel. Seit 1979 haben Schecks zwingend die Form des Verrechnungsschecks (= „chèque barré"), auch für Privatpersonen. Für eine Anzahl von Zahlungsvorgängen ist die Zahlung per Verrechnungsscheck oder Überweisung Vorschrift: Miete, Transport- und andere Dienstleistungen, die eine bestimmte Höhe übersteigen, Gehälter und Schmuck- und Kunstgegenstände. Damit soll die steuervermeidende Barzahlung eingeschränkt werden.

Das Ausstellen ungedeckter Schecks (= „chèque sans provision") ist verboten. Ein Scheck gilt als ungedeckt, wenn auf dem Konto im Zeitpunkt seiner Ausstellung weniger als der Scheckbetrag vorhanden ist und wenn mit der Bank keine Kreditvereinbarung besteht.

Eine Kreditschutzorganisation ähnlich wie die Schufa besteht nicht. Dagegen wird eine schwarze Liste bei der Staatsbank (= „Banque de France") geführt, die aber lediglich den Angehörigen des Kreditgewerbes zugänglich ist.

Überweisung

Banküberweisungen kommen wenig vor. Sie dauern lang. Sieht man sich die Überweisungsformulare an, so hat man den Eindruck, es handle sich um einen ungewöhnlichen Vorgang. Für Zahlungen ins Ausland war bisher aus Gründen der Devisenkontrolle die Überweisung zwingend vorgeschrieben. Neuerdings ist auch hierfür die Zahlung per Scheck zulässig, sofern ein bestimmter Höchstbetrag nicht überschritten wird (1988: 50000 Francs).

Kreditkarten

Die Verwendung von Kreditkarten für laufende Ausgaben ist üblich und verbreitet. In Frankreich ist insbesondere die „Carte Bleue" verbreitet. Bargeldautomaten sind seit langer Zeit üblich. Fast alle internationalen Kreditkarten werden in Frankreich anerkannt.

Kreditwesen

Verkehr mit Banken

Das Bankwesen Frankreichs wird geprägt von der Kontrolle durch den Staat. Nach 1945 wurden die französischen Großbanken auf Initiative des Generals de Gaulle verstaatlicht. Auch in den Jahren der beginnenden Internationalisierung der französischen Wirtschaft und ihrer Zugehörigkeit zur Europäischen Gemeinschaft hielten die staatlichen Kontrollmaßnahmen an. Zeitweise herrschten Kreditstopp und Drohung des Scheckentzugs bei Kontoüberziehung. Noch im Jahre 1981, als die Sozialisten an die Macht kamen, wurde praktisch der Rest der französischen Banken verstaatlicht. Die Banque de France, die der Bundesbank entspricht, untersteht dem Wirtschaftsministerium und wird von einem „Gouverneur" geleitet, der von der Regierung ernannt wird.

Diese traditionellen Züge des französischen Bankwesens prägen das Verhalten der Banken in ihrer Rolle gegenüber Unternehmen und Schalterkunden, auch nachdem sich inzwischen die Wendung zur Liberalisierung vollzogen hat. Schwerfälligkeit und Mißtrauen kennzeichnen noch immer den französischen Bankverkehr. Echter Wettbewerb herrschte praktisch nie. Erst jetzt wird es so langsam möglich, mit Banken über Konditionen zu reden. Doch spielt sich der Verkehr ab wie gegenüber Behörden. Dabei stehen ihnen die modernsten technischen Mittel der Kommunikationstechnik zur Verfügung, aber ihre Nutzung steht in keinem Verhältnis zu den Anforderungen, die zum Beispiel ein Wirtschaftsunternehmen in der Bundesrepublik an seine Hausbank stellt.

Die beginnende Lockerung der staatlichen Zwänge ermöglicht es allerdings heute, da und dort tatsächlich im Einzelfall schnelle Reaktionen und günstige Konditionen zu erhalten, vorausgesetzt, es besteht zwischen dem Kunden und einem Ansprechpartner auf Direktionsebene ein guter persönlicher Kontakt. Es ist wie bei Behörden: Kennt man dort jemanden persönlich, wird das Unmögliche plötzlich möglich: eine höhere Kreditlinie, ein halbes Prozent mehr Zins, eine kürzere Wertstellung. Die Bank als Institution jedoch verharrt in beamtenhafter Pedanterie ohne Sinn für Service und Gefälligkeit. Wer ein Scheckbuch braucht und nach 14 Tagen immer noch keine Antwort hat, muß selbst nachfassen; Überweisungen dauern eine Woche; hinter dem Schalter gehen die Angestellten zum Essen und lassen die Kundenschlange seelenruhig warten. Modernste Technik wie Btx (Bildschirmtext) oder Bargeldautomaten lebt in friedlicher Koexistenz mit altertümlichen Formularen und Bergen von Akten. Trotzdem funktioniert der Bankverkehr auf erstaunliche, geradezu geheimnisvolle Weise, eben à la française. Und in den Führungsetagen findet man die gewandtesten Financiers, die ihren internationalen Kollegen in nichts nachstehen.

Für den Bankkunden, Unternehmer wie Privatmann, ergibt sich aus alledem die Konsequenz, daß er sich unverdrossen und mit Ausdauer darum bemühen muß, bei der Bank zu seinem Vorteil zu kommen. Dann wird er auch Erfolg haben. Aber er darf nicht damit rechnen, daß die Bank von sich aus auf ihn zukommt oder ihn bevorzugt behandelt, nur weil er Kunde ist.

Wertstellung der Banken

Banken rechnen im allgemeinen mit folgenden Wertstellungen:

Belastungen

Vorgang	*Kalendertage früher*
Barauszahlung	1
Scheckabbuchung	2
Überweisung	1
Wechselabbuchung	1

Gutschriften

Vorgang	*Kalendertage später*
Bareinzahlung	1
Scheckeinreichung	
Ortsschecks	2 (Werktage)
Auswärtsschecks	5 (Werktage)
Auslandsschecks	15–30 (Werktage)
Überweisung	1
Wechselinkasso	4 (Werktage)
Wechseldiskont	1

Forderungseinzug

Zu seinem Geld zu kommen, ist in Frankreich eine Kunst. Alle juristischen Verfahren und Kniffe sind Notlösungen, zu denen man Zuflucht nimmt, wenn der Karren schon verfahren ist. Oft stellt man in diesem Stadium fest, daß vorher manche psychologische Chance vertan worden ist, oft aus Zeitmangel oder auch aus Gutgläubigkeit.

Mit einem guten persönlichen Verhältnis zum Kunden kommt man noch immer am schnellsten zum Geld. Wer sich ihm über die geschäftlichen Beziehungen hinaus als ein menschlich ergiebiger und vertrauenswerter Partner erwiesen hat, erreicht durch einen persönlichen Telefonanruf leichter die Zahlung als durch Konfrontationskurs. Es ist ja oft nicht so, daß der Kunde nicht zahlen kann, sondern daß er nicht *will*.

Geht es um größere Beträge, so verbindet man seine nächste Reise in die Gegend mit einem persönlichen Besuch, freut sich, den Kunden wiederzusehen, lädt ihn zum Essen ein, wartet bis zum Nachtisch und bietet sich an, den Scheck zwecks Arbeitserleichterung selber gleich mitzunehmen . . .

Factoring (= „affacturage") ist in Frankreich zulässig und üblich. Es gibt eine zunehmende Anzahl von Factoring-Unternehmen. Angesichts der langen Forderungslaufzeiten und der steigenden Zahl von Insolvenzen ist die Gebühr entsprechend hoch.

In jüngster Zeit wurden verschiedene andere Formen des Forderungseinzugs eingeführt. Sie hießen „crédit de mobilisation de créances", „lettre de change-relevé" (abgekürzt „LCR"), „factures protestables". Durch ein Gesetz vom

3. Januar 1981 hat man versucht, eine neue Form zu finden: die „transmission de créances par bordereau". Sie soll Handelsunternehmen ermöglichen, ihre Kundenforderungen durch eine einfach tabellarische Zusammenstellung (= „bordereau") an ein Forderungseinzugs-Institut abzutreten oder zu verpfänden. Beim Empfänger des „bordereau" muß es sich auf jeden Fall um ein Kreditinstitut handeln.

Die gerichtliche Zahlungseintreibung

Kommt man mit einem säumigen Kunden im Guten nicht mehr weiter, so leitet man sein Dossier der Abteilung Mahn- und Klagewesen (= „contentieux") weiter. Es gibt spezielle Büros, die für mittlere und kleinere Firmen, die sich keine eigene Mahnabteilung leisten können, den „contentieux" übernehmen.

Die erste Stufe nach erfolgloser Mahnung bzw. nach Überschreiten des Verfalltags ist die Inverzugsetzung (= „mise en demeure"). Die Feststellung der erfolglosen Zahlungsaufforderung erfolgt durch einen Vollzugsbeamten (= „huissier"), den der Gläubiger direkt beauftragt.

Die Klage auf vorbeugende Sicherstellung und Erstellung eines Zahlungsbefehls (= „commandement de payer") erfolgt in der Regel vor dem Handelsgericht des Gläubigers. Beim Gerichtstermin können die Parteien persönlich oder durch einen Rechtsanwalt oder einen anderen Beauftragten plädieren.

„saisie-conservatoire", „saisie-arrêt"

Hier handelt es sich um eine vorsorgliche Sicherstellung von Vermögenswerten des Schuldners, insbesondere von Bankguthaben. Ein Gläubiger kann aufgrund eines protestierten Wechsels oder Schecks beim Handelsgericht des Schuldners bewirken, daß bestimmte Vermögensteile, insbesondere Bankguthaben, vorübergehend der Verfügung des Schuldners entzogen werden, bis ein vollstreckbarer Titel (= „titre exécutoire") erwirkt ist. Dies ist gleicherweise gegen Kaufleute und Privatleute möglich. Sie führt in einer zweiten Stufe zur sogenannten „saisie-arrêt" mit der Wirkung, die in Frage stehenden Vermögenswerte vor dem Zugriff dritter Gläubiger in Sicherheit zu bringen.

„procédure d'injonction"

Hier handelt es sich um ein vereinfachtes und beschleunigtes Verfahren außerhalb des klassischen Verfahrens der Zahlungseintreibung. Kann ein Gläubiger die bestehende Schuld des Schuldners durch Unterlage mit Schuldanerkenntnis-Charakter eindeutig nachweisen, also durch einen akzeptierten Wechsel oder ein „billet à ordre", so kann er beim Handelsgericht ohne weiteres Verfahren eine gerichtliche Zahlungsaufforderung erwirken.

Die Forderung muß auf einer eindeutig nachweisbaren vertraglichen Basis beruhen.

Sozialversicherung

Das Sozialversicherungssystem Frankreichs ist charakterisiert durch eine außergewöhnliche Komplexität. Die Tabelle der Beitragsarten und -sätze (Tabelle 12) zeigt eine Vielfalt von Versicherungsarten, für die jeweils ein anderer Versicherungsträger zuständig ist.

Zum gesetzlichen Grundsystem der Sozialversicherung mit Krankenversicherung, Rentenversicherung, Familienausgleichskasse, Wohnungsbeihilfe und Witwenversicherung, das für jeden Arbeitnehmer anwendbar ist, tritt eine Zusatzrentenversicherung für Angestellte und eine weitere Zusatzrentenversicherung für Leitende, ferner die Arbeitslosenversicherung (= „chômage"), die Berufsunfallversicherung (= „accident du travail"), eine Transportabgabe für die öffentlichen Verkehrsbetriebe (= „versement de transport"), eine Bauförderungsabgabe (= „participation à la construction"), eine Lehrlingssteuer (= „taxe d'apprentissage") und eine Berufsfortbildungsabgabe (= „participation à la formation professionnelle continue") hinzu. Arbeitgeber im Raum Paris haben darüber hinaus einen Anteil der Arbeitnehmer-Fahrtkosten zu tragen, sofern der Arbeitnehmer mit einem öffentlichen Verkehrsmittel zur Firma fährt.

Von den gesamten Abgaben trägt der Arbeitgeber etwa zwei Drittel, der Arbeitnehmer ein Drittel. Einige Beitragsarten gehen voll zu Lasten des Arbeitgebers. Unternehmer mit weniger als 10 Beschäftigten sind von der Transport-, der Bauförderungs- und der Berufsfortbildungsabgabe befreit. Im Elsaß und in Lothringen zahlen Arbeitnehmer einen höheren Beitrag zur Krankenversicherung.

Für einen Teil der Beiträge ist die Berechnung auf die Sozialversicherungs-Bemessungsgrenze, den sogenannten „plafond" begrenzt. Der „plafond" wird zweimal pro Jahr (1. 1. und 1. 7.) neu festgesetzt.

Die Zusatz-Rentenversicherung für Leitende Angestellte ist obligatorisch. Die Beiträge errechnen sich auf dem Gehaltsbetrag, der den Plafond übersteigt. Der Arbeitgeber kann zwischen einem Mindestsatz von 12 Prozent (Arbeitgeber 8, Arbeitnehmer 4) und einem Höchstsatz von 16 Prozent (Arbeitgeber 10, Arbeitnehmer 6) stufenweise wählen. Er kann jedoch von einem höheren Satz nicht mehr zurück. Die Mehrzahl der Unternehmen zahlt den Höchstsatz.

Unterhalb des Plafonds kommen für die Zusatz-Rentenversicherung die Beitragssätze der „normalen" Angestellten, die ebenfalls obligatorisch sind, zur Anwendung. Diese Zusatzversicherungen sind, wie übrigens auch die Arbeitslosenversicherung, auf ein Höchstgehalt begrenzt, das beim vierfachen Sozialversicherungsplafond liegt. Tabelle 12 zeigt die einzelnen Sozialversicherungs-Beitragssätze auf dem Stand von Anfang 1989.

Die Erklärung und Abführung der eigentlichen Sozialversicherungsbeiträge hat durch den Arbeitgeber unaufgefordert monatlich zu erfolgen, und zwar bei unter 400 Beschäftigten spätestens am 15. des folgenden Monats dort eingehend, wobei der Poststempel des Vortags als Nachweis für termingemäße Zahlung anerkannt wird; bei 400 und mehr Beschäftigten am 5. des Folgemonats. Unternehmen mit weniger als 10 Beschäftigten brauchen die Beiträge nur einmal pro Kalendervierteljahr abzuführen, und zwar spätestens am 15. nach Quartalsende.

Die Abgaben für Berufsfortbildung, Wohnungsbau und die Lehrlingsabgabe sind nur einmal jährlich zu entrichten. Bei Terminüberschreitung wird ein Säumniszuschlag von 10 Prozent fällig.

Außer den Löhnen und Gehältern sind Prämien, Provisionen, Gratifikationen sowie Sachvorteile (innerhalb bestimmter Höchstsätze) beitragspflichtig, jedoch nicht die erstatteten Reisekosten, die gegen Beleg nachgewiesen werden können.

Für die Führungsorgane (= „dirigeants") sind pauschale Kostenerstattungen in jedem Falle sozialversicherungs-(und steuer-!)pflichtig. Versicherungspflicht besteht unabhängig vom Gehalt bis in die Ebene der höchsten Führungskräfte, soweit diese einen Arbeitsvertrag haben.

Sammelkasse für den Einzug der Beiträge für die Kranken- und Rentenversicherung, die Familienausgleichskasse und für die Unfallversicherung ist die URSSAF, die ähnlich funktioniert wie die AOK. Die Arbeitslosenversicherung heißt ASSEDIC. Die Beiträge für die Angestellten-Zusatzversicherung werden an die UNIRS abgeführt. Für die „cadre"-Zusatzversicherung bestehen private „cadre"-Kassen (= „caisse cadres") mit staatlicher Konzession. Sie sind überwiegend branchenorientiert. Eine branchenneutrale „cadre"-Kasse ist die CRICA. Diese Abkürzungen kommen im täglichen Sprachgebrauch ständig vor. Sie sind im Abschnitt „Abkürzungen" erklärt.

Für den Umgang mit Sozialversicherungsbehörden gilt, was über den Umgang mit Behörden und öffentlichen Diensten gesagt worden ist. Praxisnahe und zügige Abwicklung darf man sich dort, vor allem bei Sonderfällen, nicht zu sehr erhoffen. Dieser Staat im Staate, defizitbedroht wie woanders auch, thront auf dem Bewußtsein seiner Unentbehrlichkeit.

Kommen Sozialversicherungsprüfer ins Haus, so gehen sie oft noch strenger vor als Steuerprüfer und ziehen alles in die Versicherungspflicht ein, was sie finden können.

Zusätzliche freiwillige Sozialleistungen sind Zusatz-Krankenkassen (= „caisses mutuelles") und Restaurantschecks (= „tickets restaurant"). Betriebliche Pensionskassen sind wenig verbreitet. Den Führungskräften bietet die „cadre"-Versicherung einen mindestens gleichwertigen Ersatz. Die „mutuelles" treten zum Grundsystem der Krankenversicherung hinzu, ersetzen es aber nicht. Ihr Ziel ist, den Arbeitnehmern die Differenz zwischen den URSSAF-Leistungen und den effektiven Kosten zu ersetzen.

Steuern

Mehrwertsteuer

Dem Beobachter aus der Bundesrepublik fällt in Frankreich der hohe Anteil der indirekten Steuern auf. Weit über 40 Prozent des Steueraufkommens bringt allein die Mehrwertsteuer. Sie gehört mit einem Normalsatz von 18,60 Prozent zu den höchsten in Europa. Dagegen beträgt der Anteil der Körperschaftssteuer kaum mehr als 10 Prozent, die Einkommenssteuer knapp 20 Prozent. Damit liegen die steuerlichen Verhältnisse in Frankreich gerade umgekehrt als in Deutschland.

Die französische Finanzverwaltung strebt seit Jahren eine Senkung der Mehrwertsteuersätze an. Der Normalsatz betrug bis 1978 20 Prozent, ab 1977 17,6 Prozent. Seit 1982 liegt er bei 18,6 Prozent. Langfristig dürfte durch weitere Senkungen eine Annäherung an ein allgemeines europäisches Niveau zu erwarten sein.

Neben dem normalen Satz besteht ein reduzierter Satz von 5,5 Prozent für Transportleistungen, Bücher, Zeitschriften, Medikamente und eine Reihe weiterer volksnaher Artikel und Leistungen, sowie ein erhöhter Satz von 28 Prozent auf Gegenstände, die dem Luxus dienen, zum Beispiel Motorräder über 240 cm^3, Foto-, Kino-, Fernsehgeräte sowie Tabak, Pelze, Schmuck.

Das System der Mehrwertsteuer mit Vorsteuerabzug besteht in Frankreich schon seit 1952. Es weist folgende Besonderheiten auf:

- Die Mehrwertsteuer auf Fahrzeuge zur Personenbeförderung (mit Ausnahme der öffentlichen Verkehrsmittel) sowie die damit verbundenen Reparaturen und Ersatzteile ist nicht abzugsfähig.
- Die Mehrwertsteuer auf Reise-, Restaurant- und Bewirtungskosten ist ebenfalls nicht abzugsfähig.
- Die Vorsteuer auf alle Güter und Dienstleistungen, die nicht das Anlagevermögen betreffen, darf erst im übernächsten Monat abgezogen werden.

Die Mehrwertsteuererklärung hat monatlich zu erfolgen, und zwar je nach Firmensitz, Rechtsform oder SIREN-Nummer zu einem von der Finanzverwaltung festgesetzten Stichtag zwischen dem 15. und 24. des Folgemonats. Terminüberschreitungen ziehen einen Säumniszuschlag von 10 Prozent nach sich.

Bei Einführen ist zur Zeit noch die Einfuhr-Mehrwertsteuer nach den geltenden Sätzen zu entrichten. Ausländische Unternehmen ohne Niederlassung in Frankreich, die in Frankreich mehrwertsteuerpflichtige Leistungen in Anspruch nehmen oder ihre französischen Kunden verzollt beliefern, müssen zur Geltendmachung des Kostenabzugs einen in Frankreich ansässigen Fiskalvertreter (= „représentant fiscal“) benennen, der die entsprechenden Formalitäten ausführt.

Körperschaftssteuer

Die Körperschaftssteuer (= „impôt sur les sociétés“) beträgt einheitlich 42 Prozent. Steuerpflichtig sind Kapitalgesellschaften (S.A. und S.à.r.l.) sowie die Zweigstellen („succursales“) ausländischer Gesellschaften. Das deutsch-französische Doppelbesteuerungsabkommen legt im einzelnen fest, welche steuerrechtlichen Vorschriften bei Betriebsstätten deutscher Unternehmen in Frankreich anzuwenden sind, ferner wie der Quellensteuerabzug beim Gewinntransfer von der Tochtergesellschaft zur deutschen Mutter behandelt wird.

Die Körperschaftssteuer ist in Vierteljahresraten zahlbar, und zwar im Februar, Mai, August und November. Die Zahlung hat unaufgefordert zu erfolgen. Fälligkeitstag (= „date d'exigibilité") ist der 20. des Monats; spätester Zahlungstermin (= „date limite de paiement") der 15. des Folgemonats.Der Restbetrag ist spätestens am 15. des Monats zu entrichten, der auf das erste Quartal nach dem Bilanzstichtag folgt, also bei Unternehmen mit Geschäftsjahr = Kalenderjahr spätestens am 15. April des Folgejahres.

Die Körperschaftsteuererklärung ist spätestens drei Monate nach dem Bilanzstichtag abzugeben. Für Unternehmen, die ihr Geschäftsjahr zum 31. Dezember abschließen, gewährt die Finanzverwaltung jedoch eine Verlängerungsfrist bis zum 30. April.

Für jede Fristüberschreitung ist bei allen Steuerarten ein Säumniszuschlag von 10 Prozent zu zahlen.

Sonstige Steuern

Daneben bestehen für Körperschaftsteuerpflichtige folgende Sonder- und Zusatzsteuern:

Gewerbesteuer (= „taxe professionnelle") als Kommunalsteuer in Form eines zusammengesetzten Satzes für Gemeinde und Departement auf den Einheitswert der Geschäftsräume, 18 Prozent der Lohnsumme und 10 Prozent der Einnahmen (Stand 1988) mit bestimmten Freigrenzen. Um diese Steuer wogt seit Jahren eine Auseinandersetzung hinsichtlich ihrer Höhe und des Berechnungsmodus. Eine grundlegende Reform, schon lange erwartet, steht immer noch aus.

Lehrlingssteuer (= „taxe d'apprentissage") in Höhe von 0,50 Prozent (1988) auf die Brutto-Lohnsumme.

Bauabgabe (= „participation à l'effort de construction") in Höhe von 0,72 Prozent (1988) auf die Brutto-Lohnsumme. Die Unternehmen sind verpflichtet, einen Betrag in dieser Höhe in den Bau oder Erwerb von Firmenwohnungen zu investieren. Unterläßt ein Unternehmer diese Investition, so ist ein erhöhter Satz von 2 Prozent an den Staat abzuführen.

Berufsfortbildungsabgabe (= „participation à la formation professionnelle continue") in Höhe von 1,20 Prozent (1988) auf die Brutto-Lohnsumme. Die Unternehmen sollen diesen Betrag zur Fortbildung ihrer Mitarbeiter verwenden. Tun sie dies nicht, so ist der nicht genutzte Betrag an den Staat abzuführen.

Kraftfahrzeugsteuer (= „taxe différentielle sur les véhicules") in Höhe eines jährlich neu festgesetzten Pauschalbetrags, der nach der PS-Stärke gestaffelt ist. Die PS-Zahl wird noch nach der althergebrachten Meßgröße „CV" (= „chevaux vapeur", d. h. eigentlich „Dampf-Pferdestärke") angegeben, wobei 1 CV etwa 7 bis 8 PS entspricht. Die Entrichtung der Steuer erfolgt durch Kauf einer Steuermarke, der sogenannten „vignette“, die innen rechts an der Windschutzscheibe sichtbar anzubringen ist.

Sondersteuer auf Firmenfahrzeuge (= „taxe sur les véhicules de société) für alle Personenkraftwagen, die auf den Namen eines Unternehmens zugelassen sind. Sie wird in Form einer jährlich neu festgesetzten Pauschale erhoben, die gestaffelt ist in Fahrzeuge bis zu 7 CV und ab 8 CV, also unter und über etwa 55 PS.

Register- und Stempelgebühren

Bestimmte Vorgänge unterliegen der sogenannten Registrierung (= „enregistrement“) bei einer staatlichen Registerbehörde, wobei eine Registergebühr (= „droit d'enregistrement“) erhoben wird. Hierunter fällt insbesondere die sogenannte Einbringungssteuer (= „droit d'apport“) bei Firmengründungen und Kapitalerhöhungen in Höhe von 1 Prozent im Falle einer Bareinbringung, beziehungsweise von 11,40 Prozent im Falle der Einbringung von Immobilien, eines Mietrechts (= „droit au bail“) oder eines „fonds de commerce“ (siehe Seite 215). Erfolgt eine Kapitalerhöhung aus Gewinnen oder durch Umwandlung von Rücklagen, so kommt ein Satz von 3 Prozent zur Anwendung.

Die bei Firmengründungen oder Kapitalerhöhungen erstellten Satzungen und Hauptversammlungsprotokolle unterliegen der zusätzlichen Registrierung in Form von Stempelmarken (= „droit de timbre“), die auf jeder Seite der Dokumente anzubringen und zu entwerten ist.

In Form von Stempelmarken erfolgt auch die Entrichtung der Wechselsteuer, und zwar als fester Betrag pro Wechsel unabhängig von dessen Höhe. 1988 betrug die Stempelsteuer für bankdomizilierte Wechsel 3,50 Franc, für alle anderen Wechsel 11 Franc pro Wechsel.

Devisenbestimmungen

In Frankreich bestand seit 1945 Devisenbewirtschaftung. Die Bestimmungen sind im Laufe der Zeit unterschiedlich streng gehandhabt worden. Verschärfungen und Lockerungen wechselten sich ab. Dabei stand der Regierung eine ganze Palette von Maßnahmen zur Verfügung, die sie nach dem jeweiligen Gesundheitszustand des französischen Franc einsetzte. Oft waren einzelne Vorschriften zeitlich begrenzt oder sie wurden nach einiger Zeit stillschweigend wieder fallengelassen.

Die Devisenbewirtschaftung zielte vor allem auf spekulative Kapitaltransaktionen. Die Einfuhr vor allem aber die Ausfuhr von Devisen waren grundsätzlich genehmigungspflichtig bzw. verboten, sofern ihnen keine Warenlieferungen und Dienstleistungen zugrunde lagen. Die Zahlung von Importverbindlichkeiten und die Rückführung von Exportforderungen waren zulässig, sofern die entsprechenden Formvorschriften gewahrt wurden.

Ab 1985 begann auf dem Gebiet der Devisenbestimmungen ein Liberalisierungsprozeß, der schon nach kurzer Zeit zum nahezu völligen Wegfall der bisherigen Kontrollen und Beschränkungen führte. Die frühere Verpflichtung, Einfuhren bei einer Bank zahlbar zu stellen, besteht nicht mehr. Bei der Zahlung von Importverbindlichkeiten genügt die Vorlage der Zollabfertigung und der Rechnung. Devisentermingeschäfte sind heute ohne Einschränkung möglich. Es müssen für eventuelle Prüfzwecke lediglich die entsprechenden Unterlagen aufbewahrt werden, was ja aus handelsrechtlichen Gründen ohnehin erforderlich ist. Als gültige Unterlagen werden ausdrücklich auch EDV-Listen anerkannt.

Der Reiseverkehr ist devisenrechtlich ebenfalls frei. Reisende können im Ausland in bar, mit Kreditkarte oder, sofern ein Betrag von 50000 Franc (Stand 1988) nicht überschritten wird, auch mit Scheck bezahlen. Unter bestimmten Einschränkungen sind sogar ausländische Guthaben zulässig. Ebenso können Ausländer in Frankreich Guthaben unterhalten.

Die Zoll-Abwicklungsvorschriften zwischen der Bundesrepublik Deutschland und Frankreich sind zum Teil schon beträchtlich vereinfacht. Einzelne Importfirmen arbeiten mit der Zollbehörde in der Weise zusammen, daß sie über EDV-Terminals gegenseitig die entsprechenden Importbewegungen austauschen und kontrollieren können, so daß gar keine physische Abfertigung mehr erfolgt. In dieser Richtung werden sich noch stärkere Vereinfachungen ergeben.

11. Praktische Hinweise für Deutsche in Frankreich

Informationsbeschaffung

Die fehlende Transparenz

Erfahrungsgemäß kommt den Deutschen die Beschaffung von Informationen in Frankreich umständlicher vor als in der Bundesrepublik. Französisches Diskretionsbedürfnis und Mißtrauen führen zu einer Scheu, Informationen herauszurücken. Die Folge ist eine geringe allgemeine Informationstransparenz.

Man muß meist an vielen Stellen suchen, bis man hat, was man braucht. Dabei kann es passieren, daß die angesprochenen Stellen selbst nicht wissen, über welche Informationen sie verfügen. Und was sie haben, geben sie nur widerwillig heraus, als ob man die Angaben gegen sie verwenden wollte. Vielleicht steckt das Bewußtsein dahinter, daß die Zahlen nicht genau stimmen und man Angst hat, hinterher dafür zur Rechenschaft gezogen zu werden. Die Informationen werden meist unter Vorbehalt (= „sous réserve") gegeben.

Die Informationen fließen nicht von selbst dorthin, wo sie sollen; nicht bei Behörden, nicht bei Verbänden, aber auch nicht innerhalb des Betriebs. Der Verkaufsleiter einer deutschen Niederlassung in Paris ging bei seinem Großkunden, einem weltbekannten Energiekonzern, persönlich von Abteilung zu Abteilung, um den am Auftrag beteiligten Sachbearbeitern den Wissensstand ihrer Kollegen mitzuteilen. Diese hatten jede neue Meldung für sich behalten, um sie bei Gelegenheit nutzbringend verwerten zu können; Mitdenken und Gemeinsinn waren nicht ihre Stärke.

Wer schnell eine präzise Angabe sucht, braucht gute Verbindungen, sonst kann er lange suchen. Die Informationen offizieller Stellen, der Verbände, der Banken und Organisationen haben oft sehr allgemeinen Charakter. Gute Einzeldaten findet man zwar immer wieder. Schwierig ist es aber, vollständige Informationen nach dem neuesten Stand zu bekommen. Jetzt kommen allerdings zunehmend Bildschirmtextdienste auf den Markt, was die Informationsbeschaffung stark erleichtert.

Offizielle Informationsstellen[1]

Offizielle Informationsstelle ist das staatliche statistische Amt INSEE mit seinen regionalen Verkaufsstellen. Ferner ist die „Documentation Française" zu nennen, eine offizielle Informationszentrale mit Verlag über die verschiedensten Gebiete der Politik, Soziologie und Wirtschaft mit Verkaufsstellen in ganz Frankreich. Für die amtlichen Gesetzestexte wendet man sich an den Verlag des Gesetzblattes „Journal Officiel".

Für internationale Vergleichszahlen sind zu nennen: die OECD, auf französisch „OCDE", sowie das französische Außenhandelszentrum (= „Centre Français du Commerce Extérieur", „CFCE").

1 Die Anschriften der in diesem Abschnitt genannten Stellen sind im Kapitel „Informationsquellen" angegeben (siehe Seite 275ff.).

Für deutsch-französische Informationen steht die Deutsch-Französische Industrie- und Handelskammer (=„Chambre Franco-allemande de Commerce et d'Industrie“, abgekürzt CFACI) zur Verfügung. Bei diesen Stellen stößt man im allgemeinen auf Sachkenntnis und guten Service.

Schwierig ist es bei Verbänden. Dort wird man nur bedient, wenn man Mitglied ist. Selbst dann sind die dort herausgegebenen Informationen oft so allgemein, daß sie für den praktischen Gebrauch wertlos sind. In vielen Branchen gibt es keine Zahlen über Kaufkraft, Produktion, Verbrauch usw. Am besten kommt man zum Ziel, wenn man zu einem gut informierten Branchen-Insider direkte persönliche Kontakte hat. Dann erfährt man mehr als aus jeder offiziellen Statistik.

Für das Auffinden von staatlichen Stellen, Behörden und öffentlichen Institutionen ist das Telefonbuch von Paris eine gute Auskunftsquelle: vom Kabinett des Staatspräsidenten bis zum Handelsregister sind darin alle Anschriften und Telefonnummern des offiziellen Frankreich enthalten.

Presse, Rundfunk, Fernsehen

Für seine täglichen Informationen hat der Zeitungsleser die Wahl zwischen zahlreichen Zeitungen und Zeitschriften. In Frage kommen die über ganz Frankreich verbreitete Tageszeitung „Le Monde“ und die ebenfalls national verbreiteten Blätter „Le Figaro“ (konservativ) und „France Soir“ (die Bildzeitung Frankreichs).

In der Provinz hält man neben einem der Pariser Blätter gewöhnlich die regionale Tageszeitung, so „Les Dernières Nouvelles d'Alsace“ im Elsaß, „L'Est Républicain“ in Metz, „La Voix du Nord“ in Lille, „Le Progrès“ in Lyon, „Nice-Matin“ in Nizza, „Le Provençal“ in Marseille, im Westen Frankreichs „Ouest-France“ mit zahlreichen Lokalausgaben.

Eine starke Bedeutung haben die Publikums-Wochenzeitschriften „L'Express“ (freitags) und „Le Point“ (montags), die hinsichtlich Aufmachung und Stil eine Kombination zwischen Spiegel und Stern darstellen.

Der wirtschaftlich interessierte Leser greift zu den täglich erscheinenden „Les Echos“ (Wirtschaftsnachrichten) oder „Le Nouveau Journal“ (Finanz- und Börsenblatt) oder zu einem der wöchentlich erscheinenden Blätter „La Vie Française“, „Journal des Finances“ (Finanzzeitungen) bzw. zu den Wirtschaftsmagazinen „Le Nouvel Economiste“ (ähnlich wie „Capital“, wöchentlich) oder „L'Expansion“ (mit „Fortune“ vergleichbar, zweimal im Monat).

Ein Unikum ist die satirische Wochenzeitschrift „Le Canard Enchaîné“, die, hervorragend informiert, die politische Aktualität aufs Korn nimmt. Der Kuriosität halber sei noch das täglich erscheinende Sportblatt „L'Equipe“ erwähnt.

An den Pariser Kiosken sind auch ausländische Blätter erhältlich, darunter die „FAZ“ und „Der Spiegel“.

Franzosen kaufen sich ihre Zeitungen am liebsten selber. Die Zahl der Abonnenten ist geringer als in der Bundesrepublik. Das kommt daher, daß eine Anzahl der Tageszeitungen nachmittags erscheint („Le Monde“, „France Soir“,

„Le Nouveau Journal"). So hat der Leser sein Blatt zum Feierabend; im Abonnement müßte er bis zum nächsten Morgen warten.

Über Veranstaltungen in Paris informieren die wöchentlichen Programmhefte „L'Officiel des Spectacles" und „Pariscope".

Die Zahl der Zeitschriften ist unübersehbar. Selbstverständlich nehmen Themen wie „Die Küche von A bis Z" und „Haus und Garten" beträchtlichen Raum ein, ferner Frauenzeitschriften; aber auch Magazine wie „Le Chasseur Français" und „Historia" finden weite Verbreitung.

Der deutsche Leser wird sich für den „Pariser Kurier" interessieren, eine monatlich erscheinende deutsche Zeitschrift in Frankreich. Der Wirtschaftsleser wird „Contact" (zehnmal pro Jahr), die Zeitschrift der Deutsch-Französischen Industrie- und Handelskammer, abonnieren. Interessant ist ferner die Revue „Dokumente", eine Zeitschrift für übernationale Zusammenarbeit (vierteljährlich), die Fragen des deutsch-französischen Verständnisses behandelt.

Die wichtigsten Rundfunksender „Radio-France" mit den separaten Sendern „France-Inter", „France-Culture" und „France Musique" sind staatlich. Zu den populärsten kommerziellen Sendern gehören „Europe No. 1" und „RTL" („Radio-Telévision Luxembourg").

Zu erwähnen ist ferner die in Deutschland und in deutscher Sprache ausgestrahlte Sendung von Radio France International.

Seit der Freigabe der Senderfrequenzen durch die sozialistische Regierung sind unzählige freie Sender (=„radios libres") wie Pilze emporgeschossen.

Das Fernsehen ist auf Paris zentralisiert. Es gibt keine Länder-Fernsehanstalten. 1988 bestanden sechs Programme (=„chaînes"), davon zwei staatliche (A2 und FR 3) und 4 kommerzielle (TF 1, Canal+, „La 5" und „U 6").

Umgang mit Behörden

Die französische Beamtenschaft, die eine Hälfte Frankreichs, wird auf ihrer Führungsebene beherrscht von den Ehemaligen der hohen Verwaltungs-, Militär- und Ingenieurschulen. Diese Vertreter der Staatsraison sind überzeugt, daß das Staatsinteresse vor dem Wirtschaftsinteresse kommt und betrachten sich gern als Sendboten höherer Einsicht. Die Regierung, gleich welcher Richtung, hat in seinen Beamten ein ergebenes Heer zur Verfügung, das zuverlässig und unaufhaltsam mahlt wie Gottes Mühlen und nach unerforschlichen Gesetzen funktioniert wie ein riesiges, von keines Menschen Hand entwirrbares Labyrinth. Egal an welcher Stelle der Hierarchie man mit der Behörde in Berührung kommt, man wird stets auf jemanden treffen, der die Verantwortung nach oben weiterleitet und einstweilen seinen Gesprächspartner mit freundlicher Gleichgültigkeit behandelt. Der einfachste Fall kann im Denkgehäuse eines französischen Beamten zum unlösbaren Problem werden. Nur schwer wird man eine verbindliche Aussage erhalten. Aber ebenso unerklärlich ist es dann, wenn plötzlich irgendwoher eine

Genehmigung oder eine Zusage kommt, auf die man schon gar nicht mehr gewartet hat.

Der behördliche Hochmut ist nie persönlich gemeint, sondern bildet eine unsichtbare Schutzschicht, hinter der sich die praxisfremde Institution zurückzieht. Gelingt es aber, einen fachkundigen Beamten ausfindig zu machen und zu ihm ein persönliches Verhältnis herzustellen, so kann ein unüberwindlich geglaubtes Problem sich mit größter Leichtigkeit in nichts auflösen.

Man kann sich bei französischen Behörden nicht auf Richtlinien oder Methoden verlassen. Kein Fall wird gleich behandelt wie der andere. Was zählt, ist nicht die Vorschrift, mit der der Beamte womöglich selbst Schwierigkeiten hat, sondern die günstige Gelegenheit, zu der man an einer bestimmten Stelle ein bestimmtes Problem vorbringt. Wirtschaftliches Interesse wird selten ein Argument sein, mit dem man einen Beamten überzeugen kann. Für ihn gilt die jeweils herrschende Doktrin.

Zwischen der hohen Beamtenschaft und dem Fußvolk auf Dienststellen- und Schalterebene klafft eine Welt. Herrschen oben brillante Köpfe der französischen Bildungselite, reine Cartesianer, mit der Fähigkeit, über jeden beliebigen Gegenstand druckreif zu extemporieren, so wimmelt auf den niedrigen Rängen eine Masse von Büro- und Schalterkräften mit einfachster Ausbildung, oft Anlernkräfte, die das Angelernte stupide ausführen. Sie sind keinerlei Argumenten zugänglich und bilden die undurchdringliche Front, an der die Anliegen, Interessen und Sorgen der anderen Hälfte Frankreichs wirkungslos abprallen.

Es ist unglaublich, was sich die für ihre Revolution bekannten Franzosen an den Schaltern öffentlicher Behörden alles gefallen lassen, und es ist verwunderlich, daß Frankreichs Wirtschaft trotz der Attitüde des französischen Behördenwesens funktioniert.

Indessen wäre man schlecht beraten, die Behörde herauszufordern, indem man in Zorn gerät. Dies würde den behördlichen Hochmut noch verstärken und damit das Gegenteil bewirken. Dagegen ist es aussichtsreich, das Gespräch auf eine menschliche Ebene zu ziehen, also nicht den Behördenvertreter, sondern den Mann mit normalem Menschenverstand anzusprechen. Ein geschickt angebrachtes Kompliment kann förderlich wirken.

Das brachte dem Chef einer deutschen Verkaufsgesellschaft statt eines Strafmandats wegen Geschwindigkeitsüberschreitung eine Kiste „Muscadet" ein. Wenige Tage nach der Übertretung rief der Polizeichef des benachbarten Reviers, zu dem die Streife gehörte, in der Firma an und bestellte den Verkehrssünder zu sich. Dieser machte sich auf eine saftige Strafe gefaßt. Statt dessen ergab sich ein Gespräch über den Gang der Geschäfte im allgemeinen und derjenigen des Unternehmens im besonderen, wobei dazu gesagt werden muß, daß der Polizeivorsteher es sonst überwiegend mit randalierenden Gastarbeitern zu tun hatte, aber selten mit Chefs weltbekannter Firmen. Versuchsweise lud ihn der Deutsche zur Besichtigung der Firma ein. Er nahm geschmeichelt an. Die anschließende Einladung zum Mittagessen ergab sich ganz von selbst. Dabei kam man auch auf gemeinsame Weinliebhabereien zu sprechen. Der Inspektor erzählte stolz vom eigenen Weinberg an der Loire. Beim Abschied dämpfte er plötzlich die Stimme: „... und wenn Sie wieder einmal ein Problem mit einer Polizeistreife haben, so geben Sie meine Dienststelle an. Ich kümmere mich dann darum ..." Eine Woche später kamen zwölf Flaschen aus dem Weinberg an der Loire ins Haus.

Frankreich hat es im Laufe der Geschichte zur Vollkommenheit beim Gewähren und Annehmen von Begünstigungen gebracht, daß es geschmacklos wäre, von Korruption zu sprechen. Das Handaufhalten ist im kleinen wie im großen eine jedermann geläufige Geste. Die Form spielt dabei eine große Rolle. Wer mit einer Flasche Whisky unter dem Arm zum Gespräch mit der Behörde geht, wird eine unverzeihliche Grobheit begehen. Man lasse das Geschenk seiner Wahl diskret zustellen, am besten an die Privatadresse, die es herauszufinden gilt.

Oft ist die kleine Geste wirksamer als ein aufwendiges materielles Engagement: es könnte zu verpflichtend wirken oder mißtrauisch machen. Übrigens wird der Betreffende nicht immer mit Dank reagieren. Discrétion oblige! Auch hier gibt es Fehlinvestitionen. Nicht immer führt die Absicht zur Wirkung.

Deutsche Firmen berichten, daß sie mit Institutionen und Behörden in der Provinz bessere Erfahrungen gemacht haben als in Paris. Bei Departements-Verwaltungen, Gemeindebehörden usw. werden Anträge von Industrieunternehmen, insbesondere solchen mit Investitionsvorhaben, mit erstaunlicher Wendigkeit und Schnelligkeit bearbeitet. Hier spielt natürlich die Interessenlage eine Rolle. Aber, wie es heißt, trifft man dort auch auf Behördenvertreter mit Verständnis für wirtschaftliche Belange. Auch hier bestätigt sich also wieder, daß es in Frankreich keine ein für allemal gültige Methode gibt, auch nicht beim Umgang mit Behörden. Stets wird die persönliche Verbindung, die man herzustellen fähig ist, eine wichtige Rolle spielen.

Komplizierte Fälle können, wenn man Glück hat, wie durch ein Wunder sich plötzlich in Wohlgefallen auflösen. So kann es passieren, daß man für ein neuerstelltes Gebäude plötzlich die Abnahmebestätigung zugeschickt erhält, obwohl nie ein Abnahmebeauftragter erschienen ist.

Öffentliche Dienste

Post

An Postschaltern muß man sich auf Umständlichkeit und langes Warten einstellen. Da stößt man auf ein Ausbildungsniveau und eine Arbeitsauffassung, die jeder Beschreibung spotten. Gearbeitet wird nach Arbeitsmethoden wie zur Jahrhundertwende.

Es ist ratsam, als Postbenutzer den Beförderungstarif selber im Kopf zu haben. Von den Postbeamten kann man nicht voraussetzen, daß sie Bescheid wissen. Sie wissen nicht einmal, welche Briefmarken sie in ihrer abgegriffenen Mappe führen. Wie lange der Kunde warten muß, ist ihnen gleichgültig. Doch die Menschen in der Schlange harren wortlos und schafsgeduldig aus.

Die Angestellten sind zum großen Teil Anlernkräfte aus der Provinz. Wer erlebt, wie sie zum Beispiel eine Nachnahme aus dem Ausland abfertigen oder eine größere Briefmarkenmenge verkaufen, wundert sich nicht mehr, daß in Frankreich die Briefe so lange brauchen. Manche Briefträger in Paris stellen nicht einmal mehr die Einschreibebriefe zu. Sie hinterlassen den Vordruck „nicht anwesend“ im Briefkasten, so daß man die Sendung selbst abholen muß.

Die Postangestellten sind zum großen Teil gewerkschaftlich organisiert. Streiks sind häufig, oft in Form von Teilstreiks, so daß etwa nur die Sortierer oder die LKW-Fahrer streiken, aber dadurch natürlich auch alle übrigen Dienstbereiche lahmgelegt werden.

Für Briefe bis zu 20 Gramm besteht neben dem normalen ein reduzierter Tarif für „nicht dringende“ Briefe. Für Briefe gilt nach EG-Ländern der normale Inlandstarif, sofern das Gewicht 50 Gramm nicht überschreitet. Hier erfolgt der Briefversand automatisch per Luftpost. Innerhalb von Paris werden Eilbriefe per „Chronopost“, einem Botenservice, befördert.

Die Postleitzahlen sind fünfstellig; die beiden ersten Ziffern sind mit der Departement-Nummer identisch. In Paris, Lyon und Marseille sind die Nummern der Stadtbezirke in der Postleitzahl enthalten. Das 8. Pariser Arrondissement hat zum Beispiel die Postleitzahl 75008.

Die übrigen größeren Städte sind nach Bezirken mit eigener Unternummer aufgeteilt. Ferner haben Abholpostämter mit Postfächern eine eigene Postleitzahl mit dem Zusatz CEDEX hinter dem Ort, zum Beispiel 75775 Paris Cedex.

Telefon

Telefonieren kann man in den Postämtern während der Schalterstunden und in öffentlichen Telefonzellen mit normalen Geldmünzen. Immer mehr Kabinen funktionieren mit der kreditkartenähnlichen „télécarte“, die man im Postamt kaufen kann. Auch in den Bistros kann man telefonieren. Dort trifft man noch auf Apparate, für die man spezielle Münzen („jetons“) braucht und die man an der Theke kauft.

Die Telefonnummern Frankreichs sind seit 1985 achtstellig. Sie beginnen in Paris mit der Ziffer 4, in den Pariser Randgebieten mit der 3 oder 6. In der Provinz, also außerhalb von Paris, enthält die achtstellige Nummer die zweistellige Gebietsvorwahl. Von Frankreich aus wählt man für die Bundesrepublik 19 (= Ausland) wartet einen Summton ab, wählt dieVorwahl für die Bundesrepublik 49, anschließend die deutsche Ortsvorwahl ohne die 0. Die Vorwahl für Frankreich aus der Bundesrepublik ist 0033, anschließend die 1 für Paris.

Beispiele:

von der Bundesrepublik			
	nach Paris		0033/1/45634924
	nach Pariser Vororten		
		im Westen	0033/1/39694233
		im Osten	0033/1/60000000
	nach der Provinz		
		z. B. Elsaß	033/88920000

von Frankreich
nach der BRD
z. B. Frankfurt am Main 19 (Summton) 49/69/230501

Bildschirmtextgeräte (Btx), in Frankreich „Minitel“ genannt, sind privat wie beruflich weit verbreitet und werden eifrig genutzt. Telekopierer stehen in jedem Büro.

Bahn

Trotz zunehmender technischer Modernisierung ist das Verhalten der Bahnbeamten auf dem alten Stand geblieben: unzureichende Ausbildung, geringer Informationsstand, stark gewerkschaftlich organisiert.

Die Züge sind in der Regel pünktlich, ob im Nah- oder im Fernverkehr. Züge aus der Bundesrepublik mit Verspätung holen in Frankreich meist wieder auf.

Von Paris aus erreicht man alle größeren Städte Frankreichs mit schnellen Verbindungen. Ein Intercity-System besteht nicht. Es wird durch den „TGV“ ersetzt (s. S. 20). Es gibt 1. und 2. Klasse. Vom Reisen in der 2. Klasse ist abzuraten. Dort herrscht hinsichtlich Komfort und Atmosphäre Provinzniveau. In der 1. Klasse sollte man auf alle Fälle reservieren. Die Züge sind meist stark besetzt, besonders von und nach Paris.

Fahrkarten sind vor Antritt der Reise an einem Automaten abzustempeln (= „composter“), sonst muß eine Strafgebühr bezahlt werden. Die Bahnhofssperren sind inzwischen weggefallen. Zunehmend findet man jetzt Fahrkartenautomaten.

Die Fahrtkosten für die Bahn und die öffentlichen Verkehrsmittel sind im allgemeinen niedriger als in der Bundesrepublik. Dafür lassen Komfort und Sauberkeit zu wünschen übrig.

U-Bahn

Die U-Bahn wird in Paris sowie in Lyon, Lille und Marseille, die neuerdings ebenfalls eine U-Bahn haben, „le Métro“ genannt. Mit der Métro kommt man schnell, zuverlässig und billig an jeden Punkt von Paris. Ein Ticket, in die automatische Sperre gesteckt, gibt den Weg frei. Man kann dann innerhalb des Streckennetzes beliebig weit fahren und beliebig oft umsteigen. Bequemlichkeit darf der Fahrgast nicht erwarten. Zur Hauptverkehrszeit herrscht drangvolle Enge. In Paris fahren täglich vier Millionen Menschen mit der Métro.

Verbund zwischen Métro und Bus besteht (noch) nicht. Beim Umsteigen vom Bus auf die Métro muß ein neues Ticket verwendet werden, außer mit dem Monatsabonnement „carte orange“, die für den ganzen Raum Paris gilt und nach Entfernungszonen eingeteilt ist. Preisgünstig für Einzelfahrten ist das „carnet“, bestehend aus zehn Einzeltickets.

Zur Metro tritt ein Schnellbahnsystem, das den Raum Paris in Ost-West und Nord-Süd-Richtung durchzieht, die sogenannte RER (= „Réseau Express Régional“).

Taxifahren ist billiger als in der Bundesrepublik. Neben den Funktaxiorganisationen mit gutem Service und sauberen Wagen gibt es noch zahlreiche private Taxiunternehmer. Außerhalb stark befahrener Bezirke ist es schwierig, ein Taxi zu bekommen. Die Lobby der Taxifahrer hat es verstanden, die Aufnahme in die Zunft nach Kräften zu erschweren. So findet man oft gerade dann und dort kein Taxi vor, wo man es am dringendsten braucht.

In Paris kann es erfolgbringender sein, statt des Wartens am Taxistand oder statt der telefonischen Vorbestellung sich ein fahrendes Taxi heranzuwinken, doch braucht der Fahrer in diesem Fall nicht jedes Fahrziel zu akzeptieren. Üblich ist ein Trinkgeld von zehn bis fünfzehn Prozent. Eine Quittung muß man ausdrücklich verlangen. Oft erhält man ein Blanko-Formular und kann dann den Betrag selber einsetzen.

Autofahren

Fahrweise

Franzosen sind ein Volk von Autofahrern. Die großen Entfernungen machen ihnen den Wagen zum unentbehrlichen Bestandteil des täglichen Lebens. Selbst die kürzeste Strecke fahren sie mit dem Wagen.

Sie legen die Verkehrsregeln großzügig nach persönlichem Ermessen aus und werden an einer Stop-Stelle nicht unbedingt anhalten, wenn weit und breit niemand zu sehen ist. Springt die Ampel auf Rot, so drücken oft auch die Polizisten ein Auge zu, wenn noch einer durchsaust.

Im Feierabendverkehr auf der Kreuzung vor dem Schloß in Versailles sagte der Polizist zum Verkehrssünder: „Haben Sie nicht gesehen? Sie sind bei Rot durchgefahren! Das ist wohl der Streß, was?“ Auf die Antwort: „In der Tat, das war der Streß. Was passiert jetzt?“ sagt er: „Fahren Sie weiter. Aber das nächste Mal! ...“

Bei Blechschäden schauen die Polizisten weg und lassen die Beteiligten die Sache unter sich ausmachen. Hierfür gibt es eigene Formulare (= „constat à l'amiable“), die die Fahrer gemeinsam ausfüllen, unterschreiben und anschließend an ihre Versicherung schicken.

Die Straßenverkehrsordnung (= „code de la route“) wird mit Flexibilität gehandhabt. Wer bei einem Verstoß erwischt wird, kommt am ehesten ungeschoren davon, wenn er bereitwillig gesteht. Rechthaberei ist nicht zu empfehlen. Man gebe sich gelassen und versuche, dem Gespräch eine persönliche Wendung zu geben, so daß der Polizist, der ja auch nur ein Mensch ist, ein Einsehen hat.

Vorfahrt hat grundsätzlich rechts vor links, auch im Kreisverkehr sowie auf den Einfahrten zur Pariser Stadtautobahn. Der Juniorchef eines bayrischen Maschinenbauunternehmens sah beklommen den Triumphbogen näherkommen, um den im Feierabendverkehr ein sechsspuriger Autostrom wogte. „Do soll ma jetzt neifahren? Dös san mir halt net gwöhnt!"

Die Panik schwindet, wenn man in solchen Situationen nur noch auf den rechten vorderen Kotflügel achtet. Um alles, was links und hinten geschieht, kümmern sich die anderen!.

Beim Fahren muß man mit allem rechnen: mit Fahrern, die ohne Blinker ausparken, abbiegen oder anhalten; mit Rechtsüberholern; mit Fußgängern, die ohne die geringste Eile bei Rot überqueren; mit Parken nach Gehör in engsten Lücken. Wer es selber nicht so genau nimmt, kann auch auf das Verständnis der anderen rechnen.

Ist in Paris das Vorwärtskommen mit dem Wagen besonders zu den Hauptverkehrszeiten ein Problem, so ist das Parken ein noch größeres. Die Zahl der Parkplätze ist völlig unzureichend trotz hoher Gebühren. Täglich stehen in Paris Hunderttausende von Autos im Parkverbot. Wer Paris mit dem Auto besichtigen will, sollte es sonntags morgens tun. Da kann er mit hundert über die Champs-Elysées sausen. Zu anderen Zeiten nimmt er trotz der unzumutbaren Bedingungen besser die Métro, wenn er pünktlich zu seinen Terminen kommen will.

Zulassungsvorschriften

Es gibt in Frankreich (noch) keinen TÜV. Jeder Fahrzeughalter ist für den technischen Zustand seines Fahrzeugs selbst verantwortlich. Den Kraftfahrzeugbrief ersetzt eine „graue Karte" (= „carte grise"), die von der KfZ-Stelle der Gemeindeverwaltung ausgestellt wird. Die Kraftfahrzeugsteuer wird jährlich in Form einer „vignette" entrichtet, die innen an der Windschutzscheibe sichtbar anzubringen ist. Die Steuerklassen richten sich nach den sogenannten CV (= „chevaux vapeur"), einer PS-ähnlichen Meßgröße, wobei ein CV etwa 8 PS entspricht. Für Fahrzeuge über 17 CV (etwa 130 PS) muß eine Zusatzsteuer entrichtet werden, ebenso für Firmenfahrzeuge. Die Mehrwertsteuer auf Personen-Kraftfahrzeuge (28 Prozent) und auf die damit verbundenen Kosten ist nicht abzugsfähig. Gebrauchtwagen, die älter als fünf Jahre sind, können nur nach amtlicher technischer Überprüfung verkauft werden.

Die Autonummern bestehen aus einer maximal vierstelligen laufenden Nummer, einer zwei- bis dreistelligen Buchstabenkombination und der zweistelligen Departement-Nummer. Die Nummer 4935 MZ 78 stammt z. B. aus dem Departement 78 Yvelines (Versailles). Normen für die Nummernschilder bestehen zwar, werden aber nicht allgemein eingehalten. Neben den üblichen hellen Ziffern auf schwarzem Grund kann man auf Antrag auch schwarz auf weiß für das vordere und schwarz auf gelb für das hintere Nummernschild haben. Diplomaten und Angehörige internationaler Organisationen haben ein steuerbefreiendes grünes Nummernschild mit separater Buchstaben-Kennzeichnung, z. B. CD-„Corps Diplomatique", CC = „Corps Consulaire" oder K (= Unesco).

Werden Fahrzeuge aus der Bundesrepublik endgültig nach Frankreich verbracht und hat der Inhaber seinen Sitz in Frankreich, so ist bei Grenzübergang die Mehrwertsteuer auf den amtlich festgesetzten Fahrzeugwert zu entrichten. Es gibt hierzu im internationalen Verkehr eine Anzahl von Sonderregelungen, über die man sich bei einschlägigen Stellen auf alle Fälle vorher informieren sollte. Zum Beispiel darf ein im Ausland zugelassenes Fahrzeug in Frankreich nur unter eingeschränkten Bedingungen für geschäftliche Zwecke eingesetzt werden.

Suche von Geschäfts- und Wohnräumen

Für Standortüberlegungen sind bei der Frage „Paris oder Provinz?" die Kosten und die Verfügbarkeit von Räumlichkeiten ein wichtiger Aspekt. Sind Räume in Paris knapp und teuer, so sind sie in der Provinz oft zu weit vom Schuß. Das gilt für gewerbliche wie private Objekte.

Die Mieten innerhalb des Raums Paris sind sehr unterschiedlich. Im Stadtzentrum und in den angesehenen angrenzenden westlichen und südlichen Vororten sind sie am höchsten. Meist ist es hier schwierig, für gewerbliche Zwecke die geeignete Quadratmeterzahl zu finden; vor allem Flächen unter 200 Quadratmeter werden kaum angeboten und sind schnell vergriffen.

Zunehmend wurden in den letzten Jahren Gewerbezonen in der Umgebung von Paris errichtet, die alle Anforderungen für gewerbliche Ansiedlungen erfüllen. Vor allem, wer größere Lagerflächen braucht, kann dort geeignete Objekte zu vernünftigen Preisen finden. Wichtig hierbei ist es, auf die verkehrsmäßige Erreichbarkeit zu achten (Metro-, Bahn- und Busverbindungen); sie ist nicht immer gegeben, so daß das Auto unentbehrlich ist. Hierfür sind allerdings meist ausreichende Parkplätze vorhanden.

Die Qualität der Räume, besonders was die Verarbeitung bei Fenstern, Heizung und Lüftung und sanitären Einrichtungen betrifft, kommen nicht immer an deutsches Niveau heran. Französische Mitarbeiter, nichts anderes gewöhnt, nehmen das meist ohne Murren hin.

Die meisten internationalen Führungskräfte in Paris, auch die Deutschen, wohnen mit ihren Familien in den westlichen Pariser Vororten (Saint Cloud, Ville d'Avray, Vaucresson, La Celle Saint Cloud, Saint Nom La Bretèche, Saint Germain en Laye), hauptsächlich wegen der dort befindlichen internationalen Schulen (siehe Seiten 256 und 279). Die Preise für Miete und Kauf sind entsprechend hoch. Die Verkehrsverbindungen von dort nach Paris sind günstig. Mit der Bahn oder mit dem Wagen braucht man ins Stadtzentrum unter normalen Bedingungen eine halbe bis eine dreiviertel Stunde. Zu verkehrsstarken Zeiten, also morgens zwischen sieben und neun und abends zwischen sechs und acht Uhr braucht man mit dem Wagen bis zu einer Stunde und mehr.

Für die Suche von Räumen kommt man um Immobilienagenturen kaum herum. Man informiere sich vorher sorgfältig über deren Ruf. Die Vermittlungsgebühr beträgt ca. drei Monatsmieten.

Der Wohnkomfort wird für deutsche Vorstellungen manches zu wünschen übriglassen. Als ein Handwerker aus Deutschland die elektrischen Anschlüsse und die Wasserleitungen bei seinem französischen Gastgeber sah, sagte er: „Das ist ja Nachkriegsstandard. Bei uns würde so etwas nicht abgenommen."

Verwaltungsvorschriften für Privatpersonen

Meldepflichten

Für Unternehmen erfolgt mit der Eintragung ins Handelsregister eine automatische Anmeldung beim Finanzamt und bei der Sozialversicherung. Von dort erhält man automatisch die wichtigsten Formulare zugesandt. Bei den übrigen Stellen muß man die Initiative selbst ergreifen: Strom, Gas, Wasser, Post, Telefon und Telex, Haftpflichtversicherung sowie die „cadre"-Zusatzversicherung und sonstige eventuelle Zusatzversicherungen.

Ein Einwohnermeldeamt besteht nicht. Wer als Privatperson umzieht, ist darüber niemandem Rechenschaft schuldig, nicht einmal dem Finanzamt. Adressen auf französischen Personalausweisen (= „carte d'identité nationale") oder Führerscheinen (= „permis de conduire") stimmen oft seit langem nicht mehr. Bei der Vorlage der Ausweise gilt dies nicht als unvorschriftsmäßig. Die Pflicht zum Umschreiben wird locker gehandhabt. Der Beamte fragt: „Stimmt die Adresse noch? Lassen Sie sie gelegentlich ändern!"

Wer aus der Bundesrepublik oder einem anderen EG-Land sich privat in Frankreich niederlassen will, braucht eine Aufenthaltsgenehmigung (= „carte de séjour"). Offiziell muß er sie spätestens nach sechs Wochen beantragen, und zwar bei der zuständigen Polizeipräfektur, wobei er, sofern er Haushaltsvorstand (= „chef de famille") oder Alleinstehender ist, einen Einkommensnachweis vorlegen muß. Die Genehmigung wird kurzfristig erteilt und gilt zunächst provisorisch, dann für fünf Jahre, schließlich für zehn Jahre mit anschließender Verlängerbarkeit. Für Staatsangehörige aus Nicht-EG-Ländern gelten Einschränkungen.

Für den Zuzug aus der Bundesrepublik ist eine Abmeldung des dortigen Einwohnermeldeamts nicht erforderlich. Es ist nicht verboten, gleichzeitig einen Wohnsitz in der Bundesrepublik und in Frankreich zu haben. Beim Umzug muß am Zollübergang ein detailliertes Inventar des Hausrats vorgelegt werden. Beim Rückzug bekommt man seine Habe nur durch den Zoll, wenn man eine Bestätigung vorlegt, wonach man alle seine Steuern bezahlt hat.

Mit der Öffnung der Grenzen innerhalb der Europäischen Gemeinschaft werden sich viele dieser Vorschriften ändern. Bereits heute kann man sich einen europäischen Paß ausstellen lassen, der eines Tages die Aufenthaltsgenehmigung für Europäer im jeweils anderen Land gegenstandslos machen wird.

Devisenbestimmungen

Devisenrechtlich wird jeder Neuankömmling zwei Jahre als Nicht-Gebietsansässiger (= „non-résident“) angesehen. Angehörige eines EG-Staats, die sich in Frankreich niederlassen, können jedoch auf Antrag sofort wie Gebietsansässige behandelt werden. Mit zunehmender Freizügigkeit der Devisenregelung verliert jedoch der Status als Gebietsansässiger seine Bedeutung. Privatpersonen können heute praktisch jede Devisenoperation zwischen Deutschland und Frankreich genehmigungsfrei durchführen.

Sozialversicherung

Für die Zugehörigkeit zur französischen Sozialversicherung (= „URSSAF“) hat der Arbeitgeber die Antragsformalitäten durchzuführen, insbesondere bei Personen, die erstmals in das französische System eintreten. Dem neuen Versicherten wird dann eine Sozialversicherungs-Nummer (= „numéro de sécurité sociale“) zugeteilt, die sich ähnlich wie die Versicherten-Nummer der Bundesversicherungsanstalt für Angestellte aus dem Geburtsdatum und einer laufenden Nummer zusammensetzt. Sie bleibt für das gesamte Sozialversicherungsleben in Frankreich unverändert. Beim Antrag auf Rückerstattung von Arzt- und Medikamentenkosten ist sie anzugeben.

Die Versicherungskarte mit Beitragsbescheinigung ist unbekannt. Die Sozialversicherungsbeiträge werden zu ungleichen Teilen vom Arbeitgeber und vom Arbeitnehmer getragen. Die Belastung des Arbeitnehmers lag 1988 bei etwa 15 bis 18 Prozent vom Bruttoeinkommen. Einzelheiten siehe Tabelle 12.

Der Versicherte zahlt die ärztlichen Leistungen und Medikamente selbst. Der Arzt notiert nach der Konsultation sein Honorar auf den Krankenschein und kassiert gleich. Anschließend beantragt der Patient die Rückerstattung bei der Sozialversicherung. Eine Ausnahme bilden umfangreiche Leistungen wie Operationen, Zahnersatz und ähnliches. Hier ist eine vorherige Genehmigung durch die Sozialversicherung erforderlich.

Ansprüche aus der französischen Rentenversicherung bleiben auch nach dem Wegzug aus Frankreich erhalten. Als Grundprinzip gilt, daß für die Entstehung des Rentenanspruchs die in beiden Ländern zurückgelegten Beitragszeiten von den Versicherungsanstalten beider Länder berücksichtigt werden und jedes Land nach den geleisteten Beitragssummen eine separate Rente zahlt. Aus der Bundesrepublik Zugezogene können als entsandte Arbeitnehmer in Deutschland versichert bleiben, wenn ihr Arbeitgeber dies bei der deutschen Sozialversicherung mit entsprechender Begründung beantragt. In der Regel gilt als maximale Entsendungsfrist 1 Jahr. Sie kann jedoch auf Antrag verlängert werden.

Einkommensteuer

Die Einbehaltung der Lohnsteuer durch den Arbeitgeber ist in Frankreich unbekannt. Eine Lohnsteuerkarte gibt es nicht. Jeder Steuerpflichtige hat unabhängig von der Art des Einkommens seine Einkommensteuererklärung (= „déclaration des revenus“) selbst zu erstellen. Für Lohn- und Gehaltsempfänger ist Ende Februar jedes Jahres der späteste Abgabetermin. Spricht man vom Nettogehalt, so ist gewöhnlich das Bruttogehalt abzüglich der Arbeitnehmer-Sozialversicherungsbeiträge, nicht auch der Einkommensteuer, gemeint. Die Höhe der Einkommensteuer richtet sich nach Einkommen- und Familienstand. Die Besteuerung erfolgt nach einem Familien-Splitting-Verfahren.

Das steuerpflichtige Gesamteinkommen wird

bei Alleinstehenden durch	1 Anteil (= „une part“)
bei Ehegatten ohne Kinder durch	2 Anteile (= „deux parts“)
für jedes Kind durch weitere	0,5 Anteile (= „une demie part“)

geteilt; anschließend wird hierauf der für einen Anteil anwendbare Steuersatz laut Tabelle angewendet, das Ergebnis wird, um den Progressionskorrekturbetrag vermindert, wieder mit der Zahl der Anteile multipliziert.

Die progressive Besteuerungstabelle erreicht einen Höchstsatz von 65 Prozent. Ein Höchstsatz von 70 Prozent ist in der Diskussion. Vom Nettogehalt (= Brutto minus Sozialversicherungsbeiträge) darf der Steuerpflichtige ohne Belegnachweis eine Pauschale von 10 Prozent für Werbungskosten absetzen. Anschließend dürfen Arbeitnehmer (nicht Selbständige) eine weitere Pauschale von 20 Prozent auf den verbleibenden Betrag absetzen.

Abzugsfähig sind innerhalb gewisser Höchstgrenzen Lebensversicherungsbeiträge, Unterhaltszahlungen, Schuldzinsen für Eigenheim, Aufwendungen für energieersparende Maßnahmen, Spenden.

Die Kirchensteuer ist unbekannt.

Die Einkommensteuerbelastung ist in Frankreich eine der niedrigsten in Europa. Sie liegt um ca. 15 Prozent niedriger als in der Bundesrepublik. Dazu kommt eine niedrigere Belastung mit Sozialversicherungsbeiträgen. Doch darf beim Nettogehaltsvergleich die indirekte Mehrbelastung durch die um über 5 Prozent höhere Mehrwertsteuer nicht vergessen werden.

Arbeitnehmer aus der Bundesrepublik können in Deutschland steuerpflichtig bleiben, wenn ihre Entsendung nach Frankreich 183 Tage im Jahr nicht übersteigt. Hierzu bestehen Detailvorschriften, über die man sich bei einem des deutsch-französischen Doppelbesteuerungsabkommens kundigen Fachmann informieren sollte.

Sonstige Steuern

Jeder Benutzer (Mieter oder Eigentümer) von privaten Wohnräumen hat die kommunale Wohnungssteuer (= „taxe d’habitation“) zu entrichten. Hierfür besteht ein amtlich festgesetzter Einheitswert (= „valeur locative"), auf den die Gemeinden einen jährlich neu festgesetzten Satz erheben. Die Zahlung erfolgt jährlich, in der Regel im Spätjahr aufgrund eines automatisch zugestellten Steuerbescheids (= „avis d'imposition").

Grundstücks-, Haus- und Wohnungseigentümer haben unabhängig von der Wonungssteuer eine Grundsteuer (= „taxe foncière") zu zahlen, die hinsichtlich Berechnungsmodus und Fälligkeit ähnlich behandelt wird. Sie ist auch von Eigentümern gewerblicher Räumlichkeiten zu entrichten. Die Kraftfahrzeugsteuer für Privatpersonen ist im Abschnitt „Autofahren" behandelt.

Die Vermögensteuer (= „impôt de solidarité sur les grandes fortunes" abgekürzt I.S.F.] wurde auf Initiative der sozialistischen Regierung erstmals 1982 in Frankreich eingeführt. Der ursprüngliche Plan, auch betriebliche Vermögensteile in die Besteuerung einzubeziehen, hat man wieder fallengelassen. Steuerpflichtig sind Besitzer von Privatvermögen von mehr als 4 Millionen Franc. Der Vermögensteuersatz beträgt 0,5 Prozent bei 6,5 Millionen Franc und 1,1 Prozent bei mehr als 20 Millionen Franc deklariertem Vermögen.

Deutsche Einrichtungen in Frankreich

Wer als Deutscher in Frankreich tätig ist, interessiert sich für die in Frankreich bestehenden deutschen oder deutsch-französischen Institutionen und Einrichtungen[2]. Da ist zunächst die Deutsche Botschaft in Paris mit ihrer Paßstelle zu nennen, ferner die Generalkonsulate in Bordeaux, Lille, Lyon, Marseille und Nancy. Die Deutsch-Französische Industrie- und Handelskammer in Paris (CFACI) wurde bereits erwähnt. Weitere Institutionen sind das Deutsch-französische Sozialwerk, mit eine Au-pair-Vermittlungsstelle, die zweisprachige Zeitung „Pariser Kurier", das Deutsch-französische Jugendwerk, das Deutsch-französische Verkehrsbüro, alle in Paris.

Die großen deutschen Zeitungen und Verlagshäuser sowie Fernsehen, Rundfunk sind mit eigenen Vertretungen in Paris anwesend.

Deutsche Banken, Versicherungen, Verkehrsgesellschaften, Speditionen, ein deutsches Reisebüro, Auskunfteien haben ebenfalls Niederlassungen in Paris. Über deutsch-französische Rechts- und Steuerberater führt die CFACI eine Liste.

Wer schulpflichtige Kinder hat, interessiert sich für die Deutsche Schule in Saint Cloud, das deutsch-französische Lyzeum in Buc, eine ähnliche Schule in Sèvres, das Lycée Hoche in Versailles mit deutscher Abteilung und das Internationale Lyzeum in Saint Germain en Laye. Alle diese Orte liegen in den westlichen Außenbezirken von Paris. Weiter kommt in Frage das Internationale Lyzeum in Fontainebleau.

Es besteht eine deutsche evangelische Kirche und eine deutsche katholische Gemeinde in Paris. Das Goethe-Institut ist in Paris, Lille, Marseille, Toulouse, Bordeaux und Lyon vertreten.

2 Die wichtigsten Adressen zu diesem Abschnitt sind aufgeführt auf Seite 277 ff.

Die deutschen Führungskräfte in Paris treffen sich bei deutsch-französischen Zusammenkünften, Seminarveranstaltungen, Firmenempfängen. Viele sind Mitglieder von internationalen Clubs. Ihre Rolle schließt meist auch Repräsentationsaufgaben bei französischen Institutionen, Fachverbänden und regionalen Körperschaften ein. Wer in der Provinz wohnt, ist von den deutsch-französischen Institutionen und Veranstaltungen ziemlich abgeschlossen. Am ehesten bietet noch Straßburg gelegentlich Möglichkeiten zu deutsch-französischen Begegnungen.

Im Alltagsleben

Restaurants

Die Legende von der französischen Gastronomie wurde von den Franzosen allezeit nach Kräften gefördert. Sie drang, ohne auf größeren Widerstand zu stoßen, in alle Welt. „La gastronomie française" gilt als Gipfel der Tafelkultur. Nur in Frankreich konnte ein Begriff wie „l'art de la table" geprägt werden.

Über dem klangvollen Vokabular wird leicht vergessen, daß auch andere Völker eine Küchenkultur haben, ohne viel Aufhebens davon zu machen. Es genügt, einen Blick in alte deutsche Kochbücher zu werfen, um festzustellen, welche Köstlichkeiten auch hier schon seit alters her zu Hause sind.

Es wurde gesagt, die französische Küche habe in jüngster Zeit in gleichem Maße verloren, wie sich die deutsche verbessert habe. Das ist, so allgemein formuliert, sicher übertrieben. Aber es weist auf eine Entwicklung in beiden Ländern hin, die nicht unbemerkt geblieben ist. So stellt der deutsche Frankreich-Besucher fest, daß er es in bundesdeutschen Gaststätten im Durchschnitt leichter hat, gut und preiswert zu essen. Für einen anständigen Preis kriegt er dort eine anständige Qualität vorgesetzt, ohne sich zu ruinieren.

In Frankreich empfindet er das Essen im Restaurant als teuer. Er erfreut sich zwar der klangvollen Ausdrücke auf Speise- und Weinkarte. Aber ein „menu gastronomique" ißt er eben nicht jeden Tag. Für einen „normalen" Preis erhält er aber oft ein Essen, das ihn entweder hungrig oder in seinem Qualitätsanspruch unbefriedigt läßt.

Besonders der Ortsunkundige erlebt im nächstbesten Restaurant manche Enttäuschung. In Paris ist die Wahrscheinlichkeit groß, daß er nur mit dem Mittelmaß der französischen Küche Bekanntschaft macht. In Tausenden von engen und lauten Bistros wird hier ein lieb- und phantasieloses Tagesgericht (= „plat du jour") serviert, daß man sich wundert, wie die zahllosen täglichen Durchschnittsgäste dies aushalten und trotzdem noch die „cuisine française" loben.

Wer wirkliche französische Eßkultur erleben will, muß in eines der Restaurants gehen, die in den namhaften Führern mit Sternen oder Kochmützen ausgezeichnet oder wenigstens erwähnt sind. Dort betritt er den Tempel der gastronomischen Kultur, eine andere Welt. Gerichte, Service, äußerer Rahmen sind dort von ausgesuchter Qualität, Finesse und Sorgfalt. Meist geht es etwas weihevoll und steif dabei zu, und der Gast fühlt sich für zwei Stunden lang als König. Ein „dîner" im „Grand Vefour", bei „Laurent" oder im „Tour d'Argent" vergißt man nicht. Ein klassisches Menu besteht aus „hors d'œuvre", Hauptgericht (= „plat principal"), Salat, Käse nach Wahl („les fromages de France!"), Dessert. Die Getränkefolge heißt Apéritif, Weißwein, Rotwein und zum Schluß „un petit alcool".

Wer es eilig hat, würde in solchen Gastronomietempeln mit priesterlicher Nachsicht zurechtgewiesen, das sei kein Schnellrestaurant. „Sie haben keine Zeit zum Essen? So haben Sie auch keine Zeit zum Leben!" Doch vergeht die Zeit wie im Flug. Hier wird nicht nur gegessen, hier nehmen alle Sinne an einem Theaterstück teil, für das der eigentliche Anlaß nur der Vorwand ist. Für die Liebhaber solcher Genüsse sind im Michelin, im Kléber, im Gault-Millau, im Varta-Führer und in deutschen Feinschmecker-Zeitschriften die entsprechenden Hinweise enthalten.

Üblicherweise wird im Restaurant ein Bedienungsgeld von 10 bis 12 Prozent erhoben. Zur Sicherheit kann man fragen: „Service compris?" Das Kleingeld läßt man sich herausgeben. Man kann davon noch etwas liegen lassen, wenn man sich für Qualität und Bedienung erkenntlich zeigen will. Die Formel „service non compris" (= Bedienung nicht inbegriffen) kommt nur noch selten vor.

Hotels

Wer im Hotel übernachtet, hat die Wahl zwischen den klassischen Hotels und den modernen Hotelketten wie Novotel, Ibis, Frantel, die vor allem in Außenbezirken der größeren Städte errichtet worden sind. Hier gilt Ähnliches wie für die Restaurants. Gute Häuser sind teuer. Sie bieten einen akzeptablen bis guten Komfort. Was billig ist, kann sich meist nicht mit deutschen Maßstäben messen. Übernachten in französischen Hotels ist ein Kapitel für sich. Wer einmal eine gute Adresse ausfindig gemacht hat, sollte dabei bleiben.

Offiziell sind die Hotels in vier Kategorien eingeteilt (ein bis vier Sterne). Die Preise richten sich nach der Anzahl der Sterne, der örtlichen Lage und, in Feriengebieten, nach der Jahreszeit. Sie sind zum Teil noch mit Steckdosen ausgestattet, in die deutsche VDE-Stecker (Rasierer, Haarfön) nicht passen.

Auf die Hotelführer kann man sich in puncto Komfort nur bedingt verlassen. In Paris sind selbst teure moderne Großhotels alles andere als bequem und ruhig. Neben den Prestigehotels wie Ritz, George V., Bristol mit gediegenem Luxus gibt es eine Anzahl ebenso gediegener, weniger bekannter, oft kleinerer Hotels, z. B. in Saint Germain des Prés und auf der Ile Saint-Louis. Es lohnt sich, dem Rat von Freunden zu folgen, wenn sie mit solchen oft familiär geführten Hotels gute Erfahrungen gemacht haben.

Die Pariser Hotelkapazität ist seit Jahren unzureichend. Finden Messen und Ausstellungen statt, so ist oft in ganz Paris kein Hotelzimmer mehr frei. Es empfiehlt sich auf alle Fälle, so früh wie möglich zu reservieren.

Für Reisen innerhalb Frankreichs fallen die „Relais du Silence" und die Hotels im Schloß (= „châteaux hôtels") aus dem Rahmen des Alltäglichen. Komfort, Bedienung und vor allem die meist schöne und ruhige Lage sind hier hervorzuheben. Sie liegen allerdings meist außerhalb der geschäftlichen Reiserouten; für private Reisen sind sie eine Überlegung wert.

Viele deutsche Frankreich-Reisende haben mittlerweile auch ihre Weinbezugsquellen in Frankreich entdeckt. Man soll ruhig der Regung folgen, da und dort einen Weinbauern aufzusuchen. Der Besucher wird meistens gern empfangen; er darf auch probieren. Wie gut die Sorte ist, die man dann kauft, entdeckt man später und hat seine Freude, wenn die Wahl gut war. Viel billiger wird es nicht immer sein; es lohnt sich trotzdem: der Weinkenner ist dankbar für den Flair des Authentischen.

Einkaufen

Ladenschlußzeiten im Einzelhandel werden weniger streng gehandhabt als in der Bundesrepublik. Kaufhäuser haben von morgens neun bis abends halb sieben oder sieben Uhr geöffnet, ebenso viele Fachgeschäfte. Der Lebensmittel-Einzelhandel schließt meist erst gegen halb acht und hat oft um acht Uhr noch auf. Dagegen ist mittags von ein Uhr bis etwa halb vier geschlossen. In der Provinz ist die Verschiebung auf Nachmittag und Abend noch ausgeprägter.

Außerhalb von Paris ist samstags geöffnet wie an normalen Wochentagen; im Lebensmittelhandel vormittags auch an Sonn- und Feiertagen. Dagegen ist montags Ruhetag. An den Ruhetagen haben meistens die zahlreichen von Arabern geführten Lebensmittelgeschäfte auf. Mit diesen großzügigen Öffnungszeiten fällt für die Hausfrau der Zwang zum langfristigen Vordisponieren weg. Sie kauft ihren Sonntagsbraten erst morgens auf dem Markt.

In allem, was das Essen und seine Vorbereitungen betrifft, also im Restaurant, im Lebensmittelgeschäft, auf dem Markt, begegnet man einer fast grenzenlosen Geduld. Wer es sich als Kunde erst noch überlegen muß oder wer nachträglich umbestellt, kann auf Gelassenheit und Berücksichtigung seiner Wünsche rechnen.

Das fällt um so mehr auf, als im übrigen Handel meist eine sehr wenig kundenfreundliche Haltung vorherrscht. „Der Anzug gefällt Ihnen nicht? Bitte, etwas anderes haben wir nicht!" So und ähnlich speisen Verkäufer vielfach ihre Kunden ab. Sie reden den Kunden nichts auf. Die Beziehung zwischen Verkäufer und Kunden bleibt kühl, gleichgültig. Der Händler tut so, als kenne er seinen Kunden nicht, auch wenn dieser schon mehrmals bei ihm gekauft hat.

Zigaretten kauft man im „tabac", was meist nichts anderes ist als ein Bistro mit einer Tabak-Konzession. Es ist äußerlich an einer roten Zigarre erkennbar. Meist gibt es dort auch Briefmarken, Steuermarken und, alljährlich im November, die „vignette" für die Kfz-Steuer.

Deutsche Konditorei- und Wurstwaren sucht der Verbraucher vergeblich, außer im „Maison d'Allgemagne", dem deutschen Feinkostgeschäft in Paris, dem das Restaurant „Au Vieux Berlin" angegliedert ist. Dagegen findet er bayrisches Bier fast in allen Bistros und Restaurants, in erster Linie natürlich in den Münchner „Brasserien“.

Sprachprobleme

Franzosen sind tolerant; ihre distinguierte Höflichkeit verläßt sie auch nicht, wenn sie in holperigem Akzent angesprochen werden. Etwas anderes ist es, ob sie die Geduld haben, den radebrechenden Ausländer so lange anzuhören, bis sie verstanden haben, was er will. Besonders in Paris darf der Fremde nicht allzuviel Entgegenkommen in dieser Hinsicht erwarten.

Ressentiments braucht man wegen seines deutschen Akzents nicht zu befürchten. Im übrigen sprechen mehr Deutsche besser französisch als Franzosen deutsch. Doch sie sind sich dessen oft nicht bewußt und haben Minderwertigkeitskomplexe wie die Elsässer und Lothringer, die sich wegen ihres mangelhaften Deutsch entschuldigen, obwohl sie es besser sprechen als die meisten Inlandsfranzosen.

Oft ist man erstaunt, wie viele Mitarbeiter in deutschen Unternehmen ein durchaus korrektes Schulfranzösisch zum Vorschein bringen. In Verhandlungen mit Franzosen stehen sie ohne Schwierigkeiten ihren Mann; statt des vereinbarten Englisch fällt man schließlich meist doch ins Französische zurück, denn es ist in deutschen Delegationen fast immer einer dabei, der französisch spricht.

Wer als Deutscher in Frankreich berufstätig ist, kommt aus dem Zwang, täglich mit Franzosen umzugehen, schnell zu einer geläufigen Beherrschung der Umgangssprache. Er sollte seine Mitarbeiter immer wieder auffordern, ihn zu korrigieren, wenn er Fehler macht. Von sich aus tun sie's nämlich nicht. Manche deutschen Chefs machen noch nach Jahren die gleichen sprachlichen Fehler, weil sie niemand in ihrer nächsten Umgebung je verbessert hat.

Die Ehefrauen sind meist weniger gut dran. Sie sollten den Umgang mit französischen Gesprächspartnern bewußt suchen, auch wenn sie anfangs fürchten, sich zu blamieren. Kein Franzose mokiert sich über den Ausländer, der sich anstrengt, seine Sprache zu erlernen. Wer aber aus Angst vor Blamage zu Hause bleibt, wird noch nach Jahren herumstümpern.

Die Kinder haben es besser. Sie lernen leichter, haben im täglichen Umgang Franzosen als Schul- und Spielgefährten, machen sich weniger aus Fehlern und sind untereinander unkomplizierter.

In deutschen Familien in Frankreich wird oft deutsch und französisch gemischt durcheinander gesprochen, nicht immer zum Vorteil der sprachlichen Reinheit jeder Sprache. Ist ein Elternteil Franzose, so spricht man zu Hause meist französisch.

In keinem Fall schadet es, einen Sprachkurs zu belegen, zum Beispiel an der „Alliance Française“, am „Institut Catholique“ oder in einem privaten Sprachzirkel. Wie gut jemand französisch spricht, hängt aber nicht nur von einem systematischen Sprachunterricht ab, sondern von der Offenheit, mit der er dem französischen Leben gegenübertritt und von seiner Fähigkeit zu hören, zu erfassen und – zu wagen.

Gespräche in Frankreich neigen stets zum Unverbindlichen. Die Konversation soll die Beziehungen zwischen Menschen nicht spannen, sondern glätten. Themen, die zu persönlicher Betroffenheit führen könnten, werden vermieden. Man fragt nicht nach den politischen oder religiösen Überzeugungen. Unangenehmen Themen weicht man unmerklich aus, und es gilt als unerzogen, dann nachzufassen. Stets unverfänglich ist es, sich über Kinder, Urlaub, Autos und die allgemeine Wirtschaftslage zu unterhalten. Da kann man kaum einen faux-pas begehen.

Kultur und Freizeit

Ferien

Wegen des einheitlichen Schulsystems lagen früher die Daten der Schulferien in ganz Frankreich einheitlich. Charakteristisch daran waren die traditionell langen Sommerferien: fast drei Monate von Ende Juni bis Mitte September. Davon kommt man jetzt schrittweise ab. Zunächst wurde damit begonnen, die Daten des Ferienbeginns und des Schulanfangs gebietsweise um einzelne Tage zu versetzen, um den Straßenverkehr von den alljährlich wiederkehrenden Massenverstopfungen zu entlasten. Ferner geht man daran, die Sommerferien zugunsten anderer Ferien zu verkürzen. Schwerpunktmäßig liegen die Ferien wie folgt: Weihnachten etwa ab dem 20. Dezember bis Anfang Januar, Winterferien rund zehn Tage im Februar, Osterferien ebenfalls zehn Tage vor und nach Ostern, Sommerferien Ende Juni bis Anfang September, Herbstferien Anfang November.

Kino

Kinogehen ist in Frankreich beliebt. Die Filmindustrie Frankreichs wartet alljährlich mit zahlreichen Neuproduktionen auf und verfügt über eine große Zahl namhafter Filmschauspieler und Regisseure. In den meisten Kinos werden die Karten nur für die jeweils nächste Vorstellung verkauft. Schlangestehen ist üblich. Die Plätze sind gewöhnlich unnumeriert. Die Platzanweiserin („ouvreuse") ist nicht vom Kino angestellt, sondern freiberuflich tätig und hat Anspruch auf ein Trinkgeld. Das soll aber demnächst abgeschafft werden.

Konzerte

In Frankreich gastieren die berühmtesten Solisten und Orchester. Auch auf diesem Gebiet nimmt Paris in Frankreich den ersten Platz ein. Aber auch Städte wie Straßburg, Lyon, Lille, Nizza und Marseille verfügen über Veranstaltungen höchsten Niveaus. Dazu kommen die zahlreichen Festspiele in den sommerlichen Ferienorten. Die Veranstaltungen beginnen, wie im Theater, im allgemeinen um 20.30 Uhr.

Je berühmter die auftretenden Künstler, desto länger ist vorher ausverkauft. Wer anläßlich einer Geschäftsreise eine Konzert- oder Theaterveranstaltung besuchen will, reserviere so früh wie möglich, am besten über ortsansässige Bekannte oder das Reisebüro.

Museen

Der Reichtum Frankreichs an Museen kann hier nur angedeutet werden. Allein für Paris und Umgebung führt das Veranstaltungsprogramm über 120 Museen auf. Die Öffnungszeiten sind unterschiedlich. Es ist unumgänglich, vorher in den Reiseführer oder den Veranstaltungskalender zu schauen, wenn man vermeiden will, vor verschlossenen Türen zu stehen. Folgende Anhaltspunkte mögen dabei helfen:
Die Öffnungszeiten bewegen sich generell zwischen 10 und 17 Uhr. Manche Museen haben nur nachmittags geöffnet. Die staatlichen Museen, zum Beispiel der Louvre, sind dienstags geschlossen. Manche Museen sind montags, manche über Mittag geschlossen, besonders in der Provinz.

Zu den großen Museen kommen die zahlreichen temporären Ausstellungen. Für sie gelten generell die gleichen Anhaltspunkte über Öffnungszeiten. In den großen Museen und bei wichtigen internationalen Kunstausstellungen ist mit sehr langen Wartezeiten zu rechnen, besonders an Feiertagen wie Ostern und Pfingsten.

Theater

Frankreich ist das Theater-Land par excellence. Paris hat allein 70 Theater, von der staatlichen Oper und der Comédie Française, den klassischen Theaterstädten Frankreichs, bis zu den zahlreichen Boulevard-Theatern. Dort kann man allabendlich die bekanntesten Schauspieler auftreten sehen. Auch die zahlreichen „café-théâtres" und die „cabarets", wo man vor oder während der Vorführung speisen, trinken und tanzen kann, sind unter die Theater zu zählen. Die Franzosen machen nicht den Unterschied von ernster und leichter Unterhaltung. Man besucht ein Boulevard-Theater oder ein Kabarett, wie man ins klassische Theater geht: beides ist Theaterkunst und beide dienen der Unterhaltung.

Die Vorstellungen beginnen im allgemeinen um 20.30 Uhr, manche um 21 Uhr. Im „cabaret" beginnt das „dîner" um 20 oder 21 Uhr, die Vorstellung um 22 oder 22.30 Uhr. Da die Zeiten in jedem Theater unterschiedlich sind, ist vorherige Auskunft unerläßlich. In allen Fällen sollte man sich die Plätze im Vorverkauf sichern oder telefonisch reservieren.

Trinkgeld

Das Trinkgeld, „le service" genannt, wird in Frankreich gern gesehen: im Restaurant, beim Taxifahrer, beim Friseur (=„coiffeur"), im Kino, Theater und Konzert (mit Ausnahme der staatlichen Theater), bei der Garderobenfrau, dem

Gepäckträger, dem Handwerker. Im Restaurant ist es mit 10 bis 15 Prozent meistens in der Rechnung inbegriffen. Der Kellner gibt das restliche Wechselgeld voll heraus. Ist der Gast zufrieden, so läßt er zusätzlich etwas Kleingeld liegen. Genereller Anhaltspunkt: maximal 10 bis 12 Prozent. Briefträger, Müllabfuhr, Feuerwehr machen alljährlich vor Weihnachten die Runde und erwarten ein anständiges Trinkgeld, „étrennes" genannt, für ihre Dienste während des Jahres.

Termine

Termine werden in Frankreich in der Regel per Telefon vereinbart. Unangemeldete Besuche sind nicht üblich. Franzosen sind pünktlicher als behauptet wird. Es wäre ein Fehler, bei der Termineinhaltung nachlässig zu sein im Glauben, in Frankreich nähme man es nicht so genau. Wer allerdings zu spät kommt, wird trotzdem empfangen, das gebietet die französische Höflichkeit. Besonders in Paris ist es wegen der oft schwierigen Verkehrsverhältnisse manchmal beim besten Willen nicht möglich, pünktlich zu sein. Man wird hier kaum mehr als drei Termine pro Tag schaffen. Ausländische Besucher unterschätzen zuweilen die Entfernungen in Paris. Man kann nicht vom Arc de Triomphe zur Rue de la Paix zu Fuß gehen wollen, wenn man nur eine Viertelstunde Zeit hat. Am zeitsparendsten ist noch immer die Métro.

Zu öffentlichen Anlässen wird man normalerweise mittels „carte d'invitation" eingeladen, in feierlich-höflichem Stil formuliert und mit dem Ersuchen um schriftliche Bestätigung, eventuell ergänzt durch einen Telefonanruf. Man wundere sich nicht, wenn man diese etwas steife Form auch bei privaten Einladungen findet, vor allem dort, wo noch höfliche Distanz besteht. Auch die dabei gepflegte Konversation bleibt meist im unverbindlich höflichen allgemeinen Rahmen.

12. Faustregeln für das Frankreich-Geschäft

Zehn Faustregeln für den Umgang mit Franzosen

1. Nehmen Sie Frankreich wie es ist!

Keinem Franzosen würde es einfallen, andere Völker ändern zu wollen. Tun wir es ihnen nach! Selbst wenn uns an Frankreich manches mißfällt: wir ändern Franzosen nicht. Als Verantwortliche der Wirtschaft sollten wir uns auf die Fakten konzentrieren und daran unser Handeln orientieren. Nehmen wir Frankreich, wie es ist, sonst verlieren wir unnötig Zeit und Kraft.

2. Selbstbewußtsein!

Es ist unnötig, sich in Frankreich wegen seiner Herkunft, Staatsangehörigkeit, Rasse oder Religion Minderwertigkeitskomplexe zu machen. Der Franzose liebt sein Land und ist stolz darauf. Er erwartet, daß auch Angehörige anderer Nationen auf ihr Land und Volk stolz sind. Treten Sie in Frankreich mit Selbstbewußtsein auf!

3. Wahren Sie die Formen!

Das Öl, das die Räder der Gesellschaft schmiert, heißt Höflichkeit. Wo jeder jeden leben läßt, sind die Umgangsformen unentbehrlich für das Zusammenleben der Menschen. Grobheit, schlechte Laune, anzügliche Reden hinter vorgehaltener Hand oder gar direkte Boshaftigkeit disqualifizieren den Menschen.

Seien Sie lieber *zu* höflich und *zu* liebenswürdig, auch wenn es Ihnen anfangs übertrieben vorkommt! Sie werden sehen, wie leicht der Umgang mit Franzosen wird, wenn Sie die Formen wahren!

4. Bleiben Sie nüchtern!

Keine Angst! Sie können ruhig Ihren Muscadet und Ihren Bordeaux weitertrinken! Hier geht es darum, vor Sentimentalität und Gefühlsduselei zu warnen. Franzosen bleiben auch in Situationen beherrscht und verstandesklar, wo es den Deutschen ein Bedürfnis ist, sich in tiefere Gefühlsschichten zu verlieren. Es ist ihnen peinlich, wenn ihr deutscher Gesprächspartner seelische Gemeinsamkeiten zutage fördert. Der Franzose weicht dann ins Unverbindliche aus, bleibt kühl, lenkt zu den unverfänglicheren Fakten zurück. Halten Sie sich an Tatsachen und bleiben Sie nüchtern!

5. Bewahren Sie Gelassenheit!

Gelassenheit ist der Ausdruck menschlicher Würde. Sie „faßt“ den Menschen ein wie ein Ring den Stein. Wer sich in Gelassenheit beherrscht, wahrt bei

Auseinandersetzungen seinen Vorteil. Wer die Fassung verliert, verliert Form und Würde und zieht den kürzeren. Der Diplomat bleibt gegenüber seinem härtesten Gegner gelassen, Sich aufregen wäre Schwäche. Wahren Sie im Umgang mit Franzosen Ihre Position der Stärke, indem Sie Gelassenheit bewahren!

6. Nehmen Sie nicht alles wörtlich!

In Frankreich ist die Sprache nicht nur Verständigungsmittel, sondern Ausdruck der Kultur, Zeichen der Höflichkeit, Mittel für Selbstdarstellung. Sie kann viele Rollen und Bedeutungen annehmen, je nach Situation. Eine schöne Phrase kann reine Höflichkeit sein. Dagegen kann eine leicht hingeworfene Bemerkung die stärkste Kampfansage enthalten. Wer sich auf solch glattem Parkett mit Sicherheit bewegen will, lasse sich am besten von einem landeskundigen Berater begleiten. Keinsfalls sollte er alles, was er hört, wörtlich nehmen, sonst kann es sein, daß man ihn als naiv verlacht.

7. Denken Sie an Marianne!

Es ist in vielen Situationen hilfreich, daran zu denken, daß sich Frankreich in der Symbolfigur der Marianne darstellt. Das Weibliche im französischen Charakter ist unverkennbar. Auch wenn es eine starke Vereinfachung ist, den Deutschen durch den braven Michel und Frankreich durch die kapriziöse Marianne darzustellen, so ist das Bild doch oft kennzeichnend. Ein Franzose, der gern vom schönen Gestern träumt, will anders behandelt werden als der Deutsche, der an die Taten von morgen denkt. Er will gefallen, will bewundert werden, freut sich über eine aufmerksame Geste mehr als über einen handfesten Vorteil. Vergessen Sie beim Umgang mit Franzosen nicht, daß die Welt nicht nur von der Logik regiert wird, und denken Sie an Marianne!

8. Planen Sie Überraschungen ein!

Der Franzose hat in seiner Seele für viele Gegensätze Platz. Das Ungewohnte, Überraschende ist für ihn untrennbar mit der Vielgestaltigkeit des Lebens verbunden. In der braven Eintönigkeit liegt für ihn nicht der Sinn des Lebens. Stets sucht er nach Abwechslung und neuen Ideen, auch wenn er den Weg der Tradition in Wirklichkeit nie verläßt. „Täglich neue Phantasie, und unsere Launen wechseln wie der Lauf der Zeit“, sagte Montaigne. Denken Sie daran und stellen Sie sich beim Umgang mit Franzosen auf Überraschungen ein!

9. Üben Sie Geduld!

Das Verhalten Frankreichs ist in vielen Lebensbereichen von den bedächtigen Bewegungen einer alten Landwirtschaftsnation geprägt. Die Entschlüsse der

Menschen und der Ämter reifen wie die Ernte auf dem Feld. Bis dahin braucht man Geduld. Eine Entscheidung wird besser, wenn man sie zu einem Zeitpunkt trifft, der ihr besonders günstig ist. Das gilt auch für unseren Umgang mit Franzosen. Langfristig werden wir dabei am meisten Erfolg haben, wenn wir verstehen, Geduld zu üben.

10. Vergessen Sie den Menschen nicht!

In allem, was wir tun, handeln wir zuerst als Menschen und erst in zweiter Linie als Verkäufer, Ingenieure oder Buchhalter. Bei allen Pflichten, die uns das Leben auferlegt, sollten wir uns nicht von den Zwängen des materiellen Handelns unterjochen lassen. Frankreich macht es uns vor, wie man sich trotz der Widrigkeiten des täglichen Lebens als freier Mensch fühlen kann. Daß in allem zuerst der Mensch kommen soll, ist nicht die unwichtigste Erkenntnis aus dem Umgang mit Franzosen. Vergessen Sie also den Menschen nicht!

Zehn Faustregeln für die Wirtschaftspraxis in Frankreich

1. Fassen Sie nach!

In Frankreich geht nichts schnell und nichts von selbst. Wer die Dinge sich selbst überläßt, kommt nicht zum Ziel. Wer Zusagen, Aufträge, Telefonanrufe und Geld erwartet, mache es sich zur festen Gewohnheit, nicht erst zum vereinbarten Zeitpunkt nachzufassen, sondern rechtzeitig vorher. Stellen Sie ein großes Schild auf Ihren Schreibtisch mit der Aufschrift *„Nachfassen!“*

2. Arbeiten Sie mit System und Methode!

Von deutschen Unternehmen in Frankreich erwartet man, daß sie nicht in die französischen Nachlässigkeiten verfallen. System und Methode im Verkauf haben manchem deutschen Unternehmen in Frankreich zur Steigerung von Umsätzen und Marktanteilen verholfen. Man kann deutschen Unternehmen nur raten, der Parole, in Frankreich müsse man alles anders machen, nicht zu viel Glauben zu schenken. Wer arbeitet, wie er es in Deutschland gewohnt ist, wird in Frankreich zum Erfolg kommen. Arbeiten Sie also in Frankreich mit System und Methode!

3. Keine Vertrauensseligkeit!

Im Vertrauen auf Kaufmannstreue und unter dem Eindruck wortreicher französischer Beteuerungen unterläßt manches deutsche Unternehmen in Frankreich die notwendigsten Absicherungsmaßnahmen. Hier kann man nur vor Leichtsinn warnen. Mit Gutgläubigkeit hat noch niemand auf Dauer gute Geschäfte in Frankreich gemacht. Aber mancher hat sich damit schon die Finger verbrannt, weil es sich der französische Kontrahent nicht verkneifen konnte, die deutsche Vertrauensseligkeit ein bißchen auszunutzen.

4. Zeigen Sie Stärke!

Man lasse sich von französischen Einschüchterungsversuchen nicht beeindrucken. Sie sind oft ein Mittel herauszufinden, wie gewitzt der Geschäftspartner ist. Man soll so etwas nicht wörtlich nehmen, sondern unerschütterlich in Stärke verharren, bis der Franzose einsieht, daß er es mit einem ernsthaften Kontrahenten zu tun hat. Stärke hat in Frankreich noch immer genützt, auch wenn ein wenig Bluff dabei war.

5. Bleiben Sie wachsam!

Es liegt in der französischen Natur, auf die Gelegenheit eines Vorteils zu sinnen, auch wo dies nicht genau mit den vertraglichen Abmachungen übereinstimmt. Der Staat geht dabei mit gutem Beispiel voran. Opportunismus war schon immer eine Stärke französischen Wirtschaftsverhaltens. Bleiben Sie also nach allen Seiten wachsam!

6. Treten Sie persönlich auf!

Der „patron" gilt noch immer als die Verkörperung des Unternehmens. Die Beziehung zu Banken, Behörden, Verbänden erhält erst ihr gebührendes Gewicht, wenn sich der oberste Chef persönlich sehen läßt. Besonders wichtig ist dies natürlich gegenüber Kunden. Fehlt die menschliche Beziehung, so bleibt auch das Geschäft anonym und damit weniger aussichtsreich. Treten Sie also in Frankreich immer wieder persönlich auf!

7. Versuchen Sie es mit Diplomatie!

Selbst in der verfahrensten Situation ist es empfehlenswerter, Diplomatie zu bewahren, statt mit der Faust auf den Tisch zu hauen. Das heißt nicht etwa, man solle nachgeben. Im Gegenteil, man soll seinen Standpunkt in aller Härte, aber, wenn es geht, mit dem verbindlichsten Lächeln klarmachen. Die härteste Drohung kann man in Liebenswürdigkeit kleiden. Am besten übt man es vorher vor dem Spiegel. Man sollte einmal versuchen, was man auf diesem Gebiet gegebenenfalls leisten kann.

8. Bestätigen Sie schriftlich!

Es wird in Frankreich viel geredet und versprochen. Zur Einhaltung verpflichtet nur, was schriftlich vorliegt. Auch französische Gerichte denken so. Deutsche Unternehmen verlassen sich nach Verhandlungen mit Franzosen oft auf die mündlichen Absprachen und vergessen es oder unterlassen es aus partnerschaftlichem Zartgefühl, die Vereinbarungen schriftlich festzuhalten und bestätigen zu lassen. Das erweist sich als Fehler, wenn inzwischen ein französischer Sinneswandel stattfindet. Auch Verweise an Mitarbeiter, Unzufriedenheit gegenüber Handelsvertretern, Reklamationen gegenüber Lieferanten sollte man schriftlich abfassen, und zwar sofort, möglichst per Einschreiben mit Rückschein.

9. Denken Sie an den französischen Koeffizienten!

In Frankreich wird viel übertrieben. Das liegt in der Mentalität und in der Freude an der theatralischen Formulierung. Wer sich davon beeindrucken läßt, gerät entweder in Hochstimmung oder in Panik. Der tatsächliche Wahrheitsgrad ist meistens viel banaler, als es den Anschein hat.

Man vereinfacht sich die Sache und sorgt für eine ruhige Gemütslage, wenn man bei französischen Meldungen einen Übertreibungskoeffizienten abzieht, um auf die vermutliche Wahrheit zu kommen. ...

10. Bewahren Sie Gleichmut!

Wenn Sie es sich zur Gewohnheit gemacht haben, den Koeffizienten anzuwenden, wird sich bei Ihnen von selbst das Maß von Gleichmut einstellen, das im Geschäft mit Frankreich unentbehrlich ist. Man kann nicht auf alle französischen Überraschungen reagieren und sollte sich auch nicht von allen Tagesmeldungen von der Arbeit ablenken lassen, sondern sorge für Fakten und bewahre seinen Gleichmut.

Zehn Faustregeln für die Führung französischer Mitarbeiter

1. Führen Sie mit Autorität!

Französische Mitarbeiter wollen eine Persönlichkeit als Chef. Das ist ihnen wichtiger als die Frage, ob per Delegation oder per Anweisung geführt wird. Das schönste „management by delegation" nützt in Frankreich nichts, wenn an der Spitze kein Mann von Format steht. Das merken schon die Kinder in der Schule: Setzt der Lehrer sich nicht durch, dann sagen sie verächtlich: „Il n'a pas d'autorité."

In Frankreich wurde die Autorität der Führung nie in Frage gestellt. Mit Autorität führen bedeutet nicht, autoritär führen. Es bedeutet, mit Festigkeit führen und nicht um jeden Preis nach dem Konsens aller zu suchen. Daß Führung Autorität haben muß, ist das Grundprinzip für die Mitarbeiterführung in Frankreich.

2. Führen Sie mit gefälliger Form!

Trockenheit, Nüchternheit und Sturheit reißen keinen französischen Mitarbeiter mit. Wer als Chef Phantasie dafür entwickelt, in welcher Form er den Mitarbeitern Ziele setzt oder Anweisungen erteilt, ist sich des Respekts seiner Leute sicher. Die Form der Führung soll der Würde des Mitarbeiters Rechnung tragen. Man kann einem Mitarbeiter eine schwer erreichbare Aufgabe leicht machen, wenn man sie ihm mit Anfeuerung wie ein Mannschaftskapitän oder mit vertrauendem Zuspruch wie eine Mutter ans Herz legt. Der Strom, der zwischen den Menschen fließen soll, darf nicht durch die Versachlichung der Führungsorganisation neutralisiert werden.

3. Setzen Sie klare und erreichbare Ziele!

Der französische Mitarbeiter ist im allgemeinen nicht auf langfristige Kontinuität angelegt. Liegt ein Ziel in zu weiter Ferne, so reicht seine Portion Mut nicht aus, sich dahin in Bewegung zu setzen.

Sie erreichen mehr, wenn Sie die langfristigen Ziele in kurzfristige aufteilen und jeweils nur den nächsterreichbaren Zielabschnitt vorgeben!

4. Dreimal sagen!

Eine einmal gegebene Arbeitsanweisung wird nicht unbedingt auch auf Dauer eingehalten. Je mehr sich der Mitarbeiter vom Zeitpunkt der Anweisung entfernt, desto mehr neigt er dazu, sie nach ihrer Auslegbarkeit auszuprobieren. Er handelt in bester Überzeugung, das Richtige zu tun, wenn er die Anweisung neuen Umständen anpaßt. Will man, daß sie ohne Abänderung ausgeführt wird, so muß man mehrmals wiederholen, um sicherzugehen. Denken Sie an Goethes Faust, wo es heißt: „Du mußt es dreimal sagen!"

5. Keine Angst vor Kontrolle!

Französische Mitarbeiter erachten es als normal, daß sich der Chef um die richtige Ausführung ihrer Arbeit kümmert. Kontrolle ist kein Schimpfwort, wenn sie sachlich durch den Chef persönlich ausgeübt wird. Der Mitarbeiter empfindet sie eher als eine persönliche Teilnahme des Chefs. Würde niemand kontrollieren, so würde er sich vernachlässigt fühlen. Also: Keine Angst vor Kontrolle!

6. Delegieren Sie mit Behutsamkeit!

Französische Mitarbeiter sind es infolge des klassischen Führungsstils noch zu wenig gewohnt, in den Entscheidungs- und Verantwortungsprozeß des Unternehmens mit einbezogen zu werden. Ihre Fähigkeit dazu muß erst behutsam geweckt werden. Sie reißen sich nicht um die Verantwortung. Sind sie aber einmal auf den Geschmack gekommen, so entfalten sie Bereitwilligkeit und Einsatzfreude. Voraussetzung dafür ist, daß der Chef diese schlummernden Reserven mit Fingerspitzengefühl weckt.

Wenn sie also in Frankreich Befugnisse delegieren wollen, dann tun Sie es mit Behutsamkeit! Und bleiben Sie stützend dabei, bis die Verantwortungsfähigkeit der Mitarbeiter genügend gefestigt ist!

7. Bauen Sie Zeitpuffer ein!

Da man nie ganz sicher ist, welche Einfälle dem Mitarbeiter während der Arbeit zufliegen, muß man einplanen, daß er dabei Umwege macht und erst später als geplant am Ziel ankommt wie jener Vertreter, der von Nizza nach Marseille statt der Autobahn lieber die schönere Uferstrecke nahm. Wenn Sie daran denken, Zeitpuffer einzuplanen, werden Sie sich weniger ärgern müssen und Ihre Ziele termingemäß erreichen.

8. Spielen Sie gelegentlich den „patron"!

Ein „patron" darf es sich leisten, gelegentlich mit der Faust auf den Tisch zu hauen. Das erwartet man von ihm. Es wirkt befreiend, und es stärkt die Mitarbeiter wieder für einige Zeit.

Er darf sich auch zuweilen eine statusmäßige Gunst herausnehmen, und zeigen, daß er das genießt. Wenn er ein ganzer Kerl ist, wird er sich auch nicht lumpen lassen und seinen Mitarbeitern bei der nächsten Gelegenheit eine Flasche „grand siècle" spendieren.

9. Seien Sie in der Arbeit ein Vorbild!

Derjenige Chef hat am meisten Ansehen, der über die obigen Regeln hinaus auch in der Arbeit Vorbildliches leistet. Er soll kein sturer Macher sein, sondern ein Mann, der durch die Beherrschung seines Metiers Erfolge für sich und das Unternehmen erzielt, ohne sich dadurch zu überheben.

Französische Mitarbeiter wollen einen erfolgreichen Chef. Versuchen Sie, vor ihnen und mit ihnen Erfolg zu haben, und seien Sie ihnen dabei Führer und Vorbild!

10. Seien Sie als Mensch ein Vorbild!

In Frankreich wird die Führungskraft niemals nur nach ihrer Arbeitsleistung gemessen. Der Manager, der nur in Zeit und Geld denkt, ist dem Franzosen kein Ideal. Er muß sich auch als Mensch bewähren und gelegentlich zeigen, daß er sich auch noch für andere Dinge im Leben interessiert. In einem Land, wo sich Minister als Poeten betätigen, darf auch der Chef, der an einer privaten Lieblingsbeschäftigung hängt, des Ansehens seiner Mitarbeiter sicher sein. Genieren Sie sich also nicht: Zeigen Sie, daß Sie auch als Mensch Vorbild sein können!

Informationsquellen

Deutsche Einrichtungen in Frankreich

Öffentliche und allgemeine Stellen

Botschaft der Bundesrepublik Deutschland
13–15, Avenue Franklin D. Roosevelt
75008 Paris
Tel. 42997800

Paßstelle der Botschaft der Bundesrepublik Deutschland
34, Avenue d'Iéna
75016 Paris
Tel. 42997800

Generalkonsulate der Bundesrepublik Deutschland

337, Boulevard du Président Wilson
33073 Bordeaux Cedex
Tel. 56086020

338, Avenue du Prado
13295 Marseille Cedex
Tel. 91776090

22, Place du Maréchal Leclerc
59046 Lille Cedex
Tel. 20938463

15, Rue de Buthégnemont
54000 Nancy
Tel. 83961243

33, Boulevard des Belges
69458 Lyon Cedex
Tel. 78935473

15, Rue de Francs Bourgeois
67081 Strasbourg Cedex
Tel. 88326186

Deutsch-Französische Industrie- und Handelskammer
(=„Chambre Franco-Allemande de Commerce et d'Industrie", CFACI)
18, Rue Balard
75015 Paris
Tel. 45756256

Deutsches Sozialwerk in Frankreich (=„Entraide Allemande")
42, Avenue George V
75008 Paris
Tel. 47202285

Deutsch-Französisches Jugendwerk
(=„Office Franco-Allemand pour la Jeunesse")
51, Rue Amiral Mouchez
75013 Paris
Tel. 45811166

Deutsche Evangelische Christuskirche Paris
25, Rue Blanche
75009 Paris
Tel. 45267943

Katholische Gemeinde deutscher Sprache
38, Rue Spontini
75016 Paris
Tel. 47043149

Deutscher Akademischer Austauschdienst DAAD
(=„Office Allemand d'Echanges Universitaires")
15, Rue de Verneuil
75007 Paris
Tel. 42615857

Amtlicher Deutscher Verkehrsverein
(=„Office National Allemand du Tourisme")
9, Boulevard de la Madeleine
75001 Paris
Tel. 40200188

Deutsche Bundesbahn (=„Chemin de Fer Allemand")
13, Rue Alsace
75010 Paris
Tel. 42491340

TÜV Rheinland
6, Rue Halévy
75009 Paris
Tel. 42650770

ADAC
63, Avenue de la Grande Armée
75016 Paris
Tel. 45004295

Deutsche Lufthansa
21–23, Rue Royale
70008 Paris
Tel. 42651919
Aéroport de Nice-Côte-d'Azur
06000 Nice (Nizza)
Tel. 93830280

129, Rue Servient
(Tour Crédit Lyonnais)
69000 Lyon
Tel. 78636666
24, Place Kléber
6800 Strasbourg
Tel. 88222020

Avenue Didier Daurat
31700 Blagnac (bei Toulouse)
Tel. 61719797

DER Deutsches Reisebüro (=„DER Voyages")
28, Rue Louis le Grand
75002 Paris
Tel. 47420709

Schulen in Frankreich mit deutschem Unterricht

Deutsche Schule
18, Rue Pasteur
92210 Saint Cloud
Tel. 46028568

Kindergarten (Ecole Maternelle)
7, Rue de Garches
92210 Saint Cloud
Tel. 47711435

Lycée Franco-Allemand
Rue Collin Mamet
78530 Buc (bei Versailles)
Tel. 39564842

Internationales Lyzeum (=„Lycée International")
Rue du Fer à Cheval
78100 St-Germain-en-Laye
Tel. 34519411

CES Fontainebleau (Section Allemande)
Avenue de Verdun
77300 Fontainebleau
Tel. 64224317

Deutsch-Französische Berufsschule
(=„Ecole Franco-Allemande de Commerce et d'Industrie", EFACI)
12, Cour St. Eloi
75012 Paris
Tel. 43440653

Banken

Deutsch-Französische Bank
(=„Banque Franco-Allemande")
15, Avenue Friedland
75008 Paris
Tel. 45630109

Deutsche Bank AG
10, Place Vendôme
75001 Paris
Tel. 42618202

Dresdner Bank AG
1, Rue de Tilsit
75008 Paris
Tel. 45630700

Commerzbank AG
3, Place de l'Opéra
75002 Paris
Tel. 47421329

Bayerische Vereinsbank AG
34, Rue Pasquier
75008 Paris
Tel. 47420908

Sprach- und Kulturzentren

Goethe-Institut (=„Centre Culturel Allemand")

17, Avenue d'Iéna
75016 Paris
Tel. 47236121

98, Rue des Stations
59000 Lille
Tel. 20570244

171, Rue de Rome
13006 Marseille
Tel. 91476381

6 bis, Rue Clémence-Isaure
31000 Toulouse
Tel. 61230834

31, Rue de Condé
75006 Paris
Tel. 43260921

16 ter, Rue Boudet
33000 Bordeaux
Tel. 56446706

16, Rue François Dauphin
69002 Lyon
Tel. 78428827

Maison Heinrich Heine
(Cité Internationale Université de Paris)
27c, Boulevard Jourdan
75690 Paris Cedex 14
Tel. 45895393

Österreichische und Schweizer Stellen in Frankreich

Délégation Commerciale d'Autriche en France
22, Rue de l'Arcade
75008 Paris
Tel. 42656735

Chambre de Commerce Suisse en France
16, Avenue de l'Opéra
75001 Paris
Tel. 42961417

15, Rue du Musée Guimet
69006 Lyon
Tel. 78930439

7, Rue d'Arcole
13291 Marseille Cedex 6
Tel. 91377206

Französische Informationsstellen in Frankreich

Öffentliche und allgemeine Stellen

Staatliches Statistisches Amt
(=„Institut National de la Statistique et des Etudes Economique" „INSEE")
OEP, Tour Gamma A 195, Rue de Bercy
75782 Paris Cedex 12
Tel. 43414818 und 43446600

Regionalstellen

Alsace
14, Rue Adolphe-Seyboth
67084 Strasbourg Cedex
Tel. 88224353 und 88224353

Auvergne
3, Place Charles de Gaulle
63403 Chamalières Cedex
Tel. 73360350

Aquitaine
33, Rue Saget
33200 Bordeaux
Tel. 56910235

Bourgogne
2, Rue Hoche
21033 Dijon Cedex
Tel. 80452834 und 80433145

Bretagne
Immeuble „Le Colbert“
36, Place du Colombier
35031 Rennes Cedex
Tel. 99293366

Champagne-Ardennes
1, Rue de l'Arbalète
51084 Reims Cedex
Tel. 26882412

Ile-de-France
Adresse wie Zentrale Paris

Lorraine
15, Rue du Général-Hulot
B.P. 3846
54029 Nancy Cedex
Tel. 83270327

Nord-Pas-de-Calais
10–12, Boulevard Vauban
59800 Lille
Tel. 20308987

Pays de la Loire
5, Boulevard Louis-Barthou
44037 Nantes Cedex
Tel. 40473113

Provence-Côte d'Azur
39, Boulevard Vincent Delpuech
13387 Marseille Cedex 10
Tel. 91830022

Limousin
50, Avenue Garibaldi
B.P. 1553
87031 Limoges Cedex
Tel. 55329909

Centre
43, Avenue de Paris
45046 Orléans Cedex
Tel. 38537108

Franche-Comté
Immeuble „Le Major“
83, Rue de Dôle
25042 Besançon Cedex
Tel. 81524220

Languedoc-Roussillon
274, Allée Henri-II-de-Montmorency
Le Polygone
34064 Montpellier Cedex
Tel. 67655800

Midi-Pyrénées
36, Rue des 36-Ponts
31054 Toulouse Cedex
Tel. 61252136

Normandie
93–95, Rue de Geôle
14037 Caen Cedex
Tel. 31853570

8, Quai de la Bourse
76037 Rouen Cedex
Tel. 35984110

Poitou-Charentes
3, Rue Puygarreau
86000 Poitiers
Tel. 49883871

Rhône-Alpes
165, rue Garibaldi
B.P. 3196
69401 Lyon Cedex 03
Tel. 78632203

Picardie
2, rue Robert-de-Luzarches
80026 Amiens
Tel. 22913939

Corse
1, Res. du Parc-Belvédère
20000 Ajaccio
Tel. 95212580

Industrie- und Handelskammer Paris
(=„Chambre de Commerce et d'Industrie de Paris")
27, Avenue Friedland
75008 Paris
Tel. 42897000 und 42897817

Regionale Kammern

Alsace
10, Place Gutenberg
67000 Strasbourg
Tel. 88321255

Maison du Commerce International
4, Quai Kléber
67056 Strasbourg Cedex
Tel. 88324890

1, Place de la Gare
B.P. 7
68001 Colmar Cedex
Tel. 89239940

8, Rue du 17 Novembre
B.P. 1088
68051 Mulhouse Cedex
Tel. 89667171

Aquitaine
12, Place de la Bourse
33076 Bordeaux Cedex
Tel. 56795000

Auvergne
148, Boulevard Lavoisier
63037 Clermont-Ferrand Cedex
Tel. 73370202

Bourgogne
2, Rue du Tribunal
B.P. 94
21203 Beaune Cedex
Tel. 80221515

1, Place du Théâtre
B.P. 380
21010 Dijon
Tel. 80659100

Place Gérard Genèvres
B.P. 531
71010 Mâcon Cedex
Tel. 85389333

Bretagne
2, Avenue de la Préfecture
35042 Rennes Cedex
Tel. 99336660

Centre
23, Place du Martoi
45044 Orléans Cedex
Tel. 38532424

4 bis, Rue Jules Favre
B.P. 1028
37010 Tours Cedex
Tel. 47666111

Champagne-Ardennes
2, Rue de Chastillon
B.P. 1503
51001 Châlons-sur-Marne Cedex
Tel. 26211133

Hôtel Ponsardin
30, Rue Cérès
B.P. 2714
51054 Reims Cedex
Tel. 26471515

10, Place Audiffred
B.P. 706
10001 Troyes Cedex
Tel. 25731671

Franche-Comté
7, rue Charles Nodier
25042 Besançon Cedex
Tel. 81811212

1, Rue du Docteur Fréry
B.P. 142
90004 Belfort Cedex
Tel. 84216212

Ile-de-France
12, Boulevard Jean Rose
B.P. 94
77104 Meaux Cédex
Tel. 64342013

21, Avenue de Paris
78011 Versailles
Tel. 30847878

Languedoc-Roussillon
2300, Avenue des Moulins
34030 Montpellier Cedex
Tel. 67404243

Palais Consulaire
Quai de Lattre-de-Tassigny
66020 Perpignan
Tel. 68356633

Limousin-Poitou-Charentes
15, Place Jourdan
87038 Limoges Cedex
Tel. 55333199

Lorraine
10, Rue Claude Gelée
B.P. 96
88003 Epinal Cedex
Tel. 29351814

10/12 Avenue Foch
57016 Metz Cedex 1
Tel. 87523100

40, Rue Henri-Poincaré
54042 Nancy Cedex
Tel. 83364643

Place Jules-Ferry
88100 Saint-Die
Tel. 29552895

Midi-Pyrénées
Palais Consulaire
2, Rue Alsace Lorraine
31002 Toulouse Cedex
Tel. 61336500

Basse-Normandie
41, Bd. du Maréchal Leclerc
14025 Caen Cedex
Tel. 31851868

Pays de la Loire
8, Bd. du Roi René
B.P. 626
49006 Angers Cedex
Tel. 41882311

12, Place de la République
72000 Le Mans
Tel. 43245241

Palais de la Bourse
44040 Nantes Cedex
Tel. 40393000

Provence-Côte-d'Azur
46, Avenue Jean Jaurès
B.P. 158
84008 Avignon Cedex
Tel. 90824000

20, Boulevard Carabacel
B.P. 259
06007 Nice
Tel. 93559155

Nord-Pas-de-Calais
Palais de la Bourse
59000 Lille
Tel. 20741414

Haute-Normandie
Service Interconsulaire du Commerce Extérieur
Palais des Consuls B.P. 641
76007 Rouen Cedex
Tel. 35717135

Place Jules-Ferry
76600 Le Havre
Tel. 35412290

Picardie
6, Bd. de Belfort
80000 Amiens
Tel. 22923456

Pont de Paris
60000 Beauvais
Tel. 44798081

83, Bd. Jean Bouin
B.P. 630
02322 Saint Quentin Cedex
Tel. 23623916

Rhône-Alpes
Palais du Commerce
20, Place de la Bourse
69289 Lyon Cedex 02
Tel. 78381010

36, Rue de la Résistance
42021 Saint-Etienne Cedex 01
Tel. 77327441

2, Rue du Lac B.P. 72
74011 Annecy Cedex
Tel. 50515556

1, Place André Malraux
B.P. 297
38016 Grenoble
Tel. 76472036

Französisches Außenhandelszentrum
(=„Centre Français du Commerce Extérieur", „CFCE")
10, Avenue d'Iéna
75016 Paris
Tel. 45053000

Regionalstellen

Alsace
Maison du Commerce International
4, Quai Kléber
67056 Strasbourg Cedex
Tel. 88324890

Aquitaine
9, rue Condé B.P. 107
33025 Bordeaux Cedex
Tel. 56482725

Auvergne
Centre Jaude
31, Rue Gounod
B.P. 385
63010 Clermont-Ferrand Cedex
Tel. 73354115

Bourgogne
„Le Mazarin"
10, Avenue du Maréchal Foch
B.P. 2669
21057 Dijon Cedex
Tel. 80450263 und 80450615

Bretagne
6 bis, Avenue Barthou
35000 Rennes
Tel. 99307829

Centre
Route Issoudun B.P. 54
18001 Bourges Cedex
Tel. 48504808

Champagne-Ardennes
7, Rue du Gantelet
B.P. 512
51006 Châlons-sur-Marne Cedex
Tel. 26651962

Franche-Comté
Immeuble le Major
83, Rue de Dôle
25000 Besançon
Tel. 81511212

Ile-de-France
2, Place de la Bourse
75002 Paris
Tel. 42335720

Languedoc-Roussillon
Rés. le Tonnelles – Bât. G
131, Avenue de Lodève
34000 Montpellier
Tel. 67400211

Lorraine
4, Avenue Garenne
54007 Nancy
Tel. 83411531

Midi-Pyrénées
Immeuble Cap-Wilson
81, Boulevard Carnot
31072 Toulouse Cedex
Tel. 61233611

Nord-Pas-de-Calais
104, Rue Nationale
59000 Lille
Tel. 20573033

Normandie
23, Avenue Champlain, B.P. 1067
76173 Rouen Cedex
Tel. 35721391

Centre du Commerce International
Quai George V
76600 Le Havre
Tel. 35214337

Pays de la Loire
15, Quai Ernest Renand
44000 Nantes
Tel. 40734041

35, Avenue de Paris
45000 Orléans
Tel. 38455010

Poitou-Charentes
34–36, Rue Monseigneur Augouard
B.P. 472
86012 Potiers Cedex
Tel. 49882609

Provence-Côte d'Azur
– C.M.C.I. –
2, Rue Henri Barbusse
13241 Marseille Cedex 01
Tel. 91901235

Rhône-Alpes
36, Rue Tronchet
69006 Lyon
Tel. 78890494

Sonstige Stellen

OECD (= „OCDE")
Organisation de Coopération et de
Développement Economique
2, Rue André Pascal
75775 Paris Cedex 16
Tel. 45248200

Deutsch-Französische Forschungsstelle an der Universität Straßburg
(= „Centre d'Etudes Germaniques")
Université Robert Schumann
(Strasbourg III)
8, Rue des Ecrivains
67000 Strasbourg
Tel. 88364514

Französischer Arbeitgeberverband
(= „Conseil National du Patronat Français", „CNPF")
31, Avenue Pierre 1er de Serbie
75016 Paris
Tel. 47236158

Zentralverband für Messen und Ausstellungen
(= „Association Française des Salons Spécialisés")
22, Avenue Franklin D. Roosevelt
75008 Paris
Tel. 42250580

ADERLY
Association pour le Développement
Economique de la Région Lyonnaise
20, Rue de la Bourse
69002 Lyon
Tel. 78589560

CAPEM
Comité d'Aménagement de Promotion
et d'Expansion de la Moselle
1, Rue Pont Moreau
57000 Metz
Tel. 87308231

DATAR
Délégation de l'Aménagement du Territoire et de l'Action Régionale
(=Staatliche Raumordnungs- und regionale Förderungsbehörde)
1, Avenue Charles Floquet
75007 Paris
Tel. 47836120

Amtliche Französische Dokumentationszentrale
(=„La Documentation Française")
29–31, Quai Voltaire
75007 Paris
Tel. 40157000

mit Außenstellen in ganz Frankreich

Französische Einrichtungen in der Bundesrepublik Deutschland

Öffentliche und allgemeine Stellen

Französische Botschaft
(=„Ambassade de la République Française")
Abteilung für Wirtschaft und Handel
Kapellenweg 1a
D-5300 Bonn 2
Tel. (0228) 362031

Französische Generalkonsulate

Kurfürstendamm 211
D-1000 Berlin 15
Tel. (030) 8818028-29

Bettinastraße 62
D-6000 Frankfurt Main
Tel. (069) 740137

Kaiserstr. 39
Postfach 1927
D-6500 Mainz
Tel. (06131) 674603/04

Johannisstr. 2
D-6600 Saarbrücken
Tel. (0681) 30626–29

Cecilienalle 10
D-4000 Düsseldorf
Tel. (0211) 499077

Pöseldorfer Weg 32
D-2000 Hamburg 13
Tel. (040) 441407

Möhlstr. 5
D-8000 München 80
Tel. (089) 475016/17

Richard-Wagner-Straße 53
D-7000 Stuttgart 1
Tel. (0711) 235566

Französische Handelsdelegationen

Kurfürstendamm 211
D-1000 Berlin 15
Tel. (030) 8826008

Französisches Generalkonsulat
Wirtschaftsabteilung
Mittelweg 136
D-2000 Hamburg 13
Tel. (040) 441357

Pettenkoferstraße 24
D-8000 München 2
Tel. (089) 5309371

Königstr. 18
D-7000 Stuttgart 1
Tel. (0711) 227028

Französisches Generalkonsulat
Handelsabteilung
Reuterweg 47
D-6000 Frankfurt Main
Tel. (069) 729353

Französisches Generalkonsulat Düsseldorf
Handelsabteilung
Hohenstaufenring 62
D-5000 Köln 1
Tel. (0221) 204000

Johannisstraße 2
D-6600 Saarbrücken
Tel. (0681) 35021

Büro für Industrielle Entwicklung BIEF
(Außenstelle der DATAR)

Reuterweg 47
D-6000 Frankfurt Main 1
Tel. (069) 7241653

Französische Konsulate

Solmstr. 1
D-7570 Baden-Baden
Tel. (07221) 23750

Töpferbohmstr. 8
D-2800 Bremen
Tel. (0421) 30530

Dasbachstraße 10
D-5500 Trier
Tel. (0651) 2606

Rheinstraße 52
D-5300 Bonn 2
Tel. (0228) 362031

Lessingstraße 13
D-7800 Freiburg (Breisgau)
Tel. (0761) 72383–84

Konsulatagentur

P 2, 12
D-6800 Mannheim
Tel. (0621) 1791

Deutsch-Französische Industrie- und Handelskammer
(=„Chambre de Commerce et d'Industrie Française en Allemagne")
Mainzer Straße 116
D-6600 Saarbrücken
Tel. (0681) 64010

Deutsch-Französisches Institut
Asperger Str. 38
D-7140 Ludwigsburg
Tel. (07141) 24849

Deutsch-Französischer Kreis e. V.
Friedrich-Ebert-Str. 40
D-4000 Düsseldorf
Tel. (0211) 354766

Banken

Banque Nationale de Paris SA & Co. (Deutschland) oHG

Bockenheimer Landstraße 22
D-6000 Frankfurt Main 1
Tel. (069) 7193-0

Berliner Allee 34–36
D-4000 Düsseldorf
Tel. (0211) 8892-0

Schauenburgstr. 44
D-2000 Hamburg
Tel. (040) 3760050

Kronprinzstr. 12
D-7000 Stuttgart 1
Tel. (0711) 227061

Bahnhofstraße 36
D-6600 Saarbrücken
Tel. (0681) 30360

Société Générale
in Deutschland als:
Société Générale – Elsässische Bank & Co.

Mainzer Landstraße 36
D-6000 Frankfurt Main 1
Tel. (069) 7174-0

Jungfernstieg 7
D-2000 Hamburg
Tel. (040) 341266

Filiale München
Postfach 26
D-8000 München 1

Graf-Adolf-Str. 35–57
D-4000 Düsseldorf 1
Tel. (0211) 80606

Bahnhofstraße 32
D-6600 Saarbrücken
Tel. (0681) 30180

Crédit Lyonnais SA & Co. (Deutschland) oHG

Direktion: Neue Mainzer Str. 75
D-6000 Frankfurt Main 1
Tel. (069) 299060

Rathaushof
Kleine Johannisstraße 4
D-2000 Hamburg 11
Tel. (040) 362441

Königsallee 21–23
D-4000 Düsseldorf 1
Tel. (0211) 84731

Europartner:
Commerz-Credit-Bank AG
Faktoreistraße 4
Postfach 845
D-6600 Saarbrücken
Tel. (0681) 40011

Presse, Nachschlagewerke, Informationsdienste

Adreßbücher

Bottin Adresses
das Branchenadreßbuch Frankreichs
(liegt aus in Postämtern)

28, Rue du Docteur Finlay
75015 Paris
Tel. 45786166

Kompaß
Adreßbuch für die internationale Wirtschaft

Société Nouvelle des Editions Internationales (SNEI Kompass France)
22, Avenue Franklin D. Roosevelt
75008 Paris
Tel. 43593759

Seibt-Verlag GmbH
Leopoldstraße 208
D-8000 München 40
Tel. (089) 363067

Mitgliederliste der Deutsch-Französischen Industrie- und Handelskammer
(Adresse siehe dort)

Annuaire CNPF
Jahrbuch des französischen Arbeitgeberverbands
(mit den einzelnen Fachverbänden),
erhältlich bei
Editions Techniques Professionnelles (ETP)
31, Avenue Pierre ler de Serbie
75116 Paris
Tel. 47203188

Französische Hotel- und Gaststättenführer

Michelin	(Hotel- und Gaststättenführer)
Gault et Millau	(Gaststättenführer)
Guide des Hotels de France	(Hotelführer)
Relais du Silence	(Silence-Hotels)
Châteaux Hôtels	(Hotels im Schloß)
Gites de France	(ländliche Hotels)

Französische Fachverlage für Gesellschafts-, Steuer- und Sozialrecht

Editions Francis Lefèbvre
5, rue Jacques Bingen
75754 Paris Cedex 17
Tel. 47631260

La Revue Fiduciaire
54, Rue de Chabrol
75480 Paris Cedex 10
Tel. 48408044

Lamy S.A.
Editions Juridiques et Techniques
155, Rue Legendre
75017 Paris
Tel. 46272890

Verkaufs- und Auskunftsstellen des „Journal Officiel" (staatliches Gesetzblatt)

Paris
Direction des Journaux Officiels, 26, Rue Desaix, 75015 Paris, Tel. 40587500
Imprimerie Nationale, 20, Rue La Boetie, 75008 Paris, Tel. 42651197

Lyon
Documentation Française, 165, Rue Garibaldi, 69003 Lyon, Tel. 78633223
Librairie Decitre, 6, Place Bellecour, 69002 Lyon, Tel. 78426568

Marseille
Librairie Flammarion, 54, La Canebière, 13001 Marseille, Tel. 91542520
Librairie Fueri-Lamy, 21, Rue Paradis, 13001 Marseille, Tel. 91335791
Librairie Brahic, 54, Rue Paradis, 13006 Marseille, Tel. 91331198

Strasbourg
Librairie Berger-Levrault, 23, Place Broglie, 67081 Strasbourg Cedex, Tel. 88321740
Librairie Kléber, 1, Rue des Francs-Bourgeois, 67000 Strasbourg, Tel. 88320388

Die französische Presse

Nationale Tageszeitungen	Auflagenhöhe[1] in 1000
alle in Paris erscheinend:	
Le Monde	362
Le Figaro	433

1 Stand November 1988

Le Parisien	366
L'Equipe (Sportzeitung)	254
France Soir	375

Regionale Tageszeitungen

Strasbourg:	Dernières Nouvelles d'Alsace	221
Metz:	Le Républicain Lorrain	171
Vogesen:	L'Est Républicain	251
Lille:	La Voix du Nord	377
	Nord Matin/Nord Eclair	170
Normandie:	Paris Normandie	124
Bretagne:	Telegramme de Brest	178
Westfrankreich:	Ouest France	739
Zentrum:	Nouvelle République du Centre Ouest	273
	Centre France	250
Lyon:	Le Progès	271
Grenoble:	Le Dauphiné Libéré	359
Bordeaux:	Sud-Ouest	361
Toulouse:	La Dépêche du Midi	252
Montpellier:	Le Midi libre	218
Marseille:	Le Provençal	173
Nizza:	Nice-Matin	252

Nationale Publikums-Wochenzeitschriften

L'Express	555
Le Point	311

beide in Paris erscheinend

Wirtschaftspresse	Auflagenhöhe in 1000
Les Echos (Wirtschaftszeitung)	80
La Tribune de l'Expansion (Wirtschaftszeitung)	40
La Vie Française (Finanzzeitung, wöchentlich)	108
Journal des Finances (Finanzzeitung, wöchentlich)	63
Le Nouvel Economiste (Wirtschaftsmagazin, wöchentlich)	101
L'Expansion (Wirtschaftsmagazin, vierzehntäglich)	169

alle in Paris erscheinend

Publikums-Fachzeitschriften

Usine Nouvelle (technische Fachzeitschrift, wöchentlich)	56
Moniteur des Travaux Publics et du Bâtiment (Bau-Fachzeitschrift, wöchentlich)	76

Carrière Commerciale (Fachzeitschrift für Verkäufer, vierzehntäglich) 45

Deutsch-Französische Publikationen

Pariser Kurier, Deutsche Zeitschrift in Frankreich, monatlich
42, Avenue George V
75008 Paris
Tel. 47206341

Contact, Zeitschrift der Deutsch-Französischen Industrie- und Handelskammer, 10mal pro Jahr
18, Rue Balard
75015 Paris
Tel. 45756256

Dokumente, Zeitschrift für den deutsch-französischen Dialog vierteljährlich
Bachstraße 32
D-5300 Bonn 1
Tel. (0228) 729002

Documents, Revue des Questions Allemandes
50, rue Laborde
85008 Paris
Tel. 43872550

Le Marché Franco-allemand
(vierzehntäglicher Informationsdienst)
7, Rue de Martroi
45190 Beaugency
Tel. 38445603

sowie die ständig auf aktuellem Stand gehaltene Fachschriftenreihe der Deutsch-Französischen Industrie- und Handelskammer Paris (Adresse siehe oben).

Literatur

Ardagh, John (Hrsg.): Das große Frankreich-Buch, Delphin-Verlag, Zürich/München 1981

Der Frankreich-Brockhaus, Brockhaus Verlag, Wiesbaden 1982

Haensch, Günther; Fischer, Paul: Kleines Frankreich-Lexikon – Wissenswertes über Land und Leute, Beck, München 1984

Herterich, Klaus W.: Mitarbeiter in Frankreich, hrsg. von Deutsch-französische Führungs- und Personalberatung Klaus W. Herterich, Paris 1987

Herterich, Klaus W.: Franzosen als Wirtschaftspartner, hrsg. von Air France Deutschland, Frankfurt/M. 1988

Langer, Jörg; Wietek S. M.: Vertragsgestaltung für Führungskräfte und Leitende Angestellte in Frankreich. Rechte – Pflichten – Haftung. Edition für internationale Wirtschaft, Frankfurt/M. 1979

Langer, Jörg; Mohr, Konrad; Petoin, Jacques, und Wietek, S. M.: Unternehmenskauf, Beteiligungskauf und -verkauf in Frankreich, Wirtschafts-, Steuer-, Arbeitsrecht, Bilanzierung. Edition für internationale Wirtschaft, Frankfurt/M. 1983

Loth, Wilfried: Geschichte Frankreichs im 20. Jahrhundert, Kohlhammer, Stuttgart 1987

Menyesch, Dieter; Uterwedde, Henrik: Frankreich – Kurzinformationen, Neue Darmstädter Verlagsanstalt, Darmstadt 1985

Pletsch, Alfred: Frankreich (Länderprofile), 2. Auflage, Klett, Stuttgart 1981

Peyrefitte, Alain: Was wird aus Frankreich? Ullstein Taschenbuch, Berlin/Frankfurt/M./Wien 1980

Scholl-Latour, Peter: Leben mit Frankreich – Stationen eines halben Jahrhunderts, DVA, Stuttgart 1988

Sieburg, Heinz-Otto: Geschichte Frankreichs, Kohlhammer, Stuttgart 1983

Uterwedde, Henrik: Wirtschaft im Vergleich: Wirschaftsstruktur und -politik in Frankreich und in der Bundesrepublik Deutschland, Niemeyer, 1979

Weisenfeld, Ernst: Frankreichs Geschichte seit dem Krieg: Von de Gaulle bis Mitterrand, Beck, München 1982

Wenner, Wolfgang: Geschäftserfolg in Frankreich, Beck, München 1985

Tabellen

Tabelle 1: Strukturvergleich Frankreich – Bundesrepublik Deutschland[1]

		Frankreich	Bundesrepublik Deutschland
Fläche in 1000 km²		547	249
davon: Landwirtschaft	in 1000 km²	314	120
Wald	in 1000 km²	146	74
Einwohner	in Millionen	55,6	61,0
davon Ausländer	in Millionen	4,4	4,7
	in Prozent	7,9	7,7
Einwohner je km²		102	245
m² je Einwohner		9838	4082
Erwerbstätige	in Millionen	23,6	28,8
davon	Prozent in Industrie	40,0	45,0
Ausländische Arbeitnehmer	in Millionen	1,5	1,9
	in Prozent	6,4	6,6
Industrieproduktion:			
gebaute Wohnungen	in Tausend	301	217
Rohstahl	in Millionen Tonnen	18	36
Personenkraftwagen	in 1000	3284	4008
Bruttosozialprodukt in ECU je Einwohner		15042	15702
Inflation in Prozent		3	2
Autobahnnetz in km		6300	8400
Kraftfahrzeugbestand je 1000 Einwohner		360	441
Fernsehgeräte je 1000 Einwohner		394	377
Telefonanschlüsse je 1000 Einwohner		541	641
Ärzte je 100000 Einwohner		210	250

1 Quellen: Tableaux de l'Economie Française 1988, Commerzbank

Tabelle 2: Zeittafel zur Geschichte Frankreichs

bis Mitte des 5. Jahrhunderts	Gallien durch die Römer besetzt
486 nach Christi Geburt	Gründung des Frankenreiches durch Chlodwig
511 bis 687	Die Merowinger (aus dem Stamm der Franken, mit Chlodwig als erstem König des Frankenreichs)
714 bis 741	Karl Martell
732	Schlacht bei Poitiers, Sieg Karl Martells gegen die Sarazenen
768 bis 814	Karl der Große (Charlemagne)
843	Vertrag von Verdun, Teilung des Reichs unter die Söhne Karls, Beginn der eigentlichen Geschichte Frankreichs
843 bis 987	Die Karolingerkönige (Karls Söhne)
um 900	Normanneneinfälle in Frankreich
987 bis 1328	Die Capetinger (nach ihrem ersten König Hugo Capet benannt)
1328 bis 1498	Die Valois
1339 bis 1453	Hundertjähriger Krieg, weite Teile Frankreichs durch England besetzt
1421 bis 1431	„Jungfrau von Orléans", besiegt die Engländer 1429 bei Orléans; wird am 30. Mai 1431 in Rouen als Ketzerin verbrannt
1422 bis 1461	Karl VII
1461 bis 1483	Ludwig XI, erster großer Einiger des Reichs
1483 bis 1498	Karl VIII
1498 bis 1515	Ludwig XII
1515 bis 1547	Franz I
1547 bis 1559	Heinrich II
1560 bis 1574	Karl IX
1562 bis 1598	Hugenottenkriege
1572	Bartholomäusnacht
1574 bis 1589	Heinrich III
1589 bis 1792	Die Bourbonenkönige
1589 bis 1610	Heinrich IV (Der „gute König Heinrich")
1598	Edikt von Nantes (Gleichberechtigung für die Protestanten)
1610 bis 1643	Ludwig XIII
1585 bis 1642	Kardinal Richelieu, von Ludwig XIII mit der Führung der Regierungsgeschäfte betraut
1618 bis 1648	Dreißigjähriger Krieg
1648	Westfälischer Frieden
1643 bis 1715	Ludwig XIV, der „Sonnenkönig", für den anfangs Kardinal Mazarin die Regierungsgeschäfte führte
1619 bis 1683	Colbert Finanz- und Industrieminister Ludwigs XIV, bedeutendster Vertreter des Merkantilismus
1661	Tod Mazarins

1685	Aufhebung des Edikts von Nantes durch Ludwig XIV; Massenflucht der Hugenotten nach Holland und Deutschland
1688 bis 1697	Erbfolgekriege gegen die Pfalz (Verwüstung der Pfalz durch Mélac)
1701 bis 1714	Spanischer Erbfolgekrieg
1715 bis 1774	Ludwig XV
1740 bis 1786	Friedrich der Große, Bewunderer französischen Geistes
1756 bis 1763	Siebenjähriger Krieg
1757	Schlacht bei Roßbach (Sieg Friedrich des Großen über die französische Armee)
18. Jahrhundert	Das „Zeitalter der Vernunft“, die Aufklärung mit Voltaire, Diderot, Rousseau
1774 bis 1792	Ludwig XVI
14. Juli 1789	Sturm auf die Bastille, äußerer Höhepunkt der französischen Revolution, Erklärung der Menschenrechte durch die neugegründete Nationalversammlung
21. Januar 1793	Hinrichtung Ludwigs XVI
1792 bis 1804	Erste Republik (1792 bis 1795 Nationalkonvent und Schreckensherrschaft Robespierres, 1795 bis 1799 Direktorium, 1799 bis 1804 Konsulat, Napoléon Erster Konsul)
1796 bis 1799	Feldzüge Napoléons nach Italien und Ägypten
1801	Friede zu Lunéville mit dem Deutschen Reich
ab 1802	Code Napoléon, Grundlage des französischen Bürgerlichen, Handels- und Strafrechts; Verwaltungsreform, Neuordnung Frankreichs
1804 bis 1814	Erstes Kaiserreich (Napoléon I. Kaiser der Franzosen, Feldzüge gegen Preußen, Rußland, Österreich, napoleonische Herrschaft über Europa)
Frühjahr 1815	Die hundert Tage; am 18. Juni 1815 endgültige Niederlage Napoléons bei Belle-Alliance (Waterloo) und Verbannung nach St. Helena
1814 bis 1824	Ludwig XVIII
1824 bis 1830	Karl X
1830	Julirevolution
1830 bis 1848	Louis Philippe I
1848	Pariser Februarrevolution
1848 bis 1852	Zweite Republik; Louis Napoléon Bonaparte Präsident der Nationalversammlung
1852 bis 1870	Zweites Kaiserreich, Louis Napoleon wird durch Staatsstreich als Napoléon III Kaiser der Franzosen
1870 bis 1871	Deutsch-Französischer Krieg; Niederlage von Napoleon III bei Sedan; Elsaß und Lothringen werden deutsch
4. September 1870	Ausrufung der Dritten Republik
18. Januar 1871	Ausrufung des Deutschen Reichs im Spiegelsaal von Versailles

1889	Einweihung des Eiffelturms
1895	Dreyfus-Prozeß
1914 bis 1918	Erster Weltkrieg
11. November 1918	Unterzeichnung der deutschen Kapitulation im Wald von Compiègne; Ende des deutschen Kaiserreichs
28. Juni 1918	Vertrag von Versailles; Frankreich erhält Elsaß-Lothringen sowie den Hauptanteil der deutschen Reparationsleistungen
ab 1918	Schwere wirtschaftliche Schwierigkeiten in Deutschland; der Währungsverfall nimmt ungeahnte Ausmaße an
1919 bis 1933	Weimarer Republik
1923	Besetzung des Ruhrgebiets durch Frankreich
1924	Beginnender Währungsverfall und Kapitalflucht in Frankreich; Dawes-Plan
1925	Locarnopakt
1926	Briand und Stresemann treffen sich in Thoiry
1930	Young-Plan und Räumung des Rheinlands
1932	Frankreich willigt in die Streichung der deutschen Reparationen ein (Konferenz von Lausanne)
1934	Unruhen in Paris
1936 bis 1938	Volksfrontregierung unter Léon Blum
1939 bis 1945	Zweiter Weltkrieg
1940	Deutscher Einmarsch in Frankreich (22. Juni Waffenstillstand), Ende der Dritten Republik
1940 bis 1944	Vichy-Regierung unter Pétain
1944	Landung der Amerikaner und Engländer in der Bretagne und der Normandie; Einzug de Gaulle's in Paris; Rückzug der Vichy-Regierung nach Sigmaringen; Befreiung Frankreichs durch die Alliierten
1945	Deutscher Zusammenbruch
8. Mai 1945	Waffenstillstand
1944 bis 1947	Provisorische Regierungen in Frankreich (de Gaulle, Bidault, Blum)
1947 bis 1958	Vierte Republik mit andauernder innen- und außenpolitischer Labilität
1947 bis 1953	Vincent Auriol Staatspräsident
1950 bis 1954	Indochina-Krieg
1953 bis 1958	René Coty Staatspräsident
1956	Marokko wird unabhängig
1958 bis 1962	Algerien-Konflikt
1958	Ausrufung der Fünften Republik durch General de Gaulle, der ihr erster Präsident wird; hohe gaullistische Parlamentsmehrheit; neue Verfassung; Währungsreform (1 DM = 1,23 Franc); Gründung der Europäischen Wirtschaftsgemeinschaft

18. März 1962	Unabhängigkeit Algeriens durch das Abkommen von Evian
22. Januar 1963	Unterzeichnung des deutsch-französischen Freundschaftsvertrags durch Adenauer und de Gaulle
1965	Wiederwahl de Gaulle's als Präsident der Republik
1966	Austritt Frankreichs aus der Nato
1968	Mai: Unruhen in Paris nach zunehmender Arbeitslosigkeit; wirtschaftliche Zwangsmaßnahmen
1969	Rücktritt de Gaulle's; Georges Pompidou Präsident der Republik
8. August 1969	Abwertung des Franc um 13 Prozent (1 DM = 1,39 F); Beginn einer anhaltenden Serie von Franc-Abwertungen
1974	Tod Pompidous; Nachfolger wird Valéry Giscard d'Estaing mit 51 Prozent der Stimmen vor dem sozialistischen Kandidaten François Mitterrand
1978	Linksruck bei den Parlamentswahlen, doch behalten die Konservativen (Gaullisten und unabhängige Republikaner) die Mehrheit
Mai 1981	François Mitterrand wird Präsident der Republik; Auflösung des Parlaments; Bildung der sozialistisch-kommunistischen Koalitionsregierung. Zum ersten Mal in der Fünften Republik wird Frankreich links regiert.
1982	Verstaatlichung der Banken und der großen Industriekonzerne; neuerliche wirtschaftliche Zwangsmaßnahmen bei Verschlechterung der Wirtschaftslage, Franc-Abwertung, Devisenkontrolle, Preis- und Lohnstopp
1986	Wiederwahl von François Mitterrand als Präsident der Republik; Auflösung des Parlaments; Bildung einer Regierung der Linken mit Einbeziehung von Ministern der Mitte, ohne die Kommunisten; zunehmende Liberalisierung der Wirtschaft; Entstaatlichungen, Wegfall der Preis- und Devisenbewirtschaftung; Bekenntnis zum gemeinsamen Europäischen Markt.

Tabelle 3: Oberfläche, Einwohnerzahl und Bevölkerungsdichte Frankreichs nach Départements und Regionen[1]

	Département und Region	*Oberfläche (km²)*	*Einw.-zahl (1000)*	*mittlere Bevölkerungsdichte (Einw./km²)*
75	*Paris*	*105*	*2086*	*19866*
77	*Seine-et-Marne*	*5915*	*978*	*165*
78	*Yvelines*	*2284*	*1265*	*553*
91	*Essonne*	*1804*	*1044*	*578*
92	*Hauts de Seine*	*176*	*1377*	*7824*
93	*Seine-Saint-Denis*	*236*	*1348*	*5712*
94	*Val-de-Marne*	*245*	*1205*	*4918*
95	*Val-d'Oise*	*1246*	*987*	*792*
	Ile-de-France	**12012**	**10290**	**856**
08	Ardennes	5229	299	57
10	Aube	6004	295	49
51	Marne	8162	561	68
52	Marne (Haute-)	6211	205	33
	Champagne-Ardennes	**25606**	**1359**	**53**
02	Aisne	7369	536	72
60	Oise	5860	700	119
80	Somme	6170	551	89
	Picardie	**19399**	**1787**	**92**
27	Eure	6040	490	81
76	Seine-Maritime	6278	1195	190
	Haute-Normandie	**12317**	**1685**	**136**
18	Cher	7235	323	44
28	Eure-et-Loir	5880	379	64
36	Indre	6791	238	35
37	Indre-et-Loire	6127	525	85
41	Loir-et-Cher	6343	301	47
45	Loiret	6775	569	84
	Centre	**39151**	**2333**	**59**
14	Calvados	5548	603	108
50	Manche	5938	477	80
61	Orne	6103	294	48
	Basse-Normandie	17589	1374	78
21	Côte-d'Or	8763	478	54
58	Nièvre	6817	239	35
71	Saône-et-Loire	8575	577	67
89	Yonne	7427	315	42
	Bourgogne	**31582**	**1604**	**51**
59	Nord	5742	2506	436
62	Pas-de-Calais	6672	1417	212
	Nord-Pas-de-Calais	**12414**	**3923**	**316**
54	Meurthe-et-Moselle	5241	710	135
55	Meuse	6216	197	31
57	Moselle	6216	1020	164
88	Vosges	5874	393	67
	Lorraine	**23547**	**2320**	**98**
67	Rhin (Bas-)	4755	941	197
68	Rhin (Haut-)	3525	664	188
	Alsace	**8280**	**1605**	**193**
25	Doubs	5234	487	93
39	Jura	4999	247	49
22	Côtes-du-Nord	6878	543	79
29	Finistère	6733	836	124
35	Ille-et-Vilaine	6775	779	115
56	Morbihan	6823	610	89
	Bretagne	**27208**	**2767**	**101**
16	Charente	5956	347	58
17	Charente-Maritime	6864	528	77
79	Sèvres (Deux-)	5999	345	57
86	Vienne	6990	382	54
	Poitou-Charentes	**25809**	**1601**	**62**
24	Dordogne	9060	379	42
33	Gironde	10000	1147	115
40	Landes	9243	309	33
47	Lot-et-Garonne	5361	304	57
64	Pyrénées-Atlantiques	7645	570	74
	Aquitaine	**41308**	**2708**	**65**
09	Ariège	4890	136	28
12	Aveyron	8735	276	32
31	Garonne (Haute-)	6309	860	136
32	Gers	6257	175	28
46	Lot	5217	155	30
65	Pyrénées (Hautes-)	4464	232	52
81	Tarn	5758	341	59
82	Tarn-et-Garonne	3718	195	52
	Midi-Pyrénées	**45348**	**2370**	**52**
19	Corrèze	5857	239	41
23	Creuse	5565	136	24
87	Vienne (Haute-)	5520	360	65
	Limousin	**16942**	**735**	**43**
01	Ain	5762	453	78
07	Ardèche	5529	274	49
26	Drôme	6530	412	63
38	Isère	7431	983	132
42	Loire	4781	740	154
69	Rhône	3249	1445	444
73	Savoie	6028	334	55
74	Savoie (Haute-)	4388	535	121
	Rhône-Alpes	**43698**	**5177**	**118**
03	Allier	7340	364	49
15	Cantal	5726	160	28
43	Loire (Haute-)	4977	209	42
63	Puy-de-Dôme	7970	596	75
	Auvergne	**26013**	**1329**	**51**
11	Aude	6139	289	47
30	Gard	5853	570	97
34	Hérault	6101	779	127
48	Lozère	5167	73	14
66	Pyrénées-Orientales	4116	362	88
	Languedoc-Roussillon	**27376**	**2072**	**76**
04	Alpes-de-Haute-Provence	6925	126	18

Département und Region	Ober-fläche (km²)	Einw.-zahl (1000)	mittlere Bevölkerungsdichte (Einw./km²)	Département und Region	Ober-fläche (km²)	Einw.-zahl (1000)	mittlere Bevölkerungsdichte (Einw./km²)
70 Saône (Haute-)	5360	234	43	05 Alpes (Hautes-)	5549	109	20
90 Belfort (Territoire de) ...	609	131	215	06 Alpes-Maritimes	4299	908	211
Franche-Comté	**16202**	**1099**	**68**	13 Bouches-du-Rhône	**5087**	**1756**	**345**
44 Loire-Atlantique	6815	1016	149	83 Var	5973	755	126
49 Maine-et-Loire	7166	706	98	84 Vaucluse	3567	461	129
53 Mayenne	5175	276	53	**Provence-Alpes-Côte ...**			
72 Sarthe	6206	519	83	**d'Azur**	**31400**	**4116**	**131**
85 Vendée	6720	496	74	2A Corse-du-Sud	4014	108	27
Pays de la Loire	**32082**	**3013**	**94**	2B Haute-Corse	4666	135	29
				Corse	**8680**	**243**	**28**
				FRANCE	**543965**	**55510**	**102**

1 Quelle: Tableaux de l'Economie Française, Ausgabe 1988, herausgegeben vom Institut National de la Statistique et des Enquêtes Economiques INSEE

Tabelle 4: Die französischen Departements in numerischer Ordnung

Nummer	*Département*	*Hauptstadt*
01	Ain	Bourg-en-Bresse
02	Aisne	Laon
03	Allier	Moulins
04	Alpes-de-Haute-Provence	Digne
05	Alpes (Hautes-)	Gap
06	Alpes-Maritimes	Nice
07	Ardèche	Privas
08	Ardennes	Charleville-Mezières
09	Ariège	Foix
10	Aube	Troyes
11	Aude	Carcassonne
12	Aveyron	Rodez
13	Bouches-du-Rhône	Marseille
14	Calvados	Caen
15	Cantal	Aurillac
16	Charente	Angoulême
17	Charente-Maritime	La Rochelle
18	Cher	Bourges
19	Corrèze	Tulle
20	Corse A	Ajaccio
	B	Bastia
21	Côte-d'Or	Dijon
22	Côtes-du-Nord	St. Brieuc
23	Creuse	Guéret
24	Dordogne	Périgueux
25	Doubs	Besançon
26	Drôme	Valence
27	Eure	Evreux
28	Eure-et-Loir	Chartres
29	Finistère	Quimper
30	Gard	Nîmes
31	Garonne (Haute-)	Toulouse
32	Gers	Auch
33	Gironde	Bordeaux
34	Hérault	Montpellier
35	Ille-et-Vilaine	Rennes
36	Indre	Châteauroux
37	Indre-et-Loire	Tours
38	Isère	Grenoble
39	Jura	Lons le Saunier
40	Landes	Mont-de-Marsan
41	Loir-et-Cher	Blois
42	Loire	St. Etienne
43	Loire (Haute-)	Le Puy
44	Loire Atlantique	Nantes
45	Loiret	Orléans
46	Lot	Cahors
47	Lot-et-Garonne	Agen
48	Lozère	Mende
49	Maine-et-Loire	Angers
50	Manche	St. Lô
51	Marne	Châlons-sur-Marne

Nummer	*Département*	*Hauptstadt*
52	Marne (Haute-)	Chaumont
53	Mayenne	Laval
54	Meurthe-et-Moselle	Nancy
55	Meuse	Bar-le-Duc
56	Morbihan	Vannes
57	Moselle	Metz
58	Nièvre	Nevers
59	Nord	Lille
60	Oise	Beauvais
61	Orne	Alençon
62	Pas-de-Calais	Arras
63	Puy-de-Dôme	Clermont-Ferrand
64	Pyrénées-Atlantiques	Pau
65	Pyrénées (Hautes-)	Tarbes
66	Pyrénées-Orientales	Perpignan
67	Rhin (Bas-)	Strasbourg
68	Rhin (Haut-)	Colmar
69	Rhône	Lyon
70	Saône (Haute-)	Vesoul
71	Saône-et-Loire	Mâcon
72	Sarthe	Le Mans
73	Savoie	Chambéry
74	Savoie (Haute-)	Annecy
75	Paris (Ville de)	Paris
76	Seine-Maritime	Rouen
77	Seine-et-Marne	Melun
78	Yvelines	Versailles
79	Sèvres (Deux-)	Niort
80	Somme	Amiens
81	Tarn	Albi
82	Tarn-et-Garonne	Montauban
83	Var	Toulon
84	Vaucluse	Avignon
85	Vendée	La Roche-sur-Yon
86	Vienne	Poitiers
87	Vienne (Haute-)	Limoges
88	Vosges	Epinal
89	Yonne	Auxerre
90	Territoire de Belfort	Belfort
91	Essonne	Evry
92	Hauts-de-Seine	Nanterre
93	Seine-Saint-Denis	Bobigny
94	Val-de-Marne	Créteil
95	Val-d'Oise	Pontoise

Übersee-Departements (DOM.TOM.)

971	Guadeloupe	Basse Terre
972	Martinique	Fort-de-France
973	Guyane	Cayenne
974	La Réunion	St. Denis

Tabelle 5: Bevölkerungs- und Kaufkraftverteilung nach Regionen[1]

Region	Einwohner in Millionen	Einwohner in Prozent von Frankreich	Oberfläche in 1000 km²	Bevölkerungsdichte in Einw./km²	Kaufkraft in Prozent von Frankreich
Großraum Paris	10,3	18,5	12,0	858	27,2
Champagne-Ardennes	1,4	2,5	25,6	55	2,4
Picardie	1,8	3,2	19,4	93	3,2
Haute Normandie	1,7	3,1	12,3	138	3,3
Bourgogne	1,6	2,9	31,6	51	2,8
Nord-Pas-de-Calais	3,9	7,0	12,4	315	6,9
Lorraine	2,3	4,1	23,5	98	4,5
Alsace	1,6	2,9	8,3	193	3,4
Franche-Comté	1,1	2,0	16,2	68	2,2
Rhône Alpes	5,2	9,4	43,7	119	10,2
Provence-Alpes-Côte d'Azur	4,1	7,4	31,4	131	5,4
Corse	0,2	0,4	8,7	23	0,2
Summe Nord-Ost-Teil	35,2	63,4	245,1(=45%)	144	71,7
Basse-Normandie	1,4	2,5	17,6	80	2,2
Centre	2,3	4,1	39,2	59	4,0
Pays de la Loire	3,0	5,4	32,1	93	4,6
Bretagne	2,8	5,1	27,2	103	3,6
Poitou-Charentes	1,6	2,9	25,8	62	2,2
Aquitaine	2,7	4,9	41,3	65	3,5
Midi-Pyrénées	2,4	4,3	45,3	53	3,0
Limousin	0,7	1,3	16,9	41	1,0
Auvergne	1,3	2,3	26,0	50	2,2
Languedoc-Roussillon	2,1	3,8	27,4	77	2,0
Summe Süd-West-Teil	20,3	36,6	298,8 (=55%)	68	28,3
Summe Frankreich	55,5	100,0	543,9 (=100%)	102	100,0

1 Quellen: Tableaux de l'Economie Française 1988, Institut Proscop Paris

Tabelle 6: Die fünfundzwanzig größten Städte Frankreichs und der Bundesrepublik Deutschland

	Frankreich[1]		Bundesrepublik Deutschland[2]
Stadt	*Einwohner in Tausend*	*Stadt*	*Einwohner in Tausend*
1 Großraum Paris	10290	Berlin (West)	1869
davon Stadt Paris	2086		
2 Lyon	1221	Hamburg	1576
3 Marseille	1111	München	1269
4 Lille	936	Köln	914
5 Bordeaux	640	Essen	618
6 Toulouse	541	Frankfurt am Main	593
7 Nantes	465	Dortmund	570
8 Nice	449	Stuttgart	565
9 Toulon	410	Düsseldorf	561
10 Grenoble	392	Bremen	525
11 Rouen	380	Duisburg	517
12 Strasbourg	373	Hannover	506
13 Valenciennes	349	Nürnberg	467
14 Lens	327	Bochum	381
15 Saint-Etienne	317	Wuppertal	375
16 Nancy	307	Bielefeld	299
17 Tours	263	Mannheim	295
18 Béthune	258	Bonn	291
19 Clermont-Ferrand	256	Gelsenkirchen	284
20 Le Havre	255	Münster	269
21 Rennes	234	Karlsruhe	268
22 Montpellier	221	Wiesbaden	267
23 Mulhouse	220	Mönchengladbach	255
24 Orléans	220	Braunschweig	247
25 Dijon	216	Kiel	245

1 Quelle: Tableaux de l'Economie Française, 1988
2 Quelle: Statistisches Bundesamt Wiesbaden, 1988

Tabelle 7: Entfernungen

Entfernungen zwischen der Bundesrepublik Deutschland und Frankreich in Kilometern		
Aachen	– Paris	420
Augsburg	– Paris	860
Westberlin	– Paris	1 100
Bonn	– Paris	530
Bremen	– Paris	830
Braunschweig	– Paris	880
Dortmund	– Paris	610
Düsseldorf	– Paris	530
Essen	– Paris	580
Frankfurt/M.	– Paris	640
Hamburg	– Paris	950
Hannover	– Paris	820
Karlsruhe	– Paris	530
Kassel	– Paris	840
Köln	– Paris	490
Lübeck	– Paris	1 010
Mannheim	– Paris	570
München	– Paris	920
Münster	– Paris	660
Nürnberg	– Paris	830
Saarbrücken	– Paris	430
Stuttgart	– Paris	680
Bonn	– Strasbourg	360
Frankfurt	– Strasbourg	220
Karlsruhe	– Strasbourg	80
Stuttgart	– Strasbourg	160
Bonn	– Metz	240
Saarbrücken	– Metz	70
Freiburg/Breisgau	– Mulhouse	60

Entfernungen innerhalb Frankreichs in Kilometern

Paris	– Avignon	690
	– Besançon	410
	– Biarritz	750
	– Bordeaux	560
	– Brest	590
	– Calais	290
	– Clermont-Ferrand	390
	– Dijon	310
	– Grenoble	570
	– Le Havre	200
	– Lille	220
	– Limoges	390
	– Lyon	460
Lyon	– Bordeaux	550
	– Grenoble	110
	– Marseille	315
	– Nantes	630
	– Nice	470
	– St. Etienne	60
	– Strasbourg	490
	– Toulouse	530
Marseille	– Nice	190
	– Toulouse	400

Paris	– Marseille	780
	– Metz	330
	– Monaco	960
	– Montpellier	760
	– Nancy	310
	– Nantes	380
	– Nice	930
	– Nîmes	710
	– Pau	750
	– Perpignan	910
	– Rennes	350
	– Rouen	140
	– Strasbourg	490
	– Toulouse	710
Bordeaux	– Nantes	330
	– Limoges	220
	– Strasbourg	1040
	– Toulouse	250
Lille	– Strasbourg	530
Nantes	– Rennes	110
Strasbourg	– Nancy	150
	– Mulhouse	120

Tabelle 8: Die fünfundzwanzig größten Industrieunternehmen in Frankreich und der Bundesrepublik Deutschland im Vergleich (Basis: 1987)

Frankreich[1]				*Bundesrepublik Deutschland*[2]		
Firma	*Branche*	*Umsatz*[3] *in Mill. DM*	*Beschäftigte in 1000*	*Firma*	*Umsatz in Mill. DM*	*Beschäftigte in 1000*
1 Renault	Automobil	43,2	188,9	1 Daimler	67,5	326,3
2 CGE	Elektro	37,4	219,5	2 Volkswagen	54,6	260,6
3 Elf-Aquitaine	Erdöl	37,3	73,0	3 Siemens	51,4	359,0
4 PSA	Automobil	34,6	160,6	4 Veba	40,5	74,1
5 Total-CFP	Erdöl	25,5	40,5	5 BASF	40,2	133,8
6 Saint-Gobain	Glas	23,1	131,3	6 Bayer	37,1	164,4
7 Usinor-Sacilor	Stahl	19,7	90,1	7 Hoechst	37,0	167,8
8 Thomson	Elektro	17,6	86,0	8 RWE	26,7	68,8
9 Rhône-Poulenc	Chemie, Pharma	16,5	82,5	9 Thyssen	26,6	123,4
10 Michelin	Reifen	13,8	117,3	10 Bosch	25,4	161,3
11 Bouyges	Bau	13,7	60,5	11 Ruhrkohle	20,3	125,3
12 Pechiney	Aluminium	11,4	46,2	12 BMW	20,2	60,0
13 IBM-France	EDV	11,0	21,7	13 Klöckner-Bereich	18,6	61,8
14 BSN	Lebensmittel	10,9	41,3	14 Adam Opel	17,2	54,8
15 Shell-France	Erdöl	10,5	6,9	15 Ford Werke	17,0	47,1
16 Aerospatiale	Flugzeugbau	9,2	41,0	16 Mannesmann	16,7	113,3
17 CEA-Industrie	Nuklear-industrie	8,6	30,7	17 Deutsche Shell	15,9	3,6
18 Schneider	Metall	8,6	60,1	18 MAN	15,0	52,6
19 ESSO-SAF	Erdöl	7,9	3,9	19 Krupp	14,1	65,2
20 L'Air Liquide	Technische Gase	6,9	26,0	20 Esso	14,1	2,5
21 Fiat-France	Automobil	6,4	13,0	21 Metallgesell-schaft	13,3	24,4
22 Philips-France	Elektro	6,3	27,2	22 Degussa	11,7	30,8
23 ORKEM (früher CDF-Chimie)	Chemie	5,9	16,6	23 IBM-Deutsch-land	11,6	30,5
24 L'Oréal	Kosmetik	5,9	26,9	24 Deutsche BP	11,5	5,6
25 BP-France	Erdöl	5,8	3,0	25 Preussag	10,4	29,7

1 Quelle: „Les 100 premières entreprises françaises", L'Expansion, Dezember 1988

2 Quelle: „Die hundert größten Unternehmen", Frankfurter Allgemeine Zeitung vom 23. 7. 1988

3 Umrechnungskurs: 100 F = 33,33 DM

Tabelle 9: Der deutsch-französische Handel

	Einfuhr aus Frankreich in die Bundesrepublik Deutschland in Mill. DM	*Ausfuhr aus der Bundesrepublik Deutschland nach Frankreich in Mill. DM*
1958	2362	2801
1960	3998	4202
1965	7843	7424
1970	13899	15480
1975	22147	25962
1980	36591	46615
1981	40124	51910
1982	42878	60129
1983	44567	55564
1984	45840	61336
1985	49280	64001
1986	47083	62331
1987	47482	63609

Quelle: Deutsch-Französische Industrie- und Handelskammer Paris nach Zahlen der Deutschen Bundesbank und des Statistischen Bundesamtes.

Tabelle 10: Die größten Kunden und Lieferanten der Bundesrepublik Deutschland[1]

Kunden	*Mill.DM*	*% von Gesamt-ausfuhr*	*Lieferanten*	*Mill.DM*	*% von Gesamt-einfuhr*
1. Frankreich	63615	12,1	1. Frankreich	47496	11,6
2. Verein. Staaten	49952	9,5	2. Niederlande	44946	11,0
3. Großbritannien	46141	8,8	3. Italien	39207	9,6
4. Niederlande	46089	8,7	4. Großbritannien	29212	7,1
5. Italien	46058	8,7	5. Belgien/Luxemburg	29130	7,1
6. Belgien/Luxemburg	38882	7,4	6. Verein. Staaten	25610	6,3
7. Österreich	38411	6,4	7. Japan	25276	6,2
8. Schweiz	32128	6,1	8. Schweiz	18968	4,6
9. Schweden	15743	3,0	9. Österreich	17293	4,2
10. Spanien	14565	2,8	10. Schweden	9975	2,4
11. Dänemark	11166	2,1	11. Spanien	8060	2,0
12. Japan	10544	2,0	12. Dänemark	7670	1,9
13. Sowjetunion	7848	1,5	13. Sowjetunion	7252	1,8
14. Finnland	5828	1,1	14. Norwegen	5515	1,3
15. Jugoslawien	5792	1,1	15. Jugoslawien	4887	1,2
16. Norwegen	5791	1,1	16. Taiwan	4284	1,1
17. VR China	5000	0,9	17. Finnland	4280	1,0
18. Griechenland	4951	0,9	18. Honkong	4280	1,0
19. Kanada	4760	0,9	19. Südkorea	4014	1,0
20. Türkei	4748	0,9	20. Brasilien	3990	1,0

1 Quelle: Frankfurter Allgemeine Zeitung vom 23. 7. 1988

Tabelle 11: Hochschulen und Schuldiplome in Frankreich

Wirtschafts-, Verwaltungs- und Handelsschulen[1]

EAP	Ecole Européenne des Affaires Paris-Oxford-Düsseldorf	Fachhochschule für Unternehmensführung
EBS	European Business School Paris (auch in Frankfurt und London)	Fachhochschule für Unternehmensführung
ECP	Ecole de Commerce de Paris	Wirtschaftshochschule, Paris
EDC	Ecole des Cadres Paris	Hochschule für Führungskräfte
EDHEC	Ecole des Hautes Etudes Commerciales de Lille	Hochschule für Wirtschaftswissenschaften, Grande Ecole
ENA	Ecole Nationale d'Administration Paris	Staatliche Verwaltungshochschule, Grande Ecole
EPCI	Ecole des Praticiens du Commerce International Cergy-Pontoise (bei Paris)	Fachhochschule für Außenhandelspraxis
ESCP	Ecole Supérieure de Commerce de Paris	Handelshochschule Paris, Grande Ecole
ESSEC	Ecole Supérieure des Sciences Economiques et Commerciales Paris	Wirtschafts- und Handelshochschule, Grande Ecole
HEC	Ecole des Hautes Etudes Commerciales in Jouy en Josas (Paris)	Hochschule für Wirtschaftswissenschaften, Grande Ecole
ICG	Institut du Contrôle de Gestion Paris	Institut für Unternehmensführung und Controlling
IFG	Institut Français de Gestion Paris	Französisches Institut für Unternehmensführung
INSEAD	Institut Européen d'Administration des Affaires Fontainebleau (bei Paris)	Europäische Hochschule für Unternehmensführung
ISA	Institut Supérieur des Affaires Jouy en Josas (an HEC angegliedert)	Unternehmensführungs-Institut
ISG	Institut Supérieur de Gestion Paris	Hochschule für Unternehmensführung
Sciences Po.	Institut des Sciences Politiques Paris	Hochschule für Volkswirtschaft, Grande Ecole
„Sup. de Co“ (auch ESCAE)	Ecole Supérieure de Commerce (et d'Administration des Entreprises) in Amiens, Bordeaux, Brest, Clermont-Ferrand, Dijon, Le Havre, Lille, Lyon, Marseille, Montpellier, Nantes, Nice, Pau, Poitiers, Reims, Rouen, Toulouse, Tours	Handelshochschulen und/oder Hochschulen für Unternehmensführung

Technische Hochschulen und Hochschulen für Ingenieurwesen

CEFI	Comité d'Etudes sur les Formations d'Ingénieurs	Zentrales Informationsbüro für Ingenieurausbildungen

Technische Hochschulen

CESTI	Centre d'Etudes Supérieures des Techniques Industrielles Saint-Ouen (Paris)	Hochschule für industrielle Technik in Saint-Ouen bei Paris

CNAM	Conservatoire National des Arts et Industries de Strasbourg	Hochschule für Ingenieurwesen Strasbourg
CUST	Institut des Sciences d'Ingénieurs Clermont-Ferrand	Institut für Ingenieur-Wissenschaften, Clermont-Ferrand
ECAM	Ecole Catholique d'Arts et Métiers Lyon	Hochschule für Maschinenbau und Elektrotechnik, Grande Ecole
ECL	Ecole Centrale de Lyon	Technische Hochschule Lyon, Grande Ecole
ECP	Ecole Centrale des Arts et Manufactures Châtenay-Malabry (Paris)	Technische Hochschule in Châtenay Malabry bei Paris, Grande Ecole
EISIT	Ecole Internationale des Sciences du Traitement de l'Information, Groupe EDHEC, Cergy-Pontoise	Datenverarbeitungs-Hochschule in Cergy-Pontoise bei Paris
EIT	Ecole d'Ingénieurs de Tours	Ingenieur-Hochschule, Tours
EMP	Ecole Nationale Supérieure des Mines de Paris	Bergbauhochschule Paris Grande Ecole
EMSE	Ecole Nationale Supérieure des Mines de Saint-Etienne	Bergbauhochschule Saint-Etienne, Grande Ecole
ENI	Ecole Nationale d'Ingénieurs in Belfort, Metz, Saint Etienne und Tarbes	Ingenieurschulen
ENIL	Ecole Nationale de l'Industrie Laitière	Staatliche Hochschule für die Milchindustrie
ENPC	Ecole Nationale des Ponts et Chaussées (Paris)	Hochschule für Hoch- und Tiefbau, Grande Ecole
ENSAIS	Ecole Nationale Supérieure des Arts et Industries de Strasbourg	Hochschule für Ingenieurwesen Strasbourg
ENSAM	Ecole Nationale Supérieure d'Arts et Métiers Paris	Hochschule für Maschinenbau Elektrotechnik und Elektronik, Grande Ecole
ENSEETHT	Ecole Supérieure d'Electrotechnique, d'Electronique, d'Informatique et d'Hydraulique de Toulouse	Hochschule für Elektrotechnik, Elektronik, EDV und Hydraulik, Toulouse
ENSEM	Ecole Nationale Supérieure d'Electricité et Mécanique, Nancy	Staatliche Hochschule für Elektrizität und Maschinenbau, Nancy
ENSIMAG	Ecole Nationale Supérieure d'Informatique et de Mathématique Appliquées de Grenoble	Staatliche Hochschule für EDV und angewandte Mathematik, Grenoble
ENSM	Ecole Nationale Supérieure de Mécanique in Nantes und Poitiers	Maschinenbauschulen
ENSMIM	Ecole Nationale Supérieure de la Métallurgie et de l'Industrie des Mines de Nancy	Hochschule für Bergbau und Metallurgie Nancy, Grande Ecole
ENSMM	Ecole Nationale Supérieure de Mécanique et des Microtechniques Besançon	Hochschule für Feinmechanik
ENSMN	Ecole Nationale Supérieure des Mines de Nancy	Staatliche Bergbau-Hochschule, Nancy
ENSTA	Ecole Nationale Supérieure des Techniques Avancées, Paris	Hochschule für moderne Technologie in den Bereichen Energie, Transport, Elektronik, Grande Ecole
ENSTBR	Ecole Nationale Supérieure de Télécommunication de Bretagne, Brest	Staatliche Hochschule für Telekommunikation, Brest
ESCM	Ecole Supérieure de Chimie de Marseille	Hochschule für Chemie Marseille, Grande Ecole

ESF	Ecole Supérieure de Fonderie Bagneux (Paris)	Hochschule für Gießereiwesen
ESSA	Ecole Supérieure de Soudure Autogène Paris	Hochschule für Schweißtechnik
HEI	Hautes Etudes Industrielles Lille	Hochschule für Industrie, Lille, Grande Ecole
ICAM	Institut Catholique d'Arts et Métiers, Lille	Technische Hochschule Lille, Grande Ecole
ICPI	Institut de Chimie et Physique Industrielles, Lyon	Institut für Chemie und industrielle Physik, Lyon
INPT	Institut National Polytechnique de Toulouse	Polytechnisches Institut Toulouse
INST	Institut National des Sciences et Techniques Avancées-Génie Atomique, Gif-sur-Yvette	Technologie- und Atomforschungs-Hochschule in Gif-sur-Yvette, bei Paris
INT	Institut National des Télécommunications, Evry	Hochschule für Telekommunikation in Evry bei Paris
Sup'elec	Ecole Supérieure d'Electricité Gif-sur-Yvette (Paris)	Hochschule für Elektrizität, Elektronik und Datenverarbeitung, Grande Ecole
SUP TELECOM	Ecole Nationale Supérieure des Télécommunications, Paris	Nationale Fachhochschule für Telekommunikation, Paris
X	Ecole Polytechnique Palaiseau (bei Paris)	Polytechnische Hochschule, Grande Ecole

Hochschulen für Elektrotechnik, Elektronik, Kommunikation und Informatik in:

Paris (7), Angers, Bordeaux, Brest, Cergy (bei Paris), Grenoble (6), Lille, Nancy, Rouen, Toulouse

Tabelle 12: Sozialversicherungs-Beitragssätze in Frankreich (Stand: Januar 1989)

	Arbeitgeber Prozentsatz	*Arbeitnehmer Prozentsatz*	*Berechnungsgrundlage*
Gesetzliches Grundsystem (Kranken-, Alters-, Witwenversorgung, Familienausgleichskasse, Wohnungsabgabe)	15,00 + 16,30	7,60 + 6,00	Plafond[1] Gesamtgehalt
Arbeitslosenversicherung	4,43	2,47	Gesamtgehalt bis zum 4fachen Plafond
Gesetzliche Zusatzrentenversicherung für Angestellte	2,88	1,92	Gesamtgehalt bis zum 3fachen Plafond
für Leitende („cadres")	2,88 + 6,840 bis 16,00	1,92 2,292 bis 6,828[2]	Gehalt über Plafond bis zum 4fachen Plafond
Berufs-Unfall-Genossenschaft	unterschiedlich nach Branche	–	Plafond
Transportabgabe[3]	0,50 bis 2,00 je nach Standort	–	Plafond
Solidaritätsfonds	0,24	–	Gesamtgehalt bis zum 4fachen Plafond
Berufsbildungsabgabe[3,4]	1,20	–	Gesamtgehalt
Wohnungsabgabe[3,4]	0,77	–	Gesamtgehalt
Lehrlingsabgabe[4]	0,50	–	Gesamtgehalt

1 Plafond = Bemessungsgrundlage: 10.340 F/Monat (Jan. 1989)
2 mit Optionsrecht des Arbeitgebers zwischen Mindes- und Höchstsatz
3 für Unternehmen mit 10 und mehr Mitarbeitern
4 Zahlung jährlich

Abkürzungen

Die hier aufgeführten Abkürzungen kommen in der Praxis in unterschiedlicher Schreibweise vor: mit Punkten, in Kleinschreibung usw. Sie sind hier einheitlich in Großbuchstaben ohne Punkte aufgeführt.

A 2	Antenne 2	2. Programm des französischen Fernsehens
AC	Appellation Contrôlée	Geschützte Herkunftsbezeichnung für Wein
ADP	Actions à Dividende Prioritaire sans Droit de Vote	Stimmrechtlose Aktien mit Dividendenprivileg
AF	Allocations Familiales	Familienbeihilfe
AF	Air France	Abkürzung bei Flugnummern
AFNOR	Association Française de Normalisation	Französischer Normenverband
AFP	Agence France Presse	Amtliche französische Nachrichtenagentur
AGF	Assurances Générales de France	bedeutender französischer Versicherungskonzern
AGIRC	Association Générale des Institutions de Retraites des Cadres	Zentralverband der Altersversorgung für Leitende Angestellte
ANPE	Agence Nationale pour l'Emploi	Staatliches Arbeitsamt
AOC	Appellation d'Origine Contrôlée	Geschützte Herkunftsbezeichnung für Wein
AP	Assistance Publique	Öffentliches Krankenhauswesen (insbesondere Paris)
Code APE	Activité Principale Exercée	Amtliche statistische Kennziffer für die Hauptaktivität des Unternehmers (4stellig)
APEC	Agence pour l'Emploi des Cadres	Staatliche Arbeitsvermittlung für Führungskräfte
AR	Accusé de Réception	Empfangsbestätigung bei Einschreibebriefen
AR	Aller et Retour	Hin und Rückfahrt
ARRCO	Association des Régimes de Retraites Complémentaires	Dachverband der Zusatzversicherung für Angestellte
ASSEDIC	Association pour l'Emploi dans l'Industrie et le Commerce	Arbeitslosenversicherung für Industrie und Handel
BAC	Baccalauréat	Abitur
BAC + 2	Baccalauréat plus 2 années d'études	Abitur plus 2 Jahre Fachstudium als gültiger Ausbildungsabschluß
BALO	Bulletin des Annonces Légales Obligatoires	Anzeiger für Firmen-Pflichtveröffentlichungen
BATIBOIS	Exposition du Bois dans la contruction	Fachausstellung für Holz- und Baugewerbe
BATIMAT	Salon International de la Construction et des Industries de Second Œuvre	Internationale Baumesse
BE	Brevet Elémentaire	Hauptschulzeugnis

BFCE	Banque Française du Commerce Extérieur	Französische Außenhandelsbank
BHV	Bazar de l'Hôtel de Ville	Pariser Kaufhaus
BIC	Bénéfices Industriels et Commerciaux	Gewinne aus Gewerbebetrieb
BIEF	Büro für industrielle Entwicklung in Frankreich	Deutsche Außenstelle der DATAR (Sitz in Frankfurt/M.)
BIJORHCA	Salon de la Bijouterie, Joaillerie, Orfèvrerie, Horlogerie, Cadeaux	Ausstellung für Schmuck, Uhren, Geschenke
BIT	Bureau International du Travail	Internationales Arbeitsamt
BNC	Bénéfices non commerciaux	Sonstige Gewinne (nicht aus Gewerbebetrieb)
BNP	Banque Nationale de Paris	Eine der 3 großen (staatlichen) Banken Frankreichs
BOAMP	Bulletin Officiel des Annonces des Marchés Publics	Amtliches Mitteilungsblatt für öffentliche Ausschreibungen
BOCC-BOSP	Bulletin Officiel de la Concurrence et de la Consommation (früher: Bulletin Officiel du Services des Prix)	Amtsblatt für Wettbewerb und Verbraucherschutz
BODACC	Bulletin Officiel des Annonces Commerciales	Amtliches Mitteilungsblatt
BP	Boîte Postale	Postfach
BP	Brevet Professionnel	Fachschulzeugnis
BPF	Bon pour ... Francs	Gut für ... Franc (auf Schecks und Quittungen)
BRED	Banque Régionale de l'Economie et de Développement	Regionalbank
BSN	Boussois-Souchon-Neuvesel	Heute mit Gervais-Danone einer der größten Glas- und Lebensmittelkonzerne
BTP	Bâtiment et Travaux Publics	Baugewerbe
BTS	Brevet de Technicien Supérieur	Höheres Fachschulzeugnis
BVP	Bureau de Vérification et de la Publicité	Werbekontrollverband
C 1	–	Formularnummer der Einfuhr-Zollerklärung
CA	Chiffre d'Affaires	Umsatz
CAF	Coût, Assurance, Frêt	cif
CAP	Certificat d'Aptitude Professionnelle	Abschlußzeugnis mit technischer Ausrichtung
CAPIMMEC	Caisse de Prévoyance des Industries Métallurgiques, Mécaniques, Electriques et Connexes	Cadre-Kasse für die Metall-, Maschinenbau- und Elektroindustrie
CC	Convention Collective	Rahmentarifabkommen (nach Branchen)
CC	Corps Consulaire	Konsularische Vertreter (auf Auto-Kennzeichen)
CCAG	Cahier des Clauses Administratives Générales	Allgemeine amtliche Ausschreibungsbedingungen
CCAP	Cahier des Clauses Administratives Particulières	Besondere amtliche Ausschreibungsbedingungen
CCE	Comité Central d'Entreprise	Zentral-Betriebsrat
CCF	Crédit Commercial de France	Französische Handelsbank
CCIP	Chambre de Commerce et d'Industrie de Paris	Industrie- und Handelskammer Paris
CCM	Commission Centrale des Marchés	Zentrale Ausschreibungskommission

CCMC	–	EDV-Buchhaltungsservice-System Firmenbezeichnung
CCP	Comptes Chèques Postaux	Postscheckamt, Postscheckkonto
CCTG	Cahier des Clauses Techniques Générales	Allgemeines technisches Lastenheft
CD	Corps Diplomatique	Diplomatische Vertretung (auf Auto-Kennzeichen)
CDF	Charbonnages de France	Kohle- und Energiekonzern
CDG	Charles de Gaulle	Kurzbezeichnung für den Flughafen Roissy-Charles de Gaulle, Paris
CDS	Centre des Démocrates Sociaux	Sozial-Demokratische Zentrumspartei
CE	Comité d'Entreprise	Betriebsrat
CEA	Compte d'Epargne en Actions	Aktien-Sparkonto
CEDEX	–	Postadress-Code für Selbstabholer
CEE	Communauté Economique Européenne	Europäische Wirtschaftsgemeinschaft
CEPME	Crédit d'Equipement des Petites et Moyennes Entreprises	Investitionshilfe für Mittelbetriebe
CERN	Conseil Européen de Recherche Nucléaire	Europäische Organisation für Kernforschung
CES	Comité Economique et Social	Wirtschafts- und Sozialkomitee
CES	Centre d'Enseignement Secondaire	Oberschule
CFA	Communauté Financière Africaine	Währungseinheit der frankophonen afrikanischen Staaten
CFCE	Centre Français du Commerce Extérieur	Französisches Außenhandels-informationszentrum (staatlich)
CFDT	Confédération Française Démocratique du Travail	Revolutionärer Gewerkschaftsbund
CFTC	Confédération Française des Travailleurs Chrétiens	Christlicher Gewerkschaftsbund
CGC	Confédération Générale des Cadres	Gewerkschaftsbund der Leitenden Angestellten
CGE	Compagnie Générale d'Electricité	Elektro-Konzern
CGI	Code Général des Impôts	Steuergesetz (Abgabenordnung)
CGT	Confédération Générale du Travail	Kommunistischer Gewerkschaftsbund
CH	Centre Hospitalier	Lokales Krankenhaus-Center
CHR	Centre Hospitalier Régional	Regionales Krankenhaus-Center
CHR	Cafés, Hôtels, Restaurants	die Verbrauchergruppe Cafés, Hotels, Restaurants
CHU	Centre Hospitalier Universitaire	An eine Universität angeschlossenes Krankenhaus-Center
CIAL	Crédit Industriel d'Alsace et Lorraine	Elsässisch-lothringische Industriebank
CIAT	Centre International des Arts de la Table	Internationales Ausstellungszentrum für Tafelgerät (Geschirr und Besteck)
CIC	Crédit Industriel et Commercial	Industrie- und Handelsbank (Geschäftsbank)
CII – HB	Compagnie Internationale d'Informatique – Honeywell Bull	EDV-Konzern
CJD	Centre des Jeunes Dirigeants	Vereinigung junger Unternehmer
CMP	Code des Marchés Publics	Vorschriftensammlung für öffentliche Aufträge
CNAM	Conservatoire National des Arts et Métiers	Hochschule für Handel und Gewerbe
CNIT	Centre National des Industries et des Techniques	Ausstellungszentrum in La Défense, Paris

CNPF	Conseil National du Patronat Français	Nationaler französischer Arbeitgeberverband
CNRS	Centre National de la Recherche Scientifique	Staatliches wissenschaftliches Forschungszentrum
CODEVI	Compte pour le Développement Industriel	Aktien-Spar-Fonds
COFACE	Compagnie Française d'Assurance pour le Commerce Extérieur	Außenhandels-, Finanzierungs- und Kreditversicherungsinstitut
CFACI	Chambre Franco-Allemande de Commerce et d'Industrie	Deutsch-französische Industrie-und Handelskammer Paris
COB	Commission des Opérations de Bourse	Börsenaufsichtskommission
COS	Coéfficient d'Occupation du Sol	Bebauungskoeffizient
CRIC	Caisse de Retraite des Ingénieurs et Cadres	Cadre-Kasse
CRICA	Caisse de Retraite par Répartition des Ingénieurs et Cadres Assimilés	Cadre-Kasse
CROUS	Centre Régional des Œuvres Universitaires et Scolaires	Regionale Beschaffungsstelle für Schulen und Universitäten
CRS	Compagnie Républicaine de Sécurité	Sicherheitspolizei
CSTB	Centre Scientifique et Technique du Bâtiment	Staatliche Forschungs- und Normenstelle für das Bauwesen
CV	Curriculum Vitae	Lebenslauf
CV	Chevaux Vapeur	„Pferdestärken", gebräuchliche PS-Bezeichnung für PKW, nicht identisch mit der deutschen PS-Definition (1 CV entspricht etwa 8 PS);
DAS	Déclaration Annuelle des Salaires (Formular-Nummer DAS 1)	Jährliche Erklärung der Löhne und Gehälter an Finanzamt und Sozialversicherung
DATAR	Délégation à l'Aménagement du Territoire et de l'Action Regionale	Raumordnungsbehörde
DECS	Diplôme d'Etudes Comptables Supérieures	Hochschuldiplom für Buchhaltung und Finanzwesen
DES	Diplôme d'Etudes Supérieures	Universitätsabschluß
DG	Direction Générale	Gesamtleitung, Generaldirektion
DGI	Direction Générale des Impôts	Staatliche Finanz- und Steuerverwaltung
DNED	Direction Nationale des Enquetês Douanières	Staatlicher Zollfahndungsdienst
DOM (TOM)	Département (Territoire) Outre Mer	Überseeisches französisches Departement bzw. Territorium
DPLG	Diplômé par le Gouvernement	Staatliches Zulassungsdiplom für Architekten
DPO	Direction par les Objectifs	Führung durch Vorgabe von Zielen (MBO)
DST	Direction de la Surveillance du Territoire	Sicherheitsdienst
DTS	Droits de Tirage spéciaux	Sonderziehungsrechte
DUT	Diplôme Universitaire de Technologie	Technisches Universitätsdiplom
ECP	Ecole de Commerce de Paris	Wirtschafshochschule, Paris
ECU	European Currency Unit	Europäische Währungseinheit
EDF	Eletricité de France	Staatliche Elektrizitätsversorgung

EDHEC	Ecole du Haut Enseignement Commercial, Lille	Wirtschaftshochschule Lille
EFACI	Ecole Franco Allemande de Commerce de d'Industrie	Deutsch-Französische Berufsschule
ELEC	Exposition Internationale de l'Equipement Electrique	Internationale Fachausstellung für Elektroausrüstung
EMO	Exposition Mondiale de la Machine-Outil	Internationale Werkzeugmaschinen-Ausstellung
ENA	Ecole Nationale d'Administration	Staatliche Verwaltungshochschule
ENSI	Ecole Nationale Supérieure d'Ingenieurs	Technische Hochschule
EQUIP'AUTO	Salon International des Industries d'Equipement et d'Entretien de l'Automobile	Internationale Fachausstellung der Automobil-Zulieferindustrie
EQUIP'HOTEL	Salon Technique International de l'Equipement de la Gestion des Hôtels, Restaurants, Cafés et Collectivés	Internationale Fachaustellung der Hotel- und Gaststätteneinrichtungen
EQUIP'MAG	Salon International de l'Equipement des Commerces et des Métiers	Internationale Fachausstellung für Ladeneinrichtungen
ESC	Ecole Supérieure de Commerce, auch: Sup. de Co	Handelshochschule
ESCP	Ecole Supérieure de Commerce de Paris (Sup. de Co Paris)	Handelshochschule Paris
ESSEC	Ecole des Sciences Supérieures Economiques	Wirtschaftshochschule (in Paris)
ETHIC	Entreprises à Taille Humaine	Interessenverband der Mittelbetriebe
EU	Etats-Unis	Vereinigte Staaten (USA)
EURL	Entreprise Uni-Personnelle à Responsabilité Limitee	Ein-Mann-GmbH
EUROPACK	Exposition Européenne de l'Emballage	Europäische Fachausstellung für die Verpackungstechnik
EUROPAIN	Salon International de la Boulangierie et de la Pâtisserie	Internationale Bäckerei- und Konditorei-Messe
EV	en ville	„hier", auf Briefen innerhalb derselben Stadt
EXPOBOIS	Salon International de la Machine à Bois	Internationale Fachausstellung für Holzbearbeitungsmaschinen

FM	Fréquence Moyenne	Mittelwelle
FMI	Fonds Monétaire International	Internationaler Währungsfonds (IWF)
FNAC	Fédération Nationale d'Achat pour les Cadres	Einkaufszentrum der Leitenden Angestellten in Paris (heute jedermann zugänglich)
FNAIM	Fédération Nationale des Agents Immobiliers	Nationaler Fachverband der Immobilienvermittler
FNE	Fonds National pour l'Emploi	Staatlicher Beschäftigungs-Fonds
FNSEA	Fédération Nationale du Syndicat des Exploitants Agricoles	Nationale Landwirtschafts-Gewerkschaft
FO	Force Ouvrière	Liberale Gewerkschaft
FPC	Formation Professionnelle Continue	Berufsschulung für Erwachsene
FR 3	France Régions 3	3. Programm (Regionalprogramm) des französischen Fernsehens

GARP	Groupement Régional des Associations pour l'Emploi dans l'Industrie et le Commerce de la Région Parisienne	Arbeitslosenversicherungs-Organisation für den Raum Paris
GDF	Gaz de Paris	Staatliche Gasversorgung
GIE	Groupement d'Intérêt Economique	Wirtschaftliche Interessengemeinschaft
GMS	Grands Magasins Spécialisés	Kaufhäuser
GO	Grandes Ondes	Langwelle
GS	Grandes Surfaces	Warenhäuser
HEC	Hautes Etudes Commerciales	Wirtschafts- und Handelshochschule (in Paris)
HLM	Habitation à Loyer Modéré	sozialer (gemeinnütziger) Wohnungsbau
HS	Hors Service	Außer Betrieb
HT	Hors Taxes	Vor Steuern (Waren-Rechnungsbetrag vor Umsatzsteuer)
IAE	Institut d'Administration et d'Economie	Verwaltungs- und Wirtschaftsinstitut
IARD	Incendie, Accidents, Risques divers	Sachversicherung
ICG	Institut National du Contrôle de Gestion	Controller-Institut (in Paris)
ICN	Institut Commercial de Nancy	Handelshochschule Nancy
IDI	Institut de Développement Industriel	Industrieförderungs- (und Sanierungs-) Institut
IECS	Institut Européen d'Etudes Commerciales Supérieures Strasbourg	Europäische Handelshochschule Straßburg
IFG	Institut Français de Gestion	Controller-Schulungs-Dachverband
IFOP	Institut Français d'Opinion Publique	Meinungsforschungsinstitut
IGN	Institut Géographique National	Staatliches Geographie-Institut
INC	Institut National des Consommateurs	Nationales Verbraucher-Institut
INRA	Institut National de Recherche Agronomique	Staatliches Landwirtschafts-Forschungsinstitut
INSEAD	Institut Européen d'Administration des Affaires	Europäisches Institut für Unternehmensführung (Fontainebleau)
INSEE	Institut National de la Statistique et des Etudes Economiques	Nationales statistisches Amt
INTERCLIMA	Salon International de la Climatisation	Internationale Klimatechnische Austellung
INTERMAT	Exposition Internationale de Matériels et Techniques pour les Travaux Publics et le Bâtiment	Internationale Bauausstellung
INTERSUC	Salon International de la Confiserie, Chocolaterie, Biscuiterie	Internationale Süßwarenmesse
IR	Impôt sur le Revenu	Einkommensteuer
IRREP	Institution de Retraite des Représentants	Vertreter-Rentenkasse
IRPVRP	Institut de Retraite et de Prévoyance pour les Voyageurs, Représentants et Placiers	Alters- und Versorgungskasse für Vertreter
IS	Impôt sur les Sociétés	Körperschaftssteuer
ISA	Institut Supérieur des Affaires	Institut für Unternehmensführung
ISC	Institut Supérieur de Commerce	Handelsfachhochschule

ISG	Institut Supérieur de Gestion	Betriebswirtschafts-Hochschule
IT	Air Inter	innerfranzösische Fluglinie Abkürzung bei Flugnummern
IUT	Institut Universitaire de Technologie	Technologisches Institut an Universitäten
IVG	Interruption Volontaire de Grossesse	Schwangerschaftsunterbrechung
JO	Jeux Olympiques	Olympische Spiele
JO	Journal Officiel	Staatsanzeiger
KF	Kilo Francs (= Tausend Francs)	Abkürzung z. B. bei Gehaltsangaben in Lebensläufen
LCR	Lettre de Change Relevé	Wechselfälligkeitsliste
LEP	Lycée d'Enseignement Professionnel	Berufsschule
LSP	Laissé sur Place (z. B. „vendre en LSP")	Fahrverkauf
MATIC	Salon International de Matériels et Techniques pour l'Industrie et le Commerce de la Viande	Internationale Fachausstellung für Fleischwirtschaft
MECANELEM	Salon International des Composants Mécaniques	Internationale Fachausstellung für Mechanische Bauteile
MESUCORA	Mesure, Contrôle, Régulation, Automatisation	Ausstellung für Meßtechnik
MEUROPAM	Marché Européen de l'Ameublement et des Fournitures Professionnelles pour l'Ameublement	Europäische Fachmesse für Möbelzubehör
MF	Millions de Francs	Millionen Franc
MICRONORA	Salon International des Microtechniques	Internationale Fachausstellung für Mikrotechnik
MIDEM	Marché International du Disque et de l'Edition Musicale	Internationale Musik- und Schallplattenmesse
MIDEST	Marché International pour la Diffusion Européenne de la Sous-Traitance	Internationales europäisches Zulieferforum
MLF	Mouvement de Libération de la Femme	Frauen-Emanzipations-Begegnung
MO	Moyen Orient	Mittlerer Orient
MO	Machines-Outils	Werkzeugmaschinen
MOCI	Moniteur du Commerce Extérieur	Außenhandels-Zeitschrift
NF	Norme Française	Französische Norm
NOP	Nouvel Orchestre Philharmonique	Neues Philharmonisches Orchester, Paris
OD	Opérations diverses	Verschiedene Buchungsfälle, insbesondere Korrektur-, Abgrenzungs- und Abschlußbuchungen
OCDE	Organisation de Coopération et de Développement Economique	Organisation für wirtschaftliche Zusammenarbeit und Entwicklung OECD
OFAJ	Office Franco-Allemand pour la Jeunesse	Deutsch-Französisches Jugendwerk
ONI	Office National d'Immigration	Staatliche Einwanderungsbehörde
ONU	Organisation des Nations Unies	Organisation der Vereinten Nationen UN

OPA	Offre Publique d'Achat	Öffentliches Kaufangebot bei Aktiengesellschaften
OPE	Offre Publique d'Echange	Öffentliches Umtauschangebot bei Aktiengesellschaften
OPEP	Organisation des Pays Exportateurs de Pétrole	Erdöl-Exportländer
ORGANIC	Organisation Autonome Nationale de l'Industrie et du Commerce	Zentraler Solidaritätsverband der Selbständigen in Industrie und Handel
ORSEC	Organisation Régionale des Secours Civils	Katastrophenschutzplan
OS	Ouvrier Spécialisé	Facharbeiter
OVNI	Objet Volant Non Identifié	Fliegende Untertasse
PA	Petites Annonces	Zeitungsanzeigen, insbesondere Stellenausschreibungen
PAP	Particulier à particulier	von privat zu privat
PAP	Prêt à porter	Konfektionskleidung
PARIBAS	Banque de Paris et des Pays Bas	Geschäftsbank
PARITEX	Salon International des Papiers Peints, Revêtements Muraux, Textiles d'Ameublement, Voilage, Linge de Maison et Couvertures	Internationale Messe für Heimtextilien
PCF	Parti Communiste Français	Kommunistische Partei Frankreichs
PDG	Président Directeur Général (auch P-DG)	Präsident des Verwaltungsrats bzw. der Vorstand einer Aktiengesellschaft
PCV	Payable à l'arrivée	Telefon-R-Gespräch
PEC	Parent d'Elève Correspondant	Elternvertreter in Schulen
PEL	Plan Epargne Logement	Bausparen
PER	Plan Epargne Retraite	Rentensparen
PIB	Produit Industriel Brut	Bruttosozialprodukt
PJ	Police Judiciaire	Kriminalpolizei
PLV	Publicité sur le Lieu de Vente	Ladenwerbung
PME	Petites et Moyennes Entreprises	Sammelbegriff für kleinere und mittlere Unternehmen
PMI	Petite et Moyenne Industrie	Kleinere mittlere Industriebetriebe
PMU	Pari Mutuel Urbain	Rennwettbüro
PNB	Produit National Brut	Bruttosozialprodukt
PO	Par Ordre	Im Auftrag
PSA	Peugeot-Citroën S.A.	Automobilkonzern Peugeot-Citroën
PP	Par Procuration	Per Prokura
PP	Pertes et Profit	Gewinn- und Verlust(rechnung)
PS	Parti Socialiste	Sozialistische Partei
PS	Post Scriptum	Zusatz, Nachschrift auf Briefen
PTAC	Poid Total Autorisé par Charge	zugelassenes Gesamtgewicht bei Fahrzeugen
PTT	Postes, Téléphone et Télégraphe (auch P et T)	Französische Staatspost
PUK	Pechiney Ugine Kuhlmann	Französischer Aluminiumkonzern
PV	Procès-verbal	Protokoll (von Versammlungen, auch Strafmandat)
QG	Quartier Général	Hauptquartier
QUOJEM	Salon Professionnel International de la Quincaillerie	Internationale Eisenwarenmesse

RAS	Rien à signaler	Nichts zu melden (z. B. in Fragebögen)
RATP	Régie Automome des Transports Parisiens	Pariser Verkehrsbetriebe
RCS	Régistre du Commerce pour les Sociétés (früher einfach RC = Régistre de Commerce)	Firmen-Handelsregister
RDA	République Démocratique Allemande	Deutsche Demokratische Republik
RER	Réseau Express Régional	Pariser Vorort-Schnellbahn
RES	Reprise d'une Entreprise par les Salariés	Unternehmensübernahme durch die Angestellten
RF	République Française	Französische Republik
RFA	République Fédérale d'Allemagne	Bundesrepublik Deutschland
RM	Réglement Mensuel	Monatsabrechnung (bei Börsenpapieren)
RMC	Radio Monte Carlo	Radio Monte Carlo
RN	Route Nationale	Nationalstraße, der Bundesstraße vergleichbar
RP	Recette Principale	Haupt-Einnehmerstelle (Steuer, Post)
RP	Réponse Payée	Gebühr bezahlt Empfänger
RPR	Rassemblement pour la République	Von Jacques Chirac gegründete gaullistische Sammlungsbewegung
RSVP	Répondre (retourner) s'il vous plaît	Auf Einladungskarten: Bitte um Antwort bzw. Bestätigung
RTL	Radio-Télévision Luxembourg	Kommerzieller französischer Rundfunksender
RVI	Renault Véhicules Industriels	Französischer LKW-Staatskonzern
SA	Société Anonyme	Aktiengesellschaft
SAMU	Service d'Assistance Médicale d'Urgence	Ärztlicher Rettungsnotdienst
SARL	Société à Responsabilité Limitée	Gesellschaft mit beschränkter Haftung
SAV	Service Après-Vente	Kundendienst
SCI	Société Civile Immobilière	Immobiliengesellschaft bürgerlichen Rechts
SC	Service compris	Bedienungsgeld inbegriffen
Sciences Po.	Ecole des Sciences Politiques	Hochschule für Politik und Volkswirtschaft Paris
SEHM	Salon International de l'Habillement Masculin	Internationale Herrenbekleidungsausstellung
SEITA	Société d'Exploitation Industrielle des Tabacs et Allumettes	Staatliches Zündwaren- und Tabak-Monopol
SERNAM	Service National des Messageries de la Société Nationale des Chemins de Fer Français	Transportdienst der französischen Staatsbahn
SFP	Société Française de Production	Staatliche Fernsehproduktionsgesellschaft
SIA	Salon International de l'Agriculture	Internationale Landwirtschaftsausstellung
SIAL	Salon International de l'Alimentation	Internationale Lebensmittelausstellung
SICAP	Salon Technique International de la Parfumerie des Produits de Beauté et d'Hygiène et de l'Industrie Pharmaceutique	Internationaler Kosmetik-, Hygiene- und Pharma-Salon

SICAV	Société d'Investissement à Capital Variable	Investment-Gesellschaft, Investment-Zertifikate
SICOB	Salon International d'Informatique, Télématique, Communication, Organisation du Bureau et Bureautique	Internationale Fachmesse für EDV und Büroorganisation
SIDA	Syndrome Immuno Déficitaire Actif	französische Bezeichnung für AIDS
SIF	Salon International de la Fourrure	Internationale Pelzwaren-Fachmesse
SIG	Salon Professionnel International des Articles de Sports d'Hiver	Internationale Fachausstellung für Wintersportbedarf
SILMO	Salon International de la Lunetterie, de l'Optique Oculaire et du Matériel pour Opticiens	Internationale Ausstellung für Augenoptik
SIM	Salon Internation de la Maille	Internationaler Strickwaren-Salon
SIMA	Salon International de la Machine Agricole	Internationale Landmaschinen-Ausstellung
SIMAVER	Journées Professionnelles du Salon International de la Monoculture de Plaisance-Jardinage	Internationale Ausstellung für Gartenbedarf
SIMODEC	Salon International de la Machine Outil de Décolletage	Internationale Ausstellung für spanabhebende Werkzeugmaschinen
SIPPA	Salon International Professionnel de la Papeterie	Internationale Fachmesse für die Papierindustrie
SIREN	Répertoire des Entreprises	Amtliche statistische Unternehmens-Kennziffer
SIRET	Répertoire des Etablissements	amtliche statistische Betriebsstätten-Kennziffer
SISEL	Salon Professionnel International des Articles de Sports et de Loisirs de Plein-Air	Internationale Sport- und Freizeitartikel-Ausstellung
SITAD	Salon des Industries et Techniques des Equipements pour l'Art Dentaire	Internationale Fachausstellung für Zahnbedarf
SITEVI	Salon Professionnel International des Techniques et Equipements Viti-Vinicoles	Internationale Ausstellung für Weinbautechnik
SITI	Salon International des Techniques de l'Image	Internationale Fachausstellung für Bildtechnik
SME	Système Monétaire Européen	Europäisches Währungssystem
SMIC	Salaire Minimum Interprofessionnel de Croissance	Branchenunabhängiger garantierter Mindestlohn
SNC	Société en Nom Collectif	Offene Handelsgesellschaft
SNC	Service Non Compris	Bedienung nicht inbegriffen
SNCF	Société Nationale de Chemins de Fer Français	Französische Staatsbahn
SOFRES	Société Française des Enquêtes par Sondage	Meinungsforschungsinstitut
SOGENAL	Société Générale Alsacienne	Allgemeine Elsässische Bankgesellschaft
SS	Sécurité Sociale	Sozialversicherung
Sup. de Co.	Ecole Supérieure de Commerce	Handelshochschule
Sup'elec	Ecole Supérieure d'Electricité	Hochschule für Elektrizität
SVP	S'il vous plaît	Bitte!
TAT	Transport Aérien Transrégional	Regionale französische Fluggesellschaft

TEF	Tableaux de l'Economie Francaise	Statistische Wirtschafts-Jahresberichte
TF 1	Télévision Française 1	1. Programm des französischen Fernsehens
TGV	Train à Grande Vitesse	Super-Schnellzug der Staatsbahn
TIR	Transports Internationaux Routiers	Internationaler Straßentransport
TLJ	Tous les jours	Täglich (bei Fahrplänen, Öffnungszeiten)
TP	Travaux Publics	Öffentliches Bauwesen
TSF	Télégraphie sans Fil	Drahtlose Telegrafie, Rundfunk
TSVP	Tournez, s'il vous plaît	Bitte wenden
TTC	Toutes Taxes Comprises	Einschließlich Mehrwertsteuer
TUC	Travaux d'Utilité Collective	Jugendarbeitseinsatz
TVA	Taxe sur la Valeur Ajoutée	Mehrwertsteuer
UAP	Union des Assurances de Paris	französische Versicherungsgesellschaft
UDF	Union pour la Démocratie Française	Neogaullistische Partei (Giscard d'Estaing nahestehend)
UER	Unité d'Enseignement de Recherche	Forschungsinstitut an der Universität
UGAP	Union des Groupements d'Achats Publics	Behörden-Einkaufszentralverband
ULM	Ultra Légers Motorisés	Ein-Mann-Motorflieger
UNEDIC	Union Nationale Inter-Professionnelle pour l'Emploi dans l'Industrie et le Commerce	Zentrale Organisation der Arbeitslosenversicherungen
UNIRS	Union Nationale des Institutions de Retraites des Salariés	Zentrale Organisation der Angestellten-Versicherungen
URSS	Union des Républiques Soviétiques Socialistes	Sowjetunion (UdSSR)
URSSAF	Union de Recouvrement des Cotisation de Sécurité Sociale et d'Allocations Familiales	Zentralkasse der gesetzlichen Sozialversicherung, der AOK vergleichbar
VDQS	Vin Délimité de Qualité Supérieure	Qualitätswein
VIDCOM	Marché International de la Vidéocommunication	Internationale Video-Fachmesse
VO	Version Originale	Originalfassung (bei Filmen)
VPC	Vente par Correspondance	Versandhandel
VRP	Voyageur, Resprésentant, Placier (exclusif oder multicartes)	Reisevertreter (mit besonderem Rechtsstatus, als Ein- oder Mehrfirmenvertreter)
X	Kurzbezeichnung für „Ecole Polytechnique"	Staatliche Ingenieurhochschule
ZAC	Zone d'Activités Commerciales	Gewerbezone
ZI	Zone Industrielle	Industriezone

Stichwortverzeichnis